हिन्दी की शब्द-सम्पदा

हिन्दी की शब्द-सम्पदा

[विविध व्यवहार-क्षेत्रों में हिन्दी की अभिव्यक्ति-क्षमता की एक मनमौजी साहित्यिक पैमाइश]

विद्यानिवास मिश्र

राजकमल प्रकाशन

ISBN : 978-81-267-1593-0

मूल्य : ₹995

पहला परिवर्द्धित संस्करण : 2008
चौथा संस्करण : 2022
This book is printed on **Print on Demand** Technology : 2025

प्रकाशक : राजकमल प्रकाशन प्रा.लि.
1-बी, नेताजी सुभाष मार्ग, दरियागंज
नई दिल्ली-110 002

शाखाएँ : अशोक राजपथ, साइंस कॉलेज के सामने, पटना-800 006
पहली मंजिल, दरबारी बिल्डिंग, महात्मा गांधी मार्ग, प्रयागराज-211 001
1, अनमोल सोराबजी संतुक लेन, धोबी तलाव, मरीन लाइंस, मुम्बई-400 002

वेबसाइट : www.rajkamalprakashan.com
ई-मेल : info@rajkamalprakashan.com

HINDI KI SHABDA-SAMPADA
A Philological Study by Vidyaniwas Mishra

भाई
श्री सच्चिदानन्द हीरानन्द वात्स्यायन
को सादर

भूमिका

अनेक वर्ष पूर्व दिल्ली से ग्वालियर कार से भाई (श्री सच्चिदानन्द हीरानन्द वात्स्यायन) के साथ जा रहा था। रास्ते में रंगों की चर्चा शुरू हुई, फिर ज़मीन की किस्मों की चर्चा शुरू हुई और ग्वालियर पहुँचते-पहुँचते भाई का फरमान मिला, यहीं आप एक लेख तैयार कीजिए और हिन्दी अपने ही क्षेत्र की शब्दसमृद्धि से कितनी अनजान बनी हुई है, इसकी बानगी दीजिए। यहीं से इस पुस्तक का श्रीगणेश हुआ और इसके बाद तो भाई के काबुली तगादों का ज़ोर कुछ ऐसा रहा और दिनमान में मालाबद्ध रूप में अलग-अलग किश्तों में लेखों के छपने की प्रतिक्रिया इतनी उत्साहवर्द्धक रही कि यह क्रम विदेश जाने पर ही टूटा, क्योंकि वहाँ अपनी धरती से सम्पर्क हवाई पत्रों तक सीमित रह गया।

इन लेखों के लिखने में मुझे अपने भोजपुरी अंचल से तो सहायता मिली ही, सर जार्ज ग्रियर्सन की 'बिहार पीजेंट लाइफ़', श्री अम्बाप्रसाद सुमन की 'ब्रज की कृषि शब्दावली' से तथा बुन्देलखंड की स्मृतियों से काफ़ी सहारा मिला।

यह पुस्तक न तो ललित निबन्धों का संग्रह है, न भाषाविज्ञान की दृष्टि से प्रस्तुत किया गया शोध-कार्य है और न शब्द-प्रयोग का ही कोई 'चोखा चौपदा' है। मेरे एक अत्यन्त स्नेही मित्र ने मुझे इस पुस्तक को छपवाने से रोका और कहा कि यह भाषाविज्ञान के अध्यापक के लिए शोभन नहीं होगा कि वह शब्द-सम्पदा पर ऐसी अव्यवस्थित पुस्तक अपने नाम से छपाए। उनकी बात में काफ़ी दम है, पर मैं स्वयं इसे भाषाविज्ञान की पुस्तक मानने को तैयार नहीं। यह साहित्यिक दृष्टि से हिन्दी की विभिन्न अर्थच्छटाओं को अभिव्यक्त करने की क्षमता की मनमौजी पैमाइश है : न यह पूरी है, न सर्वांगीण। यह एक दिङ्मात्र दिग्दर्शन है। इससे किसी अध्येता को हिन्दी की आंचलिक भाषाओं की शब्द-समृद्धि की वैज्ञानिक खोज की प्रेरणा मिले, किसी साहित्यकार को अपने अंचल से रस ग्रहण करके अपनी भाषा और पैनी बनाने के लिए उपालम्भ मिले, देहात के रहनेवाले पाठक को हिन्दी के भदेसी शब्दों के प्रयोग की सम्भावना से हार्दिक प्रसन्नता हो, मुझे बड़ी

प्रसन्नता होगी। परन्तु मैं यह विश्वास दिलाना चाहता हूँ, इस पुस्तक को मैंने भाई (अज्ञेय) की आज्ञा पालन करके अपने को बड़े ही तनाव के दिनों में कुछ राहत देने के लिए तैयार किया। अभी भी इस शृंखला में आगे लिखने की तमन्ना है, मन में हिन्दी के एक बृहत् आंचलिक कोश की रचना की योजना है, ठेठ तत्सम और तद्भव शब्दों की अपनी-अपनी विशिष्टताओं के तुलनात्मक अध्ययन का भी संकल्प है। यह संग्रह छप रहा है, इसका भी प्रयोजक मैं नहीं, श्रीमती शीला सन्धू हैं, जो दिल्ली की अतिनागर सभ्यता में रमी होकर भी इस पुस्तक के लिए इतनी उत्साहित हुईं। उन्हें धन्यवाद देना औपचारिकता होगी।

मैं हृदय से उन सभी का कृतज्ञ हूँ, जिनके सहारे ये लेख लिखे गए, प्रकाशित हुए और पुस्तकाकार छपे, विशेष रूप से 'दिनमान' साप्ताहिक, राजकमल प्रकाशन और महावीर प्रेस का और सर जार्ज ग्रियर्सन, अम्बाप्रसाद सुमन, अब्दुलहक़ भाई और श्रीमती सन्धू का।

आश्विन शु. 1। 2027

विद्यानिवास मिश्र

पुनश्च

दूसरे संस्करण में भूलें सुधार दी गई हैं। इसका और विशदतर रूप तैयार हो रहा है, पर अपने आपमें यह संकलन पूरा है और इसको अनेक कृपालु पाठकों ने पसन्द किया है, उनके प्रति आभार व्यक्त करता हूँ और शीलाजी के प्रति जो बार-बार तगादे करती रहीं कि इसे सुधारकर दे दीजिए, छप जाय, इसकी माँग है।

विद्यानिवास मिश्र

प्रकाशकीय

ललित निबन्ध की शैली में लिखी गई भाषाविज्ञान की यह पुस्तक अपने आपमें अनोखी है। इस नए संशोधित-संवर्द्धित संस्करण में 12 नए अध्याय शामिल किए गए हैं और कुछ पुराने अध्यायों में भी छूटे हुए पारिभाषिक शब्दों को जोड़ दिया गया है। जजमानी, भेड़-बकरी पालन, पर्व-त्यौहार और मेले, राजगीर और संगतरास आदि से लेकर वनौषधि तथा कारखाना शब्दावली जैसे जरूरी विषयों को भी इसमें शामिल कर लिया गया है। अनुक्रमणिका में भी शब्दों की संख्या बढ़ा दी गई है। स्व. विद्यानिवास मिश्र ने पुस्तक के दूसरे संस्करण की भूमिका में संकेत दिया था कि इसका विशदतर रूप तैयार हो रहा है। यह वही 'विशदतर रूप' है।

लेखक ने अपने जीवनकाल में इस कार्य को पूरा कर लिया था और पांडुलिपि हमारे पास आ गई थी। इस बीच एक कार दुर्घटना में उनका दुखद निधन हो गया। पुस्तक का यह नया संवर्द्धित संस्करण हमारी ओर से एक विनम्र श्रद्धांजलि है।

—प्रकाशक

क्रम

माटी की मूरतें : प्रवाह और शक्ति

माटी-माटी की अपनी सिफ़त होती है। ज़मीन की बनावट के आधार पर मिट्टी की क़िस्मों के नाम चलते हैं, पहाड़ी या पठारी इलाक़ों में **पथरीली, कँकरीली** (राँकड़), **ठिकरीली, मुरुम** (लाल मिट्टी), **रामरज, गेरू, काली मिट्टी; नदीमातृक खित्तों में बलुही, दुम्मट, मटियार, रेहार** (रेहदार), **रेतीली, ककरा** (जिसमें उपजाऊपन न हो)। उपयोग की दृष्टि से ज़मीन के नाम होते हैं, **बंजर** या **ग़ैर-मज़रुआ** (जो उपजाऊ होते हुए भी खेती के उपयोग में नहीं लाई जाती, उसमें **बाग़-बगीचे** लगाए जाएँ, **बस्ती** हो, **डीह-डाबर** हो, **परती** हो, **चरागाह** या **गोचर** हो, **गड्ढा** हो, **पोखरी** हो, **खरौरी** हो, **जंगल** हो, **झुंगा-झाड़ी** हो, **झंखाड़**)। **मज़रुआ** या **जोत** की या फ़सल उगानेवाली ज़मीन **ऊसर** हो सकती है। ऊँची हो तो **धूस**, बहुत हो तो **भागड़**, नीची और फैली हुई ज़मीन **ताल**, नदी के पेट के भीतर हो तो **गंगबरार**, नदी की बाढ़ के दायरे में हो तो **कछार**, नीची हो तो **खादर**, नदी की दो धाराओं के बीच में हो तो **दियरा**, नदी के द्वारा छोड़ी गई नई ज़मीन **चाकी**, नदी के किनारे **फोंफा** ज़मीन दलदल और नदी की नई मिट्टी **पाँकी**, नदी से पोषित ज़मीन **कछार** या **माठ**, नदी द्वारा बरबाद की गई ज़मीन **खोह** (गड्ढा) **रेतीली** (सिल्टी) **दूहदार** (**भरका**, अंग्रेज़ी **रेवीन**) **तलसिरी** (ऊँची-नीची) हो सकती है। नदी के प्रभाव-क्षेत्र से बाहर **बाँगर** कही जाती है। गाँव के **सिवानों** के नाम पर ज़मीन और खेतों के नाम पड़ते हैं : बस्ती से सटी हुई **गोंयड़**, और शेष पेड़, नदी या किसी स्थायी चिह्न से ज्ञापित होती हैं, जैसे **सिमरी** (सेमल के पेड़ों के पास), नहर-तल, कुटीतल और गाँव के खेतों के दिग्विभाग **सरेह** कहलाते हैं।

मिट्टी उपयोग में आने के पहले बड़ी तैयारी माँगती है। **परती** तोड़नी पड़ती है, **गुड़ाई** करनी होती है, खेत की बढ़िया तैयारी के लिए माघ-फागुन में **मघाड़** जुताई होती है, फिर एक बार, दूसरी बार (**सोमरा**–शम्बा) तीसरी बार (**तिखरा**–त्रिःकृत्य) जोतना पड़ता है। जोतकर **ढेलों** और बड़े-बड़े **चीपों** को फोड़कर **हेंगे** से बराबर किया जाता है, तब मिट्टी **भुरभुरी** हो जाती है और **नमी** या **ओद** क़ायम रखने के लिए ढँककर रख दी जाती है, रबी बोने के पहले इसका खयाल रखना पड़ता है कि **ताव न बिचले, खेत भागने न पाए**। रबी के लिए तैयार किया जानेवाला खेत **पलिहर, रोपनी** या **अगहनी धान** के लिए जिसमें **बीज** या **बेहन** डाली जाती है, उसे **बियाड़** कहते हैं। खरीफ़ की फ़सलों के लिए खेत जोतकर पानी से भर दिया जाता है और इस प्रकार **कनई** करने से मिट्टी सड़कर खाद हो जाती है। कभी-कभी बोकर पौधों के आस-पास की घास

निराने के लिए बोये खेत को जोतकर **लेवा लगा** देते हैं। वर्षा के बाद नमी की कमी से मिट्टी में **दरार** पड़ने लगती है और यकायक वर्षा बन्द हो जाने पर मिट्टी पपड़ियाने लगती है और फिर वर्षा न हो तो खेत **उखड़** जाता है।

भारतीय किसान अपनी माटी के पीछे फ़क़ीर रहता है। और सबको उलहना देगा, माटी को नहीं देगा; क्योंकि वह जानता है, सब दग़ा दे जाएँ, माटी दग़ा न देगी। आज नहीं तो कल माटी की **कमाई** फले बिना न रहेगी, इसी से वह उर्वरकों के अतिप्रयोग से माटी का दोहन करने से डरता है। खेती के नित नए बदलते क़ानूनों से माटी का शोषण होते देख शंकित होता है, मिट्टी की उपेक्षा से आहत होता है। उसका कोई भी अनुष्ठान सप्तमृत्तिका (**बिमौट** = वल्मीक, **गोंठ, भीटा** या **डीह**–पुरानी बस्ती का अवशेष, कुआँ, वनस्पति, रास्ता, जुते खेत, इन सात स्थानों से लाई जानेवाली) के बिना पूरा नहीं होता। विवाह की रस्म ही **मटमँगरा** (मिट्टी से याचना) से शुरू होती है, उसके दैनन्दिन जीवन में भी मिट्टी छाई हुई है, मिट्टी के मकान, मिट्टी के बर्तन, मिट्टी का उपचार। माटी का प्रजापति भारतीय कुम्हार तो इतिहास का सबसे बड़ा साक्षी है। भारत के पुरातत्त्व को आलोक मिट्टी के बर्तनों के टुकड़ों और **ठीकरों** से ही तो मिला है। **काले, कपिश, चमकाए, मृद्‌भांडों** और उनके **भग्न कपालों** या खप्परों से ही प्रामाणिक रूप से सभ्यता के स्तरों का आजकल निर्धारण किया जा रहा है और **माटी की मूरतों** (मृण्मयी प्रतिमाओं) या **मृण्मूर्त्तियों** से कला की यात्रा प्रारम्भ होती है। कुम्हार के दंड, चक्र (चाक), सूत, आँवा यहाँ तक कि मिट्टी लानेवाला गदहा भी भारतीय दर्शन के मूर्धाभिषिक्त उदाहरण हैं।

मिट्टी के बर्तनों में **दीया, कोसा, परई, तश्तरी, कड़ाही, कड़ाह** फैले मुँहवाले हैं, **सकोरा (पुरवा, बट्टा, करवा), भरुका पतुकी, कलसी, कलसा, गगरी, मटकी, मटका, घड़ा, कूँड़ा, माट, अलिंजर** सँकरे मुँहवाले हैं। मिट्टी के **नाद** में ही मवेशी चारा खाते हैं। कच्ची मिट्टी से **डेहरी** (अनाज रखने के लिए) बनाई जाती है। अनाज रखने के लिए ढक्कनदार **खोन्हा, कुंड़नी, पिहानी** बनाए जाते हैं। मकान छाने के काम में भी मिट्टी की ही **खपरैल** और **नरिया** आती हैं और दीवार की पुताई भी **रामरज** मिट्टी से की जाती है। कुम्हार का शिल्प हस्तकौशल की शिक्षा है, मिट्टी की **कटाई,** चलनी से **चलाई, सनाई, रुँदाई, लोंदा** (मृत्पिंड) बनाई, हाथ से **गढ़ाई,** चाक **घुमाई** और सूत **कटाई, सुखाई, थापी** से **पिटाई, रँगाई, पकाई** और सावधानी से उनकी **गँजाई** सभी प्रक्रियाएँ बड़ी सावधानी से सम्पन्न होनी चाहिए, नहीं तो बर्तन **टेढ़ा** हो जाय, पकते समय **सँवरा** या **सेंवता** जाय, पानी पड़ते ही **चिरिया** जाय या एकदम भहराकर **फूट जाय,** नीचे रखते ही **पेंदी** निकल जाय, अपने-आप बर्तन **भरक** जाए।

हमारे देश की संस्कृति कृषि-प्रधान होने के कारण **भू-रचना** (अंग्रेज़ी टेरेन) पर बहुत अवलम्बित रही है और इसीलिए **पृथ्वी** या **श्री** की स्तुति, इनकी **मृण्मूर्त्ति** या स्वर्ण-प्रतिमा की पूजा, बोने से लेकर कटने तक खेतिहर जीवन के अनुष्ठान हमारे जातीय संस्कार के अंग हैं, स्वाधीनता की चेतना के साथ माटी की पुकार हमारे साहित्य में उठी और माटी की परम्परा हमारी कला-साधना में हिलगी।

पानी बिन सब सून

हमारी चिन्तन-परम्परा में सृष्टि का आरम्भ ही जल से हुआ है; जल विस्तार, गहराई, अद्वैत इन सबका प्रतीक है। हमारी वाणी का नाम ही **सरस्वती** है। राष्ट्र की कल्पना में सात नदियों, गंगा, यमुना, गोदावरी, सरस्वती, सिन्धु, कावेरी, नर्मदा का महत्त्वपूर्ण योगदान है। **तीर्थ** का अर्थ ही **पानी का घाट** है और **पानी** ही इसलिए तीर्थम् है। पानी के स्रोत हमारे देश में मुख्यतः **देव** और **नदी** हैं। वैसे **पृथ्वीगर्भ** जल-स्रोत भी हैं और कृत्रिम **जलप्रणालियाँ** एवं **कूप-तड़ागादि** भी प्राचीन काल से हैं, सिंचाई के साधन बहुत प्राचीन हैं। हमारे देश में **सिन्धु, ब्रह्मपुत्र** और **शोणभद्र (सोन)** नद हैं, गंगा, नर्मदा, ताप्ती, महानदी, गोदावरी, कृष्णा और कावेरी बड़ी नदियाँ हैं, शेष इनकी **सहायक नदियाँ** और उनकी **शाखाएँ** हैं या छोटी नदियाँ हैं। इनके अलावा पहाड़ी **नाले** हैं, बरसाती **नाले** हैं, **सोते** हैं, **झरने** हैं, प्राकृतिक **कुंड** हैं, **झीलें** हैं, खारी और मीठी, **ताल** हैं, **तलैया** हैं, **तालाब** हैं, **कुंड** हैं, **तड़ाग** हैं, **दह** (ह्रद) हैं, **पोखर** (पुष्कर) हैं, **गड़हियाँ** हैं, **कुएँ** हैं, **चूहड़** (जोहड़) हैं, **बावड़ी (वापी)** हैं, **चोआ** हैं, **नहरें** हैं, **कूला (कुल्या)** हैं, **नालियाँ** हैं। और सबसे ऊपर बादल हैं, वे प्रसन्न न हों तो पृथ्वी का अन्तस्तल सूख जाता है, जैसी कि आज स्थिति हुई है।

अब नदी की आँकी-बाँकी रेखाओं से शुरू करें। नदी का बलुहा **किनारा** जो पानी की **सतह** से लगभग बराबर होता है (संस्कृत में **पुलिन**) रेती कहलाता है, **ऊँचा** किनारा **कगार**। नदी का **बहाव** जहाँ संलक्ष्य हो, वही धार, उसके ठीक बीच में **मझधार** है। नदी के बीच में उभरी हुई ज़मीन चाकी कहलाती है। इस **पार** से उस **पार** **(अवार<आर)** तक, **आर-पार** के बीच को नदी का **पाट** कहते हैं। बरसात के अलावा **नदी** का वास्तविक **विस्तार, नदी का पेट** है, उससे पानी **उपटता** है तो नदी में **बाढ़** या **बहिया** या **सैलाब** आना कहा जाता है और बाढ़ **उतरती** है तो नदी **पेट में समा जाती** है, किनारे **पाँक** छोड़ देती है या उसकी धार बड़ी **कड़ख** (तेज़) हुई तो मिट्टी खोदकर कर्करा बालू पाटकर खेत बरबाद कर देती है। मोड़ों पर नदी बहुत **काट भरती** है और **अड़ार** ढाहती चलती है। कभी-कभी बाढ़ आने पर नदी धारा बदलती है तो पुरानी धारा **टूट जाती** है और उसके **मथार** पर पानी सूखकर नदी की **छोड़न** या **दोहर** कुछ दिनों तक बनी रहती है। **बाढ़** में यकायक पानी का **ढल** आता है, हिमपोषित नदियों में जेठ-बैसाख में ही गेरुए पानी का पहला ढल आता है। उसके बाद नदी का जल **गँदला** हो जाता है, वर्षा

में और **मटमैला** और **फेनिल** हो जाता है। शरद् की धूप में फिर पानी **निथरता** है, तब **निघट** कर **निर्मल नीर** बन जाता है। वैसे तो **बहता पानी निर्मला**, बहना ही नदी की सतत पवित्र होने की प्रक्रिया है।

नदी का जल **थिर** तो रहता नहीं, वह हमेशा **चंचल** है, यही है कि कभी कम और कभी ज्यादा। कभी तो उसमें **बुलबुले** उठते हैं और फिर **बुल्ले** उठते हैं, फिर हल्की-सी **हिलोर** उठती है, फिर यकायक **लहरें** झूमने लगती हैं। ये लहरें हवा का रुख पाते ही **भेड़िया** बन जाती हैं और नदी **लपेटा मारने लगती** है। और बाढ़ की **उफान** में तो कहीं-कहीं **आवर्त्त, चक्रावर्त्त** या **भँवर** बनकर बड़ी-बड़ी नावों को आफ़त में डाल देती है। जहाँ धार मन्द होती है वहाँ नदी अगम **अथाह** होती है, **भँवर** की जगह प्रायः **ओंड़ा कुंड** (<अवट) या **चन्द्र** होती है। **उथले** या **छिछले** पानी में नाव ज़मीन पकड़ लेती है, फिर उसे **धक्का** या **टहोका** देना पड़ता है। दो धाराओं की **टक्कर** की जगह बहुत खतरनाक होती है, वहाँ **सिल** पड़ जाती है, और नाव फट जाने का डर रहता है। अगर **आर-पार छिछला** पानी हो तो उस जगह बिना पैरे, **हल कर** नदी पार किया जा सकता है, ऐसी जगह **हलान** कहलाती है और सीधे इस पार से उस पार तक नाव से पार करने की जगह **सोघट्टी** और **सोते-सोतियों** से होकर नदी की छोटी-बड़ी सभी धाराओं को पार करानेवाला घाट **लमता** कहलाता है। नदी पार करने का दूसरा साधन है **पुल**। **पीपों** का या **नावों** का या **पटरों** का पुल वर्षा में तोड़ दिया जाता है, पठारी नदियों के ऊपर **वर्षा** के सिवा आठ महीने काम देनेवाला पक्का पुल **रपटा** (अंग्रेज़ी में जिसे **आयरिश ब्रिज** कहते हैं) कहलाता है, **खम्भों** या **पायों** वाला पुल या **मेहराबों** वाला बड़ा पुल, बारहों महीने काम में आता है। पहाड़ी नदियों पर **बाँस** और **रस्से** के पुल (झूलना पुल, झूला) बनाते हैं।

पानी के थाह की माप **फिल्लीडुबान, घुटनाडुबान, धोतीबचाव, कमरभर, छातीभर, डुबान** या **भर पोरसा, हाथीडुबान** जैसे वर्णनात्मक विशेषणों से की जाती है। पैरने की स्थिति आने पर पानी **पैराह** कहा जाता है। जहाँ पैरना भी सम्भव न हो, उसे **औड़र** पानी कहते हैं। पानी का रंग निथराने पर ही **निखरता** है। गहरा पानी **जामुनी**, पहाड़ी नदियों का पानी **झलमल** और पारदर्शी **गेरू** घुलकर मिलने से **गेरुई** और सूर्य या चन्द्र की किरणों से मिलकर **झिलमिल**, प्रखर धूप में **झलमल** और बादलों की घटाओं के साये में **कालाभँवर**, साँझ की लाली में लाल।

पानी की आवाजें भी विलक्षण हैं, वह **कल्‌कल्** करता है, **छल्‌छल्** करता है, नाव के नीचे पड़कर **थप्‌थप्** करता है, कोई चीज यकायक गिरती है तो **छपाक** ध्वनि होती है, ज़रा-सा हवा ने लहकारा तो पानी **छप्‌छप्** करने लगता है और अगर धारा भी **तोड़ मारने** लगी तो पानी **घरघराने** लगता है और जहाँ धाराओं की टक्कर हुई वहाँ पानी **लड़ते समय दहाड़ने** या **गरजने** लगता है। चोर की तरह पानी जब किसी छेद में से निकलता है तो **सुरसुराता** निकल जाता है और उस छेद की मुहानी पर केवल **भुल्‌भुल्** करता रहता है। कभी-कभी तो बाढ़ में पानी रेंगते-रेंगते पैठता है, फिर **भर जाता** है, यकायक सारी

फ़सल **बोर** देता है, फिर बाढ़ उतरते ही सर से निकल जाता है और कभी-कभी पानी तेजी से बढ़ता हुआ आता है और **दहाता-बहाता** चला जाता है। पहाड़ी नदियों में ऐसी ही बाढ़ प्रायः आती है जो घंटे दो घंटे में ही उतर जाती है।

पानी के कृत्रिम साधनों में **नहर** या **कूला** सबसे अधिक प्रमुख हैं। नदी से बड़ी **नहर** निकलती है, फिर **शाखा नहरें**, इन नहरों से **पइन, पइन** से **नाली** और नाली से **क्यारी** में पानी पहुँचाया जाता है। जहाँ से पानी लिया जाता है वह जगह **मथार** कहलाती है, वहाँ **सिलटी** बराबर जमा होती रहती है और उसे बराबर काटना पड़ता है, पइन भी सिलटी से पटती रहती है, उसे **झारना** पड़ता है। गर्मी के महीने में दिया गया पानी **गरमा** और बाकी महीनों में दिया गया पानी **नरमा** कहलाता है। नहर के अलावा कभी-कभी छोटे नाले को बाँधकर पानी रोक लिया जाता है। पहाड़ी या पठारी खित्तों में पहाड़ी की ढाल की ओर तीन ऊँची बन्धी बाँधकर बरसात का पानी रोक लिया जाता है, यह पानी ज़रूरत के मुताबिक़ छोटे-छोटे फाटकों से बाहर निकाल दिया जाता है। देवमातृक खित्तों में **रहट**, पुर और **ढेंकुल** के द्वारा कुओं से सिंचाई होती है। चमड़े के थैले को ही **पुर** या **चरस** कहते हैं और जितने पुर जिस कुएँ पर चलें, उसके हिसाब से कुएँ **एकपैरे, दुपैरे, चौपैरे** या **अठपैरे** कहे जाते हैं। **पुर** घिर्रियों पर चलते हैं। **पैरे कुएँ** पर जो लकड़ी का ठाठ रखा रहता है उसे **ओखर-पोखर** कहते हैं, कुएँ के चारों ओर का चबूतरा **जगत** कहलाता है। कुएँ का घेरा **जमुवट** कहलाता है। जहाँ पानी ऊपर पहुँचाना होता है, वहाँ **परोहे** के द्वारा पानी नीचे से ऊपर किसी खोह में पहुँचाया जाता है, इसी को **बोदर** (पूरब में) और **नांदा** (पश्छिम में) कहा जाता है। पूरब में परोहे के बदले बाँस के **छींटे** काम में आते हैं। दो-दो आदमी एक-एक धरातल पर लगते हैं। छोटे-छोटे खेतों की भराई **ढेंकुली** या **ढेंकी** से की जाती है, इसके लिए कच्चे कुएँ भी पर्याप्त होते हैं। और फिर आजकल पम्पिंग सैट (**उलीचनयंत्र**) हैं, ट्यूबवैल (**नलकूप**) हैं, सरकार के भरोसे पर, यन्त्र-तन्त्र के भरोसे पर।

जिस साल पानी नहीं बरसता, नदियाँ, ताल-तलैयाँ सब सूख जाते हैं, उस साल वत्सला धरती के जैसे थन सूख जाते हैं और तब रहीम की उक्ति याद आती है।

रहिमन पानी राखिए पानी बिन सब सून।
पानी गए न ऊबरैं मोती मानुस चून।।

छायातप

प्रकाश और **अन्धकार** दोनों के अलग-अलग आकर्षण हैं। भारतीय चिन्तन दृष्टि-प्रधान होने के कारण तम और ज्योति के खेल से बराबर आकृष्ट रहा है, भौगोलिक दृष्टि से भी उष्ण कटिबन्ध में होने के कारण **छाया** और **आतप** का वैषम्य बड़ा गहरा रहता है और इन दोनों की छटाओं के स्तर भी अनेक हैं। **प्रकाश, ज्योति, द्युति, दीप्ति, प्रभा, विभा, आभा, कांति, आलोक, आभास, उजास, आतप, चन्द्रिका** ये शब्द प्रकाशवाची होते हुए भी अपनी-अपनी अलग अर्थच्छटा रखते हैं, इनके अलावा **चमक, चकाचौंध, कौंध, झिलमिलाहट, टिमटिमाहट, धूप, चाँदनी, उजास, उजाला, लौ, झलक, दमक, जोत, रौनक, रोशनी, चिलचिलाहट** जैसे शब्द भी नए और अलग अर्थ देते हैं। **झलक** प्रकाश की सबसे हलकी रेखा है और **धुन्ध** सबसे तेज़।

चेहरे पर **चमक** होती है, **आब** होती है, **पानी** होता है, **आभा** होती है, चेहरा **चमकता** है, **दिपता** है, दिव्य कल्पना का योग पाकर चेहरे के चारों ओर **प्रभामंडल** होता है। आँखों में **चमक** होती है, **दीप्ति** होती है, **तेज** होता है, उसकी **जोत** कभी-कभी मन्द हो जाती है, कभी-कभी गई **रोशनी** वापिस आ जाती है। शरीर में **कान्ति** होती है, **द्युति** होती है, कुन्दन की **दमक** होती है। सूर्य की **प्रभा प्रखर** और **उज्ज्वल** होती है, दिन का **आलोक** होता है, दोपहर की धूप **चिलचिली** होती है, जेठ की दुपहरी बड़ी **झलमल** होती है, उस समय धूप **चुन्ध** मारती है। ऐसी धूप **बिलइया लोटन** या **झाँइन** भी कही जाती है, इसी में रेत पानी-सा दीखता है, इसी को **मृगमरीचिका, औंचक** और **पंडवारी** कहते हैं। प्रभात और सायंकाल की **विभा** होती है, प्रभाव के पूर्व एक **उजास** होती है, जिसके साथ-साथ **ललछौंही आभा** के दर्शन होते हैं। धूप थोड़ी ही देर में **खिल** जाती है, जाड़ों में कुछ देर तक **रोती** रहती है, **सिघराई** और **मलिन** रहती है, कुहासे के छँटते ही **निखर** आती है। सूरज की किरणें पानी पर जब नाचती हैं तो आँखें उस पानी पर नहीं ठहरतीं, यह **प्रत्यालोक आलोक** से भी अधिक **नेत्र प्रतिघाती** होता है। जेठ की तेज़ **घामी** में धूप **चिटकने** लगती है, तब बादल आ जाए तो वही धूप **सँवरा** जाती है, कालिदास के शब्दों में तब दिवस **अर्धश्यामल (अधसँवराया)** दीखने लगता है और धूप की प्रचंडता भी यह स्निग्ध छाँह पाकर **बदरौटी घाम** की आभा बनकर सुखद हो जाती है, कालिदास ने इसीलिए मानवीय प्रेम की उपमा इस **अधसँवराये** दिन से दी है–**दिवस इवार्धश्यामस्तात्यये जीवलोकस्य** । दिन ढलते-ढलते धूप **सिमटने** लगती है और **सँझलौकी** बनकर यकायक

जाने कहाँ उड़ जाती है। चन्द्रमा की **चाँदनी** या **चन्द्रिका** के भी अपने अलग ही नक्शे हैं, वह चैत में **टहकार,** वैसाख-जेठ में और **चहकार,** पावस में बादलों के बीच से झाँकती हुई कुछ **मैली-सी** और बादलों के हटते ही **उघरी-सी,** कुआर-कातिक में **धुली** और **निखरी**, फिर अगहन-पूस में **धूमिल** और **कुहकाच्छन्न** हो जाती है। पानी के ऊपर चाँदनी **झलझलाती** है, चन्द्रमा की **ज्योति** बड़ी शीतल होती है, अमृत होती है, दृष्टिसेचक होती है, तारों की **ज्योति** बड़ी **तरल** होती है, उनकी **रोशनी** बड़ी **झिलमिली** होती है, अमावस की रात में तारे **जगमगाने** लगते हैं, पर चन्द्रमा के आगे **टिमटिमाते** ही रहते हैं, बिजली **कौंधती** है तो बड़ा ही **चौंधियाता प्रकाश** होता है, आँखें अपने आप **झँप** जाती हैं, संस्कृत के कवियों ने बिजली की चमक को इसीलिए **स्फुरित** कहा है। (विद्युद्दाम-स्फुरित चकितैर्यत्र पौरांगनानां लोलायाङ्गैर्यदि न रमसे लोचनैर्वञ्चितोऽसि) हिन्दी के कवि भी **दामिनी** की **दमक** पर मुग्ध रहे हैं। दीये की **लौ** प्रसिद्ध ही है, हवा में यह लौ **काँपने** लगती है, **निवात-निष्कम्प** होने पर बड़ी स्थिर हो जाती है, इसी **दीपशिखा** से हमारे साहित्यों में **देह-प्रभा** की उपमा बार-बार दी गई है। एक साथ अनेक **दीये** एक माला या पंक्ति में जल उठे तो उनकी **झलमलाती** रोशनी बड़ी ही सुहावनी लगती है, पानी की सतह पर बाँस की खपाचियों पर तैराई दीपपंक्तियाँ **टलमल** रोशनी की एक रंगीन तस्वीर हैं। दीया बुझने को होता है तो **लौ टिमटिमाने** लगती है, फिर **लुकझुक** करने लगती है, अन्त में यकायक **भभक** कर **बुझ** जाती है या **गुल** हो जाती है। **दीपक** हमारी परम्परा का प्रतीक है, एक प्रदीप से दूसरा प्रदीप प्रवर्त्तित होता है, इसलिए वह **सन्तानवाही** परम्परा की ज्योति-कड़ी है, उसका बुझना अमंगल है, लोग इसीलिए **गुल होना** या **बाती बढ़ाना** ही कहना मंगलमय समझते हैं। मिट्टी तेल की **मद्धिम** और **धुईंली** रोशनी गरीब की झोंपड़ी की एकमात्र आशा है। शहरों में बिजली की रोशनी **जगमगाने** लगी है और उसके तरह-तरह के खेल होने लगे हैं, नियोन संकेतों की कीलित रोशनी का **उजास, मर्करी लाइट का नीलोज्ज्वल प्रकाश,** लैम्पशेड वाली **अधढँकी** रोशनी, जो **बिजली** का प्रकाश अपने **तल** को **छायित** नहीं करता, उसकी **अच्छाय** रोशनी और लैम्प पोस्टों (**प्रकाशस्तम्भों**) की **सच्छाय** रोशनी, **दूधिया** रोशनी और **तेज, तीखी, चुभनेवाली, उनींदी रोशनी,** नाइट लाइट की **मात्राभासी रोशनी** और **उत्सवों** की **सतरंगी** रोशनी, पथ-संकेतों की लाल-पीली-हरी बत्ती आलोकित होती है और कुछ ही क्षणों में बदल जाती है। कहीं-कहीं यह **स्वयंचालित** और कहीं **नियन्त्रित** रहती है। रात में फ़ोटो लेने के लिए जो फ़्लैशबल्ब प्रयोग में आते हैं, उसकी **उद्भासित रोशनी, सर्चलाइट (रोशनीमार)** की **आवर्त्तमान** रोशनी से और टार्च की **फेंकी हुई** रोशनी से अलग होती है।

अन्धकार प्रकाश से गहरा है। **तम आसीत्तमसा गूढमग्रे** (ऋग्वेद, नासदीय सूक्त) सृष्टि के आरम्भ में अन्धकार एक और बड़े अन्धकार से घिरा हुआ था। शरच्चन्द्र चट्टोपाध्याय ने अपने **श्रीकान्त** उपन्यास में इस अन्धकार के श्यामल सौन्दर्य पर अपना हृदय उड़ेल दिया है। भारतीय दर्शनों में मीमांसादर्शन तो यह आग्रह किए हुए है कि अन्धकार प्रकाश का अभाव नहीं, यह भावरूप स्वतन्त्र पदार्थ है। छाया अन्धकार की

ही सहेली है, चाहे वह **परछाईं** हो, पेड़ की **छाया** हो, **प्रतिबिम्ब** हो, किसी भी वस्तु के रोशनी हिस्से का उल्टा **पहलू** हो, विलुप्त प्रकाश की **झाईं** हो, रोशनी के पीछे की छायाकृति हो, किसी का अक्स हो, **छायाचित्र** हो, **छवि** हो, **बादल की छाँव** हो, **धूपछाँव** हो, चेहरे पर कान्ति की कमी या **स्याही** हो, पेड़ों के नीचे की फ़सल पर **प्रकाश की कमी** या **छोही** हो, है यह सब छाया की ही आँखमिचौनी।

अन्धकार का सबसे हलका रूप है **सँझलौका** (जो अन्धकार और प्रकाश की सन्धि है), उससे कुछ गहरा है **ध्वान्त** या **धुन्ध**। यह **धुन्ध** धूल से भी **उठ सकती है, कुहासे से भी छा सकती है,** और धूल बैठते ही **कट सकती है,** कुहासा हटते ही **छँट सकती** है, परन्तु साँझ के बाद जो **धुन्ध** बढ़ने लगती है, वह और गहराती चली जाती है। कानपुर जैसी औद्योगिक बस्तियों में यह धुन्ध बड़ी धुईंली और **कड़वी** हो जाती है, धुईंली धुन्ध या **धूमिल अन्धकार** में चेहरे अस्पष्ट दीखते हैं, पर आकृतियाँ **प्रच्छायित** दीखती हैं, अन्धकार कुछ और अधिक गहरा हो जाता है, तब हाथ को हाथ नहीं सूझता और तब निविड़ अन्धकार छा जाता है। यह अन्धकार **दीठ** पर लेप-सा कर देता है। घने जंगलों में यह अन्धकार और दूना घना हो जाता है। उस पर भी रात गिर जाने पर **बादल** घिर आएँ तो क्या कहना, **सूचीभेद्य** अन्धकार घेर लेता है, मानो अँधेरे की पर्त्त पड़ती गई हो, सूई से चाहे तो कोई उसे छेद दे। नैश अन्धकार रात के पिछले पहर **विभात** होने लगता है और धीरे-धीरे पीछे सरकने लगता है। कभी-कभी दिन में ही बादलों के कारण, आँधी के कारण या ग्रहण लगने के कारण अँधेरा छा जाता है। वह अँधेरा प्रायः बिलकुल **अनालोक** नहीं होता।

छाया अन्धकार का ही प्रकाश के साथ खिलवाड़ है, कभी-कभी यह **रोशनी की परिधि** के बाहर जाते ही **अनालोक** रूप बन जाती है, कभी-कभी **प्रतिच्छाया** या **परछाईं** रूप बन जाती है; कभी-कभी दो आलोकों के संयोग से **बिम्ब, अनुबिम्ब, प्रतिबिम्ब** बन जाती है और कभी-कभी **अनुकृति** बन जाती है। चित्र में छाया और आलोक का सामरस्य रखना बहुत ही आवश्यक है। **अनालोक** (सिलुएट) चित्र या **छायाकार** चित्र शुद्ध छाया के ही प्रभाव को तीव्र करने के लिए रचे या खींचे जाते हैं। फ़ोटो खींचते समय चेहरे पर छाया बचाई जाती है ताकि चेहरा बिलकुल **स्याह** न उतरे। चेहरे पर से तेज़ रोशनी भी बचाई जाती है ताकि चेहरा एकदम **धुलकर सपाट** न हो जाए। आलोक **आड़ा** या **तिरछा** ही अनुकूल पड़ता है। आलोक और छाया की सिलवट बड़ी ही सूक्ष्म होती हैं। दोनों का तालमेल ही ज़िन्दगी का चरम रहस्य है, जैसा कि कठोपनिषद् के ऋषि ने कहा है—

ऋतं वदन्तौ सुकृतस्य लोके गुहां प्रविष्टौ परमेऽपरार्धे।
छायातपौ ब्रह्मविदो वदन्ति पंचाग्नयो ये च त्रिणाचिकेताः।।

रंग-बिरंग

हमारी जलवायु में रंग खिलते हैं, इन्द्रधनुष के सात रंग ही नहीं हर रंग की अलग-अलग झाइयाँ और छटाएँ ये सब अपनी रंगत रखते हैं, आँख और बदन के रंग अलग हैं, फूल-फलों के अलग, कपड़ों के अलग, चित्रों के अलग।

आँखें **भूरी** (पिंगल) **कंजड़, रतनारी, बिल्लौरी, तोताचश्मी, चमकीली, काली, कजरारी** और **नीली** होती हैं, **कजरारी** और **रतनारी** आँखों की शोभा हमारे यहाँ विशेष है, क्रूर हिंस्र पशुओं की आँखें **दहकीली** होती हैं, रोगी आँखें **पीली** भी होती हैं, केश काले, भूरे, कपिश, पिंगल, सफ़ेद, **गंगाजमुनी, धवल, सुनहले, लाल** प्रकृति और अवस्थाभेद से होते हैं, सौंदर्य के प्रतिमान कृष्णकेश ही हैं। देह का रंग **गोरा** (गौर), **चंपई**, कच्चे सोने-सा, **गेहुँआ, तामई**, साँवला, **पक्का पानी**, काला, **अंजनाभ (अंजनी)** और पीताभ (**पियराह**) होता है।

वस्तुजगत् में रंगों के विशेषण लें। रंग **चोखा** या **चटक** हो सकता है, **चहचहा** हो सकता है, शोख हो सकता है, हलका हो सकता है, फीका हो सकता है, **मटियाला** होने पर **अगरई** या **भकमूसरा** हो सकता है, आभा या झाँई मात्र हो सकता है, रंगों के लिए–आह (आम),–आर,–ई ये प्रत्यय अधिकतर आते हैं, पहले सफ़ेद या श्वेत को ही लें, **धौर, उजला, रुपहुला, शुभ्र, दूधिया, शरबती**, इनमें कुछ हलका पीलापन मिला तो **मोतिया, माखनी, कपूरी**, हलका भूरापन मिला तो **बादामी**, हलका गुलाबी मिला तो **प्याज़ी** रंग बन जाता है, हलका स्याह मिला तो **सिलेटी** और **खंजनी** बन जाता है।

पीले रंग में हम **बसंती** से शुरू करते हैं, उसमें कुछ गहरा हुआ तो **सरसई** (सरसों फूल सा), और गहरा **कनेरी (कनइली)**, चटकीला हुआ तो **रामरजी** और गहरा हुआ तो **हल्दी**, पीले रंग की छायामात्र हो तो **पियराह**, हलके पीले में चमक हो तो **चंपई**, और चमक हो और **रंग** गहरा हो तो **कुंदन** या सुनहला रंग बनता है, लाल की झलक भर हो तो **सेबिया** रंग तैयार होता है और कनेरी में हरे की झलक रहती है।

पीले और लाल के संयोग से **नारंगी** के कई अवतार होते हैं, लाल की तरफ़ **गेरुई**, उससे अधिक गहरा **जोगिया**, उससे भी अधिक **मलयागिरी**, पीले की तरफ़ **केसरिया, डंड़ियान** (हरसिंहार के फूलों के डंठल के रंग का) **केंसुआ** (किंशुकी), **कुसुंभी (कमूमी)** और **पीक** रंग तैयार होते हैं, बहुत हलका नारंगी **कपासी** और बहुत गहरा **कसूमी** ही होता है, नारंगी इन दोनों छोरों के बीच में है।

लाल में **फोक गुलाबी** सबसे हलका है, **फोंक प्याज़ी** और **प्याज़ी** को सफ़ेद के समीप अधिक मानना चाहिए, उसके बाद **गुलाबी**, फिर **चटक गुलाबी**, उससे कुछ गहरा हुआ तो **चोला**, बिलकुल सुर्ख हुआ तो **रकतार, रकत लाल** और **कंदई, सुरखाबी**, हलकी-सी नारंगी आभा मिली तो **सिंदूरी** और गहरी मिली तो **ईंगूरी**, गहरा सुर्ख रंग **हरिमिची** कहलाता है, सबसे गहरा लाल होता है **मजीठी**। शुद्ध लाल रंग **सुरंग** या **सोहा** कहा जाता है, कहीं-कहीं यही पक्का भी कहा जाता है, लाल रंग में **कत्थई** छाया से कई रंग बनते हैं, **कोकटी, तामई, कत्थई**, कुछ हल्का स्याहपन लिए हो तो **किसमिसी** और गहरा स्याहपन लिए हो तो **उन्नाबी** और लाल बस झाँई मात्र हो तो **ककरेजी**, लाल रंग बड़ा मांगलिक है। शादी-ब्याह में इसका बड़ी चलन है, मरुस्थल में यह बहुत प्रिय है। विंध्याचल में इसका मजीठ रूप अधिक लोकप्रिय है।

हरा रंग बड़ा सुहावना माना जाता है, विशेष करके वर्षा ऋतु में; सबसे हलका हरा **अँगूरी**, उससे अधिक गहरा **धानी**, उससे अधिक चटकीला **सुगापंखी**, और गहरा होने पर **काही**, कुछ स्याहपन मिलने पर **मूँगिया**, अधिक स्याहपन मिलने पर **सिवारी**, हल्का नीलापन मिले तो **फ़ीरोज़ी**, गहरा मिले तो **जंगाला** या **तूतिया**।

नीले रंग का सबसे हलका रूप है **समुंदरी**, उससे अधिक खुला **आसमानी**, हलकी लाल झाँई लिये **जामुनी, बैंगनी** और **अलसीफूल** (तीसीफूल), स्याह नीला **सुरमई**, गहरा स्याह नीला **नीलांजनी, नीलकंठी** कहा जाता है, काले या स्याह रंग में **धूम (धुंईला) धूमिल, धुँआह, सिलेटी, सुरमई, स्याह, काला, अंजनी, कजरारा, कजला**, (हलकी छाया हो तो कजराह), **सोंकन** (सफेदी लिये हो) मैल के कारण काला पड़े तो **चीकट, करइल**, और चमकीला हलका काला हो तो **लोहई** (लौह) और गहरा हो तो **कौआपंखी** (काकपक्षी)।

संस्कृत के भी कुछ नाम हैं, भस्म के रंग का **कर्बुर**, सिलेटी, **कपोतकंठी, मेचक, घूसर, घूम्र, अरुण, शोणित**, पर वे साहित्य के लिए हैं।

रंगों के व्यापार भी अलग-अलग हैं, कुछ रंग शरीर पर **फबते** या खुलते हैं, कुछ रंग बेमेल हो जाते हैं तो खाने लगते हैं और चुभते हैं, रंग हथेलियों में **रचे जाते** हैं, कपड़ों के रंग **चिताये जाते** हैं, चित्रकारी में रंग **खोले जाते** हैं, **उभारे जाते** हैं, **दबाये जाते** हैं, एक रंग की ज़मीन पर दूसरा रंग **चढ़ाया** जाता है, कुछ रंगों को धोया जाता है तो कुछ को पानी **चढ़ाया** जाता है, कुछ रंग चढ़ते नहीं तो बड़े रूखे और **मटमटे** लगते हैं और कभी तेज़ हो गए तो **कसीस** होकर काटने लगते हैं, दो-दो तीन-तीन रंगों के मैल और घोल से धूपछाँह की कई छायाएँ उतरती हैं, **दुरंगी, तिरंगी, चौरंगी, पंचरंगी** और **सतरंगी** (इंद्रधनुषी) छवियाँ तैयार होती हैं, रंगाई की प्रक्रिया बड़ी सावधानी की प्रक्रिया है, **डुब्बा रँगाई** तो समूचा डुबोने की सीधी-सादी प्रक्रिया है पर **बंधना रंगाई में** जगह-जगह **बंद, गंडा** या **डाट** बाँध दिए जाते हैं और चुनौटिया या **चुन्नट रंगाई** एक साथ तीन-तीन चार-चार रंग रँग देती है, औटा कर पक्का रंग बनाने की प्रक्रिया को **लाग** या **पाह देना** कहते हैं, रंग को बराबर मिलाने को **पछैना** कहते हैं और रंग उतारने को **पखारना**, रंगों

में **बुक्का** (अभ्रकचूर्ण) मिलाकर अतिरिक्त चमक लाई जाती है और सोने या चाँदी का पानी देकर **सुनहुली** या **रुपहुली** दमक दी जाती है।

काठ की जिस वस्तु से कपड़ों की छपाई की जाती है, उसे **ठप्पा या छापा** कहते हैं। छापे में बने निशान **रंगत** या **कटान** होते हैं। जिस तख्ते पर कपड़ा बिछाकर ठप्पे से छपाई की जाती है, उस तख्ते का नाम **पटीमा** है। कपड़े पर स्थान के विचार से छपाई के कई नाम हैं—धोतियों की चौड़ाई में किनारे पर दस-बारह अंगुल चौड़ी जगह में फूल-पत्तियों की छपाई को **पल्ला** और धोती की लम्बाई में किनारे-किनारे सीधी रेखा की छपाई को **धार, धारी, किनार, किनारी** या **ढींग** कहते हैं। चुनरी या ओढ़नी के मध्य में टेढ़ी रेखाओं की छपाई का नाम **लहरा** या **लहरन** है। दो पत्तियों सहित आम की छपाई जो लिहाफ, चादर और पलंगपोश आदि पर की जाती है उसे **तुरंज** या **कुंज** कहते हैं। छोटे बूटे को मिलाते हुए की गई छपाई **बेल,** पतली बेल **फीता** और अलग-अलग किन्तु घने बूटे की छपाई को **जाल** कहते हैं। छपे कपड़े के खाली स्थान **थल,** कपड़े पर पहली बार की मामूली छपाई **थलकारी,** छोटी बूँदों की छपाई **छींट,** छींट से बड़ी बूँदें **बुँदका** और बुँदका से बड़ी बूँदें **टिपका** तथा छींट से छोटी बूँदें **फुरी** कहलाती हैं।

अगर थलकारी किसी एक रंग में की जाय तो उसके ऊपर दूसरी छपाई उससे अलग रंग में की जाय तो उसे **रंगीत ठप्पी** कहते हैं। कुंज के छापे में से यदि फल की आकृति निकाल दी जाए तो वह ठप्पा **कुंज-पत्ती** कहलाता है। पत्तीदार एक फूल बना छोटा छापा **बूटी,** मिलती हुई बूटी का छापा **फूलपतिया पाँत** या **बेल,** बेल की एक ओर का कँगूरेदार छापा **टोटरू** या **कँगूरिया,** फूल-पत्तियों सहित पौधों का छापा **फुलबगिया,** पाँती में उड़ते हुए पक्षियों का **उड़नपखेरू,** तितर-बितर उड़ते हुए पक्षियों का **पंख पखेरू,** बिना पत्ती के **फुलडंडिया,** खिले हुए फूलों का **पँखरिया,** एक बड़े फूलवाला **करवा,** सींकों के निशानों के साथ बूँदों वाला **छिंट-सींका,** खड़ी खजूर की पाँती वाला **ताड़खजूरा** और फूल, पत्ती, पान, पक्षी, चिड़ी आदि कई चीजों की आकृति वाला छापा **सतगठा ठप्पा** कहलाता है।

रँगी-छपी ओढ़नियों और चुनरियों के भी कई नाम हैं—पतली रेखाओंवाली **जयपुरी** या **जयपुरिया,** अंगुलभर चौड़ी रेखा वाली **लहरिया** और रंगों के द्वारा गंडे बाँधकर फूल, छबरिया, बूँदे तथा चिड़ियाँ बनाई हुई **भाँति-भँतीली** कहलाती हैं। कपड़े के बीच में वर्गाकार खाली जगह के चारों ओर रंगीन चौखटे वाली **पतंगिया** ओढ़नी के चारों किनारों पर लाल रंग की बर्ग और गोले तथा बीच में भी बर्ग वाली ओढ़नी **पौमचा** या **पेमचा,** औरत बना पेमचा **महरिया,** सिर पर गागर वाली औरतों के चित्र की **गुजरिया** नाचते हुए मोरों वाली **मोखदोवा** और पक्षियों के चित्रों वाली **चिरई-चिरौंहा** तथा **सुआ कोइल** कई रंगों की धारियोंवाली **पँचरंग चीरा,** पेड़ के नीचे खड़ी औरतों वाली **कुंजें,** गोलाई में खड़ी हुई औरतों वाली **रास बिहार** और जिन वस्त्रों का कुछ भाग रँगा तथा कुछ छपा होता है उन्हें **महरिया, गुजरिया** आदि रंगाई और छपाई के नामों से जाना जाता है।

होली का त्यौहार ही रंगों का त्यौहार है, रंगों का खेल हमारा राष्ट्रीय पर्व है और तबीयत की मस्ती, इसीलिए हमारी भाषा में रंगीनी है और चेहरे की खुशी चेहरे की रंगत।

दिशाएँ

जीवन में दिशाओं का बड़ा महत्त्व है। दिशा को **दिक्, ककुभ, आशा, हरित्, काष्ठा, ओर, तरफ** आदि भी कहते हैं। दिशाएँ चार होती हैं–**पूर्व, पश्चिम, उत्तर** और **दक्षिण**। इन चार दिशाओं के चार **दिगान्तर** हैं, जिनके नाम हैं–**ईशान, नैर्त्तच्त्य, वायव्य** और **आग्नेय**। पूर्व और उत्तर के मध्य का कोण **ईशान** कहलाता है, पश्चिम और दक्षिण के मध्य का कोण **नैर्त्तच्त्य** है, पूर्व तथा दक्षिण के मध्य **वायव्य** होता है और पश्चिम एवं उत्तर के मध्य के कोण को **आग्नेय** कहते हैं। इनके अतिरिक्त **ऊपर** और **नीचे** भी दो दिशा मानी जाती हैं। इस प्रकार कुल मिलाकर दस दिशाओं की मान्यता है। बीच का स्थान **अन्तराल** या **अभ्यन्तर** कहा जाता है। दिशाओं की परिधि को **मण्डल, घेरा, चक्रवाल, चक्क** आदि कहते हैं।

दिशाओं में होनेवाली वस्तुओं को 'दिश्या' कहा जाता है। दक्षिण दिशा में होनेवाली वस्तु को **अर्वाचीन,** उत्तर दिशा में होनेवाली वस्तु को **उदीचीन,** पश्चिम दिशा में होनेवाली वस्तु को **प्रतीचीन,** तथा पूर्व दिशा में होनेवाली वस्तु को **प्राचीन** कहते हैं। सभी दिशाओं के अपने-अपने **ग्रह** होते हैं जैसे–पूर्व का **रवि,** आग्नेय का **शुक्र,** दक्षिण का **मंगल,** नैर्त्तच्त्य का **राहु,** पश्चिम का **शनैश्चर,** वायव्य का **चन्द्रमा,** उत्तर का **बुध** और ईशान का **वृहस्पति** ग्रह होता है।

दिशाओं के रक्षक **दिक्पाल** हैं। दिशाओं के अनुरूप इनकी संख्या दस है। पूर्व दिशा के दिक्पाल **इन्द्र,** पश्चिम के **वरुण,** उत्तर के **कुबेर,** दक्षिण के **यम,** ईशान कोण के **ईश,** नैर्त्तच्त्य कोण के **निर्त्तच्ति,** वायव्य कोण के **वायु,** आग्नेय कोण के **अग्नि,** ऊर्ध्व दिशा के **ब्रह्मा** और अधो दिशा के **शेष** हैं। इसी प्रकार पूर्वादि चार दिशा और ईशानादि चार दिशा के **अष्टदिग्गज** होते हैं। इन्हें **दिक्स्तम्भ, दिशिकुञ्जर** और **दिशिनाग** भी कहते हैं। **दिग्गजों** के नाम इस प्रकार हैं–पूर्व का **ऐरावत,** आग्नेय का **पुण्डरीक,** दक्षिण का **वामन,** नैर्त्तच्त्य का **कुमुद,** पश्चिम का **अंजन,** वायव्य का **पुष्पदंत,** उत्तर का **सार्वभौम** और ईशान का **सुप्रतीक**।

प्रकृति से हटकर भी दिशाओं की किंचित् स्थिति पाई जाती है जैसे–**दाँया, बाँया, बाजू** में या **बगल** में, आगे, **सामने, पीछे, ओट, पास, दूर, अकेला, आदि, मध्य** और **अंत**।

दिशाओं से सम्बन्धित कुछ अन्य चीजें भी हैं। उदाहरण के लिए **दिक्कन्या** दसों दिशाओं की पुराणों में ब्रह्मा की कन्याओं की मान्यता है। वह काल्पनिक हाथी जिस पर दिशाएँ खड़ी हैं **दिक्कुञ्जर** कहे जाते हैं। जिस विधि या उपाय से दिशाओं का ज्ञान हो

उसे **दिक्साधन** कहते हैं। दिशा का छोर, दिशा का अन्त, आकाश का छोर, क्षितिज अथवा सभी दिशाएँ **दिगन्त** होते हैं। **दिगंश** क्षितिज वृत्त का 360वाँ अंश होता है। जिस यंत्र से किसी ग्रह या नक्षत्र का दिगंश ज्ञात किया जाय उसे **दिगंश-यंत्र** कहते हैं। छोटी डिबिया के आकार का एक प्रकार का यंत्र जिसमें लगी हुई दोमुही सुई उत्तर और दक्षिण दिशा बतलाती है, **दिग्दर्शक-यंत्र** कहलाता है। दिशा सम्बन्धी भ्रम या भूल या दिशाओं के ज्ञान का अभाव 'दिग्भ्रम' होता है। दिशाओं का समूह या सम्पूर्ण दिशाएँ **दिग्मण्डल** होती हैं।

दिशाएँ वस्त्र का भी काम करती हैं। नंगा रहनेवाला जैन-यती **दिगम्बर** कहलाता है। देवताओं में शंकर भी दिगम्बर ही हैं। दिशाएँ जलती भी हैं, दिशाओं का जलना **दिग्दाह** कहा जाता है। एक विशेष प्रकार का उत्पात या दैवी घटना जिसमें सूर्यास्त के बहुत देर बाद तक दिशाएँ लाल और जलती हुई-सी दिखाई पड़ती हैं; बृहत्संहिता के अनुसार यह अशुभ लक्षण है। इसका रंग पीला या अग्नि-वर्ण होने से राजा और राष्ट्र का विनाश, लाल होने से कृषि-नाश आदि की आशंका रहती है। दिशाओं के अनुसार पूर्व में दिग्दाह होने से शासक-वर्ग का क्षय, दक्षिण में होने से वाणिज्य-व्यवसाय की हानि, पश्चिम में होने से कृषि की क्षति और उत्तर दिशा के दिग्दाह से शिक्षित और शिष्ट समाज का अमंगल होता है। जो सब दिशाओं में व्याप्त हो उसे **दिग्व्यापी** कहते हैं। अपनी सेनासहित राजाओं को वीरता दिखाने और महत्त्व स्थापित करने के लिए विजय प्राप्त करना, अपने गुण, विद्या, बुद्धि आदि के द्वारा देश-देशान्तरों में अपना महत्त्व स्थापित करना या देश-देशान्तरों में रहनेवालों को जीतना **दिग्विजय** कहलाता है और जिसने दिग्विजय किया हो उसे **दिग्विजयी** या **दिग्विजेता** कहते हैं।

दिशाएँ शूल भी देती हैं। फलित-ज्योतिष के अनुसार कुछ विशिष्ट दिनों में कुछ विशिष्ट दिशाओं में काल का वास होता है जिसे **दिग्शूल** अथवा **दिक्शूल** कहते हैं। जिस दिन जिस दिशा में दिग्शूल माना जाता है उस दिन उस दिशा की ओर यात्रा करना अशुभ माना जाता है। मंगल और बुध को उत्तर, सोम और शनि को पूर्व, बृहस्पति को दक्षिण और रवि तथा शुक्र को पश्चिम की ओर यात्रा का निषेध है। इस संदर्भ में भड्डरी की लोकोक्ति द्रष्टव्य है–

मंगर बुद्ध उतर दिसि कालू। सोम सनिच्चर पुरुब न चालू।।
जे बीफै के दक्खिन जाई। बिना गुनाहै पनही खाई।।
रबी सुक्क के पच्छिम जाए। हानि होइ मन में पछताय।।

विभिन्न दिशाओं में प्रस्थान कब किया जाए? इस सन्दर्भ में यह मान्यता है कि पूरब में गोधूलि के समय, पश्चिम दिशा में प्रातःकाल, उत्तर दिशा में दोपहर और दक्षिण दिशा में रात्रि में प्रस्थान करना शुभ है। उस समय में यात्रा करने पर दिक्शूल का भय नहीं रहता। उसकी पुष्टि में भड्डरी कहते हैं–

पुरुब गुधुरिया पच्छिम प्रात। उत्तर दुपुहर दक्खिन रात।।
का करे भद्रा का दिग्सूल। कहैं भड्डरि सब चकनाचूर।।

और बड़ों का **दिशा-निर्देश** तो जीवन का अमोघ अस्त्र ही है।

आवाज़ें

भारतीय न्यायशास्त्र में शब्द को नित्य कहा गया है और उसे आकाश का गुण बतलाया गया है, इसलिए शब्द का महत्त्व पूरे भारतीय चिन्तन में मात्र शाब्दिक नहीं है। शब्द ही परब्रह्म है–

अनादिनिधनं ब्रह्म शब्दतत्त्वं यदक्षरम्।
विवर्त्ततोऽर्थभावेन प्रक्रिया जगतो यतः।।

(भर्त्तृहरि-वाक्यपदीय)

वाक् की चार अवस्थाएँ हैं, **परा, पश्यन्ती, मध्यमा** और **वैखरी**। वैखरी वाक् ही श्रवण-गोचर होती है। ध्वनि के उच्चारण में मुखविवर में **बाह्य** और **आभ्यन्तर** दोनों प्रकार के प्रयत्न होते हैं। प्राण की मात्रा की कमीबेशी के आधार पर ध्वनियाँ **अल्पप्राण** और **महाप्राण** होती हैं, स्वर-तन्त्री के स्पन्दन के बीच गुज़रने के कारण ध्वनि **घोष** कही जाती है और प्राण वायु के विभिन्न प्रकार के संस्कारों के कारण **स्पर्श, ऊष्म** और **अन्तःस्थ** कही जाती है। स्वरों के उच्चारण में **स्वरतन्त्री** के स्पन्दन की तीव्रता से ऊँचा **सुर** उठता है, **स्वर** के सहारे से ही **व्यंजन** व्यंजित होते हैं और **स्वर** के उच्चारण में सम्बद्ध मांस-पेशियों के तनाव से बलाघात उत्पन्न होता है, स्वर स्वतन्त्र रूप से और उसके सहारे **व्यंजन** अक्षर बनता है। भाषा में **सार्थक ध्वनि वर्ण** हो जाती है, मानवेतर भाषा में ध्वनि **आवाज़** बनी रहती है। हर हालत में अभिव्यक्ति का, परस्पर सम्प्रेषण का साधन **वर्णराशि** है या **आवाज़** है। यह आवाज़ बाहर ही नहीं होती, भीतर भी होती है, भीतरवाली आवाज़ ही **अनहद नाद** है।

प्राणि जगत् से ही आवाज़ों की गूँज लेकर संगीत के सात स्वरों की कल्पना हुई। हाथी की **चिंघाड़**, शेर की **दहाड़**, घोड़े ही **हिनहिनाहट**, गधे की **रेंक**, गाय-बैल की **हुंकार** और **रम्भाहट**, बकरी की **मिमियाहट**, कोयल की **कूक**, मोर की **केका**, छोटी चिड़िया की **चहचह**, पपीहे की **पी कहाँ**, सारस के **क्रेंकार**, कौए की **काँव-काँव**, टिटिहरी की **काँद**, उल्लू की **घुत्कार** या **हुप्-हुप्**, चकई के **विराव**, कुररी के **विलाप**, सियार के **फेंकार** या **हुआ-हुआ**, कुत्ते की **भूक**, बिल्ली की **म्याऊँ**, मेंढक की **टर्र-टर्र**, झिल्ली की **झंकार**, साँप की **सुसकार**, मच्छरों की **भनभन**, भौंरी की **गुंजार**; ये आवाजें बहुत ही परिचित हैं। हिन्दुस्तान का किसान पक्षियों की बोली से तरह-तरह के संकेत ग्रहण करता है। **ठाकुर चिरइया** (श्यामा) बड़े तड़के **ठाकुरजी-ठाकुरजी** कहती है, कुआर-कातिक में प्रव्रजित

पक्षियों का एक झुंड **टिकरी बोओ-जोतो** कहता है, **ग्वालिन** या **महरी** चिड़िया **दही-दही** कहती हैं, **तेलिया मैना चीस-चीस** कहती है और औरतें समझती हैं, कह रही है **उठ बहू पीस, उठ बहू पीस,** एक जाति का उल्लू, **घुग्घू मुआ-मुआ** कहता है, **काफल पाको** कहती है, **काफल पाको** (काफल पक गया)। प्राणियों में रति की **प्रकार** सबसे अधिक आकर्षक होती है। मानवीय सुरत की सीत्कार को **रणित** कहा गया है। बादलों के गर्जन के भी कई स्तर हैं; **रसित, स्तनित** और **गर्जित**। वर्षा का **झर्झर्**, ओस की **तिप्तिप्**, नदी का **कलकल**, झरने का **निनाद**, ओले की **तड़तड़ाहट**, बालू की **सुरसुराहट**, पत्तियों की **मर्मर** और **खड़खड़**, समुद्र की **दहाड़** और हवा की **सरसर** ध्वनि प्रसिद्ध है। यहाँ तक कि जहाँ कोई आवाज़ न हो, वहाँ भी **साँय-साँय** या **झाँय-झाँय** सुनाई पड़ती है।

सुर की तीव्रता के कारण आवाज़ **सुरीली** और सुर में वैषम्य के कारण **बेसुरी** कही जाती है। मानवी भाषा में पूरे उक्ति-खंड में सुर के चढ़ाव-उतार के ढंग को **काकु** कहते हैं और काकु का संस्कार भाषा के अर्जन में पहला संस्कार होता है और सबसे ज़्यादा टिकाऊ होता है। इसीलिए दूसरी भाषा के उच्चारण में ध्वनि आ भी जाए, तो उस भाषा की काकु जल्दी ग्रहण नहीं होती; पहला काकु संस्कार ही प्रबल रहता है। बिहारी हिन्दी में **रेघाहट** छिप नहीं पाती, उसी तरह **पश्चिमी** हिन्दी का अतिरिक्त **बलाघात** भी दुराए नहीं दुरता। उच्चारण की क्षिप्रता के कारण जब आदमी सरपट बोलता चला जाता है, तो ध्वनियाँ तीव्रता के कारण द्रुत और संश्लिष्ट हो जाती हैं। एक-एक अक्षर को कृत्रिम ढंग से अलग-अलग करके स्कूलमास्टरी ढंग से उच्चारण करने से ध्वनि **दीर्घायित** और **विलम्बित** हो जाती है, कँपा-कँपाकर उच्चारण करने से **प्रकम्पित** और ओठ के भीतर बुदबुदाने से **जपित** कही जाती है। गला बैठ जाने से या खरास आ जाने से आवाज़ में **खरखराहट** आ जाती है, गला रुँध जाने से या उल्टी साँस चलने से **घरघराहट** आती है। कनफूसी करते समय आवाज़ में **फुसफुसाहट** की प्रतीति होती है और सोते समय अर्ध-चेतन आवाज़ में **बड़बड़ाहट** का आभास होता है। मानसिक दुर्बलता के कारण रुक-रुककर उच्चारण करना **हकलाना** है, ज़ोर से आर्त्तस्वर में पुकारना **चीखना** है, आवेश में ऊँचे स्वर में बोलना **चिल्लाना** है, गद्गद कंठ से बोलना **गलगलाना** है, याचना के स्वर में कहना **गिड़गिड़ाना** है, दर्द की आवाज़ **कराहना** है, असन्तोष में मुँह के भीतर दबी आवाज़ में अपना आक्रोश प्रकट करना **भुनभुनाना** या **मरमराना** है।

प्राणि जगत् में अंग भी मुखर हो उठते हैं, दाँत **बजता** है, हड्डी **चिटकती** और **भड़भड़ाती** है, कान **पटपटाते** हैं, उँगलियाँ **चटकती** या **पुटुकती** हैं, हाथों से **ताली बजती** है, उँगलियों से **चुटकी, पद-चाप** तो प्रसिद्ध ही है; पेट **गुड़गुड़ाता** है, हृदय **धड़कता** है, नाक **घर्रघर्र बजती** है, कान **सनसनाता** है। अचेतन जगत विशेष करके यान्त्रिक जगत् में तो आवाज़ें ही आवाज़ें हैं। रेलगाड़ी की **सीटी,** उसके पहियों की **घड़घड़,** मोटर का **भोंपू,** साइकिल की **घंटी,** नाव की **छप्छप्,** चारपाई की **चरमराहट,** जूते की **मचमच,** टाप की **खमखम,** बसूले की ठुक्ठुक्, घड़ी की **टिक्टिक्,** घंटे की **घन्घन्,** छोटे पहियों की **किर्रकिर्,** घंटी की **टुन्टुन्,** इंजन की **गड़गड़ाहट,** भाथी की **भायँ-भायँ,** हथगोले या पटाखे

का **धड़ाका**, बम का **विस्फोट**, लाठी की **तड़तड़**, धनुष की **टंकार**, तलवार की **छप्छप्**, कोड़े की **सड़ाक्-सड़ाक्**, किवाड़ों की **भड़भड़ाहट,** खौलते द्रव की **कड़कड़**, उठते भाप की **सनसनाहट**, आग में लकड़ी की **चड़चड़ाहट** और राँधे जाते अनाज की **खुदबुद;** जाने और कितनी आवाज़ें हैं।

मानुषी वाक् के भी कम रूपान्तर नहीं हैं; नवजात बच्चे की **किलकारी** या **काकली,** शिशु की **तुतलाहट** या **तुतली**, वयःसन्धि का **कषाय** और **फटा स्वर**, नारी का **कोमल** और **महीन** स्वर, रोने की **भर्राई** आवाज़, हँसी की **खिलखिलाहट**, पुरुष का **मेघ गम्भीर** स्वर, बुढ़ापे की **काँपती** या **फूटी आवाज**, संगीत का **सधा कंठ**, दया के लिए **रिरियाया** स्वर, क्रोध के लिए **चढ़ा** स्वर, विषाद में **उतरा** स्वर, करुणा में **विगलित** और रुँधा स्वर, ग़रूर में **मोटी आवाज़**, अभिनय में **बनाई** आवाज़, कमज़ोरी की **उखड़ी आवाज़** और प्रेम में **भावभीना स्वर**। मनुष्य वाणी को अनेक प्रकार से संस्कार देता है और उसकी मनोदशा की पहचान चाहे उसकी वाणी न कराये, पर उसके संस्कार की पहचान ज़रूर करा देती है। मानवी वाक् इसी माने में अन्य प्राणियों की वाक् से पृथक् है कि वह **व्याकृत** है, **संघटित है—अव्याकृत और असंघटित नहीं**।

हवा का झोंका

एयरकंडीशन सभ्यता का विस्तार अभी हिन्दुस्तान में ज्यादा नहीं हो पाया है। इसलिए हवा का संस्पर्श अभी भी कुछ अर्थ रखता है। वैसे तो उनचास **पवन** बाहर और पाँच **प्राण अपान उदान समान व्यान वायु** शरीर के भीतर संचार करनेवाले कहे गए हैं, पर प्रसिद्धि में वेग, मौसम और दिशा के आधार पर ही वायु के नाम चलते हैं।

वेग में सबसे धीमी है **भोरहरिया,** सुबह की **मन्द समीरण,** उसके नीचे की स्थिति तो **उमस** और **घुटन** की होती है, जेठ-बैसाख में जब हवा **गुम** हो जाती है तो एक हलकी **साँस** भी सुखद मालूम होती है। उसमें केवल पीपल का पत्ता **डोलता** है। उससे ज़रा ऊपर वेग हुआ तो **बतास** और हवा उठी तो **बयार,** और तेज़ हुई तो **पवन,** धूलि उड़ाती चली तो **बगोला** या **बगूला,** फिर **आँधी**। धूलि छा गई तो **अन्धड़** और **बवंडर (या बौंड़र)** और यदि धूलि के बाद तुरन्त कुछ मेह भी ला दे तो **अर्रबाऊ** कहलाती है। गाँवों में **झंझा** या **चक्रवात** (साइक्लोन) या **तूफ़ान** को **बुढ़िया आँधी** भी कहते हैं। हलका चक्रवात **घुमरी** या **चकरी** है।

जेठ-बैसाख में लू चलती है, उसकी **झोंक** तेज़ हो गई तो **झोंक, झाँय** या **झाँके** लू हो जाती है। उसमें ज़ोर की **तपन** आ गई तो वह **तपा** या **लुक्क** कहलाती है। जेठ में **रेतीली आँधी** आती है, जो **भूतरा** या **भभूका** कही जाती है। सावन-भादों में बड़े ज़ोर से चलनेवाली हवा **बहरा,** फागुन-चैत में **फगुनहट,** कुआर और पूस में तेज़ी से दिशा बदलनेवाली हवा **चौवाई** और **हिरनबाइ** कही जाती है। **बरसाती** हवा ही सावन-भादों में तेज़ झकोरों के कारण **झपटी** कही जाती है। तपन के बाद शाम की ठंडी हवा **सिरवाई** (<शीत वायु) कही जाती है।

पूरब से चलनेवाली हवा **पुरवाई, पुरुवा, पुरवैया** कही जाती है। सूखी **पुरवैया राँड़** और बरसानेवाली **सुहागिल** या **सुहागिन** कही जाती है। भादों में **घग्घा** लगानेवाली ठंडी पुरवैया **लहकारती** है और शुरू कुआर में **झब्बरा** पुरवैया **हहकारती** है और तब वर्षा की फुहार से सारा घर (खुला रहने पर) भीग जाता है। पच्छिम से आनेवाली बयार **पछुआ** या **पछइयाँ** कही जाती है। कभी-कभी तो यह **पतसोखा** बनकर प्रकोप करती है तो **डाँठ** के **डाँठ झुरा** जाते हैं। अगहनी के पानी से तर खेत भी **फरेरे** या **अफार** हो जाते हैं। फ़सल अधपकी हो और पछुआ चले तो **झोला** कही जाती है, यह दोनों को मार देती है। जाड़े में **पछआ** जब धीरे-धीरे चलती है, **रमकती** है तो निश्चय ही अच्छी वर्षा लगती

है। दक्खिन से चलने वाली बयार **दखिना** या **दखिनैया** और उत्तर से बहने वाली **उत्तरा** या **उत्तरैया, दक्खिन-पच्छिम** (नैऋत्य) कोने से चलने वाली तेज़ बयार **दखिन-पछाहीं** या **हडँहरा** और **हड़होड़ा** कही जाती है। यह गर्मी में लपट लिये झकझोरती चलती है। इसको **नेरती** भी कहा जाता है, इसमें जुलाई तक के काम बन्द हो जाते हैं। **दक्खिन-पूर्व** (आग्नेय) कोण से चलने वाली बयार **दखिन-पुरवाई** और साथ-साथ सूखा के लिए कारण होने के कारण **जमराजी** कही जाती है। **उत्तर-पश्चिम (वायव्य)** कोण से चलने वाली बयार **सूअरा** या **सूअरी** या **चंडौसा** (चंडवर्षक) कही जाती है। **उत्तर-पूर्व** (ईशान कोण) से चलने वाली हवा **ईसान** कही जाती है।

ताल या नदी की तरफ़ से आनेवाली वायु संस्कृत में **वीचीवात** (वीचीवातैः शीकरक्षोदशीतैः–भवभूति), बर्फ़ीली गिरि-शृंखलाओं से आने वाली हवा **हिमवात**, ऐसी ही एक हवा हरिद्वार की तरफ़ **ढाढू** कही जाती है। **समुन्दरी हवा** का **नमकीन स्पर्श** प्रसिद्ध ही है। हर हवा की अपनी अलग **तासीर** है, **पुरुवा** गाँठ-गाँठ के सोये हुए दर्द को **जगा देती** है, **पछुआ** ऊपर से प्रखर पर भीतर से ठंडी होती है, **दखिनैया** हुलसाती है।

हवा जहाँ से आती है, वहाँ से ताप और शीत के असर ले आती है। फूलों की गंध ढो ले जाती है, **परिमलवाही** बनती है, बर्फ, पानी और धूलि के कण से लदी चलती है और यह सब **बगराती, बिखेरती,** नए गंध-स्पर्श **बटोरती, लुटाती** चली जाती है।

हवा के चलने की भी जाने कितनी विधाएँ हैं, **डोलती** है, **चलती** है, **बहती** है, **सुरसुराती** है, बाँसों में **मरमराती है, बजती है, सनसनाती है, उठती है, गिरती है, थम्हती** है, फिर एकदम से **फुफकार** उठती है, **हहकारती** है, **हू-हू** करती है। उसके संस्पर्श भी **नानाविध** हैं। कभी वह **सुखाती** है और कभी **भिगोती** है और कभी **सिहराती** है, **कँपाती** है, हाड़ तक **हिला देती** है, **सालती** है, **चुभती** है, **चीरती** है, **दाँत बजा देती** है, भीतर **घुसी जाती** है, कभी **सुखाती** है, **झुलसाती** है, **जलाती** है, **छीलती** है, धूलि से **पाटती** है, कभी वह बादलों को **घेर लाती** है। कभी **बदली उघार** देती है और बादलों को **छितरा देती** है। **फुलबसिया** हवा की **माती छुअन** तालों में और दिलों में हिलोरें पैदा कर देती है। ऐसी ही बयार में पेड़-पौधे **झीम** उठते हैं। पर जेठ की बौराई हवा **ढाहती** और **झारती** चलती है। सावन-भादों की तेज हवाएँ भी वनस्पतियों को **झुकाती, लचाती, थपेड़ती, उठाती, झहराती, झौंरती** चलती हैं, पानी को **हिलोरती** हुई **अठखेली** करती हैं। जो हवा भोर में फूलों की कलियों से **चुहुल** करती है, वही दुपहर में अपने गर्म चुम्बन में उन्हें दाग़ देती है और शाम को फिर **सहलाने** पहुँच जाती है।

संस्कृत में वायु के पर्याय विशिष्ट गुणों पर आश्रित हैं; धीरे चलने वाला **समीर** या **समीरण**, गंध ढोने वाला **गन्धवह**, या **गन्धवाह**, जलकण से लदी गीली हवा **पृषदश्व** (पृषत्–बूँद) अनाज को भूसी से अलग करने वाला **पवन** या **पवमान**, खेती की प्राण मानसूनी हवा **मातरिश्वा, ग़जब ढाने वाली हवा प्रभंजन,** प्राण संचार करने वाली **जगत्प्राण** और **अनिल** (अन्–श्वास लेना), सब जगह जाने वाली **सदागति**। साहित्य में तो

दक्षिण-पवन की महिमा अपरम्पार हैं, पर लोकभाषाओं में **पुरवैया** का ही दर्द अधिक नशीला है, बुन्देलखंड की एक प्रसिद्ध कड़ी है—**गाड़ीबारे मसक दै बैल पुरबैया के बाहर ऊन आए।** वैसे हिन्दुस्तान की संस्कृति के **वातायन** (**वात** के लिए घर) सदा खुले ही रहे। आँधियाँ उठीं कहाँ-कहाँ से और गिर गईं। मरुतों का सोम से सम्बन्ध रहा। हवा मस्ती की वाहक रही। जनदेवता **हनुमान** से सम्बन्ध रहा, हवा को शक्ति और सेवा के प्रतीक के रूप में हमने जाना—उनका नाम ही **मारुति** है। हम हवादार **बारादरियों** में सभा करने के आदी रहे, घुटनदार कमरों की संस्कृति से परिचय हमारा नया है और शीत-तापनियन्त्रित हवा का स्पर्श भी हमारे लिए अभी अजनबी है।

काल-चक्र

'पुनः सबेरा एक बार फेरा है जी का'

काल मृत्यु है, पर **काल-चक्र** जीवन है। हमारे चिन्तन में ठहरे हुए काल की इसीलिए बड़ी उपेक्षा है, पर गतिशील **काल-चक्र** की बड़ी महिमा है। संवत्सर को यज्ञरूप कहा गया है, जीवन को संवत्सर के रूप में देखा गया है, वसन्त को यौवन के रूप में और शिशिर को बुढ़ापे के रूप में देखा गया है। हमारा ऐतिहासिक बोध जितना ही सपाट है, प्रागैतिहासिक और ऐतिहासिक ये विभाजन जितने ही कुंठित हैं, उतने ही काल-चक्र के सूक्ष्म विभाजन धारदार।

भारतीय काल-गणना ब्रह्मा के **परार्द्ध** से शुरू होती है, क्योंकि सृष्टि का चक्र ब्रह्मा का **अहोरात्र** माना जाता है, फिर कल्प आता है, **14 मन्वन्तर** का एक कल्प होता है। एक **मन्वन्तर 71 चौकड़ी (युग चतुष्टयी)** का होता है और उसमें **इन्द्र, मनु, सप्तर्षि** ये सभी क्रम से बदलते रहते हैं। एक चौकड़ी का अर्थ है पूरा **कृतयुग (सत्त्वयुग, सतयुग), त्रेतायुग, द्वापर** और **कलियुग** का चक्कर, हर युग के चार **चरण** होते हैं। **वर्ष-गणना** भी 60 वर्षों के चक्कर के आधार पर होती है, प्रत्येक संवत्सर के प्रवेश का दिन होता है। वैसे सन् संवत् भी चलते हैं, **विक्रम संवत्, शक** या **शाके** (जिसे **राष्ट्रीय संवत्** भी माना गया है), **ईसवी** सन्, **हिजरी और फ़सली** प्रचलित हैं, हिन्दुओं के धार्मिक कार्यों में विक्रम और शक का ही व्यवहार है। **मास-गणना** भी **चान्द्रमास** और **सौरमास** दो आधारों पर होती है, चन्द्रमास **कृष्ण पक्ष (बदि)** की **प्रतिपदा (पड़िवा)** से शुरू होती है और **शुक्लपक्ष (सुदि<शुक्ल दिन, बदि<बहुल दिन)** की **पूर्णिमा (पूनो)** तक गिना जाता है, पहले यह मास **शुक्ल पक्ष** की **प्रतिपदा** से प्रारम्भ होकर **कृष्ण पक्ष की अमावस्या (अमावस मावस)** तक गिना जाता था। इसीलिए **पूर्णिमा** को 15वीं तिथि और **अमावस्या** को 30वीं तिथि कहा जाता है। चन्द्रमा के ही संचार के अनुसार तिथि-गणना होती है, वैसे दिन एक सूर्योदय से दूसरे सूर्योदय तक होता है, जो तिथि सूर्योदय के समय रहती है, उसे **उदया** तिथि कहते हैं, जो तिथि एक सूर्योदय के बाद शुरू होकर दूसरे सूर्योदय के पहले ही समाप्त हो जाती है उसे **क्षय तिथि** कहते हैं और जो तिथि संध्याकाल में रहती है उसे **प्रदोषा** या **प्रदोषव्यापिनी**, जो **निशीथकाल** में रहती है उसे **निशीथव्यापिनी** कहा जाता है। तिथि का महत्त्व व्रत-उपवास के लिए है। व्रत की महत्त्वपूर्ण तिथियाँ **एकादशी, त्रयोदशी** (प्रदोषव्रत, **तेरस**) **चतुर्थी (चौथ), तृतीया (तीज), पंचमी (पंचई), षष्ठी** (छट्ठ) और

पूर्णिमा (पूनो) है। कुछ एकादशियाँ प्रसिद्ध हैं, देवोत्थान (डिठवन, **कार्तिक सुदि** की एकादशी), **भीमसेनी** (जेठ सुदि की), हरिशयनी (असाढ़ सुदि की), कुछ चौथ प्रसिद्ध हैं **गणेशचतुर्थी** (भाद्रपद कृष्ण **चतुर्थी**) कुछ पंचमी भी जैसे **वसन्त पंचमी,** और **नागपंचमी** (सावन सुदि 5), पूर्णिमा कातिक, पूस और वैसाख की, अमावस माघ की स्नान के पर्व के रूप में प्रसिद्ध हैं।

सौरमास सूर्य के राशि-संक्रमण के आधार पर हैं। **मेषसंक्रांति** से वर्ष शुरू होता है, उस दिन **सतुआनि** का पर्व पूरब में होता है, वर्षारम्भ पंजाब और बंगाल में मनाया जाता है। **मकर** की संक्रांति से उत्तरायण शुरू होता है। उन दिन **पोंगल** और **खिचड़ी** के पर्व होते हैं। सौरमास के साथ आने के लिए 35 चान्द्रमासों के बाद लगभग एक **अधिकमास** (**मलमास**, लोंद आता है, उस वर्ष को **अधिकवर्ष** या **लोंद का साल** कहते हैं)।

दिन **चौबीस घंटों या 60 घटियों** का होता है। **3 घंटे** या **साढ़े सात घड़ियों** का (साधारण व्यवहार में 8 घटी का) एक **प्रहर** –पहर होता है, उस समय **गजर** बजता था इसलिए उतने समय को **गजर** भी कहते हैं, घंटे का हिसाब अंग्रेजी है अर्थात् 12 बजे रात से, पर घड़ी का सूर्योदय से है। गाँवों में समय का विभाजन बड़ा बारीक है। सूर्योदय के लगभग एक-डेढ़ घंटे पहले से आकाश की गतिविधि देखकर समय का विभाजन किया गया है : सबसे पहले **सुकवा** (शुक्रतारा) उगता है, वह समय **सुकवाउगानी** कहा जाता है, उसके बाद **भिनसार** हो जाता है, अभी **मुँह-अँधेरा** बना रहता है, चिड़ियाँ बोलने लगती हैं, फिर पूरब की ओर कुछ **उजास** दिखने लगती है, और तब भोर हो जाती है, **प्रभात** या **उजेला** हो जाता है, इसके बाद **लाही** लगती है (**लाली** की आभा दीखती है), सबेरा हुआ, **प्रत्यूषबेला** आ गई, तब **पौ फटती** है, **सुबह** हो जाती है, सूर्योदय हो जाता है : सवेरे से पहले **तड़के सुबह** कहा जाता है और **सूर्योदय** से पूर्व की बेला को **ब्रह्मवेला** या **उषःकाल** कहा जाता है। **सूर्योदय** (दिन उगने) के बाद जब सूर्य ऊपर चढ़ जाता है तो **दिनचढ़ानी** वेला कहते हैं और एक पहर बीतने पर **दुपहरी** लग जाती है। बारह बजते-बजते या जब सूर्य ठीक ऊपर आ जाता है तो **दुपहरी खड़ी** हो जाती है, मध्याह्न, पूर्वाह्ण और अपराह्ण ये शब्द अब **ए.एम.** और **पी.एम.** के कारण बहुत प्रचलित होने लगे हैं पर **6 बजे अपराह्ण** कहना उपहासास्पद लगता है। **6 बजे शाम** ही कहना हिन्दी में उचित मालूम होता है। दुपहरी ढलते ही **तिजहरी (तिपहरी, शिपहरी)** शुरू हो जाती है। दिन का चौथा पहर **दिनढलानी** वेला है और **साँझ** या **संझा** या **सन्ध्या** की भी प्रक्रिया कम लम्बी नहीं है। **गोधूलि** लगती है, फिर साँझ को गेरुई लाली छा जाती है, **वेला डूबने** का समय आ जाता है, वेला **झुकमुक** करते-करते डूब जाती है, सूर्य छिप जाता है और **झुटपुटा** होने लगता है, धीरे-धीरे **ध्वान्त** या **धुन्ध** फैलने लगती है और **दीयाबाती** की जून आ जाती है, इसके बाद एकाध तारा दीखता है और एक घड़ी रात हो जाती है। रात क्रमशः **गहराती** चली जाती है, दूसरे शब्दों में रात **भीगने लगती** है। पहले पहर के बाद अमूमन गाँवों में **सोता** पड़ जाता है, **सूतापड़ानी** जून के बाद दीये गुल होने लगते हैं,

रात **साँय-साँय** करने लगती है, एकाध लोग चौपाल पर अलाव तापने जमे रहते हैं या प्रधानजी के दरवाजे पर लालटेन भुकभुकाती रहती है। आधी रात या निशीथ वेला का बोध तन्त्रमन्त्र और चोरी जगाने वालों को ही अधिक होता है। हाँ, **चन्द्रोदय** का समय व्रत-उपवास वालों के लिए महत्त्वपूर्ण है, समुद्र के किनारे के मछुओं के लिए भी। पर सामान्य जीवन में लगभग 9 बजे रात के बाद रात **गिर जाती** है तो लोगों के व्यापार समाप्त हो जाते हैं।

घंटे का विभाजन मिनट-सेकेंड में और घड़ी या दण्ड का **पल-विपल** में वैसे सूक्ष्म समय-विभाजन की मूर्त्त संज्ञाएँ भी कम नहीं हैं। **पलक भाँजते, चुटकी बजाते, लमहे भर में, क्षण भर में**, ये सभी **निमिष, पल** के पर्याय के रूप में प्रयुक्त होते हैं। चार घड़ी का मुहूर्त्त **चौघड़िया** कहा जाता है। अच्छा दिन **सुदिन** कहा जाता है, विवाह आदि उत्सव के दिन **शुभ दिन** या **सुदिन** ही कहे जाते हैं, मृत्यु या निधन की तिथि **पुण्यतिथि** कही जाती है। अच्छा मुहूर्त्त हो तो **साइत का दिन** और यदि यात्रा ठीक न उतरी या कार्य सफल न हुआ तो वह दिन **कुसाइत** हो जाता है।

ऋतुचक्र का महत्त्व भी कम नहीं है। वैसे वर्ष का पहला चौमासा **गर्मी,** दूसरा चौमासा **वर्षा** या **पावस** कहा जाता है, उसी को कभी-कभी **चौमासा** या **चातुर्मास** भी कहा जाता है, अन्तिम चौमासा **जाड़ा** या **शीतकाल** कहा जाता है, पर **वसन्त, ग्रीष्म, वर्षा, शरद्, हेमन्त** और **शिशिर** ये छह ऋतुनाम भी प्रचलित हैं। खेती के काम में इनसे भी अधिक प्रचलित हैं सूर्यनक्षत्रों के नाम। जेठ में सूर्य का **रोहिन** नक्षत्र में संचार होता है। तभी से खेती का कार्य शुरू हो जाता है। **रोहिन** की वर्षा का महत्त्व आम और धान दोनों के लिए विशेष है। इसके बाद **मृग** में सूर्य का **तवना** मनाया जाता है, पर **आर्द्रा** में वर्षा अत्यावश्यक मानी जाती है। एक नक्षत्र की अवधि 13 या 14 दिन होती है। **आर्द्रा** के बाद **पुनर्वसु, पुष्य, आश्लेषा, मघा, पूर्वा, उत्तरा, हस्त, चित्रा** और **स्वाती** ये सभी कृषि के विभिन्न कार्यों के लिए महत्त्व रखते हैं और इसलिए ये नाम कृषि-जीवन में कुछ विकार के साथ प्रचलित हैं, जैसे **आर्द्रा, पुनरवसु, पुख्य, असलेषा, मघा, पुरवा** और **हथिया**। महीनों में (**चैती** फसल कटने के कारण), **जेठ-असाढ़ी** (खेत की तैयारी और बाग के लिए), **भदवारा** (वर्षा के लिए) **कुआरी** और **कतिका** (नई फसल की तैयारी के लिए) प्रसिद्ध हैं। **जाड़े** और **तपन** के सापेक्ष बोध भी प्रखर हैं। फागुन का जाड़ा **गुलाबी जाड़ा** है, गर्मी सुहावनी है, **चैत** में **चिनचिनाहट** शुरू होती है, वैसाख में तपन बढ़ जाती है और **लपट** पड़ने लगती है, जेठ में सूर्य वृष के हो जाते हैं, तब ताप चरम सीमा को पहुँच जाता है, रातें भी **तँवक** उठती हैं और **आसाढ़** से बारिश के बाद **उमस** होने लगती है। मेह पड़ने के पहले बतास के गुम होने पर यह **उमस** दुस्सह हो जाती है। कुआर में घाम बड़ा तीखा और विषगर्भ हो जाता है, कातिक से रात **सियराने** लगती है, पूस और माघ में चिल्ला जाड़ा पड़ता है और **ठिठुरन** होने लगती है, पानी **जमता-सा** लगता है और नदी का जल भी **काटता-सा** लगता है। हवा छेदने लगती है। रातें बड़ी हो जाती हैं। दिन-रात बराबर **वसन्त** और **शरत सम्पात**

के दिन होते हैं। रात का उत्कर्ष **दक्षिणायन** के अन्त तक और दिन का उत्तरायण के अन्त तक होता है।

काल-चक्र निरन्तर घूम रहा है और हमारा मनुष्य इस काल-चक्र की यात्रा से अपने को समंजस रखके चल रहा है। वह इस चक्र को निरन्तर जी रहा है, वह अँधेरी रात से भय नहीं खाता, क्योंकि उसके भीतर एक विश्वास है–**पुनः सवेरा एक बार फेरा है जी का** (निराला की अन्तिम काव्य-पंक्ति)।

मानव शरीर के अंग

शरीर का बहुत बड़ा महत्त्व है। धर्म, अधर्म तथा जीवन की सारी क्रियाएँ शरीर से ही सम्पादित होती हैं। शरीर को **देह, कलेवर, गात्र, वपु, विग्रह, काय, मूर्ति, तनु** आदि नामों से जाना जाता है। अंग शरीर का भाग है। इसे **अवयव, प्रतीक, अपघन, गात्र** आदि भी कहते हैं। ऊपर से चलने पर क्रम से **शिखा** या **चोटी** अथवा **चुरकी** का सर्वोपरि स्थान है। फिर सिर के बालों का नम्बर आता है। सिर के बाल **कुन्तल, केश, अलक, चिकुर, कच** भी कहे जाते हैं। स्त्रियों के सिर के बाल को **केशपाश, जूरा, झोंटा** और **केश समूह** भी कहते हैं। घुँघराले बाल **कुन्तल, कुंचित केश** तथा **कैढ्यमलक** कहे जाते हैं। बाल को कई विधियों से सजाते-सँवारते हैं। **चोटी** या **वेणी** बनाकर, **जूड़ा** बाँधकर या फिर **जटा** बढ़ाकर बाल को सजाते हैं।

सिर शरीर का अति महत्त्वपूर्ण अंग है। सिर के भीतर मस्तिष्क होता है। मस्तिष्क तीन होते हैं–वृहद् मस्तिष्क, लघु मस्तिष्क और सुषुम्ना। मस्तिष्क शरीर के हर अंगों को संचालित व नियंत्रित करता है। सिर के निचले और सामने के भाग को **ललाट** कहते हैं। **ललाट** के **लिलार, माथा, भाल, मस्तक, कपालक** आदि कई नाम हैं। ललाट के नीचे भौंह या **भृकुटी** होती है। फिर **पलक** (आँख का ऊपरी आवरण) तथा **बरौनी** होती है। बरौनी को **बरूनी अक्षिलोम, नेत्र किंजलक** भी कहते हैं। पलक के भीतर **आँख** होती है। आँख के तीन भाग होते हैं–**पुतली,** जिसे **तारा, पुत्तली, कनीनिका, तारिका** आदि भी कहते हैं, **आँख का गोला** इसे **बिड़ाल, कोया, नेत्रपिंड,** और **गोलक** कहते हैं और **आँख का कोना** इसे **अपांग, कोण, कनखी** तथा **दृष्टिकोण** जैसे नामों से जाना जाता है। आँख के अगल-बगल **कान** होते हैं। कान सुनने का काम करता है। इसे **श्रवण, श्रुति, शब्दग्रह, कर्ण, श्रव, वचोग्रह** आदि कहते हैं। आँख और कान के बीच की जगह **कनपटी** कही जाती है। **कच्चा, करट, कटक, गंडस्थल, मलपट** आदि इसके कई नाम हैं।

नाक बड़ी ऊँची चीज है। **नाक** कटने न पाए इसका सभी ध्यान रखते हैं। गंध का ज्ञान नाक से ही होता है अैर साँस भी नाक से ही ली जाती है। इसे **नासा, नासिका, गंधवहा, घोड़ा, घ्राण, नस** आदि कहते हैं। नाक की मैल के **नकटी, नासामल, सिंघाण** आदि नाम हैं। मुख के मुख्यतः दो भाग हैं–**मुखमण्डल** और **मुखगह्वर** । मुखमण्डल में **नाक, ओंठ, कपोल, आँख, ललाट** आदि ऊपरी अंग तथा मुखगह्वर में **दाँत, जबड़े,**

जीभ, तालु, कंठ आदि भीतरी अंग की गणना की जाती है। **गाल** को **कपोल** और **गण्ड** भी कहा जाता है। **ओंठ** दाँतों के आवरण का काम करता है। इसे **अधर, रदनच्छद, ओष्ठ, होंठ** भी कहते हैं। पुरुषों के ऊपरी ओंठ के ऊपर उगे बाल को **मोंछ, मूँछ, मुच्छ** और **श्मश्रु** कहा जाता है। मूँछ खड़ा रहना प्रतिष्ठा की बात है और मूँछ गिरने से बड़ा कोई अपमान नहीं। मुँह के **आनन, मुख, आस्य, बदन, बक्र, तुंड** आदि जैसे कई नाम हैं। रस का ज्ञान **जीभ** कराती है। यही बोलने का भी माध्यम है। इसे **रसना, रसज्ञा, जिह्वा, गिरा, वाणी, वाचा** आदि कहते हैं। **दाँत** भोजन को चबाने का काम करता है। इसके **दंत, रद, दशन, रदन, द्विज** कई नाम हैं। दाँत **जबड़े** में जुड़े होते हैं। **जबड़ा** को **डाढ, चौभड़, जभा, चौहड़, दंष्ट्रा** भी कहते हैं। मुख विवर के ऊपर-नीचे का कोमल भाग **तालु** कहा जाता है। **तालु** को **तालू, तारू** और **काकुद** भी कहा जाता है। निचले होंठ के नीचे का उभरा भाग **ठुड्डी** है। **ठुड्डी** को **चिबुक, हनु, ठोढ़ी, दाढ़ी** आदि भी कहते हैं। पुरुषों की ठुड्डी पर बाल उगे होते हैं किन्तु स्त्रियों की ठुड्डी पर बाल नहीं उगते। ठुड्डी के नीचे **कंठ** या गला होता है। फिर **गर्दन** होती है। **गर्दन** के **ग्रीवा, शिरोधि, कंध, कंधर** आदि नाम हैं। गर्दन की हड्डियों को **हँसली** कहते हैं।

कबन्ध शरीर का मध्य भाग है। इसे **धड़** भी कहते हैं। कबन्ध का ऊपरी भाग **कन्धा** है। **स्कन्ध, कन्ध, अंस, भुजमूल, भुजसंधि** आदि इसके कई नाम हैं। कंधे का पुष्ट होना बल का द्योतक है। इसीलिए **वृषभकंध** की बड़ी चर्चा है। **छाती** को **वक्षस्थल, वक्ष, क्रोड़ उर, वत्स, हृदय** आदि कहा जाता है। स्त्रियों की छाती को **स्तन, कुच, उरोज, पयोधर, थन, उराज** आदि कहते हैं। **स्तन** का अगला भाग **चूचुक** या **चूची** होता है। कन्धा के नीचे का गड्ढानुमा भाग **काँख** कहलाता है। इसे **कक्ष, बगल, कँखौरी** और **बाहमूल** जैसे नामों से भी जाना जाता है। **बाँह** को **भुज, भुजा, बाहु, मञ्ज, दोष, बाह, बाहा** आदि कहते हैं। लम्बी बाहु या घुटने के नीचे तक लटकने वाली बाहु को **आजानुबाह** कहते हैं। बाँह के मध्य वाले जोड़ को **केहुनी, टिहुनी, कूर्पर** या **कफोषी** कहते हैं। केहुनी के ऊपर **मुश्क** को **प्रगण्ड** और केहुनी के नीचे के भाग को **प्रकोष्ठ** कहते हैं। **हाथ** के **कर, हस्त, पाणि, पंचशाख, शय** आदि कई नाम हैं। हाथ के तल को **हथेली** कहते हैं। हथेली के पीछे का भाग **करपृष्ठ, हस्तपृष्टि** अथवा **करप्रष्टि** कहा जाता है। हाथ में उँगुली होती हैं। इसे **अँगुरी, करपल्लव करशाखा, करज, अँगुली** आदि कहते हैं। इनकी संख्या पाँच होती है। क्रम से पाँचों अँगुलियों के नाम हैं—**अंगुष्ठ** (अँगूठा), **तर्जनी, मध्यमा, अनामिका** और **कनिष्ठा**। अँगुलियों की संधि या जोड़ को **गावा** या **गाई** कहते हैं। अँगुलियों की गाँठें **पोर** या **पोरा** अथवा **पर्व** होती हैं। अँगुली का अग्र और ऊपरी भाग **नाखून** होता है। इसे **नँह, नख, पुनर्भव, कररूह, नखर** आदि कहते हैं।

पेट की माया जगजाहिर है। कहते हैं कि पेट न हो तो किसी से भेंट भी न हो। **उदर, जठर, कुक्षी, कोंख, तुन्द, पिचण्ड** पेट के ही नाम हैं। पेट के बीच के छोटे गड्ढे को **नाभि, बोड़ी, बोड़री, ढोढ़ी** आदि नामों से जाना जाता है। पेट का पिछला भाग **पीठ** या **पृष्ठ** होता है। छाती की हड्डियों को **पसली** कहते हैं। पसली के **पँजरी, पार्श्व, पंजर**

आदि भी नाम हैं। शरीर का मध्यभाग **कमर** है। कमर को **कटि, श्रोणि, पार्श्व, लंक, मध्यांग** भी कहते हैं। कमर की हड्डी को **कूल्हा** कहते हैं। पुरुषेन्द्रिय को **लिंग** कहते हैं। इसके और भी नाम हैं जैसे **शिश्न, शेफ, मेहन, लांगु, ध्वज, साधन, उपस्थ, मदनांकुश** आदि। स्त्री-इन्द्रिय को **योनि** कहा जाता है। इसके भी **भग, वरांग, अधर, प्रकृति, अपथ, कलत्र, अद्य, गर्भद्वार, स्त्रीचिह्न** आदि कई नाम हैं। पुरुषेन्द्रिय का निचला भाग **अण्डकोष** अथवा **पृषण** है। पुरुषेन्द्रिय के पृष्ठभाग को **नितम्ब** अथवा **चूतड़** कहते हैं। नितम्ब का निचला भाग **मलद्वार** होता है। इसे **गुद, गुदा, अपान, पायु, गुह्य, विष्ठानिर्गमद्वार** आदि कहते हैं। पैर का ऊपरी भाग **जाँघ** कहलाता है। मध्य का जोड़ वाला भाग **घुटना** होता है। इसे **जानु, गुल्फ, पादपृष्ठ, घुटिका, घुष्ट** आदि कहते हैं। पैर के **चरण, पाद, पद, टाँग, टँगरी** कई नाम हैं। पैर का पिछला भाग **एड़ी** या **एड़** कहा जाता है। पैर के अगले भाग में पाँच अँगुलियाँ होती हैं। इन्हें **पादाङ्गुली प्रपद, पदाग्र, पदपल्लव** आदि कहते हैं। पैर का निचला भाग **तलवा** अथवा **तरवा** होता है।

इन अंगों में पाँच कर्मेन्द्रियाँ–**हाथ, पैर, मुँह, उपस्थ** (लिंग या योनि) और **गुदा**। पाँच ज्ञानेन्द्रियाँ–**आँख, जिह्वा, नासिका, कान** और **त्वचा** तथा चार अन्तर इन्द्रियाँ–**मन, बुद्धि, अहंकार** और **चित्त** होती हैं। **थप्पड़, चपत, झापड़** और **चाटा** करतल की चोट है, जबकि हाथ की अँगुलियों को बाँध या बन्द कर किया जाने वाला प्रहार **घूँसा, मुक्का, मुष्टिका** है। **गोद** को **क्रोड़, अंक, अकवार, गोधी** आदि कहते हैं। शरीर पर उगने वाले छोटे-छोटे बाल **रोम, लोम, तनूरूह** और **रोवाँ** कहे जाते हैं। रोवों का खड़ा होना **रोमांच** होता है। इसे **पुलक, रोमोद्भेद, त्वक्पुष्प** और **त्वगङ्कुर** भी कहते हैं। **अश्रु, रोदन, चक्षुजल, नेत्राम्बु, लोच** आदि **आँसू** होता है। ताप के कारण शरीर से निकलने वाला पानी **पसीना, श्वेद, ऊष्मा, प्रस्वेद** आदि कहा जाता है। शरीर का आवरण **चमड़ा** होता है। इसके **चाम, चर्म, त्वक्, त्वचा, श्रृगधरा** आदि नाम हैं। शरीर की जीवन्तता **रक्त** पर निर्भर करती है। रक्त का संचार रुका नहीं कि जीवन का अन्त निश्चित है। **रक्त** को **लोहू, रुधिर, शोणित, क्षतजात** आदि कहते हैं। **मांस** के भी **आमिष, पलल, पिशित, तरस, जांगल** आदि नाम हैं। जो मांस अपनी अग्नि से पकता है उससे **चर्बी** की उत्पत्ति होती है। **चर्बी** को **वसा, वपा, मेद** और **मेदा** भी कहते हैं। आदमी के पेट और हड्डियों में चर्बी अधिक होती है। जिसका पेट बड़ा होता है उसमें अधिक चर्बी समझनी चाहिए–

''मेदो हि सर्वभूतानामुदरेष्वस्थिषु स्थितम्।
अत एवोदरे वृद्धिः प्रायो मेदस्विनो भवेत्।।''

हड्डी से उत्पन्न चरबी को मज्जा कहते हैं।

''अस्थि यत् स्वाग्निना पक्वं तस्य सारो द्रवो घनः।
यः स्वेदवत् पृथग भूतः। स मज्जेत्यभिधीयते।।''

अस्थि, हाड़, कीकस, मेदज आदि **हड्डी** के नाम हैं। **रस, रक्त, मांस, मेदा, अस्थि, मज्जा** और **वीर्य** शरीर में बनने वाली सप्त धातुएँ हैं। इनमें **वीर्य** सबसे उत्तम है। **इन्द्रिय, जीवन, तेज, बीज, रेत, शुक्र, सार** आदि नामों से इसे जाना जाता है। स्त्रियों की **योनि**

से प्रतिमास जो एक प्रकार का स्राव होता है, उसे **रज** कहा जाता है। **पुष्प, ऋतुस्राव, कुसुम, स्त्रीधर्म, मासिक धर्म** आदि इसे कहते हैं।

कलेजा को **अग्रमांस** या **बुक्का** कहा जाता है। शरीर में स्थित **प्राण, उदान, समान, अपान** और **व्यान** इन पाँच प्रकार के वायुओं को **वात** कहते हैं। अपान का स्थान **गुदा, उदान** का **कंठ, प्राण** का **हृदय, व्यान** का **सम्पूर्ण शरीर** और **समान** का **नाभि** है। **अग्नि, तेज, मायु, पित्त** के नाम हैं। पित्त पाँच प्रकार के होते हैं–**पाचक, रंजक, साधक, आलोचक** और **भ्राजक**। **कफ** को **श्लेष्मा** या **बलगम** कहते हैं। इसके भी **क्लेदन, अवलम्बन, रसन, स्नेहन** और **श्लेष्मण** पाँच प्रकार हैं। **वात, पित्त** और **कफ** इन तीनों को सम्मिलित रूप में **त्रिदोष** कहा जाता है। **नस** को **स्नायु, महुर, वस्नसा** कहते हैं। इसका काम शरीर के दूषित रक्त को हृदय में पहुँचाना है। **नाड़ी** को **धमनी** भी कहते हैं। इसका काम शुद्ध रक्त को पूरे शरीर में पहुँचाना है। वामकुक्षि में स्थित मांस खंड को **प्लीहा, पलही** या **तिल्ली** कहते हैं और दक्षिणकुक्षि में स्थित मांसखंड को **यकृत** कहते हैं। **धुकधुकी, क्लोम, तिलक, फुफ्फुस, हृदय** आदि **फेफड़ा** का नाम है। पेट के तीन बल को **त्रिबली** या **पेटी** कहते हैं। **गर्भाशय** को **गर्भ, जठर, उदर, बच्चादानी** और **पेट** कहते हैं। **भ्रूण, गर्भपिण्ड, अर्भक, अर्भ, गर्भ** के नाम हैं। कान का मैल **कर्णमल, पिंजूषा** तथा **खूँट** कहा जाता है। आँख के मैल को **कीचड़** या **दूषिका** कहते हैं। नाक का मैल **नासामल, नकटी, नेटा** आदि नामों से जाना जाता है। विष्ठा का **मल, मैला, पुरीष, विष्टा, गुह, झाड़ा, बीट, टट्टी** आदि नाम हैं। **मूत्र** को **मूत, उच्चार, प्रस्राव, पेशाब** आदि कहा जाता है।

अवस्था के अनुसार अंगों की निष्क्रियता बढ़ती जाती है और मन पंछी के कूच करते ही तन तरुवर के सकल पात (सभी अंग) ही निष्क्रिय हो जाते हैं। शायद इसीलिए कवि ने समय रहते ही चेत जाने हेतु आगाह किया है–

जा दिन मन पंछी उड़ि जइहैं,
ता दिन तेरे तन तरुवर के सकल पात झरि जइहैं।

पेड़-पौधे

जीवन में पेड़-पौधों का बड़ा महत्त्व है। करीब तीन हाथ ऊँचा पौधा **बोझा** या **क्षुप** कहलाता है। काँटेदार छोटा पौधा जिसकी टहनियाँ परस्पर मिली होती हैं **झाड़, झाड़ी, झंखाड़, झुकटी** या **फट्टट** होता है। तीस-चालीस हाथ लम्बा बड़ा पेड़ **दरखत** या **दरख्त,** खाने योग्य फलवाले पेड़-पौधे **फलूचे,** खट्टे फलों वाले **तुरसावर** और जंगली पेड़ जिनसे न तो फल-फूल और न छाया ही उपलब्ध हो पाती है **रूख** या **रूखड़ा** कहलाते हैं। फूल के पेड़-पौधों की चर्चा मालागिरी की चर्चा के साथ की जा चुकी है। यहाँ फलदार पेड़-पौधों तथा अन्य सामान्य पेड़-पौधों की बात ही प्रस्तुत है।

खट्टे रस के फलों वाले पेड़-पौधों में अनार (**करक, दाडिम्ब, सुफल, वृत्तफल, कुचफूल, मणिवीज** या **शुकादन**) लाल फूल का पौधा है। **कन्धारी** और **देशी** और **बीदाना** या **बिहदाना,** अनार की तीन जातियाँ हैं। खट्टे अनार को मीठा बनाने के लिए उसकी जड़ में बकरे का खून देने की मान्यता है। नैषध में श्रीहर्ष का यह संकेत—

"फलानि धूमस्य धयानधोमुखान्
स दाडिमे दोहद धूपिनि द्रुमे।"

इस बात की पुष्टि करता है। सामान्य जीवन में तो **एक अनार सौ बीमार** की कहावत जगजाहिर है। **आँवला** को **आमला, आमलक, अमृता, औंरा, जातीफल** और **शांता** भी कहते हैं। तीस-चालीस हाथ ऊँचा पेड़, इमली से भी छोटी पत्तियाँ तथा हल्के हरे रंग के औसत गोल, खट्टे और कसैले इसके फल होते हैं। यह औषधि के रूप में प्रयुक्त होता है और आयुर्वेद में इसका बड़ा महत्त्व है। धार्मिक दृष्टि से भी कार्तिक मास की **अक्षय नवमी** को इसके पेड़ के नीचे भोजन बनाकर खाने का बड़ा माहात्म्य है। **इमली** का पेड़ बड़ा, पत्ते छोटे और फली लम्बी होती है। इमली की लकड़ी बहुत मजबूत होती है। इसे **अम्लिका, आम्री, चिंचा, पंक्तिपत्रा, चुक्रा** आदि नामों से भी जाना जाता है। इसके बीज को **चाईं** या **चीयाँ** कहते हैं। **करौंदा** का पौधा कँटीला, पत्ते नीबू से मिलते-जुलते, और फूल लाल, हरे और सफेद रंग के छोटे बेर-से होते हैं। करौंदे के फल की चटनी, अचार और जैली बनाई जाती है। **बड़हर** या **बड़हल** आलू जैसे आकार का खट्टे फल का पेड़ है। पकने पर इसका फल खट्टा-मीठा होता है। इसके कच्चे फल का अचार बनाया जाता है। फल चैत-बैसाख में आता है। **कमरख** के **कारूक, धाराफल, कर्मरंग, अजाकर, शुकप्रिय** और **पीतफल** नाम हैं। इसका पेड़ बड़ा, फल खापदार,

लम्बोतरा होता है और अचार के काम आता है। **कैथ, कैत, कपित्थ, दंतशठ, गंधफल, मालूर, चीरपाकी, कुचफल** और **कयेथ, कँइत** के नाम हैं। इसका पेड़ बड़ा, फल कड़े खोपड़े के गोल बेल से और गूदा खट्ठा होता है। कँइत की तासीर ठंडी मानी जाती है। **अमड़ा, आमड़ा, अमरा, आमला, आमरात, कपिप्रिय,** या **तुंगी** सभी पर्याय हैं। इसका पेड़ बड़ा, पत्ते आम की तरह, फल छोटा और खट्टा होता है। नीबू की तीन जातियाँ होती हैं—कागजी, बिजौरा और जम्भीरी या कमला। चकोतरा या तुरंज भी नीबू के पौधे से मिलता-जुलता पौधा है किन्तु इसके फल बहुत बड़े-बड़े होते हैं। खट्ठा, मीठा, नारंगी और संतरा भी नीबू से मिलते-जुलते पौधे हैं और इनके फल तथा स्वाद भी कमोबेश नीबू के समान ही होते हैं। **लुकाट** और **फालसा** तथा **सिल्हैट** भी खट्टे फलों के पौधे हैं। **फालसा** का पौधा चार-पाँच हाथ ऊँचा होता है। इसके कच्चे फल मटर की तरह हरे और पकने पर लाल तथा काले हो जाते हैं। **सिल्हैट** नीबू से मिलता-जुलता गोल फलों का पौधा है। **करील** काँटेदार झाड़ी की तरह होता है और इसमें पत्ते नहीं होते। चैत के महीने में छोटे-छोटे गुलाबी रंग के फूल और गोली जैसा फल लगता है। करील के फल को **टेंटी** कहते हैं। पक जाने पर टेंटी **पेंचु** हो जाती है। टेंटियों का अचार बनाया जाता है।

मीठे खाने योग्य फल या **फलूचों** में **अंगूर बेल** या **लतर** पर फलता है। इसके छोटे-छोटे गोल आकार के फल पक जाने पर बड़े मीठे होते हैं। **अंजीर** का पौधा लगभग पाँच-छहः हाथ ऊँचा होता है और इस पर गोल सुपारी सरीखे फल लगते हैं। **अमरूद, अमृत फल, अभरूत, तुवर, पीतफल, पेरूक, मांसल, बीह, सपड़ी, अंशपरी** या **जाम** पौधा और पेड़ के बीच का कद रखता है। इसके फल गोल और मीठे होते हैं। **पपीता, अण्डखरबूज, महाएरण्ड, महापंचांगुल** और **स्थूलतरण्ड** नाम से भी जाना जाता है। कच्चे पपीते की सब्जी बनती है तथा पका पपीता खाने में बड़ा ही मधुर होता है। **कटहल कटहर, कठैल, पनस, फणस, अपुष्प, जंपालु, स्थूल** आदि नामों से जाना जाता है। इसका पेड़ बड़ा, पत्तियाँ तीन-चार अंगुल लम्बी, कड़ी श्यामलता लिए हुए हरे रंग की अण्डाकार होती हैं। फल एक-डेढ़ हाथ लम्बा और लगभग इतना ही मोटा होता है। ऊपर का छिलका काफी मोटा होता है और ऊपर बहुत से नुकीले काँटे (कँगूरे) होते हैं। फल के भीतर मोटे-मोटे रेशों की कथरियों के मध्य गूदेदार कोए होते हैं। कोए पकने पर मीठे होते हैं, कोओं के भीतर पतली झिल्लियों से लिपटे हुए बीज होते हैं। कटहल का फल माघ-फागुन में लगता है और जेठ-आषाढ़ में पकता है। कटहल नीचे से ऊपर तक फलता है, इसके जड़ और तने में भी फल लगता है। इसकी छाल से लसीला सफेद रंग का दूध निकलता है। कच्चे कटहल की सब्जी और अचार बनाया जाता है। **अलूचा, आम, आड़ू, आलूबुखारा, अनानास** (अनन्नास), **खिरनी** (खिन्नी या खिरड़ी), **ताड़** या **ताल, खजूर, नारियल, छोहारा, निर्मली, बेल, बादाम, बेर** या **बइर, मकोय, चिरौंजी, मखाना, मुनक्का, शरीफा, शहतूत, सुपारी, सेव, हरफा रेवड़ी, काजू, किसमिस, अखरोट, जामुन** (फरेंदा और कठ जामुन), **केला** भी मीठे और खाने योग्य फल देने वाले पेड़-पौधे

हैं। सिंघाड़ा का पौधा जल में होता है। इससे भी खाने योग्य रुचिकर फल प्राप्त होता है। सिंघाड़ा को **जलफल, जलपल्ली, वारिकंटक, त्रिक, संहारिका** और **शुक्लदुग्ध** भी कहते हैं। **लिसोड़ा, महुआ** और **गूलर** के वृक्ष बड़े होते हैं और इनके भी फल उपयोग में आते हैं।

सामान्य पेड़-पौधों में **जलकुम्भी** (अशकुम्भी, काई, कुतृण, कुमुदा, खजी, ढलाढक या वारिपर्णी), **सेवार, नरई, करेमू** (इसका साग बनाया जाता है), **गुजेना** (गुजेना की चटाई बनती है), **चरपतिया, बड़ा मोथा** और **नरकट** प्रमुख हैं। नरकट टट्टी या टाटी तथा छप्पर बनाने के काम में आता है। इसकी कलम भी बनाई जाती है।

रेंड़ (इसे अण्डी, अण्ड या अण्डुआ भी कहते हैं) का संस्कृत नाम **एरंड** है। इसका फल छोटा और गोल होता है। फल में बीज होते हैं जिनसे तेल निकाला जाता है। बहुत छोटे लम्बे फलों के गुच्छे का नाम **गौर** है। बढ़ जाने पर गौर गवा या अण्डी हो जाता है। रेंड़ के फूल को **बौर** कहते हैं। गवे का अकेला गोल फल **ढेमना** तथा उसका $\frac{1}{3}$ भाग **औंगना** कहलाता है। एक औंगने में एक बीज निकलता है। **अण्डसितारा, खंडार, मेंहदी** (मेंहदी की पत्तियाँ पीसकर औरतें अपने हाथों और पैरों में लगाती हैं) का रंग लाल होता है। **मखिया, मनोकामना, मानसरोवर, मोरपंखी** (यह पौधा दरवाजे या बाग में सजावट के लिए लगाया जाता है), समालू (इस पौधे के पत्ते मिर्च जैसे और फूल सफेद होते हैं) बिवाइयों से खून टपकने की स्थिति में समालू की पत्तियों का **भपारा** या **बफारा** दिया जाता है। सेहुँड़ और नागफनी दोनों ही कँटीले पौधे हैं, किन्तु इनका औषधीय उपयोग भी होता है।

अशोक, अर्जुन (कहू या काहू), अजान, अमलतास (इसकी काली मोटी फलियों को **नागफरी** कहते हैं, जो दवा के काम में आती है) इसे **कणिकार** तथा **आरग्वध** भी कहते हैं। **इलायची, नीम, पाकर** (पाकड़ या पकड़ी), **पीपल, बबूल, रीवाँ, बर,** (बरगद या बड़ या वट), **शीशम, शमी, शीरस** या **शिरीष, सेमल, बकाइन, बाँस, रीठा** (इसके फलों को पानी में भिगोकर मलने से झाग निकलती है, जिससे कपड़े धुले जाते हैं) और **लिसोड़ा या लभेड़ा** (इसके फल गोल होते हैं, पकने पर रंग गुलाबी या बादामी हो जाता है। पके फल का रस लसीला होता है।) सामान्य पेड़-पौधे हैं।

जंगली पेड़ों में **तेंदू** या **तेन, ढाक** या **पलास थूहर, जंगलजलेबी, फरास, साल** या **साख** (इसकी लकड़ी काफी मजबूत होती है और इमारती लकड़ी कही जाती है), **सिहोर, हरदू, हिंगोट, खैरा** (इसकी छाल को पकाकर कत्था बनाया जाता है। इसकी लकड़ी का मूसल और बेलन बड़ा सुन्दर और मजबूत होता है), **तमाल** (इसका तना काला होता है और ब्रज में पर्याप्त पाया जाता है।), **रुद्राक्ष** (इसके फल से माला बनाई जाती है), **विजयसार** या **विजयसाल** (यह भी इमारती लकड़ी का पेड़ है), **सलई** (इसकी लकड़ी से बने सामान सुन्दर किन्तु कमजोर होते हैं) **धव, सागौन** और **आबनूस** प्रमुख जंगली पेड़ हैं। सागौन और आबनूस की लकड़ी बहुत मजबूत और टिकाऊ होती है।

आम में बौर आ गए

फागुन चढ़ा नहीं और इस साल **फगुनहट** (होली) हहकारने लगी। फागुन के साथ आम का बड़ा पुराना रिश्ता है। वैसे तो फागुन में ही सेमल में **ढेंढ़ी** (फूल) लगती है, पलाश **(छिउला)** जंगल में आग दहका देता है, महुए में **कूँचे** लगते हैं, मौलिश्री में **झुमके** और पीपल में **ठुस्से,** और नीम **पतहरने** (पत्ते झड़ने) लगता है, **कँवल-दह विहँसने** लगता है, पान पकने लगता है, परन्तु आम वसन्त का अपना सगा है, क्योंकि उसके बौर की पराग-धूलि से वसन्त की कोकिला का कविकंठ **कषायित** होकर और मादक हो जाता है; क्योंकि आम की बौर, आम के नये **पल्लव** और आम के नए **कर्ले** और **अँखुए** ये सभी कामदेव के बाण बन जाते हैं। आम के विकास की अवस्थाएँ यौवन और सौन्दर्य के विकास के प्रतीक के रूप में हमारी काव्य-परम्परा में प्रेमादृत हैं।

तो इस साल आम में फिर बौर **गहगहा** गए। बड़ा बेहया—फ़सलें सूखीं, पर आम के इक्के-दुक्के पेड़, भले ही **अमोले** (नए पौधे) और **कलम** खड़े सूख गए या कुछ पुराने पेड़ भी नमी की कमी से **उकठ** गए और कुछ पाले से **झुलस** भी गए, लेकिन अधिकांश फिर जोम पर आ गए—और **नौरसने** लगे। आम वसंत का मीत जो है। जिन पेड़ों के फलने की **बारी** इस साल नहीं है, उनमें नई **कोपल (किसलय)** निकलने लगी; पुराने पीले **पर्ण** तुड़-तुड़ कर सारी **अमियारी** (आमों की वाटिका) में सड़ने लगे, ये **किसलय** ही **पल्लव** बनेंगे और तब बनेंगे **पत्ते**। इनसे पेड़ **झपस** जाएगा। जहाँ बौर है, वहाँ पत्ते ढँक गए हैं। नया पेड़ पहली बार बौरा होगा तो उसकी **मोंजर** (बौर) मींज दी जाएगी, नहीं तो पेड़ की **बढ़ती** रुक जाएगी। वैसे बौरों पर पच्चीस आफ़तें है, पुरुवा ने झकझोरा तो ये **लसिया** कर गिर जाएँगे, कहीं आँधी के साथ ओले गिरे, तब तो सत्यानाश ही हो जाएगा। बचे तो **सरसई** (सरसों के बराबर फल) के गुच्छों से **पुलुई** (सिरा) तक **टहनी-टहनी** लद जाएगी और डालें भार से **लचने** लगेंगी। **अड़ार** (टूटने वाली) डालें तो टूट ही जायेंगी; नई डालों में इसीलिए खम्भा भी लगाना पड़ता है। **सरसई** सब नहीं बचती। कुछ **मर** जाती है, कुछ कुम्हला जाती है। तब टिकोरे लगते हैं, गौध के **गौध** और लड़कों की **ढेलेबाजी** शुरू हो जाती है। **टिकोरों** की कच्ची गंध कच्ची उम्र की लड़कियों को बहुत भाती है और चोरी-चोरी उन्हें कुतरने में बड़ा मज़ा आता है, **फरुही** (अधपकी) इमली और टिकोरों से न जाने क्यों इतनी प्रीति इन किशोरावस्था में होती है, इनका **अमलोन** स्वाद इस उम्र को इतना प्रिय है कि अपभ्रंश काव्य में इस उम्र के

प्यार को ही **अम्बण** लगाना कहा गया। टिकोरे बड़े हुए तो **अमिया** बने और घरनियों का **अचार** का धन्धा जागा। इनके छिलके **सुतुहियों** (बीच में कटी हुई सीपियों) से उतारे जाने लगे, **ढेंपी** पहले बड़ी सफ़ाई से काटकर अलग की गई और चूँकि अभी इनमें **गुठली** या **अँठली** (अस्थि) नहीं पड़ी है, बड़ी आसानी से इनकी **फाँक** हो जाती है। **अमचूर** (सूखी चूर्णरूप खटाई) बनाने के लिए तो टुकड़े धूप में सूखने के लिए डाल दिए जाते हैं, पर **अमकली** अचार के लिए मसाले में लपेटकर फाँकें सरसों के तेल में भिगो दी जाती हैं।

सतुआनि (मेष-संक्रान्ति या बंगला और पंजाबी नव वर्ष) के पहले आम खाना वर्जित है। मेषसंक्रांति के ही दिन आम की साइत होती है। इसके बाद तो आम की **बारियों** की बड़ी-बड़ी रखवाली करनी पड़ती है। लू चलती रहती है, पर लोग कहते हैं कि लू के साथ-साथ आम इसीलिए पैदा हुआ कि वह उसकी दवा है, आम की छाँह में लू असर नहीं करती और जिसे लू मार भी दे, उसके तलवों पर (कच्चे आम को उबालकर) आम के **पना** का लेप किया जाए, तो ताप का शमन हो जाता है। आम के फल वैशाख में **गुरम्हाने** (गुठली भरने लगते हैं) किसी-किसी फल के ऊपर ओले पड़े तो वह **कोइलासी** (एक ओर काला) हो जाता है। उसके लिए लड़के पागल हो जाते हैं, क्योंकि वह बहुत मीठा होता है। कोई-कोई आम कच्चे भी खट्टे नहीं होते हैं। ऐसे **चौरार** आम पकने के लिए बच नहीं पाते, कुछ ऐसे होते हैं जो सुग्गों से नहीं बचने पाते और ऐसे **गुग्गाकटारी** आम पकने के लिए बचें तो स्पृहणीय हो जाते हैं। कुछ लू से मारे जाकर **लुहा** जाते हैं और ऐसे **चिचुके** आमों के फल बच्चों के लिए पके आम की ही प्रतीति देते हैं। जेठ में रोहिन नक्षत्र चढ़ते-चढ़ते **रोहिनिया** आम तैयार हो जाते हैं, वैसे **ढेंसर** (अधपके) तो दूसरे भी होने लगते हैं, पर **अगता** (पहले आने वाले) तो एकदम **भदरा** जाते हैं। जो लोग **पाल डालना** चाहते हैं, डालकर **पका** और **टपका** पर भरोसा नहीं करना चाहते, वे जाल लगाकर उसमें **लोक कर** या **लकुची** (लग्गी) लगाकर या हाथ से तुड़वाकर (ताकि नीचे गिरकर फल **धूसने** न पाए) आम के तैयार फल भूसे के भीतर रख देते हैं या फिर सूखी ज़मीन पर टाट के नीचे रख देते हैं। ज्यों-ज्यों पकता जाता है, त्यों-त्यों ढेंपी **पियराने** लगती है और खाने के लिए आम तैयार हो जाता है, सावधानी से देखभाल न करें तो फल **उतर** जा सकते हैं, **दागी** फल सड़कर दूसरों को भी दागी बना सकते हैं। पर कुछ लोग डाल का आम पसन्द करते हैं, डाल के आम वर्षा पाते ही **भदभदा** उठते हैं और **टपकना (चूना)** शुरू हो जाता है। कुछ डाल पर ही **किड़ा** जाते हैं, कुछ भीतर से **झाँखर** हो जाते हैं और **टपके** हुए आम पर विश्वास करने का फल सियार पंडित को मिला, जिन्हें झाँखर आम में छिपे हुए बिच्छू ने डंक मारा तो उन्होंने संकल्प किया—अब जो जिऊँगा तो बाग़ न जाऊँगा, बाग़ भी गया तो आम न खाऊँगा, आम भी खाऊँगा तो **झाँखर-पइया** आम न खाऊँगा, खाऊँगा केवल **लोकलोकैया**।

पके आम खाने की भी विधि होती है, उसकी **ढेंपी** में **चोप** होता है, वह लग जाए तो होंठ पक जाते हैं इसलिए चोप निकाल देना होता है। **कलमी** आम की गुठली छोटी

होती है और **गूदा** ही **गूदा** होता है, **रेशे** या **खुज्जे** नहीं होते, खाने में बड़ी आसानी है, पर बीजू आम ही **रस** के लिए असली आम है, उसको खाइए, जी नहीं भरता। यही है कि **बीजू** आम कुछ बड़े **सूरतहराम** होते हैं, ऊपर से सिन्दूरी भीतर से बड़े **अम्मत** (खट्टे), कुछ तो इतने **चुक्क** होते हैं कि मुर्दे के मुँह पर रखें, मुर्दा जी उठे। बाजे-बाजे ऊपर से मन लुभावने न होते हुए भी अपूर्व स्वाद वाले होते हैं। पकने पर बीजू आमों की डाल **झहरा** दी जाए, **गाही** (पाँच) की गाही आम बटोर ले और ज़रा इन्हें पानी में भिगोकर खाएँ, ताकि इनकी गर्मी उतर जाए। कहाँ तक खाएँगे, इनका **अमरस** निकाल कर **अमावट** (आमपपड़ी) डालें, बाद में काम आएगा। आम की गुठली भी न फेंकिए, अकाल में इनका आटा भी गुज़र चला देता है, बैसवाड़े की तो गर्वोक्ति ही है 'चार मास अमिया खाइ चार मास अँठुली खाइ, चारि मासि रहित ससुरारि के पसारा माँ। बाति माँ न बट्टा और दुपट्टा माँ न दागि राखी, करित नाँ ठट्ठा रहित बइसवारा माँ।'

आम का पेड़ **झंखाड़** हो तो चढ़ने में आसानी होती है, तना मोटा और उसकी छाल पपड़ीदार होती है ही, चढ़ जाइए, पर **झरका** (पतली डाल) पर न जाइए और **माटा** (लाल चीटों) की झोंझों से बचिए। हाँ, यदि पेड़ **सरगपाताली** हुआ तो फिर **लग्गी** का ही उपाय रह जाता है। लोग बेरहमी से ईंधन के लिए नीचे की डालें **छिनगा** डालते हैं, **छँटते-छँटते** सिर्फ ऊपर जाने वाली डाल रह जाती है। कभी-कभी आँधी जड़समेत पेड़ उखाड़ डालती है और कभी-कभी केवल ऊपर का हिस्सा **ढाहकर** पेड़ों को **बुंचा** (**बुच्चा**, सिरकटा) बना देती है। कभी-कभी बिजली गिरने से पेड़ चिटककर रह जाता है, कभी-कभी **अररा** कर फट जाता है, कभी-कभी पेड़ **बाँझी** (चमड़ा सिझाने वाली परोपजीवी वनस्पति) लगने से **बँझिया** जाता है और कुछ ही बरसों में **उखड़** जाता है। तभी आम के पेड़ पर **छेव** (कुल्हाड़ी की चोट) लगाई जाती है। वैसे तो आम की सूखी टहनी या **झुंगा-पताई** से ही काम लेने की कोशिश की जाती है, ज्यादा से ज्यादा मांगलिक कृत्यों में आम के पल्लव कलश पर रखने के लिए गए या आम के पत्ते वन्दनवार के लिए, आम का पेड़ काटना बहुत ही पाप समझा जाता है। आम की बारी लगाना बहुत पुण्य माना जाता है, लाख-लाख पेड़ों की **लखौरी** लगाने की लोगों में उमंग होती है और स्वप्न-शकुन विचार में आम की गौध सफलता की प्रतीक मानी जाती है। कालिदास की तो कविता ही **सहकार-मंजरी** कही गई है और कालिदास ही हमारी संस्कृति के द्वार हैं, उनमें आम्रमंजरी की तरह समग्र, सफल, सरस और तपी ज़िन्दगी की महक है। आम के बौर हमारे लोक-जीवन की समूची मंगलाकांक्षा के ही तो रूपान्तर हैं।

'आना जी बादल ज़रूर'

मानसूनी हवा (**मातरिश्वा**) बादलों को जुटाने लगी है। मौसम के ज्योतिषियों ने मानसून की अवाई देर से होने की सूचना दी है, पर उनको झुठलाते हुए हिमालय की तराई में बादल आ गए, अषाढ़ के पहले दिन की प्रतीक्षा न करते, पर पुरवैया उन्हें घेर लाई। पर ये छलिया फिर कौन जाने सावन-भादों में दग़ा दे जाएँ, इसलिए आए, इनका स्वागत है, पर साथ में याचना भी **आना जी बादल ज़रूर**।

हिन्दुस्तान में बादलों की फ़िज़ा कुछ अलग ही होती है, इनका कुनबा यहाँ इतना विस्तृत और रंगीन है, **पुष्करावर्त्तक** की सन्तान-परम्परा इस तरह फली-फूली है, इतने **प्रीतिस्निग्ध, जनपदवधू-लोचनों** ने इनके सौन्दर्य का छककर पान किया है, इतने प्रव्रजन से लौटने वाले विहग-कुलों ने इनका मार्ग-दर्शन किया है कि इन सबको खतियाना असम्भव है।

उठता हुआ बादल **धुरवा** है, काले **धुरवों** के बीच में छोटा-सा सफ़ेद बादल का टुकड़ा **थिगली** है, सफ़ेद **धुरवा रूगालौ** है, छोटा-सा खंड **बदली** या **बदरिया** (**<बद्दलिका, <वाततूलिका**) है। क्या क्या रंग हैं, **कजरारे, काले, धुधुआरे, धुँईले, लाल, पीले, सिन्दूरी, रतनारे, गेरुई, भूरे (कपिश), छुपछाँही** (आधे सेत आधे काले), **उजले (बासे, रीते), धौर,** (सेत, बरसाने वाले), **भदकैले** (कुछ धौरे, कुछ काले), **तीतरपंखी** या **तीतरबन्ने** (बहुत काले नहीं, निश्चित रूप से बरसने वाले), **सतरंगी (इन्द्रधनुषी)** और **खीलिया (तरइयाँ,** तारों के बीच छिटके हुए खंड)। कालिदास ने **धूमज्योतिःसलिलमरुतां सन्निपातः** (धुआँ, रोशनी, पानी और हवा की पिंडीभूत राशि) कहा है, पर क्या अद्‌भुत चैतन्य इनमें है, ये छन में उठते हैं, **जम** कर **जमन** या **घटा (कादम्बिनी)** या **जमैले** बन जाते हैं, फिर नीचे **लरज** कर या **उने** कर **उनइयाँ** बन जाते हैं, ये ही **वर्षोन्मुख** होते ही **बरसौंले** और बरस कर (**निर्वृष्ट** होकर) **छितरा** जाते हैं, तब कभी यकायक **कटते** हैं, फिर **जुड़ते** हैं, फिर **छिटक** जाते हैं, कभी **लुकते-छिपते** भागते हैं। कभी **बदरचल** करते हुए क्षितिज के पार चले जाते हैं, कैसे-कैसे इनके **निर्घोष** हैं, पुरुष-गम्भीर स्वर के ये ही प्रतिमान हैं, मन्द-मन्द **गुड़गुड़ाहट** से **गड़गड़ाहट (रसित)** में, **गड़गड़ाहट** से (**मुरज** या **मृदंग** की हलकी थाप से) **गरज** तक आवाज की बुलंदी जाती है। यह **गर्जन** कभी **तड़तड़ाहट (स्तनित)** में परिणत होता है, कभी **तड़प** में और तब नियत रूप से बाद में बिजली **कौंधती** है। ये ही बादल **डरावने** हो जाते हैं, कुछ बादल केवल **तरजते** हैं, पर **बरसते** नहीं, क्योंकि

उनमें सार कुछ नहीं होता, केवल एक रीतेपन की दूसरे रीतेपन से **टक्कर** भर होती है। वैदिक ऋषियों ने बादलों की उपमा **अश्मखंडों** से दी है और इनकी टकराहट से उत्पन्न शक्ति को इसीलिए उन्होंने **अशनि** कहा है, **अपांनपात्** (जलों का **धेवता**) कहा है (जल से मेघ, मेघों से विद्युत्)। बरसने वाला बादल संस्कृत में **पर्जन्य** कहा गया है, घनानन्द ने इसी को दूसरा काव्यात्मक अर्थ दिया **पर कारज देह को धारे फिरौ, परजन्य जथारथ है दरसौ**। संस्कृत में सफ़ेद बादल को बलाहक, जल से भरे हुए को **जलधर, धारावर्षी** को **धाराधर** और **धुँईले** को **धूमयोनि** कहा गया है। **विद्युत्** के भी पर्याय अपनी अलग-अलग सार्थकता रखते हैं। क्षण-क्षण स्फुरित होने वाली **चंचला** या **चपला,** मालाकार में चमकने वाली **सौदामनी** (<**दामिनी**) सौ-सौ लकीरों को खींचने वाली **शतह्रदा** या **ह्रादिनी,** यकायक कौंधने वाली **तडित्** और प्रकाश फेंकने वाली **विद्युत्** या **शम्पा**। लोक-भाषाओं में बिजली के चमकने के कई प्रकार आख्यात हैं, पतली रेखा के रूप में चमकने को **लहकना** कहते हैं, अधिक प्रकाश के साथ चमकने को **कौंधना** और **धुक्-धुक्** बार-बार चमकने को **ढूँकना या धौंकना** कहते हैं। बिजली गिरने को **गिड़ई** पड़ना कहते हैं।

दिशा के आधार पर बादलों के कुछ नाम हैं। पुरवैया चल रही हो और पश्चिम से बादल उठे, तो उसे **उलटा धरवा** या **धुरवा** कहते हैं और पूरब से हवा के रुख के साथ उठे, तो उसे **सीधा धरवा** या **धुरवा** कहते हैं। पछुआ के अनुकूल बादल **पछायें** या **पछुवा** कहे जाते हैं। वर्षा के तो अनगिनत रूप हैं। **झीनी-झीनी बूँदें** पड़ती हैं, जो दिखाई भी नहीं पड़तीं, उसे **फुही** या **फुहार** कहते हैं, यह **फुही** लोक-काव्य में **स्वप्न-प्रणय** या स्वप्न की तरह ही **पूर्व-प्रणय** की प्रतीक है, फुही से तेज़ होती है बूँदों की **किनक, किनक** से कुछ तेज़ **बूँदा-बाँदी** (जब बूँदें टप-टप रुक-रुक कर पड़ती रहती हैं), जब छोटी-छोटी बूँदें लगातार कुछ देर तक गिरती रहें, तब **रिमझिम, मेहासिन** या **झिनमिन** वर्षा होती है, ये ही नन्हीं बूँदें हवा के साथ लहराती हुई पड़ती हैं, तो वर्षा **लहरुआ** कही जाती है। भारी बूँदों का पड़ना **बौछार** और तेज़ हवा के साथ **बौछार** पड़े, तो **झपटी** या **झनकार** और घोर वृष्टि **मूसलाधार** वर्षा कही जाती है। इस **मूसलाधार, मूसकधार** वर्षा को संस्कृत में **धारासार** कहते हैं। जब दो-तीन दिन तक लगातार वर्षा होती रहे तो उसे **झड़ी लगना** कहते हैं। सावन-भादों की झड़ी मशहूर है। जब मेह बरस कर यकायक बन्द हो जाए, तो उसे **झला** या **झलकरा** कहते हैं। यदि वे छाए रहें, पर बरसें न, तो उस वातावरण को **उनमनापन** या **घुमड़न** या **घुटन** कहते हैं, बादल बरसते रहें और धूप निकल आए, तो उसे **कोढ़िया मेह** या **सियारबियाही मेह** कहते हैं।

मात्रा-परिणाम के आधार पर भी वर्षा के नाम प्रचलित हैं। **पनियाँढार** (जब पनाले बह चलें), **रेलापेल, गहगड्डा** या **घहघड्ड** (जब बड़े जोर की वर्षा हो, बीच में मैदान में पानी उतरा जाए, **बिचकिल्ले** भर जाएँ), **जगमन्न** (जब आस-पास कई कोस तक खेत भर जाएँ), **मेंडतोड़** (मेंड़ तोड़कर पानी बह निकले), **तालतोड़** (ताल के किनारे **उपट** जाएँ), **कूँड़भराऊ** (जब गड्ढे भर जाएँ), **ओरीचुआन** (जब छत से ओरी चूने लगे),

धूरिबझाव (धूलि का उठना रोकने वाली), **छिड़काव** और **ओसचटाव** (बहुत ही मामूली वर्षा)। चौमासे की पहली वर्षा **डौंगरा** या **दौंगरा** कही जाती है। मघा नक्षत्र की वर्षा **घिग्घी बँधाने वाली** और भूमि को **अघा देने वाली,** पूर्वा नक्षत्र की वर्षा झपटी के कारण फूस के घर के चारों ओर **टट्टी लगाने वाली** और हस्त नक्षत्र की वर्षा गलगल करने वाली या तृप्ति दिलाने वाली कही जाती है। माघ की वर्षा **महावट** या **मौहासों** कही जाती है, फागुन की वर्षा अहितकर होती है, उसमें पशु मरते हैं, उसे **चमरबरहा** कहते हैं। वर्षा के परिणाम-भेद से खेत **सिंचते** हैं, **ऊभचूभ** हो जाते हैं, **किचकिच** या **गोहच** हो जाते हैं (कीचकाँदों हो जाते हैं) और धूप न निकले तो कीचड़ से **बुक्कायँध** और **सड़ायँध** गन्ध निकलने लगती है, **पवट** जाते हैं (पानी से एकदम भर जाते हैं) या **डूब** जाते हैं। जब तपी हुई ज़मीन पर हलकी वर्षा होती है, तब उसे **छौंका** कहा जाता है। जब इतनी वर्षा हो कि खेत की फ़सल गलने लगे, तो उसे **गलकी** या **गरकिया** कहते हैं। जब तेज़ हवा **(झाय)** के साथ मोटी बारिश होने लगे, उसे **झाऔट** कहते हैं। **झाऔट** में पौधे ज़मीन पर पिटकर बिछ जाते हैं।

पानी के अलावा बादल विशेष रूप से माघ-फागुन या चैत-बैसाख में ओले बरसाते हैं। छोटे **ओले कँकरी** या **बनौरी** भी कहे जाते हैं, ओला पड़ने को कहीं-कहीं **पत्थर** पड़ना भी कहते हैं, जाड़ों में **तुहिन-पात** भी होता है, उसे **ठारी** या **पाला** कहते हैं। पाला पड़ता है तो **कुहासा** छा जाता है। सामान्य अवस्था से पत्तों पर पड़ी हुई **तुहिनदिन्दु** ओस (**<अवश्याय**) कही जाती है। बड़े ओलों का तड़ातड़ गिरना **खिसलना** कहा जाता है। छोटे ओले पड़कर कुछ ही देर में बन्द हो जाएँ, तो उसे **छाल** कहते हैं।

काफ़ी दिन तक बादल घिरे रहें, तो दिन **दुर्दिन** कहा जाता है। भादों में इसी को **भदवारा** भी कहते हैं। दुर्दिन के बाद बदली छँट जाए, तो उसे **उघार, खुलना** या **ऊझना** कहा जाता है। बादल बिलकुल न रहें, तो उस स्थिति को **निबादर** कहते हैं। वर्षा खुल जाए, तो उस वर्षान्त के साँझ के बादल बड़े सुहावने होते हैं और जब कई दिनों की तपन के बादल **घुमड़ते** हैं, तो वे बड़े **सलोने** और **स्निग्ध** दिखते हैं। ये ही बादल निरन्तर बरसे चले जाएँ, तो दिन बड़े **मटमैले** हो जाते हैं, रात में उठने वाली घटा बड़ी **डरावनी** हो जाती है, खास करके जब बिजली भी रह-रह कर तड़प उठती हो। पर सुकुमार और परुष ये दोनों पक्ष बादल के पौरुष के प्रतीक हैं। वही धरित्री का **कामरूप पुरुष** है। उसके लिए धरित्री की पुकार प्रोषित पति के लिए प्रियतमा की पुकार है। **आना जी बादल ज़रूर**।

शस्यश्यामलां मातरम्

धान सबसे महत्त्वपूर्ण धान्य ज़रूर है, पर हिन्दुस्तान का काम उसमें चलता नहीं; दूसरी फ़सलें भी उगाई जाती हैं। **कुआरी** या **उन्हारी** या **भदई** फ़सल के रूप में **मक्का** [**मकई, जोन्हरी**–पूर्वी उत्तर प्रदेश], **ज्वार** [**टँगुन्हइया बजड़ी**] (पूर्वी उत्तर प्रदेश), **जौंड़री** (ब्रज), **जनेरा, मसुरिया जनेर, जोन्हरी** (सारन), **गेहुँमा बाजरा-बजड़ा, बजड़ी, लहर्र** (ब्रज)–**कोदों, साँवा** (<श्यामाक), **टाँगुन** (**कँगुनी, मड़वा** बोये जाते हैं, इनके साथ ही कुछ दाल वाली **फसलें** (जिन्हें **मसीना<माषीन** कहते हैं), **उड़द, मूँग, मोठ** (**भिनगी**–पूर्वी उत्तर प्रदेश), **अरहर** (रहर–पूर्वी उत्तर प्रदेश) भी बो दी जाती है। मसीना तो अगहन में कटती है, पर अरहर चैत में। चैती फ़सलें दो प्रकार की होती हैं, **बालबाली (बलिहन)** और **फलीवाली (छिमिहन)**। बालवाली फ़सलों में गेहूँ, जौ, जई आते हैं, और फलीवाली फ़सलों में **मटर (केराव), चना (रहिला, बूट, बेदाम), मसूर, कुलथी, लतरी (केसारी)** आते हैं। इनके अलावा असाढ़ में ही नगदी फ़सल के रूप में **कपास** या **बन** और **तिल** (तेलहन फ़सल के रूप में) बोये जाते हैं, कातिक में **सरसों, अलसी (तीसी)** और **कुसुम** बोये जाते हैं। नगदी फ़सलों की चर्चा अलग करेंगे। उसी के साथ **गन्ने (ईख)** की भी चर्चा होगी। अभी अनाज वाली फ़सलों का ही ब्यौरा प्रस्तुत है। पहले इन फसलों की क़िस्मों की चर्चा हो जाए। बढ़िया गेहूँ की दो क़िस्में मुख्य हैं मुँड़िया (भुँड़िया, मुँड़िला), जिसमें टूँड़ या दाढ़ी नहीं होती। इसी की एक सफ़ेद दाने वाली क़िस्म है **दाउदी, दौदिया;** दूसरी किस्म है **तीकुरिया (टूँदूड़वाली)** जिसकी सफेद दाने वाली उपजाति दूधी या दूधिया और लाल दाने वाली **लाल (ललका, पचरूखी)** कही जाती है। इसके अलावा ऐसी क़िस्में भी हैं, जिनके दाने बहुत छोटे होते हैं। उन्हें **देसी, हड़हड़ा, केवलहा, झिंलगा** जैसे नामों से पुकारते हैं। ज्वार की मुख्य क़िस्में हैं, लाल ज्वार (**रकसा, जोंवरी, सिसुआ, गहुम**) सफ़ेद ज्वार (**दुधिया, लरकटिया, नारकटिया**) और **सौंकन** (साँवला) ज्वार **झलरिया**। अरहर की दो क़िस्में होती हैं, **देसी** (छोटा दाना) और **रमर हरा** (बड़ा दाना)। उड़द की कई किस्में होती हैं–**डोमा** (पूस-माघ में कटने वाली), **लरही** या **असनी** (कुआर में कटने वाली), **तपखी** या **कतिका, अगहनुआ,** रंग के हिसाब से **काला** या **सियाह उड़द, हरा** या **तुलबुल्ली** या **सबुजा उड़द**। मटर की क़िस्में हैं, **कबली** या **कबिली, घेबली** या बड़ी सफ़ेद मटर, **सुगिया** (छोटी हरी मटर), **बजरी** (और छोटी मटर) **बटुरी** या **कुमही** (छोटी काली मटर), बेल की तरह चढ़ने वाली **मिठगरा**। इन किस्मों के अलावा नए

संख्या-वाचक और देशवाचक नाम भी प्रचलित हो गए हैं—**मैक्सिकन गेहूँ, फारम गेहूँ**।

अब इन फ़सलों की जीवनयात्रा के इतिहास पर आएँ। गेहूँ का बीज **पुत्ती** कहा जाता है और दूसरे बीज **दाना** या **बीया** कहे जाते हैं। जब पहला उकसाव होता है तो उसे **सुई** या **सुआ** या **अँखुवा, कुल्ला, अँकुढ़ा, कन्नी, डेफ** कहते हैं, और इस अवस्था को **सुइयाना, अँखुआना, कनियाना** या **डेफ निकालना कहते** हैं। इसके बाद जब बीज जड़ पकड़ लेता है तो पौधा **पुतरा, कनखी, ढाभ** कहा जाता है और जब पौधा दुपतिया जाता है तो **डीभीं, टैंभी, गजुर** कहा जाता है। गेहूँ-जौ के पौधे छः इंच बड़े हो जाएँ तो यह बढ़ती **कौआझँपाड़** या **कौआलुकान** नाम से पुकारी जाती हैं। मटर आदि पसरने या फैलने वाली फ़सलों में जब छीमी या फली के लिए फूल की ढेंढ़ी लगनी शुरू हो जाए तो कहते हैं कि फ़सल में पटा लगा है, फ़सल **पटरा** या **पटा** गई है। उस समय **मटर, चना, मसूर** का साग **खोंटने, चौंटने** या **कुतरने** के लायक हो जाता है। खोंटने से पौधा और **कनछियाँ** (शाखाएँ) फेंकता है। इसी को ब्रज में **सिरा फुलकना** भी कहते हैं। जब जौ-गेहूँ में बाली लगने को होती है तो कहा जाता है गेहूँ **रेंड़ा** या **गभा, गम्हड़ा** या **खूँद** (ब्रज) या **गदरा** या **दुधिया** गया। मटर-चना में छीमी लगती है तो उसे **ढेंढ़ियाना** या **कचराना** कहते हैं। गदराया चना **पटकी** या **चटकोहा** भी (शाहाबाद में) कहा जाता है। दाना भर जाने को **गदाना** कहते हैं। यदि दाने नहीं पड़ते तो कहा जाता है, फ़सल **मारी** गई, **दगिया** गई, **उकठा** गई, **पतलगुआ** रह गई। गेहूँ का दाना जब बड़ा होने लगता है तो उसे **हबसाना, कैलाना** या **गोताना** या **दाना पड़ना (अंडा पड़ना, कोथ फूलना)** कहते हैं। मक्का में जब दाने पड़ने को होते हैं तो वह **सँचा जाता** है, ज्वार-बाजरा में दाने पड़ते हैं तो वह **ललहा** जाता है या **रेंड़ा** जाता है या **हलहला** जाता है। **ज्वार-बाजरा-मक्का** के तने **ढाठ, ढट्ठा, ठठेरा** या **फटेरा** (ब्रज) कहे जाते हैं। गेहूँ की बाली **(बाल, सीसा, सीस)** में से आगे निकला हिस्सा **टूँड़** या **मूँग** कहा जाता है। दाने की खौल **झकौआ**, झकौआ समेत दाना **दोरई** कहा जाता है। **ज्वार, बाजरा** या **मक्का** की अधपकी बाल **दुद्धा, दोधा, दुधरमुठिया** कही जाती है, बाजरे की बाल जहाँ से निकलती है उसे **कोथ** कहते हैं और बाल के नीचे की नली **नरुका** कही जाती है; मक्के की गाँठों से रेशे या सूत निकलते हैं, सूत के नीचे हरे **पगुलों** या **खोइया** या **बोकला में गड़ेली** या **छपकी** पड़ती है, इसी में दाने पड़ जाते हैं तो इसे **भुट्टा** कहते हैं। ज्वार और बाजरे की बाढ़ दराँतों से एक बार काट ली जाती है (**कुतर** या **कतर** ली जाती है) जिससे पौधा चोढ़ा हो जाता है। दानों में जब दूध भरा रहता है तो वे **दुधभोरी** या **दँतकभरा** या **दुधघोट्टू** कहे जाते हैं, पक जाने पर उन्हें **कूकरी, अड़िया** या **पकठा** कहते हैं। दाने निकालने की प्रक्रिया को **नुकाना** कहते हैं। पगुला अलग करने की प्रक्रिया **सोंठना** है। **छूँछी** गड़ेली **भोराह, भुड्डी** या **भुल्ली** या **लेंडुरी** या **नेढ़ा** कही जाती है। ज्वार का दानाविरहित भुट्टा **बबूला** या **भोड़रा** कहा जाता है। मक्का के कटे पौधे **करब** या **करबी**, बालरहित ज्वार-बाजरा के पौधे **बंझड़, ठट्ठा, मुड़िया** या **ढट्ठा** कहे जाते हैं। इन्हीं का टाल बनाकर पशुओं के सूखे चारे के रूप में उपयोग में लाने के लिए रख देते हैं।

मक्का की नोक को **फूल** या **नाक** कहते हैं और इससे फूल जब दाने पकने की दशा में टूटने लगते हैं तो उसे **फूँआ** कहते हैं। इसके रेशे को **भूआ, मूछ** या **सन** कहते हैं। बड़ी बाल को **धनबाल** या **धनहरा** कहते हैं। बाजरे की बाल में से एक लम्बी पतली डंडी-सी निकलती है; उसे **डूँड़री, छूँछरी** या **बगुची** कहते हैं।

उड़द, मूँग आदि का तना **जाखिन**, उसकी फूली हुई गोठ **करया** कही जाती है। मटर की लतर जब फैलती है तो एक सूत आगे फेंकती जाती है, इसे **तुर्रा** या **नार** कहते हैं, मटर के पौधे का ऊपरी भाग **छत्ता** कहा जाता है। मटर की पोपली फली **पैंपना** कही जाती है। चना अरहर, मटर का भुस **छिमउर** कहा जाता है। अरहर का सूखा तना **रहेठा** कहा जाता है और ईंधन के काम में आता है। बाल काटकर ज्वार-बाजरा खेत में चारे के लिए छोड़ दिया जाए तो उसे **गँधेंल** कहते हैं। जौ-गेहूँ की बाली **उम्मी** भी कही जाती है। नवान्न के समान **उम्मी** का **होला** या **होरहा** भूना जाता है।

इस प्रकार बीज से लेकर फली तक ये फ़सलें जीविधर्म का निर्वाह करती हैं और इनकी जीवन-यात्रा की देख-रेख बड़े जतन से की जाती है। तभी तो इस प्रक्रिया को लेकर इतना समृद्ध शब्द-भंडार हमारी लोक-भाषाओं में मौजूद है।

खेती उपजे अपने कर्म

वैसाख की **अखड़तिजिया (अक्षयतृतीया)** से खेती की तैयारी शुरू हो जाती है। वैसाख में खेत **डाहे** जाते हैं। जिनमें **खर-पात, दूब** या दूसरी घास हैं, उनकी **गुड़ाई (तमिया)** होती है, जिनमें अरहर की फ़सल रही, ऐसे **खुँटार (खूँटी वाले)** खेतों को **पलिहर** या **चौमस** छोड़ दिया जाता है, केवल **खूँटियाँ** निकाल ली जाती हैं। उनकी तैयारी चौमासे में रबी के लिए होती है और जिन खेतों में रबी की **बालवाली (बलिहन)** फ़सल थी, उनमें **उन्हारी (आसिनी, भदई)** की तैयारी शुरू हो जाती है। प्रायः **अखड़तिजिया** को हल की **साइत (हरवत)** होती हैं। हल के **फार** लुहार के यहाँ पीटे जाते हैं। **हरिस (<हलीषा), दबिया (पनिहारी), परिहथ (<प्रतिहस्त = मूठ), जुआ (पालौ), सुहागी (हेंगा, पटेला),** बढ़ई के यहाँ सुधारने के लिए दिए जाते हैं। बढ़ई बाँस का **किल्ला (बरन),** हरिस की **काँटी (खेड़ा), फार** के **पाट** में **पचरी ठोंक-ठाक कर** हल कस देता है। चमड़े की **दुआली** पुरानी पड़ गई है तो बदल दी जाती है। रस्सी के नए **जोते (योक्त्र), बरही** (पटेला में बाँधी जाने वाली रस्सी), **पगहा (हरपघा<प्रग्रह)** और **नाथ बँटे** जाते हैं, **खुरपी-कुदाली** के **बेंटों** और **फरुहों** की मरम्मत होती है। जो खेत **दुसाई (दुफ़सली)** या **तिसाई (तिफ़सली)** होते हैं, उनमें वैसाख में भी तैयारी की जाती है।

किसान का खेत बिना नाम का नहीं रहता। गाँव के समीप का **गोंयड़ा (किरा, बारा)**, सीमान्त के **सिवान (हार, पाली)** और बीच के **माँझा (मेझा या मझार)** कहे जाते हैं। आकार के हिसाब से खेतों के **तिकोनिया, पटिया (चौकोर), घेल्ला** या **गोल (गोलाकार), टेढ़वा (टेढ़रा=टेढ़ा-मेढ़ा), नारी (पतला** और **लम्बा)** या **फाँस, सिपोरिया** (बीज में मुड़ा) और **तीराकोनी** (कई कोनों वाला) नाम होते हैं। **धरातल** के विचार से खेत **गड़हा** (गढ़ा) **टीलिया (ढूह, धूस, डुंगा), ढलवाँ (लुढ़कइयाँ), मटाह** (ऊँचा-नीचा **ढरकना** (जिसमें से पानी **ठरक** जाए) या **तिरपटाह, दहर** या **खाल** (नीचा) संज्ञाओं से पुकारे जाते हैं। बीच में ऊँचा खेत **डाँगर** या **डोंग** कहा जाता है। **दहर** या **खाल** खेत में पानी बराबर भरा रहे तो उसे **गरग** कहते हैं और जिसमें पानी की नाली बह जाए उसे **भागड़** कहते हैं और जिसमें पानी सूख जाए, उसे **झाँझा** (या **झझवा**), जिसमें पानी आए तो पर ऊपर न मालूम हो, उसे **बाल-सुन्दरी (बलसुनरी)** और पानी बिना चढ़ाए चढ़ता रहे उसे **लर** कहते हैं। जिस खेत की मिट्टी में खाद अधिक मिला रहता है उसे **खिरावर, खतैला, घोड़ ही, घोट्ठ** कहते हैं और वह बहुत **दार** (उपजाऊ) होता है। उसमें

खाद दे देने से फ़सल **(हौन) घघाने** या **बबरने** का डर रहता है, उसकी **कमाई** इतने से ही काफ़ी हो जाती है कि जोतकर उसमें पानी भर दिया जाए (खेत को कनई किया जाए), मिट्टी सड़कर अपने आप खाद बन जाती है। **रेहार (रेहयुक्त) खाँखर** या **ककरेठा** (कंकड़ियों मिला) खेत **उसरार** या **पटपर** होता है, उसमें बीज **डाँड़** हो जाता है। **ऊसर पड़ा खेत निसोखिया** (पानी न सोखने वाला) होता है। जिस खेत की मिट्टी चिकनी होती है, उसे **गाढ़** और **ढलार** या **निमान** कहते हैं, उसमें जोतने पर बड़े-बड़े **चीपे** या **कील** उखड़ जाते हैं, बारिश से ये गलकर बराबर होते हैं या फिर **पटेले** से फोड़कर बराबर किए जाते हैं। ये खेत भी बड़े उपजाऊ होते हैं। खेतों की जुताई जब बहुत **घनी** होती है तो वह **कूंड़मिलौनी** या **न्हैंनी,** दूर-दूर होती है तो **मोटी** कही जाती है। माघ की जुताई को **मघाड़,** गर्मी-बरसात वाली को **उन्हारी** या **असाढ़ी** कहते हैं। एक बार की जुताई **चास** या **बाह,** दुबारा जुताई **दुबही** या **सोमरा** (<**शम्बा**), तिबारा **तिबही** या **तिखरा,** चौबारा **चार चास** या **चौबही** या **चौखरा** कही जाती है। पहले दौंगरे के बाद की जुताई **खुर्रट** और गहगड्ड मेंह बरसने पर की गई जुताई **उपार** कही जाती है। पानी सूखने पर खेत **उठ आता** है, **अगर कुछ गीला** या **ओद** रहता है तो वह खेत **तीता** कहाता है। अगर खेत में से पानी बिलकुल निकल जाए तो वह खेत **उकठ** जाता है। जुताई करने के पहले उसे **पटकना** (पानी से हल्का सींचना) पड़ता है। अगर नमी ज़्यादा रही तो खेत की जुताई **कच्ची** रहती है। हल से जो गहरी रेखा खिंचती जाती है, उसे **हराई** और **रेखाओं** के बीच छूटी हुई ज़मीन **आँतर** कही जाती है। हल के एक चक्कर को भी **आँतर** कहते हैं। छूटी हुई जगह में हल चलाने को **आँतर मारना** कहते हैं। अन्तिम आँतर मारना **औंडला** कहा जाता है। जुताई के बाद जो **ठर** (ऊँची जगह) अनजुती रह जाए उसे मारना होता है, कुदाली से किनारे-किनारे की **मेंड़** या **डँड़ेर** झारी जाती है और जहाँ-जहाँ मेंड़ टूट रही हो वहाँ और बनाई जाती है। सबसे अधिक कमाई **बियाड़** (जिसमें रोपने के लिए बीज या बीया डाला जाता है) में होती है। धान के बीज भार के या **जरई करके** (राख और नमक-पानी से अँखुआ करके) तैयार किये जाते हैं। बियाड़ की आख़िरी जुताई करके उसे पटेले से **हेंगा दिया** जाता है (बराबर कर दिया जाता है), फिर **सेव** या **सेल्हे** (हलके) हल से **बीया-मलौनी** करके, हलके हेंगे से खेत ढँका जाता है। डेढ़ बित्ते का बीया आ जाये तब वह **झूँटों** [गावों या बाघों] में काटा जाता है और रोपने के लिए तैयार किए गए खेत में लाया जाता है। फिर गीतों की टेक के साथ **रोपनी** होती है।

बुवाई या **बावग** या **बोवनी** तीन प्रकार की होती है, सूखे खेत में बो करके उसे ढँक दिया जाए तो उसे **धुरिया बावग** कहते हैं। यह शुद्ध रामआसरे है। पानी खेत में भर के (खेत को गजाड़ करके) उसकी मिट्टी को **कनई (कीच)** करके जो **बुवाई** होती है, उसे **लेव** या **लेवही** बावग कहते हैं और अगर बीया गिराके छोड़ दिया जाए तो उसे **मिलौनी बावग** कहते हैं। बीज खेत में अगर दाएँ-बाएँ छींटे जाएँ तो **पैरा बावग** और अगर हराई में एक धार में गिराया जाए तो **धारी बावग** किया जाता है। बोने के बाद पौधे ऊपर आ जाने पर खेत में पानी डालकर जो जुताई की जाती है, उसे **पनदाहना**

या **विदाहना** कहते हैं। **पनदहनी** की प्रक्रिया से खेतों में **मोथे** जैसे **खरों** की **निराई** अपने आप हो जाती है। पानी की सुविधा न हुई तो फिर घास-पात काफ़ी उग आते हैं और फ़सल दब जाती है, तब फिर **निराई** या **सोहनी** खुरपी से करनी पड़ती है।

खत्ती, बखारी या **कुठला** से बीज निकालने की प्रक्रिया को **बुखार उतारना** कहते हैं। बीज लेने के मुहूर्त्त को **मूठ लेना** कहते हैं। नए अंकुर को **डीभी** या **अँखुआ,** उसके बाद पौधा **दुपतिया** और उसके बाद **कुल्हा** या **कर्ला** कहा जाता है, नुकीले अंकुर **सुई** और मक्का, ज्वार और बाजरे के तने **फटेरा** कहलाते हैं। भादों-कुआर में कटने वाला धान **भदई,** साठ दिन में कटने वाला **साठी** और अगहन में कटने वाला **अगहनी** या **जड़हन (शालि, कलमशालि)** कहा जाता है। इन फ़सलों के अलावा उड़द, मोठ, मूँग, अरहर (दाल वाली फ़सलें या **मसीन**) तथा सावाँ, कोदो, टाँगुन, मडुवा, भिनगी ये खरीफ़ की फ़सलें हैं, जिनके लिए तैयारी का समय असाढ़ है। किसानी तो शुद्ध कर्मयोग है, किसान भाग्य के भरोसे नहीं रह सकता, क्योंकि धरती तो कर्म की भूखी है।

धान पकेंगे हमारे खेत में

भदई या **कुआरी** फ़सल तो कट चुकी, अब अगहनी के कटने की बारी है। **अगहनी** या **जड़हन** या **चहोरा** या **सौंदी** धान **बोआ** और **रोपा** दोनों किस्म का होता है। अगहनी धान को ही संस्कृत में **शालि** और **रोपा** अगहन को **कलमशालि** कहते हैं। जिस खेत में धान पैदा होता है, उसे **धनहर, धनखर, धनकियारी** कहते हैं। धान बड़ी मेहनत और कमाई माँगता है, जून-जून पर पानी, खेत से **खरों** और **लमेरा** (अपने से उपजे) धानों की **निराई** या **सोहनी**, ज़्यादा पानी हो जाने पर मेंड़ काटकर पानी की **निकासी** और धान में **बालियाँ** आ जाएँ और दूध लेने लगें तो उनकी रखवाली, खासतौर से सुग्गों से।

धान की किस्में अनगिनत हैं। महीन या बारीक धान की कुछ मशहूर किस्मों के नाम इस प्रकार हैं—**बासमती, कनकजीर, धनियाँ, तुलसीफूल, महाजोगिन, मर्चा, गौरिया, जूही बंगाल, बर्माभूसी, लालकेसर, रामजीरा, श्यामजीरा, काला नमक, बहरनी, राम अजवाइन, गोपालभोग, रामभोग, ठाकुरभोग, सुगापंखी, बतासफेनी, दूधगिलास, कमोदी, दौनाफूल, हंसराज, भाटाफूल, बाँसफूल, कमोच, कनकचूर, गोकुलसार, श्रीमंजरी, मालदेही, लौंगचूरा, जलहोर**। मोटे धानों की किस्मों के कुछ नाम ये हैं—**करँगा, जगरनथिया, दूधराज, मेघनाद, राटिन, ललदेइया, गहुमा, गड़ेर, मुटुरी, नन्हिया, मनसरी, रमुनी सरिहन, सिलहट, बैतरनी, भेड़काबर, मुटुनी दोलँगी, मुड़रा, गजपत्ता, सेल्हा, जोंगा, कजरधर, दलगंजन, सौंदी**। चबेना के काम आने वाले धान हैं **अनन्दी** और **देवसार**। नई **देसावरी** क़िस्में तो नम्बरों से अधिकतर जानी जाती हैं। धान का नया पौधा **सुई**, धान का रोपा जाने वाला पौधा **बान**, धान की जड़ **नेरुआ** और धान की बाली **झंपा**, कच्चा धान **गदरा** या **गड़रा**, गदरा पर तैयार धान **सुरका**, खड़े धान का चावल **अरवा**, उबाले का **उसिना** या **भुजिया** (जिसे भूनकर **मुरमुरी, मुड़ी, लाई** तैयार की जाती है), भुना धान **खील** या **लावा** (लाजा) कहा जाता है। चावल का बाहरी छिलका **भूसी**, भीतरी छिलका **कोराई**, टूटा चावल **कन**, बहुत टूटने वाला चावल **टुटहन, खुदिगर** और पिसा चावल **चौरठ** कहा जाता है।

धान की **कटनी** या **कटिया** या **लवनी** कातिक के अन्त में शुरू होकर पूस तक जाती है, प्रायः **कटनी** की मजदूरी **(दिनौरा, गुदारा, बनिहारी, बनी)** 10 या 12 या 16 बोझ पीछे एक की दर से दी जाती है और कभी-कभी दूसरी जगहों से भी मजूर **कटिया** की ज्यादा मजूरी के लोभ से चले आते हैं। जड़ से कटिया की प्रक्रिया **जड़कट्टा**, या

जरछोरा बिलकुल ऊपर वाली बाली काटने की प्रक्रिया **बलकट, टुंगनी, कटुई, पँगाई, नन्हकटनी** या **सिसकटनी** कही जाती है। कभी-कभी लोग खेत तैयार न होने पर भी **चराई** या **हईं** के डर से **भदरा** या **कचरा** या **गदरा** ही काट लेते हैं। नवान्न के लिए **समहुत (सुमुत)** पहले काटा जाता है, मुहूर्त्त या साइत के रूप में। **कटनी** समाप्त हो जाने पर छूटापटा बीनने का काम शुरू होता है, यह प्रायः कम खेती वाले किसान करते हैं। **कटनी** के लिए **हँसुआ, पछरिया, बधरा, बधरिया, दाब, सँगिया, चिलोही** (ये सभी बड़े होते हैं) या **हेसुली** या **कत्ता** (छोटे) काम में आते हैं। दाँतों वाला **हँसिया दातें** या **कचिया** कहा जाता है।

धान काटकर खेत में **मूठों, पूलों** या **गुट्ठों** में बटोर कर पाँती-पाँती रख दिए जाते हैं। फिर कुछ सूख जाने पर इन्हें **गतार** या **रस्सी** से बाँधा जाता है, चार मुट्ठे का पाँजा होता है जिसे जगह-जगह **औल्हा, अदाँसा, आहुल, अँटिया** और **पसही** कहते हैं, चार पाँजों का एक बोझा होता है, सोलह बोझे की **सोरही**, इक्कीस की **इकैसी, 16 सोरही** का **सोरहा**। बोझ एक के ऊपर एक **सरिया** कर (सहेज कर) खलिहान में रखे जाते हैं। इसी को **डाँठ, गाँज, जाँगी, बाँही** भी कहते हैं। खलिहान छीला जाता है, बराबर किया जाता है, लीपा जाता है, तब उसमें डाँठ रखा जाता है। खलिहान में अनाज अलग करने के लिए फैलाई फ़सल **पैर** या **लाँक** कहलाती है। इसके बीच में एक **मेह** होता है। **खूँटा** से, उसके चारों ओर पैर के हिसाब से चार-पाँच या इससे अधिक भी बैलों की **दौरी** पड़ती है। मेह के पास वाला (अर्थात् जिसे सबसे कम दूरी धूमनी होती है) **मेंहिया** कहा जाता है और सबसे बाहर वाला **अगदाई** या **पागड़ा** या **पागड़िया** या **आगिल** कहा जाता है। इन बैलों के गले में पड़ी रस्सी गैनी में फँसी हुई बड़ी रस्सी **दाँवरी** या **दौंरी** कही जाती है। एक बार का घूमना **दाँव** या **दाये** चलाना कहते हैं। ऊपर अच्छी तरह टूट जाने पर नीचे वाली **पैर** या **लाँक** उलटी जाती है या **उखाड़ी** जाती है, इसी को **तरपैरी करना** कहते हैं। दाँव घूमते समय बैल जो डाँठ इधर-उधर कर देते हैं, उसको किसान **सोकी** से बैलों के पैरों के नीचे डालता चलता है, यह प्रक्रिया **पागड़ मारना** है। जब दाएँ चलाना बन्द करना होता है, तो **दौंरी** ढील दी जाती है, बैल खोल दिए जाते हैं, बैल अधिक नया अनाज खाकर अनपच न कर लें तो कभी-कभी बैलों के मुँह पर **जाबी** (जाली) लगा दी जाती है। अच्छी तरह रूँदा हुआ डाँठ **खुरदायाँ** हुआ डाँठ कहा जाता है। **खुरदाये डाँठ** को फिर से गाहते हैं तो अनाज की रास अलग हो जाती है, पयाल अलग। कभी-कभी कम बोझे हुए तो **पीट कर, झार कर** या **झोट कर** अनाज निकाल लिया जाता है। कभी-कभी थोड़ी-सी बालों को **मींजकर** अनाज निकाल लिया जाता है।

अनाज की इकट्ठी रास को **सिली, टाल, गल्ला, ढेरी** या **खम्हार** भी कहते हैं, इसमें अभी कुछ-न-कुछ पयाल मिला होता है, इसकी **ओसौनी** शुरू होती है। **ओसौनी** हवा का रुख देखकर की जाती है। जो हलका निर्जीव अनाज या भूसा उड़कर पहले निकलता है, उसे **पम्मी, भौंटा, पाँकी** कहते हैं, इसके बाद **अधभरी** या **पइया** अनाज निकलता है। ऐसा बहुत-सा अनाज दूर बिखर जाता है, भारी अनाज बीच में राशि के रूप में इकट्ठा

होता जाता है, दूर बिखर जाने वाला अनाज **अगवार** या **पछुआ** कहा जाता है और वह हलवाहों का हिस्सा होता है। रास बटोरने के लिए **फरई** या **अखइन** काम में लाए जाते हैं। रास के ढेर से मिट्टी, तिनका, कंकड़ आदि को निकाल कर रास सँवारने की क्रिया **रास लगाना** कही जाती है। इस प्रक्रिया के अन्तर्गत रास इकट्ठी की जाती है, **सोहनी** या झाड़ू से एक स्थान पर **सकेली** जाती है और फिर **रोली** या **रोरी** जाती है। मिट्टी के ढेले वगैरह हाथ से अलग किए जाते हैं। लगी हुई रास को और साफ़-सुथरी बनाने के लिए किसान उस पर झाड़ू फिर फेरता (**सुनैती** या **सरेती** फेरता) है। फिर सँभाल-सँभाल कर ढेरी लगाई जाती है (**छबड़ा की जाती है**)। इसके बाद रास **चद्दर, जाजिम, पाल** आदि से ढक दी जाती है और रास **दबा दी जाती** है, रास में बरक्कत के लिए लोग गोबर की सूखी कंडी रखते हैं। रास कभी तोल कर कभी अनकूती ही घर ढोकर लाई जाती है। और कहीं-कहीं **खलिहान,** कहीं-कहीं घर पर ही नवागत अनाज की राशि का पूजन होता है। प्रायः हर खेत की अलग रास होती है और रास के साथ उस खेत की मिट्टी का एक ढेला (**स्याबड़<सीतावत्त**) भी आता है। उस रास में से कुछ अनाज दान के लिए अलग रखा जाता है। उसको भी **स्याबड़ी** कहते हैं, इसी में से नाई, पुरोहित, बढ़ई या **पवनी** को किसान अपनी सालाना जजमानी भी अदा करता है। हर क़िस्म के धान की **मोजर** (मंजरी) इकट्ठी करके उसकी बन्दनवार आँगन में चारों ओर तानी जाती है। इसके दाने तो पक्षी चट कर जाते हैं, पर इसका वितान काफ़ी दिनों तक बना रहता है।

किसान का आँगन नए अगहनी धान के कणों के छिटकने से महक उठा है, नवेली बहुओं की मूसल से कूटते समय चूड़ियों की झनकार उसे चहका रही है।

नगदी फ़सलें

मुख्य नगदी फ़सलें **ईख (गन्ना), कपास (बन), सन-पाट** (रस्सी के काम में आने वाली), **तेलहन (तिल, सरसों, अलसी** या **तीसी, कुसुम**) और **आलू**। गन्ना, तिल और कपास की फ़सलें अगहन में तैयार होती हैं। **सन-पाट,** खरीफ़ की फ़सल है और सरसों आदि रबी के साथ तैयार होती हैं।

गन्ने (**ईख** या **ऊख**) की कई उपजातियाँ हैं, **कुसिहार** (बौनी और कड़ी नस्ल), **केतार** या **केतारा, केवाली** या **केवाही, रौंदा** (ये सभी पतली और लम्बी नस्ल की हैं), **चिनिया** या **पनसाही** या **पौंड़ी** (चूसने में बड़ी मीठी और मुलायम), **नरगोरी** या **बरौंखी** (लाल डंठल वाली), **भुरली** (मोटी और रसभरी), **मनगो, रेबड़ा, साही, हथुनी** (सिर्फ़ पेरने के लिए उपयुक्त)। गन्ने के खेत को **उखाँव, उखारी** भी कहते हैं। गन्ने की खेती दो प्रकार से होती है, एक तो नए सिरे से **बावग**, दूसरी ऊपर से काटकर जड़ छोड़ दी जाती है। इसको **पेंड़ी** या **खुंटिया** कहते हैं। नए सिरे से बावग में कहीं-कहीं बीज के लिए ईख काटकर एक गहरे गड्ढे (**बिझैरे**) में डाल दिए जाते हैं, फिर **माघ-पूस** में ये ईख के **गाँड़े** या **गेंड़े** निकाल दिए जाते हैं। कहीं-कहीं सीधे खेत से ही **गेंड़ (टोना, गुल्ली, पौंडा, बेहन)** लाए जाते हैं। इनके ऊपर **पताई** या **पतहर, पतौरा** की पर्त्त रहती है, उसे छोलते हैं, फिर गन्ने का सिरा (**अँगोला, फुनगी, बघिया, अँगेर** या **अगारी**) काटकर अलग रख देते हैं। खेत अच्छी तरह जोतकर तैयार किया जाता है और **गोहों** या घोहों के बीच में **खाता, गाड़ा, गड़सार, बलसार, टोनखावा, गूल, सला** या **पनारी** बनाते हैं, उसी में **गेंड़े** गाड़े जाते हैं। **गेंड़े** का टुकड़ा **पैंड़ा** कहा जाता है। दो **गाँठों** या पोरों के बीच का हिस्सा **पँगोली** या **पोई** या **पोर** या **पोरी (<पर्व)** कहा जाता है, एक पोर के टुकड़े **गँड़ेरी** कहे जाते हैं। प्रत्येक पोर या **गाँठ** से जो पहला कर्ला फूटता है, उसे **आँख** कहते हैं। इस प्रक्रिया को **अँखियाना** या **अँखुआना** कहते हैं और नई किलसियों (**कनगोजर, कनखी**) वाली ईख की फ़सल **पुआड़ी, पौरी, गोभी** या **पोई** या **नौदा** कही जाती है। इसके बाद खेत की गुड़ाई होती है, जेठ-असाढ़ में पहली गुड़ाई (या **कोड़िया**) होती है, इसी को **पुआरी का जोत** और **अन्हरिया** या ईख का कमाना भी कहते हैं। गोड़ने से ही ईख की **फुलक** की कौर (**पुलुँई** ऊपरी भाग) बढ़ती है। जब फ़सल हाथ-डेढ़ हाथ बढ़ जाती है तो उसे कहीं-कहीं **टोंटा** कहते हैं। जब पौधे में **गाँठ** या **पोर** या **गिरेह** दिखने लगती है तो उसे **पोराना, गिड़ाना** या **पोर छोड़ना** या **डेंड़ौका** कहते हैं। जब पौधा कटने के योग्य हो जाता है तो

उसे **अगरबन्धू** या **डाँड़** कहते हैं। कभी-कभी नीचे से पौधे की बाढ़ रोकने के लिए एक **कनछी** बाद में फूटती है, इसे **दोंज, पछखी, गोभी, गौंखा, पगुड़ी, जोंका, पहुँच** भी कहते हैं। गन्ने की फ़सल में कीड़े लगने को **सीना** या **टाड़ा** लगना या **कनाना, कनाहना** या **रताना** कहते हैं।

गन्ने काटकर **छोला** या **छीला** जाता है, **पतहर** जलौनी के काम आता है। **अँगेर** या **अगला सिरा** पशुओं के चारे के काम आता है और गेंड़े पेरे जाते हैं। कुछ **गुल्ली** या **गड़ेरी** या **चेपुओं** में काटकर चूसे जाते हैं। रस निकल जाने पर जो बचता है, उसे **खोहिया** या **खोइया** कहते हैं, यह भी चारे के काम आता है। गन्ने का ताज़ा रस **कचरस** या **राब** कहा जाता है, पकाया रस **राब, राब** का रस **चोआ** या **सीरा**, कड़ाह में से जो पकाते समय मैल की झाग निकलती है, उसे **महिया** कहते हैं। पहली बार छानने पर जो पका रस निकलता है उसे **दोमा** और दूसरी बार जो निकलता है, उसे **ठोपारी** कहते हैं। गन्ने का गुड़ और गुड़ शक्कर या खाँड़ बनाते हैं या गन्ना सीधे मिल पर ले जाते हैं, सीधे नकद रुपया पा जाते हैं।

कपास या **बन** या **बाँगा** की खेती सब जगह नहीं है, क्योंकि इसके लिए खास क़िस्म की काली मिट्टी चाहिए। कपास की मुख्य जातियाँ हैं **भोगिला, भोचरी, फेटबाल, रढ़िया, बड़ैसा, नरला** या **लरमा, हेंवतीं, बँड़छा, मनवाँ, बाकन्दी, कोकटी** [लसौंहे रंग की रूई वाली] और **गोला**। **टेंट** के भीतर की कच्ची कपास, **बाँगा** या **कचरूआ** भी कही जाती है। कपास का बीज **बिनौला** कहा जाता है, बिनौले पहले **गुबरौटीं** में [गोबर-मिट्टी के **घोल** में] डालकर मिला दिए जाते हैं। इस प्रक्रिया को **ओलना** कहते हैं और इस प्रकार भिगोया बिनौला **ओला बिनौला** कहा जाता है। इसका पहला अंकुर **कुल्हा** या **डुब्सी** कहा जाता है, दो पत्ते निकलने पर **दुपतिया, दुपता, दौला** कहा जाता है और तब कपास **कपारी फोरता** है। इसके बाद की स्थिति **चौपतिया** है। इसी समय इसकी निराई होती है, इसी से पौधों की **बढ़वार** मातवर हो। बढ़ जाने पर कपास के पौधे पर बन्द मुँह वाली कली फूटती है, जिसे पुरी कहते हैं, इसी की विकसित अवस्था फूल है। यह फूल लाल-पीला और बैंगनी रंग का होता है। फूल के बाद सख्त नोकदार गोल फल आता है, जिसे **गूला** या **गूलर** या **बाँगा** या **फोटा** कहते हैं। जब गूला पक कर फूट जाता है और उसके अन्दर की सफ़ेद कपास दिखने लगती है, इसको बन का तिरना कहते हैं, पका गूला **ढेंढ़, ढेंढ़ी** या **टेंट; टेर** या **डिंडी** कहा जाता है। टेंट में से रूई निकालने की प्रक्रिया को **ओटना, बन बीनना** या **काँक नुकाना** कहते हैं, खाली रेंट **काँक** कही जाती है। टेंट के भीतर तीन हिस्सों (**पंखियों**) में रूई रहती है। रूई के बिनौलों को **बँगौरी, बँगठी** कहते हैं। कपास निकल जाने पर कपास का खेत **उजड़ा हुआ** वन कहलाता है और उसके सूखे डंठल, **लौद, लगौद, बनकटी** या **बनौट**। कपास ओटने की मज़दूरी **ओटनी** या **पई** कही जाती है।

सन की दो मुख्य क़िस्में हैं, **कसमिरा** और **सोन, पाट** या **पटुआ** या **कुतुरूम** सिर्फ़ फूल में और रेशे में अलग होता है, वैसे दोनों के रेशे रस्सी के काम में आते हैं। सन

का सूख तना **सनई, सिनैठी** या **संटी** या **सेंटी** कहलाता है। सन की **पटार** पानी में गला कर निकाली जाती है। इसको **धोआ, लरछा, थूआ, पूँजा** या **पौना** भी कहते हैं। पटार के साथ कुछ सूखे छोटे डंठल चिपके रह जाते हैं। उनको **गूदरी, खुदर** या **कुदारी** कहते हैं। तेलहन की फ़सलों में **तिल** (तिल्ली) **अंडी** या **रेंडी (मूँगफली)** कतिका हैं, **सरसों, लाही (राई, तोरी, रंची, रैंची**–सरसों की ही क़िस्म), **अलसी (तीसी, चिकना), कुसुम** वैसाखी हैं। अंडी का पौधा **रेंड़, बगरेंड़** या **अंडउआ** कहलाता है। अंडी का बीज **चीआ**, तिल का बीज **तिल्ली** या **तिलहन**, चीए की ऊपरी पर्त्त **खोपरा**, भीतर की सफ़ेद गिरी **मींग** या **मिंगी**, अंडी का फल **गवा, गवा** के भीतर के हिस्से **ओंगने (ओंगने** में ही चीआ रहता है)। इन्हें पेर कर तेल निकाला जाता है। यह तेल दीया जलाने या बैलगाड़ी को **तेलियाने** के काम आता है।

सरसों का पौधा जब एक हाथ तक बड़ा हो जाता है तो उसे **गाँड़र** कहते हैं। **गाँड़र** की **भुजिया** या **साग** बनाते हैं। सरसों के पीले फूलों के ऊपर झुग्गियाँ लटकती हैं। इन झुग्गियों में ही दाने वाली बालें निकलती हैं। अलसी, सरसों प्रायः चना-मटर या जौ-गेहूँ के साथ ही बो दिए जाते हैं। पर **लाही या तोरी** अलग बोई जाती है और पहले कटती है।

नगदी फ़सल में ही तम्बाकू, अफ़ीम (पोस्ता) और नील की खेती है। अफ़ीम और नील की खेती तो अब नाममात्र की है। तमाखू की खेती कहीं-कहीं होती है। इसकी मुख्य क़िस्में हैं **देसी** या **बड़ी, जेठुआ, धमाकुल** (चौड़े पत्ते वाली) या **मोरहन, छेउआया, पनडठिया** या **खँगड़ीवा** (पतले पत्ते वाली)। तम्बाकू का तना डंडी या डाँठ, सूखे पत्ते और डंठल, **झाला** या **खरसान** कहे जाते हैं। जब पत्ते पक जाते हैं तो उन पर चित्तियाँ पड़ जाती हैं, तब इसे **चढ़ना** या **चितियाना** या **गुलठियाना** कहते हैं। तम्बाकू की पत्ती तोड़ लेते हैं तब उसमें से **दोंजी** फ़सल फिर निकलती है। नए अँखुओं को **पछखी, कनोजर, कोखी, कनई, कनैल** भी कहते हैं। पहली बार की फ़सल **मोरहन** और दूसरी बार की **दोंजी** या **खुंटिया**। तम्बाकू के रोपे जाने वाले पौधे **पोआ**, तम्बाकू का **बीज, धूनी** या **बिच्ची** कहलाता है।

आलू की खेती की चर्चा दूसरी साग-सब्जियों की काश्त के साथ होगी। नगदी काश्त से किसान भोजन के अलावा अपनी दूसरी ज़रूरतें पूरी करता है।

वनौषधि

जड़ी-बूटी को वनौषधि कहते हैं। अपढ़ व ग्रामीणजन इसे खरबिरइया कहकर अपना काम चलाते हैं। इसका विवरण इस प्रकार द्रष्टव्य है–

गुंजा या रत्ती : इसका प्रयोज्य अंग मूल, पत्र और बीज है। स्वाद तिक्त और गुण अतिरेचक, वामक, बल्य और वाजीकर है।

अतिबला या कंघी : इसके मूल की छाल, पत्ते तथा बीज उपयोग में आते हैं। स्वाद मधुर होता है। इसका गुण वेदनाहर, मृदुरेचक, कफशामक, मूत्रल, वातहर, वाजीकारक और स्वेदजनक है।

खदिर या खैर : प्रयोज्य अंग खदिर-सार, त्वक्, स्वाद कटु और गुण कुष्टरोग, संग्रहणी, खाँसी, कंठदोष तथा चर्मरोगनाशक है।

विमला या सप्तला या शिकाकाई : इसके पत्ते और फल उपयोग में आते हैं। स्वाद तिक्त-अम्ल होता है। इसका गुण कफनिःसारक, वातानुलोमक, वामक, उत्तेजक, मूत्रल और यकृत उत्तेजक है।

बबूल अथवा कीकर : इसके प्रयोज्य अंग कांड, पत्र, फल, कांड की छाल एवं गोंद हैं। स्वाद कटु-कषाय होता है। इसका गुण विषहर, शोथहर, कुष्ठघ्न, ग्राही और कृमिघ्न है।

अतिविषा या अतीस : इसका मूलकन्द उपयोगी होता है। स्वाद तिक्त और गुण दीपक, वमनशामक, तृषाशामक, तीक्ष्ण, त्रिदोषशामक, ऊष्ण और पाचक है।

वच या वचा या उग्रगन्धा : इसका प्रयोज्य अंग भूमिगत कांड और स्वाद तिक्त होता है। यह वामक दीपक, ज्वरहर, श्वेदजनक तथा कफनिःसारक होता है।

गोरक्षी या पंचपर्णी या गोरखइमली : कांड की छाल, फल तथा पत्ते इसके औषधीय अंग हैं। इसका स्वाद मधुर व अम्ल होता है। गुण शीतल, रुचिकर, स्नेहन, ग्राही और दीपक है।

अड़ूसा या वासा : इसके प्रयोज्य अंग पंचांग, पत्र, पुष्प और मूल की छाल हैं। स्वाद तिक्त और कटु तथा गुण कफनिःसारक, मूत्रल, शोथहर, उत्तेजक और कुष्ठघ्न है।

हंसपदी या हंसराज : इसके पंचाग उपयोगी हैं। इसका स्वाद तिक्त होता है। इसका गुण कफनिःसारक, व्रणघ्न, मूत्रल और शीतल है।

बेल या बिल्व : इसके प्रयोज्य अंग मूल, छाल, पत्र, फूल और कच्चे-पके फल हैं। स्वाद तिक्त, कषाय होता है। यह दीपन, ज्वरहर, पित्तहर, वातहर, शोथहर और ग्राही होता है।

कंटाला या गुनील केतकी : इसका पत्ता औषधि के रूप में प्रयुक्त होता है। इसका स्वाद कटु और गुण शोथहर होता है।

छोड़करंज या महानिम्ब या अरलवो : इसके पत्ते और छाल औषधि के काम में आते हैं। इसका स्वाद तिक्त-कषाय और गुण बल्य, ज्वरहर, दीपन तथा कृमिघ्न है।

सिरिस या शिरीष : इसके कांड की छाल, पत्ते, फूल और बीज उपयोगी होते हैं। इसका स्वाद तिक्त-कषाय और गुण रक्तशोधक, वेदनाहर, वामक, विषघ्न और बल्य है।

मानकंद या महापत्र : इसका स्कंध उपयोगी होता है। स्वाद कषाय और गुण शीतल, पौष्टिक, मूत्रल और मृदुरेचक है।

घिकुआर या घृतकुमारी : इसका सूखा रस और पत्तों का गूदा औषधीय उपयोग में आता है। यह स्वाद का तिक्त और अतिरेचक, पाचक, बल्य, शोथहर तथा वेदनाहर होता है।

कुलंजन या महाभरी वच : इसका मूलकन्द उपयोग में आता है। इसका स्वाद उग्रगन्धयुक्त और गुण सुगन्धित, उत्तेजक, कफनिःसारक, पाचक, वातहर और वल्य है।

सतवन या सतौना या सप्तपर्ण : इसके पत्ते, छाल व लकड़ी दवा के लिए उपयोगी है। यह स्वाद का तिक्त होता है। इसका गुण यकृतबल्य, कुष्टघ्न, रक्तशोधक, दीपक और ग्राही है।

गुलखैरो या खेरू : पत्र, बीज एवं पुष्प इसके प्रयोज्य अंग हैं। इसका स्वाद श्लेषमल और गुण विस्थापक, पाचक, मृदुरेचक, शीतल और कासहर है।

कटैली चौलाई (तण्डुलीय) : इसकी जड़ तथा पत्ते उपयोग में लाए जाते हैं। यह स्वाद का मधुर, शीतल, रुचिकर, मूत्रल, रक्तशोधक और पित्तशामक होता है।

सूरन या जिमीकंद : इसका भूमिजन्य कांड उपयोगी होता है। यह स्वाद का तीक्ष्ण कटु और वातघ्न, दीपक, पाचक, रुचिकर, पौष्टिक और कृमिघ्न है।

अकरकरा : इसकी जड़, पत्ते और फूल दवा के काम आते हैं। यह स्वाद का तिक्त होता है। इसका गुण उत्तेजक, निद्राजनक और कीटाणुनाशक है।

अनानास (अन्नास) : इसका फल उपयोगी होता है। यह स्वाद का मधुर, रुचिकर, बल्य, श्रमहर, विरेचक, मूत्रल और पाचक होता है।

शरीफा या सीताफल : इसके मूल पत्र, फल एवं बीज सभी उपयोगी होते हैं। इसका स्वाद मधुर और गुण उत्तेजक, मृदुरेचक और कीटनाशक है।

कदम (कदम्ब) : इसके प्रयोज्य अंग मूल, कांड की छाल, पत्र, पुष्प तथा फल है। स्वाद तिक्त-कषाय और गुण ज्वरघ्न, शोथहर, दीपक और पाचक है।

अजमोत या अजमोदा या अजवायन : इसकी जड़ और फल दवा के उपयोग में आते हैं। यह सुगन्धित—कटु होता है और दीपक, पाचक, वातानुलोमक, उत्तेजक, मूत्रल तथा कृमिघ्न है।

सत्यानाशी (कटुपर्णी) : यह स्वाद का तिक्त, कफनिःसारक, कृमिघ्न, मृदुरेचक, शोथहर, कुष्ठघ्न होता है।

घावपत्ता या वधारा : इसकी जड़, पत्ता और बीज औषधि के उपयोग में आते हैं। यह स्वाद का तीता, बल्य, वाजीकारक, मूत्रल और शोथहर होता है।

दौना या दवना (दमनक) : इसके सभी अंग उपयोगी होते हैं। यह स्वाद का तिक्त, पाचक, ज्वरघ्न, वामक और आनुलोमिक है।

कटहल (पनश) : मूल, छाल, पत्र एवं फल इसके प्रयोज्य अंग हैं। यह कटु स्वाद का होता है। शीतल, मूत्रल, वाजीकर, मृदुरेचक एवं बल्य इसके गुण हैं।

सफेद मूसरी (तालमूली) : रसदार मूली एवं पत्राभास कांड इसके प्रयोज्य अंग हैं। इसका स्वाद मधुर और गुण शीतल, स्नेहन, बल्य, मधुर और शुक्रवर्धक है।

सतावर (शतावर) या सतमूली : कन्द सदृश रसयुक्त मूल तथा पत्राभास कांड इसके प्रयोज्य अंग हैं। यह मधुर स्वाद का मेधावर्धक, ग्राही, स्तन्यजनन, शुक्रवर्धक, हृद्य तथा मूत्रल होता है।

तालमखाना (कोकिलाक्ष) : जड़, पत्ते और बीज इसके प्रयोज्य अंग हैं। इसका स्वाद तिक्त और गुण शीतल, मूत्रल, शुक्रवर्धक तथा स्तन्यजनन है।

नीम (निम्ब) : मूल और कांड की छाल, पत्ते, फूल और फल इसके उपयोगी अंग हैं। इसका स्वाद तिक्त और गुण अतिरेचक, शामक, कृमिघ्न, व्रणरोपण, शोथहर और यकृत उत्तेजक है।

हींगगोट या इंगुजा (इंगुदी) : इसका फल, बीज तथा तेल उपयोगी होता है। इसकी जड़ तिक्त और फल मीठा होता है। यह मधुरेचक, कृमिघ्न, कफनिःसारक और व्रणरोपण है।

बाँसी (वंशलोचन) : कांड एवं कोमल शाखाएँ इसके प्रयोज्य अंग हैं। इसका स्वाद कटु और गुण कफनिःसारक, उत्तेजक, बल्य, बाजीकारक और तृषाशामक है।

कटसरैया या पीलावासा : जड़ और पत्ते का उपयोग होता है। स्वाद तिक्त। गुण व्रणरोपण, विषघ्न, शोथहर, कफनिःसारक, श्वेतजनन और प्रतिरोधी है।

पोय या पुई (पूतिका) : इसका पत्ता दवा के काम आता है। स्वाद आम्ल और गुण मूत्रल एवं शामक है।

खैखरवाल या रक्तकंचन (कोविदार) : इसके कांड की छाल, पत्र एवं पुष्प दवा के उपयोग में आते हैं। स्वाद कटु और गुण मृदुरेचक, ग्राही, वातघ्न और शीतल है।

कचनार : इसका स्वाद कटु, गुण कफनिःसारक, शोथहर, बल्य और ग्राही है। इसकी छाल व फूल दवा के लिए उपयोगी हैं।

दाऊहल्दी (दाऊहरिद्रा) : मूल की छाल, कांड, काष्ठ एवं फल इसके प्रयोज्य अंग हैं। इसका स्वाद तिक्त, गुण कीटाणुनाशक, गर्भनिरोधक, दीपन, रक्तशोधक और मृदुरेचक है।

सरसों (सर्षप) : इसका प्रयोज्य अंग बीज, स्वाद तिक्त और गुण स्निग्ध, तीक्ष्ण, पाचक और मृदुरेचक है।

लालराई (राजिका) : प्रयोज्य अंग बीज, स्वाद तिक्त, गुण पाचक, दीपक, उत्तेजक और स्वेदज है।

पत्तागोभी या पातगोभी : इसका प्रयोज्य अंग बीज, स्वाद मधुर और गुण मूत्रल, मृदुरेचक, दीपक, पाचक, रुचिकर और शीतल है।

पथरचूर (पर्णबीज) : इसका प्रयोज्य अंग पत्ता, स्वाद तीता और गुण उत्तेजक व्रणरोपण तथा रक्तस्तम्भक है।

ढाक या टेसू या परास (पलाश) : इसका प्रयोज्य अंग छाल, बीज, फूल एवं गोंद, स्वाद तिक्त और गुण कृमिघ्न, वातघ्न, शोथहर, मूत्रल तथा वाजीकर है।

कंटकरंज (पूतिकरंज) : प्रयोज्य अंग मूल, बीज एवं पत्र, स्वाद अतितिक्त और गुण शोथहर, विषम ज्वरनाशक तथा रक्तस्तम्भक है।

डइया या बूढ़ीघासी (प्रियंगु) : जड़ और पत्ते इसके प्रयोज्य अंग हैं। इसका स्वाद तीता और गुण शीतल, पाचक, वेदनाहर तथा बल्य है।

लालमदार (रक्तार्क) : मूल, पत्र, पुष्प एवं दुग्ध इसके प्रयोज्य अंग हैं। स्वाद अल्पतिक्त और गुण, शोथहर, दीपक, पाचक, कफनिःसारक व विस्थापक है।

मिरचा (हरा-लाल) : इसका फल उपयोग में लाया जाता है। स्वाद चरपरा–कटु और गुण दाहकारक, अतिसारशामक, वातानुलोमक और उत्तेजक है।

पपीता (एरंड कर्कटी) : पत्ते, फल एवं बीज इसके प्रयोज्य अंग हैं। इसका स्वाद मधुर, गुण पाचक, मृदुरेचक, दीपक, वातानुलोमक और मूत्रल है।

अजवाइन (अजमोदिका) : इसके प्रयोज्य अंग पत्ते एवं फल हैं। यह तीक्ष्ण, कटु, स्वाद का पाचक, दीपक, उत्तेजक, कृमिघ्न और उद्वेष्टननिरोधी होता है।

बनकुल्थी या चाक्षुस (चक्षुष्या) : इसका बीज ही उपयोग में आता है। स्वाद तिक्त और गुण रक्तशोधक, रक्तस्तम्भक तथा ग्राही है।

सनाय (मारकंडिका) : इसके प्रयोज्य अंग फली एवं पत्ते हैं। तीते स्वाद का मृदुरेचक, कुष्ठघ्न और विषघ्न होता है।

अमलतास (आरग्वध) : पत्र एवं फल प्रयोज्य अंग हैं। मधुर स्वाद का मृदुरेचक, शोथहर, ज्वरनाशक और कुष्ठघ्न है।

चकवँड़ : इसका बीज उपयोगी होता है। स्वाद तीता और गुण मृदुरेचक, बल्य, दीपक तथा कफनिःसारक है।

सफेद मुर्गा या शिरियारी (शितिवार) : इसके प्रयोज्य अंग पत्र एवं बीज हैं। यह कटु स्वाद का बाजीकर, उद्वेष्टहर, शीतल एवं पौष्टिक होता है।

बथुआ (वीरशाक) : इसका पत्ता व बीज प्रयोग में आता है। स्वाद मधुर, गुण कृमिघ्न, दीपक और त्रिदोषनाशक है।

तेजपात या तेजपत्ता (तमालपत्र) : इसका पत्ता उपयोग में आता है। स्वाद मधुर, सुगन्धित और गुण वातहर, पाचक, जीवाणुनाशक, शीतल तथा बल्य है।

दालचीनी (त्वकदारूसिता) : इसके कांड की छाल का प्रयोग दवा के रूप में होता है। इसका स्वाद तीक्ष्ण मधुर और गुण पूतिरोधक, वातानुलोमक, दीपक तथा पाचक है।

पाठा : इसकी जड़ और छाल प्रयोग में आते हैं। यह स्वाद का तिक्त, रक्तशोधक, ज्वरघ्न, मूत्रल और कुष्ठघ्न होता है।

हड़जोंड़ (अस्थिसंहारी) : मूल, कांड और पत्र इसके प्रयोज्य अंग हैं। यह स्वादविहीन, दीपक, पाचक, शुक्रवर्धक और टूटी हड्डियों को जोड़ने में सहायक होता है।

इन्द्रायण : इसका प्रयोज्य अंग फल और मूल, स्वाद तिक्त और गुण शीतल, पित्तनाशक, कृमिघ्न तथा शोथहर है।

कागजी निंबू : इसका फल उपयोगी होता है। इसका स्वाद आम्ल और गुण शीतरोधी, पाचक, दीपक, कृमिघ्न, मूत्रल, ज्वरहर तथा शामक है।

बीजोरा निंबू : इसके प्रयोज्य अंग फल एवं पत्र, स्वाद आम्ल, गुण दीपक, वमनशामक या कृमिघ्न है।

हुरहुर : प्रयोज्य अंग बीज और पत्ता, स्वाद तिक्त और गुण श्वेदजनक, उत्तेजक और कोष्ठवात शामक है।

अरनी या लंजाई : जड़ और पत्ता इसके प्रयोज्य अंग हैं। तीते स्वाद का दीपक, शामक, ग्राही और शोथहर होता है।

अपराजिता : इसके प्रयोज्य अंग जड़, पत्ता, फूल और बीज हैं। इसका स्वाद तिक्त, कषाय और गुण विषघ्न, तीक्ष्ण, कृमिघ्न, त्रिदोषनाशक, वेदक और मूत्रल है।

कुंदुरू (बिम्बाफल) : इसके पत्ते, फल एवं जड़ का औषधीय उपयोग होता है। यह स्वाद का तीता, शीतल, ग्राही, वमनशामक और स्तम्भक होता है।

शंखपुष्पी : प्रयोज्य अंग मूल पत्र एवं पुष्प, स्वाद तीता, गुण मेध्य, मृदुरेचक, दीपक, कृमिघ्न, उद्वेष्टनरोधि है।

लिसोड़ा (बहुआर) : छाल, पत्ता, फल और बीज इसके प्रयोज्य अंग हैं। यह स्वाद का तीता, शीतल, ग्राही, कृमिघ्न और कफनिःसारक होता है।

धनियाँ : इसके पत्ते, फूल एवं पंचाग प्रयोग में आते हैं। यह तिक्त एवं सुगंधित, वातानुलोमक, मूत्रल, पाचक, तृषाशामक और ज्वरहर है।

सुदर्शन या सुखदर्शन : पत्र एवं भौमिक कांड इसके प्रयोज्य अंग हैं। यह स्वाद का तीता, वामक, ज्वरघ्न, कफघ्न, जंतुघ्न, शोथहर और कुष्ठनाशक है।

जमालगोटा : इसके बीज का तेल दवा के काम में आता है। यह स्वाद का तीता, तीक्ष्ण, दीपक, पाचक, विरेचक और कृमिघ्न है।

जीरा : इसका फल उपयोग में आता है। यह कटु स्वाद का उत्तेजक, वेदनाहर और वातहर है।

स्याहमूसली : मूल तथा भूमिगत कांड इसके प्रयोज्य अंग हैं। इसका स्वाद तिक्त एवं गुण बल्य, मूत्रल एवं उत्तेजनानाशक है।

आमाहल्दी : इसके प्रयोज्य अंग मूल तथा मूलस्तम्भ हैं। स्वाद तिक्त, मधुर और गुण वातानुलोमक, दीपक, ग्राही व शीतल है।

हल्दी या हरदी (हरिद्रा) : इसका भूमिगत कांड उपयोग में आता है। यह अल्पतिक्त उत्तेजक, रक्तशोधक, शोथहर, दीपक, वातहर और विषघ्न है।

आकाश बँवर या अमरबेल (अमरवल्लरी) : कांड एवं बीज इसके प्रयोज्य अंग हैं। यह अल्पतिक्त, दीपक, अतिरेचक और यकृत उत्तेजक होता है।

हरीदूब (नीलदूर्वा) : पंचाग तथा मूल इसके प्रयोज्य अंग हैं। यह स्वाद का अल्प कटु, शीतल, मूत्रल, विषाणुघ्न, कीटाणुघ्न तथा तृषाशामक है।

मोथा (मुस्तक) : प्रयोज्य अंग काले कंदमूल, भूमिगत कांड, स्वाद कटु तिक्त, गुणग्राही, दीपक, पाचक, रक्तशोधक और मूत्रल है।

शीशम (शिंशपा) : इसके प्रयोज्य अंग पत्र काष्ठ तथा छाल हैं। यह तिक्त स्वाद का वमनशामक, कफनिःसारक, तेजक, गर्भपातक होता है।

काला धतूरा : इसके प्रयोज्य अंग जड़, पत्ता, फूल, फल और बीज हैं। इसका स्वाद तिक्त, गुण, पूतिरोधक, निद्राकारक, शूलहर, शोथहर और उद्वेष्टनरोधी है।

कनक धतूरा या राज धतूरा : प्रयोज्य अंग पत्र, पुष्प, फल तथा बीज, स्वाद तिक्त और गुण निद्राजनक, मदकारक, ज्वरघ्न और कृमिघ्न है।

गाजर (गर्जर) : इसके प्रयोज्य अंग मूल तथा बीज हैं। यह मधुर स्वाद का उत्तेजक, वातानुलोमक, वाजीकारक और मूत्रल है।

भंगरैया या भांगरा (भृंगराज) : पंचाग पत्र, बीज तथा मूल इसके प्रयोज्य अंग हैं। तिक्त, कषाय स्वाद का यह वामक शूलहर, दीपक, पाचक, याकृतसंरक्षक तथा वातानुलोमक होता है।

विडंग या वायविडंग : इसका फल उपयोगी होता है। यह स्वाद का कटु, रुचिकर, दीपक, वॉडीबल्य, रक्तशोधक और कृमिघ्न है।

आँवला या आमला (आमलकी) : प्रयोज्य अंग फल तथा बीज, स्वाद अम्ल, कषाय, मधुर और गुण बल्य, मूत्रल, शीतल, मृदुरेचक और यकृतबल्य है।

लुगाठ (लौकाट) : इसका प्रयोज्य अंग फल, स्वाद मधुर और गुण कफनिःसारक है।

सेहुँड़ या थूहर (व्रजकंटक) : इसका प्रयोज्य अंग मूल, छाल, कांड, स्वाद तिक्त और गुण वामक, ज्वलनशील, अतिरेचक, दीपक और रक्तशोधक है।

दुधिया या दुद्धी (दुग्धिका) : इसका प्रयोज्य अंग पंचाग, स्वाद तिक्त और गुण–ग्राही, कफनिःसारक, दुग्धवर्धक और मूत्रल है।

मखाना : मखाना के फल का स्वाद मधुर, गुण बल्य, ग्राही, वाजीकर तथा स्तम्भक होता है।

नीलशंखपुष्पी (विष्णुक्रान्ता) : इसका प्रयोज्य अंग पंचाग, स्वाद तिक्त और गुण मेध्य, दीपक, मानसिक रोगहर और उन्माद तथा अपस्मार की प्रमुख औषधि है।

कैथ या कइँत (कपित्थ) : इसके पत्र, फल तथा गोंद उपयोग में आते हैं। स्वाद आम्ल और गुण तृषाशामक, दीपक, वातानुलोमक और रक्तपित्तशामक है।

हींग (हिंगु) : इसका राल या गोंद प्रयोग में आता है। इसका स्वाद तिक्त, कटु और गुण उत्तेजक, वाजीकर, पाचक, दीपक व उद्वेष्टनरोधी है।

बरगद या वड़ (वट) : इसका प्रयोज्य अंग कलिया, मूल एवं, दूध, स्वाद कषाय और गुण वमनशामक, शोथहर, स्तम्भक और मधुमेहरोधी है।

गूलर (उदुम्बर) : इसके सभी अंग प्रयोज्य हैं, स्वाद कटु-मधुर और गुण रक्तशोधक, शोथहर और मधुमेह, अतिसार, चेचक तथा स्नायुशूलहर है।

पीपल (अश्वत्थ) : प्रयोज्य अंग छाल, पत्ते तथा फल। स्वाद मधुर-कषाय और गुण कीटाणुघ्न, मृदुरेचक, रक्तशोधक तथा चर्मरोगनाशक है।

सौंफ : मूल, पत्र एवं फल उपयोगी है, स्वाद मधुर सुगन्धित और गुण शीतल, सुगन्धित, दीपक, वातानुलोमक और ज्वर, मूत्रदाह, अतिसार, हैजा तथा प्लीहा वृद्धि में उपयोगी है।

मुलेठी या मीठी लकड़ी (मधुयष्टि) : इसके मूल, भूमिगत कांड तथा पत्र प्रयोज्य अंग हैं। इसका स्वाद मधुर, गुण बल्य, रुचिकर, कफनिःसारक, मूत्रल, रक्तशोधक और शोथहर है।

फालसा : इसकी जड़, फल एवं पत्ते प्रयोज्य अंग हैं। इसका स्वाद आम्ल और गुण शीतल, ग्राही, प्रशामक तथा तृषाहर है।

सूरजमुखी (सूर्यावर्त) : इसका प्रयोज्य अंग मूल पत्र और बीज है। स्वाद कटु, तिक्त और गुण बल्य, मूत्रल, कफनाशक, ज्वरघ्न और शूलनाशक है।

अड़हुल या गुड़हल (जपा) : जपा के प्रयोज्य अंग जड़, कांड, पत्र, पुष्प तथा कलियाँ हैं। इसका स्वाद कटु-श्लेष्मल और गुण मृदुरेचक वेदनाहर, मूत्रल और ज्वरहर है।

चूड़ा (कुटज) : इसकी जड़, छाल और बीज उपयोग में आते हैं। इसका स्वाद तीता और गुण वातानुलोमक, पित्तशामक, पाचक और चर्मरोगनाशक है।

अनंतमूल या कपूरी : इसकी जड़ दवा के उपयोग में आती है। यह तीते स्वाद का कैंसर, चर्मरोग, ज्वर, प्रदर, अतिसार, प्रमेह तथा श्वासरोग में लाभप्रद है।

चमेली : इसके प्रयोज्य अंग पत्ते एवं फूल हैं। इसका स्वाद तीता, गुण शीतल, मूत्रल, स्रावशामक और कुष्ठघ्न है।

मोंगरा या मोतिया : मूल और पुष्प इसके प्रयोज्य अंग हैं। स्वाद मधु तिक्त, गुण शोथघ्न, गर्भाशयोत्तेजक, वाजीकरण और पित्तघ्न है।

बड़ीदन्ती (भद्रदन्तिका) : मूल की छाल, पत्र, कांड, बीज और दूध इसके प्रयोज्य अंग हैं। इसका स्वाद कटु, गुण अतिरेचक, वातानुलोमक, पाचक, रक्तस्तम्भक और दन्त रोगनाशक है।

भरेन्डा या रतनजोत : छाल, पत्ते तथा बीज उपयोग में आते हैं। इसका स्वाद कटु और गुण पाचक, वामक, अतिरेचक, उत्तेजक तथा ग्रंथिदाहक, कृमिरोगनाशक है।

वनतुलसी (गनेरी) : यह कटु स्वाद की पूतिरोधी, वातानुलोमक, उद्वेष्टरोधी, श्वेदजनक और ज्वरनाशक वनौषधि है।

जीवन्ती : इसका स्वाद मधुर, गुण बल्य, वृष्य, त्रिदोषनाशक, रक्तशोधक, क्षयघ्न और नेत्रविकारनाशक है।

गूमा (द्रोणपुष्पी) : इसका फूल दवा के उपयोग में आता है। यह कटु-तिक्त स्वाद का उत्तेजक, रुचिकर, बेदक, कफनिःसारक तथा जुकाम, शिरशूल और नेत्र रोगों में उपयोगी है।

अलसी या तीसी : इसका बीज और तेल उपयोग में आता है। इसका स्वाद मधु-तिक्त और गुण बल्य, मूत्रल, वातहर, मृदुरेचक और व्रणशामक है।

लीची : इसके पत्ते, फल और बीज प्रयोज्य अंग हैं। यह स्वाद का मधुर, शीतल, पौष्टिक, श्वेदजनक और प्रशामक है।

कबीला (रक्तफल) : इसका स्वाद कटु और गुण उत्तेजक, अतिरेचक, कृमिघ्न तथा भेदक है।

आम : इसके प्रयोजन अंग पत्र, छाल, पुष्प, बीज व गोंद हैं। स्वाद मधुर, आम्ल, गुण शीतल, रुचिकर, ग्राही, बल-वीर्यवर्धक, कफनिःसारक तथा पित्तनाशक है।

बकायन (महानिम्ब) : इसके प्रयोज्य अंग मूल की छाल, पत्र, फल तथा कांड की छाल है। यह मधुमेह, आमवात, गृधसी, श्वाँस, प्लीहा, घाव, हृदयरोग तथा प्रमेय में लाभकारी है।

पुदीना : कांड तथा पत्ते प्रयोज्य अंग हैं। स्वाद अल्प तीखा तथा सुगन्धित और गुण दाहप्रशामक, दीपक, मूत्रल, पाचक तथा कीटाणुनाशक है।

नागकेसर : प्रयोज्य अंग छाल, पत्ते, फल व बीज हैं। स्वाद तीता और कषाय, गुण वेदनाहर, दीपक, रक्तसंग्राहक, गर्भस्थापक, पाचक एवं वमनशामक है।

चम्पा (चम्पक) : इसका प्रयोज्य अंग छाल, फूल तथा फल है। यह स्वाद का तिक्त-कटु, उत्तेजक, वातानुलोमक, मूत्रल, दीपक और शोथहर होता है।

लाजवन्ती या छुईमुई : इसके प्रयोज्य अंग मूल, पत्र, कांड एवं बीज हैं। स्वाद तिक्त-कषाय और गुण वातानुलोमक, चरपरा, शीतल तथा रक्तस्रावी रोगों, अतिसार, असमरी तथा मूत्र रोगों में लाभकारी है।

मौलसिरी (बकुल) : इसके प्रयोज्य अंग छाल, पत्ते, फूल व बीज हैं। इसका स्वाद कटु तिक्त और गुण मूत्रल, ज्वरहर, कीटाणुनाशक और शुक्रनाशक है।

करेला : इसके प्रयोज्य अंग जड़, पत्ता, फल एवं बीज हैं। इसका स्वाद तीता और गुण अतिरेचक, वामक, दीपक, मूत्रल और कृमिघ्न है।

सहिंजन : इसके प्रयोज्य अंग जड़, छाल, फल, फूल और बीज हैं। इसका स्वाद कटु और गुण उत्तेजक, शोथहर, वातानुलोमक, दीपक, कृमिघ्न, पाचक और मूत्रल है।

शहतूत या तूत : इसका प्रयोज्य अंग पत्ता और फल है। यह स्वाद का मधुर, शीतल, रेचक, वातहर, पित्तहर, दाहशामक, वाजीकर और तृषाहर है।

केंवाच या कौंच : इसके प्रयोज्य अंग, जड़, बीज, फली तथा फली के रोए हैं। इसका स्वाद मधु-तिक्त और गुण मृदुरेचक, मेधाबल्य, वाजीकारक मूत्रल और कृमिघ्न है।

मीठी नीम या कड़ी पत्ता : इसके प्रयोज्य अंग पत्ते और जड़ की छाल है। इसका स्वाद कटु-सुगन्धित और गुण बल्य, उत्तेजक, दीपक, पाचक, कीटाणुघ्न तथा वातहर है।

कामिनी : इसका प्रयोज्य अंग पत्ता व छाल है। इसका स्वाद तिक्त-सुगन्धित, गुण उत्तेजक, ग्राही और अतिसार, मूरछा तथा आमवात में लाभकारी है।

केला : इसके प्रयोज्य अंग जड़, फूल तथा फल हैं। यह मधुर-कषाय स्वाद का मृदुरेचक, शीतल, कृमिघ्न, शोथहर, तृषाशामक और रक्तशोधक है।

जायफल (जातीफल) : इसका बीज उपयोग में आता है। यह तिक्त-कषाय स्वाद का, दीपक, हृद्य वातानुलोमक, उत्तेजक और स्तम्भक होता है।

जावित्री या जातिफल : इसका बीजोपांग उपयोग में आता है। यह कटु-मधुर स्वाद का, कृमिघ्न, वमनहर, दीपक और वातानुलोमक होता है।

जटामाँसी या बालछड़ : इसके प्रयोज्य अंग सूखा भौमिक तना तथा मूल हैं। इसका स्वाद तिक्त-सुगन्धित और गुण उत्तेजक, मूत्रल, पाचक, मृदुरेचक, वातानुलोमक, ज्वरहर और हृदयबल्य है।

कमल : इसका प्रयोज्य अंग जड़, बीज व नरकेशर है। यह शीतल, दाहशामक, मूत्रल और हृदयसंरक्षक होता है।

कनेर या करवीर : इसकी जड़, छाल और पत्ते प्रयोग में आते हैं। इसका स्वाद तीता, गुण-उद्वेष्टक, कीटनाशक, ज्वरहर, शोथहर तथा मूत्रल है।

कलौंजी : इसका बीज उपयोग में आता है। इसका स्वाद मसालेदार सुगन्धित और गुण वातानुलोमक, दीपक, पाचक, श्वेदजनक तथा कृमिघ्न है।

पारिजाता हरसिंगार : इसके प्रयोज्य अंग कांड की छाल, पत्ते, फूल और बीज हैं। यह स्वाद का तीता, मूत्रल, श्वेदजनक, उत्तेजक, ज्वरहर तथा कफनिःसारक है।

तिनपतिया या अबिलोना : इसकी जड़ एवं पत्ते प्रयोग में आते हैं। इसका स्वाद आम्ल-मधुर और गुण शीतल, दाहप्रशामक, शूलहर, दीपक और पाचक है।

केवड़ा : जड़, पत्ता, फूल-फल तथा फूलों का तेल उपयोग में आता है। यह तीते स्वाद का, उत्तेजक, शोथहर, मेधावर्धक और योनिरोगों में प्रभावकारी होता है।

गोखरू : इसके प्रयोज्य अंग पत्ता और फूल हैं। यह स्वादविहीन, मूत्रल वाजीकारक, दीपक और प्रसूति रोगों में लाभकारी होता है।

सोआ : प्रयोज्य अंग फल और सत, स्वाद तिक्त-कटु और गुण कफनिःसारक, वातानुलोमक, दीपक और गर्भाशय उत्तेजक है।

कुटकी : इसके प्रयोज्य अंग मूल और भौमिक तना हैं। यह तिक्त कटु स्वाद का ज्वरहर, दीपक, पाचक, पौष्टिक, श्वाँस रोग, पित्तरोग, पाण्डुरोग और हृदयरोगनाशक है।

पान (ताम्बूल) : इसका पत्ता उपयोगी होता है। यह तीते स्वाद का पाचक, दीपक, शोथहर, वीर्यवर्धक और रुचिकर है।

पीपर (पीपल) : इसके प्रयोज्य अंग जड़ और फल हैं। यह स्वाद का मधुर-कटु और पौष्टिक, पाचक, वातहर तथा सर्पविषहर है।

मरिच या काली मिर्च : इसका प्रयोज्य अंग फल है। इसका स्वाद कटु-तिक्त, गुण उत्तेजक, वातहर, आम्लहर, ज्वरहर, दीपक व पाचक है।

कुल्फा : इसके पत्ते और कांड उपयोग में आते हैं। इसका स्वाद आम्ल-कटु और गुण मूत्रल, दाहप्रशामक, दीपक, शोथहर, कृमिघ्न और रक्तशोधक है।

सफेद कीकर (शमी) : इसके प्रयोज्य अंग छाल, फूल एवं फली हैं। यह तीते स्वाद का शीतल, मृदुरेचक, पित्तकर, मेध्य और रक्त-पित्तविकारनाशक है।

बाकुची : इसका बीज उपयोग में आता है। इसका स्वाद तीता और गुण कफनिःसारक, उत्तेजक, कीटाणुनाशक, मृदुरेचक और मूत्रल है।

अनार : इसके प्रयोज्य अंग पत्ता, मूल की छाल, फूल, फल और बीज हैं। यह स्वाद का मधुर-अम्ल, अतिसारहर, रक्तस्तम्भक, रुचिकर, रक्तशोधक और पाचक है।

अमरूद : इसके प्रयोज्य अंग पत्ता, छाल एवं फल हैं। यह मधुर-कषाय स्वाद का कामोद्दीपक, शीतल, मृदुरेचक तथा कफनिःसारक है।

विदारीकंद या (विलाइकंद) : इसकी जड़ (कंद) उपयोग में आती है। यह स्वाद का मधुर दाहशामक, शोथहर, शुक्र और दुग्धवर्धक तथा मूत्रल होता है।

मधुमालती : इसके प्रयोज्य अंग पत्ता और बीज हैं। इसका स्वाद तीता और गुण कृमिनाशक है।

मैनफल : इसका फल उपयोग में आता है। यह स्वाद का तीता, उष्ण, वामक और ज्वरनाशक है।

मूली : इसके प्रयोज्य अंग मूल, पत्र, फल एवं बीज हैं। इसका स्वाद कटु-तिक्त और गुण रुचिकर, पाचक, वातघ्न, मूत्रल और मृदुरेचक है।

सर्पगंधा : इसके प्रयोज्य अंग जड़ एवं पत्ता हैं। यह तीते स्वाद का, शूलहर, निद्राकर, बल्य और ज्वरहर होता है।

रेड़ या अंडी : इसके प्रयोज्य अंग, मूल, पत्ता, फूल, फल, बीज तथा तेल हैं। इसका स्वाद कषाय-कटु और गुण अतिरेचक, शोथहर, वातहर, दीपक और वाजीकर है।

गुलाब (शतपत्री) : इसका फूल उपयोग में आता है। यह स्वाद का तीता सुगन्धित, पाचक और बल्य है।

ईख या गन्ना : इसका स्वरस उपयोग में आता है। इसका स्वाद मधुर, गुण शीतल, मूत्रल, श्रमहर, शुक्रवर्धक है।

सेमर या सेमल : इसके प्रयोज्य अंग मूल, गोंद, पत्ता, छाल, फल तथा बीज हैं। यह मधुर-शीतल स्वाद का, वाजीकारक, मूत्रल, कफनाशक और मृदुरेचक होता है।

सफेद चंदन : इसका काष्ठसार एवं तेल उपयोग में आता है। इसका स्वाद तीता, गुण रक्तस्तम्भक, दाहशामक, विषघ्न, मूत्रल और बाजीकर है।

रीठा (अरिष्ट) : इसका फल प्रयोग में आता है। यह स्वाद का तिक्त स्निग्ध, विषघ्न, वामक, वातहर और शोथघ्न है।

अशोक : कांड की छाल, फूल व बीज इसके प्रयोज्य अंग हैं। यह तीते स्वाद का उत्तेजक, रक्तशोधक गर्भाशय, रोगनाशक, हृदयोत्तेजक और कैंसर तथा घाव में लाभकारी है।

तिल : इसके प्रयोज्य अंग पत्ता, बीज एवं फूल हैं। यह स्वाद का कटु-कषाय, मधुर, तैलीय, कफनिःसारक, वातानुलोमक, बाजीकर, केशवर्धक तथा रक्तातिसार व अपच में लाभप्रद होता है।

मकोय : इसके प्रयोज्य अंग पत्ता, फूल और फल हैं। इसका स्वाद तिक्त-कटु और गुण शोथहर, शूलहर, शामक, शुक्रवर्धक, मूत्रल और कृमिघ्न है।

पालक : इसके पत्ते और बीज प्रयोग में आते हैं। यह कटु-मधुर स्वाद का शीतल, विरेचक, मूत्रल, पाचक और आँत, यकृत तथा श्वाँस रोगों में लाभप्रद है।

कुचिला : इसके प्रयोज्य अंग पत्ता, छाल, लकड़ी तथा बीज हैं। इसका स्वाद तीता और गुण दीपक, पाचक, उत्तेजक, रक्तशोधक, वाजीकर है।

चिरायता : इसका मूल, कांड और फूल प्रयोग में आता है। इसका स्वाद तीता और गुण ज्वरहर, मृदुरेचक, दीपक, मूत्रल, कृमिघ्न तथा कैंसरशामक है।

लोध : इसके कांड की छाल का औषधीय उपयोग होता है। इसका स्वाद कटु और गुण ज्वरघ्न, रक्तशोधक, शोथहर, रक्तस्तम्भक, बल्य है।

लौंग या लवंग : इसका पुष्प दंडसहित, शुष्क कली उपयोग में लाया जाता है। इसका स्वाद तिक्त-कटु, गुण दीपक, वातघ्न, उत्तेजक तथा जुकाम, उदरशूल, यक्ष्मा आदि रोगनाशक है।

बड़ी जामुन : इसका पत्ता, छाल, फल तथा बीज प्रयोग में आता है। यह मधुर, कषाय, वातानुलोमक, मूत्रल, दीपक, वमनरोधक, मधुमेय और अतिसारनाशक है।

इमली : इसके प्रयोज्य अंग पत्र, कांड की छाल, फल बीज तथा फूल हैं। इसका स्वाद आम्लीय और गुण अतिरेचक, दाहशामक, ग्राही, कृमिघ्न, वातघ्न, पाचक और यकृतबल्य है।

सरफोका : इसके प्रयोज्य अंग मूल, मूल की छाल और बीज हैं। इसका स्वाद तिक्त-कषाय और गुण-पित्तसारक, रक्तशोधक, विषघ्न, शोथघ्न व मूत्रल है।

कहू (अर्जुन) : इसके प्रयोज्य अंग छाल, पत्र तथा फल हैं। इसका स्वाद कषाय और गुण-मूत्रल, शीतल, ग्राही, उद्वेष्टक एवं रक्तस्तम्भक है।

बहेड़ा : इसका फल उपयोगी होता है। यह कषाय तिक्त स्वाद का, श्वसनीशोथशामक, वेदनाहर, पौष्टिक, मृदुरेचक, कंठदोषहर व अपस्माररोधी है।

हर्र या हरड़ (हरीतकी) : इसका फल औषधी के रूप में प्रयुक्त होता है। यह कषाय स्वाद का पाचक, मृदुरेचक, दीपक, शोथघ्न और आमाशय रोगनाशक है। इसके बारे में यहाँ तक कहा गया है :

हरीतकी मनुष्याणां मातेव हितकारिणी।
कदाचित कुष्यते माता, नोदरस्था हरीतकी।।

गिलोय (अमृता) : इसका पंचाग तथा ताजे पादप का स्वरस उपयोगी होता है। यह तिक्त स्वाद का ज्वरहर, रक्तशोधक, चर्मरोग, वातरोग व आमवातनाशक है।

छोटा गोखरू : इसके प्रयोज्य अंग मूल व फल हैं। यह स्वाद का मधुर, दीपक, वाजीकर, मूत्रल, दाहशामक और वातहर होता है।

परोरा या परवल (पटोल) : इसका पत्ता और फल औषधि के उपयोग में आता है। यह तिक्त स्वाद का ज्वरहर, कफनिःसारक, मृदुरेचक, दीपक, पाचक और कृमिघ्न है।

मेथी : इसका बीज औषधि के रूप में प्रयुक्त होता है। यह तीक्ष्ण तिक्त स्वाद का वातहर, दीपक, शोथहर, दुग्धवर्धक, दाहशामक व अपस्माररोधी होता है।

करजीरी या कालीजीरी (वनजीरा) : इसका बीज औषधि के रूप में प्रयुक्त होता है। यह स्वाद का तीता, शीतहर, कृमिघ्न, उत्तेजक, रक्तस्तम्भक, विषघ्न व वातहर है।

सहदेई : इसके प्रयोज्य अंग जड़, फूल व बीज हैं। इसका स्वाद तीता और गुण स्वेदजनक, कृमिघ्न, शोथहर व मूत्रदाहशामक है।

खस : इसकी जड़ औषधीय प्रयोग की वस्तु है। यह मधु-तिक्त स्वाद का मूत्रल, दाहशामक, उत्तेजक, दीपक, पाचक, स्तम्भक, श्रमहर एवं जीर्णज्वरनाशक है।

वनप्सा या गुलवनफसा : इसका फूल दवा के काम आता है। इसका स्वाद मधुर और गुण पित्तशामक, वातानुलोमक, रक्तशोधक, ज्वरघ्न तथा मृदुरेचक है।

दाख या अंगूर (द्राक्षा) : इसका प्रयोज्य अंग फल है। यह मधुर-कषाय स्वाद का पौष्टिक, दाहशामक, पाचक, बलवर्धक और मृदुरेचक है।

असगन्ध (अश्वगंधा) : इसके प्रयोज्य अंग मूल, पत्र, फल एवं बीज हैं। इसका स्वाद तीता और गुण वाजीकर, मूत्रल, निद्राजनक, शोथ व शूलहर तथा कीटाणुघ्न है।

इन्द्रजव (रोमश दुधी) : इसका बीज दवा के काम में आता है। इसका स्वाद तीता, गुण ज्वरहर, वाजीकर, दीपक व पाचक है।

सोंठ या अदरख : इसका प्रयोज्य अंग भूमिगत कांड है। यह कटु-तीक्ष्ण स्वाद का शूलहर, रक्तशोधक, वातहर, कफनिःसारक, रुचिकर, पाचक, उत्तेजक व सुगन्धित होता है।

वनौषधियों का प्रयोग स्वरस (अंगरस), क्वाथ (काढ़ा), चूर्ण या चूरन, गोली, वटिका, हिम (शीत कषाय), कल्क, अवलेह, पाक, अरिष्ट, शर्बत, मुरब्बा, पुटपा, सिरका और मंथ के रूप में किया जाता है।

साग-सब्जी और फूल

साग-सब्ज़ी की काश्त **कोइड़ार, पालेज** या **बारी** कही जाती है। इसी के साथ हम पान की काश्त जोड़ लें, जिसे **बरेज** कहते हैं। फूल-पत्ती की खेती बाग़वानी है। पान से शुरू करें, क्योंकि यह पत्तियों का राजा है। पान की मुख्य क़िस्में हैं, **मगही** या **माघी** (मुलायम और स्वादु), **काँकेर** (बड़ी पत्ती वाला), **बँगला** या **देसी बँगला** (छोटी पत्ती वाला) (इसको लखनऊ में **बेग़माती** भी कहते हैं), **बेलहरी, साँची, कलकतिया, जगन्नाथी, कपूरी** (काफ़ी तिक्त), **मलेहरा, सोहागपुरी, महुई**। पान की लतर **भीटों, बरेठों** या **पाढ़ों** (ऊँची जगहों) पर उगाई जाती है। पाँती-दर-पाँती (पाँती को **सपुरा, साँपुर, पास** भी कहते हैं।) **पान** की लतर चढ़ाई जाती है। दो पाँतियों के बीच में जो **आँतर** या **अन्तराल** रहता है, उसे **दौंगर, दौंग** या **पाहे** कहते हैं। यह लतर जिस ढाँचे पर चढ़ाई जाती है उसे **कोरई, कोरो, इकरी** कहते हैं। एक साँचे और दूसरे साँचे के बीच के अन्तर को **कोरबास** कहते हैं। ढाँचे को थाम्हने वाले डंडे **सरई** या **ईकर सरकंडा** या **खरही** कहे जाते हैं। पौधे **ढेंपी** (मिट्टी की लौंद) में रोपे जाते हैं। बरेज की छत **माँड़ों, मड़वा, छानी** या **ठठरा** कही जाती है और दीवालें **टाट**, या **ठाट**। पान की क़लम या बेल मटकों **(लोट, मटोर)** से इस तरह सींची जाती है कि पानी पड़े पर ठरक जाए। पान की बेल को धूप छनकर लगनी चाहिए; इसीलिए इस पर **माँड़ों** की छाजन इस प्रकार की जाती है कि धूप लगे पर तेज और सीधी न लगे। पान के पत्ते से इसीलिए नवेली बहू की उपमा बड़ी सटीक है। बड़ी मेहनत और जतन से पान को पालना होता है, उसका मिज़ाज नई बहू की तरह बड़ा नाज़ुक होता है। पान के जो छरके जेब में निकलते हैं, उन्हें **भूर** कहते हैं और उनके पत्ते नए होते हैं, जो भादों-कुआर में निकलते हैं, उन्हें **कन** कहते हैं, ये पत्ते पके होते हैं। सबसे पचे पके (जो बालू में दबा कर बेल के साथ रख दिए जाते हैं) माघ में निकाले जाते हैं। ये पत्ते मुँह में डालते ही घुल जाते हैं। बीस पत्ते की एक **कोरी**, 50 पत्ते की **चौथैया**, 100 पत्ते का **आधा ढोली**, 200 का **ढोली**; 7 ढोली पान का **कनवाँ**, 14 ढोली पान **अधवा**, 28 ढोली पान **पौआ**; 4 पौआ का **लेसो**। पान के पत्ते ढाका या ढाकी में भिगोये कपड़े या टाट के भीतर रखे जाते हैं। कत्था चूना सुपारी के साथ पान लगाकर जब तहिया दिया जाता है, तो **बीड़ा** या **गिलौरी** या **खीली** या **सिंघाड़ा** बन जाता है, लगे पान **बिलहरा** या **बिलहरी** (**ख़स** या बाँस की डिबिया) या पनडब्बे में लपेट कर रखे जाते हैं। पान की काश्त करने वाली जाति **बरई** कही जाती है।

अब पान के बाद वे पत्तियाँ जिनका साग के रूप में उपयोग होता है। साग-सब्ज़ी की काश्त प्रायः **कोइरी, खटिक, कुनबी** जैसी जातियाँ करती हैं। इनकी काश्त में पालक (दो जातियाँ **कटुई** और **खड़ी**), **सोया** (जो इसका अभिन्न मित्र है), कुचिला, कुलफ़ा (**गुलफ़ा, गोलावा**, कुछ अमलोन और चिकमनी पत्ती वाला), **मरुसा** (**मरसा, ठड़िया** या **टढ़िया**) **पितरसेली, चौलाई** (**चौराई, लालभाजी**), **अजवाइन** (**अजमोदा, जवाइन**), **पोई, मेथी, क़लमी साग** (एक तरह की पालक), **काहू** (एक तरह का **लेटूस**), **धनियाँ, पोदीना, चनसुर** (तीनों चटनी के काम में आते हैं), **मूली, विलायती पटुआ** मुख्य हैं। इनके अलावा **बथुआ, चना, मटर, मसूर, सरसों, लतरी, कुम्हड़े** की नई पत्ती आदि का भी साग के रूप में उपयोग होता है। और सस्ते साग के रूप में **गदहपूरना, गुम्म** आदि का भी उपयोग होता है। **मेथी, धनियाँ** के साथ ही **सौंफ़** और **रामदाना** बोये जाते हैं, जिनके बीज मसालों के रूप में या स्वतंत्र खाद्य के रूप में उपयोग में आते हैं।

दूसरे प्रकार की सब्जियों को प्रायः तरकारी (पर वैष्णवजन उन्हें भी **तीमन** या **साग** ही कहेगा, तरकारी में हिंसा की **गंध** है) कहते हैं, तरकारी, फूल-फल और मूल (कंद) तीन प्रकार की होती है। कंद वाली तरकारी का राजा है आलू। आलू के लिए खेत की बहुत बारीक तैयारी होती है। मिट्टी बहुत **भुरभुरी** कर दी जाती है और गन्ने की फ़सल की ही तरह इसके खेत में बीच-बीच में मेंड़ें (**झौरा या घोहा**) बनाकर उनके बीच में छोटी-सी नाली बनाते हैं, इसी को **गूल** भी कहते हैं। आलू को घोहों पर ही प्रायः बोते हैं। पर कुछ लोग नाली या कूँड़ में भी बोते हैं। कूँड़ में बोये जाने वाले आलू **फारुआ** कहे जाते हैं। आलू के पौधे को **आल** कहते हैं, आलू के ऊपर एक हरा गोल फल आता है, इसे **टैमना** कहते हैं। आलू की जड़ में छोटे-छोटे रेशे लगे रहते हैं, इन्हें **जरौंदे** या **जरासूर** और इन जरौंदों में लगे आलुओं के गुच्छों को **झुर्रा** कहते हैं। आलू के बीज में आँख होती है, उसी से अंकुर फूटता है। आलू की ही तरह **रतालू, अरुई** (**अरवी, घुइयाँ, पेकचा, बड़ोखा, अलता**), **बंडा** (**अरुआ, कन्दा, कच्चू**), **सुथनी, सकरकन्द** (**गंजी, सकरकन्दी**), **सूरन** (**ज़मींकन्द, ओल**), **शलजम, गाजर** (**लाल** और **बैंगनी**), **मूली** (**गोल** और **लम्बी, सफ़ेद** और **लाल**) **अदरख** (**आदी**), **प्याज़, आदीचक, रामकेसवर** (**मिसरीकन्द**) और **गाँठगोभी** ज़मीन के नीचे बैठते हैं, पर मूली, शलजम, प्याज़, गाजर आदि एक-एक ही पौधे में बैठते हैं, जब कि आलू, रतालू आदि एक-एक पौधे में गुच्छे के गुच्छे बैठते हैं। आलू की कई क़िस्में हैं, **पहाड़ी** या **नेपाली, लाल** (**मलदहिया**), **कनकपुरिया** (**सफ़ेद**), **पटनहा**। प्याज़-लहसुन के पौधे एक जगह बोकर रोपे जाते हैं। ये रोपे जाने वाले पौधे **कुना** कहलाते हैं। शकरकन्द की लत्ती रोपी जाती है।

फलों वाली तरकारियों में कुछ बेलों पर फलती हैं। ये बेलें **छप्परों, थून्हियों** या **झंखाड़ों** (या **औंजारों**) के ऊपर चढ़ाई जाती हैं। एक-एक बेल में मनों फल आते हैं। कुछ के फूल भी सब्ज़ी के रूप में उपयोग में लाए जाते हैं। ये सब्ज़ियाँ **जेठुआ** या **बैसाखी, बरसाती** और **माघी** तीन क़िस्म की होती हैं, तीन बार ये बोई जाती हैं। इनकी जड़ के पास पानी का **थाला** बना दिया जाता है, जिसमें समय-समय पर पानी देना ज़रूरी

रहता है। इनके नाम हैं **कद्दू (लौकी, लौआ, घिया, गंगाफल, तूँबी, तेमरा, सजिवन), कुम्हड़ा (कदीमा, काशीफल, कद्दू), परवल (परोरा, परोरी), ककड़ी, खीरा, चिचिंडा (चिचिंड़ा), तरोई (तोरई, तुरई), घेंवड़ा (नेनुआ, सतपुतिया, झिंगनी), करेला (करैला, करैली), सेम (रहरिया सेम, बड़ी सेम), बोड़ा, केंबाच (ग्वारफली, कुनरी)** मुख्य हैं। इनके अलावा खड़े पौधों के रूप में कुछ तरकारियाँ उगाई जाती हैं, जैसे **बैंगन (भाँटा, भटा, गोल भंटा, चेंगवा, बैंगन), टमाटर (विलायती भाँटा), भिंडी (रामतरोई, रामपरोरा), मिर्च (लाल, गोल, छोटी, बड़ी**–इसी को **मर्चा** भी कहते हैं, छोटी मिर्च **मरचाई** या **डिड़िया** या **ढेंरिया मरचाई** कही जाती है), **बकला, कुन्दरू, चठइल (खेखसा), टिंडा, रमचरमा (इमिरती)**। इनके कच्चे फल बतिया कहे जाते हैं, उन पर उँगली नहीं उठाई जाती; इनके (मुरझाने) मर जाने का डर रहता है।

परवल के साथ-साथ नदियों की गीली रेती में **खीरा, तरबूज, ककड़ी, फूट** की खेती होती है। कुछ पेड़ों के फूल, फुनगी और फल भी सब्जी के रूप में उपयुक्त होते हैं, **सहिजन** (इसका फल **मुनगा** कहा जाता है), **अगस्त्र** (इसका फूल तल कर भुजिया के रूप में खाया जाता है)। भाठ क़िस्म की ज़मीन में हल्दी की काश्त होती है। इसकी गाँठ अदरख की तरह नीचे बैठती है, यह भी एक नगदी काश्त है। तालाबों में **सिंघाड़े, नेउसा, कमल (कँवलगट्टा, कमलफूल** या **कमलककड़ी** या **भसेड़**) भी व्यवस्थित रूप में उगते हैं। इनमें बहुत-सी सब्जियाँ घर-घर उगाई जाती हैं। कुछ अपने आप भी उगती हैं जैसे **सूरन (जमींकन्द), सहजन, वन अजवाइन, बन करेला**।

कन्द जाति की सब्जियों को छोड़कर दूसरी सब्जी साधारणतः लोग निजी उपयोग के लिए उगाते हैं। पर पेशेवर **कोइरी या खटिक** इन्हें व्यावसायिक पैमाने पर उगाते हैं। साधारण किसान तो सब्जी के और भी विकल्प ढूँढ़ लेता है। जंगलों में और भी जड़ी-बूटियाँ हैं, जिनका उपयोग भोज्य रूप में हो जाता है, पर सम्पन्न किसान सब्जी खरीदकर भी खाता है, इसलिए सब्जी की काश्त का महत्त्व धीरे-धीरे बढ़ रहा है।

खेती का धुरन्धर : बैल

छोटे जोत की खेती के लिए बैल अपरिहार्य है और बैल की ख़रीद किसान बहुत देखभाल कर करता है। उसके अंग-प्रत्यंग की परख का बड़ा विस्तृत शास्त्र है। गाय का नवजात बछड़ा **चुखेटा** या **दूधपीऊ**, ढाई वर्ष तक **बछरू** या **लवारा** या **जैंगरा** (ब्रज) और उसके बाद तब तक **बाछा** है जब तक कि वह हल में **काढ़ने** या **निकालने** लायक़ या **हिलावर** नहीं हो जाता। जब तक दूध के दाँत नहीं झड़ते, तब तक वह **अदन्त** या **उदन्त**, दाँतने पर क्रमशः **दुदन्ता, चौदन्ता, छदन्ता** (या छद्दर), **सद्दर (सतदन्ता), अठदन्ता** और **नद्दर (नवदन्ता)** कहा जाता है। चौदन्ता ही संस्कृत में **वत्सतर** या **उक्षतर** है। छदन्ता पूरा जवान माना जाता है, वही **जातोक्ष** है, तब वह **हिलावर** हो जाता है और उसे **बधिया** किया जाता है या **कूटा जाता** है। जिस **जातोक्ष** को साँड़ बनाना होता है, उसे **छुट्टा** या **छट्टल** छोड़ दिया जाता है और प्रजनन-कार्य मात्र के लिए उसका उपयोग होता है, उसी को **बिजार** या **महोक्ष** भी कहते हैं। यदि **हिलावर** हो जाने के बाद बैल **(बलीवर्द)** जोता नहीं जाता, वह **मट्ठर** (सुस्त) हो जाता है।

बैल के जिन अंगों की परीक्षा होती है, उनमें **सींग, आँख, कान, दाँत, बाँसा** या **ककही** (रीढ़), **पुट्ठा, खुर, पूँछ, टाँग** और **पसमी** (रोआँ) मुख्य हैं। बड़े सींग वाला **बड़सिंगा** और छोटे सींग वाला **मुटसिंगा**, खड़े नुकीले सींग वाला **खड़सिंगा** या **सरइया**, बिना सींग का **मुंडा** या **मुँड़वा**, टेढ़े और आगे की ओर झुके सींग वाला **झोगा** या **घोंचाह**, ऊपर-नीचे दो दिशाओं में जाने वाले सींगों वाला **सरगपताली**, ऊपर जाकर मिले सींगों वाला **मौरा** और **उल्टा मौरिया**, कानों के नीचे लटके सींगों वाला **मैना** और **गुलिया**, मेढ़ों की तरह मुड़े सींग वाला **मेढ़ासिंगी**, टूटे सींग वाला **डूँड़ा**, सिरों पर चिरे सींग वाला **चिर्रा** और ज़मीन के समानान्तर सींग वाला **चातर** या **फड्डा** कहा जाता है। गहरे काजल से अँजी-जैसी आँखों वाला **कजला** और तिरछी चितवन वाला **तक्की** या **ताखी** कहा जाता है। लम्बे कानों वाला **लभकना**, काले कानों वाला **कोइल** या **कनक-लसौंहा** कहा जाता है। लम्बी पूँछ वाला **लहँगवार** या **धरतीझार**, छोटी पूँछ वाला **पुछटँगा** या **टँगपुच्छा** और बिना पूँछ वाला **लँडूरा** या **बाँड़ा** (बंड) कहा जाता है। लम्बी टाँग वाला **लमटँगा** या **टँगउधार**, छोटी छटाँग वाला **सुअरगोड़ा**, घोड़े की तरह टाँग वाला **असीना**, खुर खिसते चलने वाला **खुरखिसा**, गधे के-से खुर वाला **खरखुरा**, बहुत फटे खुर वाला **खुरफटा** और चलते समय खुर रगड़ने वाला नेबरा कहा जाता है।

उभरे **बाँस** वाला **बाँसिया, गुझटदार** बाँस वाला **कुबड़ा** या **कौड़ियाकूबड़** और मांसल पीठ वाला **बरारी** कहा जाता है। सफ़ेद रोएँ और नीली खाल वाला **धौरा**, सफ़ेद खाल और नीलाभ रोएँ वाला **लीला**, पीले रंग वाला **पीरोंदा** या **पियरा**, पक्के लाल रंग वाला **गोला**, भूरे लाल रंग वाला **बैरिया**, गहरे लाल (कालापन लिये) रंग वाला **महुअर**, काले और सफ़ेद रंग की धारियों वाला **कबरा** या **चितकबरा**, कई रंग के धब्बों और छींटों वाला **छर्रा** और सिलेटी रंग वाला **सोंकन**, सर्वांगश्वेत **कैरा**, कत्थई रंग वाला **खैरा** या **लाखा**, काले रंग वाला **करिया**, देह पर सफ़ेद फूलों वाला **फुलवा**, काले शरीर पर सफ़ेद मुँह वाला **मुँहधोबा** और माथे पर गोल सफ़ेदी वाला **चहुँआ** या **टिकरा** कहा जाता है।

हल या गाड़ी में जुतने पर गिरकर लेट जाने वाला **गिर्रा** या **परुवा** और कामचोर या अड़ियल बैल **गरिया (<गलि)** या **गरियार** कहा जाता है। स्वभाव का तेज़ और चंचल बैल **सत्ता, विर्रा, चमकना** या **करुआ** कहा जाता है; खूब खाकर भी काम न करने वाला **खद्‌दड़** या **मच्चर**, लात फेंकने वाला **लतखना** या **लतहा**, सींग मारने वाला **मरखना** या **मूँड़झँटना** और **झौरार** (झारने वाला) कहा जाता है। हाँफने वाला **हँफना, दमहा** या **तैयल**, बाहर जीभ निकाल कर लपलपाने वाला **साँपिया** या **साँपिन**, खूँटे पर हिलने वाला **झुमना** या **हल्लना** या **खूँटाडोल**, वातिल टाँगों वाला **सिन्नैला**, चारों टाँगों में वात वाला **चौरंगा**, अपाहिज बैल **कजाहल**, खराब और असगुनी बैल **बोदा, अनैठा (अनिष्ट)** या **असैना (<असहन)** या **बज्जा (वद्य** = निन्द्य), अच्छा बैल **सगुनी**, धुर्य, कसीला, **ज़ोरावर, गठीला** और **सजीला** कहा जाता है।

स्थान और नस्ल के आधार पर बैलों के कई भेद हैं : **खैरीगढ़िया, थापरी, हरियानी, हिसारी, पुरबिया, पछइयाँ, काँकरेजी, नागौरी, पुष्करी, देसी, मालवी, मेवाती, किनवारिया (केन नदी)**। छोटा और कुत्सित नस्ल वाला **टिरिया** कहा जाता है।

बैलों के कुछ प्रसिद्ध रोग ये हैं : **पका** या **तरवा** जाना (पैरों का पकना), **मूँज फूटना** या **जलखोरना** (टाँगों में से खून निकलना), **बिलैना** (गले में फोड़ा), **बहँगवा** या **मेंडुकी** (गुदाभाग पर गढ़्मरी-सी उठना), **मुचकना** या **टैना** (नस उतरना), **अफरा** (पेट फूलना), **छपका** (देह पर चकत्ते पड़ना), **बँधा** (पेशाब-गोबर बन्द होना), **गुम्मर** (गाँठ हो जाना), **अकड़ा** (देह का अकड़ जाना), **कुम्हेड़ी** (नथुने से पानी गिरना), **मकोय** (सींग का खोखला होकर गिरना), **अमेंड़ी** (कनपटी का सूजना), **कन्धा सरकना** (कन्धे पर सूजन), **ज़हरबाद** (ज़हरीला फोड़ा), **गंझा** (पेट का फूलना), **रोहार** (जीभ पर काँटे हो जाना), **ढोढ़ा** (पतला गोबर करना) और **मरोड़** (आँव)। नियन्त्रित करने के लिए बैल को **नाथ** से **नाथा** जाता है और **पैने** (सोटे) से कस में रखा जाता है। बैल के गले में पड़ने वाली रस्सी **जेवर** या **रास** या **पगहा** (<प्रग्रह) और दम्य बछड़े के गले में डाला गया डंडा **खटखटा**, बैल के गले में बाँधी जाने वाली **घंटी** या **टुनटुनी**, बैल की पीठ पर डाला गया टुकड़ा **झूल** या **पेटी** या **ओढ़ना** कहा जाता है।

बैल को खूँटे में बाँधते समय जो सरकने वाला फन्दा दिया जाता है, उसे **खूँटा-फन्दा** कहते हैं, बहुत कड़ी और दुहरी गाँठ **गुरगाँठ**, एक और मोड़ देने पर मोरा और पतली

रस्सी को हाथ की पाँचों उँगलियों में डाल कर लगाई जाने वाली फन्देदार गाँठ **मोरपंजा,** साँकल की तरह फन्देदार **साँकरी,** सबसे लम्बी और सुदृढ़ गाँठ **ब्रह्मगाँठ**, पोली गाँठ **सुल्ला** और पेंचदार गाँठ **गोरखफन्दा** कही जाती है। बैल का हरा चारा (न्यार) **हरियरी** या **हरियाई**, सूखा चारा **भूसा** या **भुस** या **पुआल की छाँटी, मक्का** या **ज्वार** की **करबी** या **कुट्टी**, पानी के साथ मिलाकर यह चारा **सानी** कहा जाता है; इसी में **खली, चून, भूसी, कोराई** (धान का भीतरी छिलका), **चोकर** या **खोद** (खुद्दी) ये सब उपस्कर वस्तुएँ डाली जाती हैं। बैल जिस मिट्टी के बड़े बर्तन में खाता है उसे **नाद** कहते हैं, बाँस की बड़ी डलिया भी इस काम में बैलगाड़ियों के सफ़र में लाई जाती है, उसे ओड़इसा कहते हैं। बैलों के खिलाने की जगह **चरन** या **खोर** या **माता** कही जाती है। बैल को जोतने वाला **हलवाहा,** बैल चराने वाला **चरवाहा** या **बर्धवार** और बैल खिलाने वाला **छाँटीकट्टा** या **चरकट्टा** कहा जाता है। बैलों के रहने की जगह **गोठ** या **घारी** कही जाती है।

खेतिहर बैल को प्राण की तरह सँजोता है, बैल की चोरी करने वाला बड़ा पापी समझा जाता है, परन्तु **पनहा** (प्रतिकर) वसूलने के लिए बैल असाढ़ और कातिक में खोल लिये जाते हैं और **बिचवई** लोगों के माध्यम से पनहे की रक़म तै होती है, खेती के ताव के कारण परेशान किसान हार मानकर रक़म दे देता है और क़ानून की शरण नहीं लेता, क्योंकि उसमें बड़ा बखेड़ा है। वह **टोह** लगाकर बिचवई के माध्यम से किसी तरह अपना माल घर वापस लाता है।

बैल खेतिहर के जीवन के वास्तविक धुरन्धर हैं।

शक्ति का प्रतिमान : घोड़ा

रईस और शौकीन लोग घोड़ा पालते हैं। सामान ढोने के लिए भी कुछ लोग घोड़ा रखते हैं। घोड़ा ताकतवर और स्वामिभक्त पशु है। नर घोड़े को **घोड़ा** तथा मादा को **घोड़ी** कहते हैं। छोटा देसी घोड़ा **टट्टू** या **टटुआ** होता है और मादा टट्टू **टटुनी** या **घुड़िया**। छोटे कद की घुड़िया **लदघुड़िया** कही जाती है। ऊँची और लम्बी-चौड़ी डील-डौल वाला घोड़ा **तुरंग** कहलाता है। घोड़ा रखने तथा उसके लक्षणों और रोगों को जानने वाला व्यक्ति **घुड़ैत** और देख-रेख करने वाला नौकर **सईस** होता है।

सईस घोड़े को खिलाता-पिलाता, **खरहरे** से **खुरैश** (शरीर की सफाई) और हाथ से मलाई या मालिश तथा **हत्थियाई** (पीठ पर जोर-जोर से हथेली मारना) करता है। घोड़ा बाँधने की जगह **थान** कही जाती है। थान के चारों ओर बाँस या बल्ली बाँधकर घेरा बना देने पर उसे **बाड़ा** या **बाढ़ा** कहते हैं। घोड़ा बाँधने का कमरा या दालान **तबेला, अस्तबल, घुड़सार** या **घाटशाला** कहा जाता है। घोड़ा जब अपनी पिछली दोनों टाँगों को एकसाथ पीछे को फेंकता है तो उसे **दुलत्ती** मारना या चलाना कहते हैं। घोड़े की दुलत्ती जानलेवा होती है तभी तो यह कहावत जगजाहिर है—

हाकिम की अगाड़ी और घोड़ा की पिछाड़ी से हमेशा बचना चाहिए।

घोड़े की रीढ़ का पिछला भाग **पुट्टा,** पुट्टों के ऊपर पूँछ के पास का भाग **पुस्तंग,** पूँछ और कमर के बीच का कुछ उठा हुआ भाग **बिछुआ,** गर्दन का वह भाग जो पीठ से लगा हुआ होता है और जहाँ से बाल उगने शुरू होते हैं **काँठी,** गर्दन के बाल **केश, अयाल** या **आल,** कानों का ऊपरी भाग **कनौती** और नाक के नीचे और दाँतों के ऊपर की मुलायम लिबलिबी खाल **पुथा** कहलाती है। पुस्तंग उछालने को **पुस्तचा फेंकना या मारना,** कनौती घुमाने को कनौती बदलना, आनन्दित होने पर मुँह से फुर्र-फुर्र की आवाज़ निकालने को **फुर्रफुर्री,** थकान मिटाने के लिए रेत या मिट्टी में लेटने को **लुटलुटी,** लुटलुटी के बाद खड़े होकर देह को पूरी तरह हिला देने को **झुरझुरी** और ठंड या किसी अन्य विकार के कारण घोड़ा जब अपनी देह को हिला देता है तो उस हरकत को **फुरहरी** कहते हैं। **अँडुआ** घोड़ा जिसके अण्डकोष कुचले न गए हों, अपने थान पर बाड़े में इधर-उधर घूमता ही रहता है, इसे **रौंहद,** टापों से जमीन खोदने को **खूँद मचाना,** घोड़ी से मिलने के लिए उछल-कूद करना **गर्री आना** और गर्री आते समय जोर-जोर की आवाज करना **हिनहिनाना** या **हिसना** कहलाता है। घोड़ी के उठने या गर्म होने को **आरंग**

आना कहते हैं। घोड़े की टाप **सुम्म** कही जाती है। जब सुम्म बढ़ जाते हैं तो वे आदमी के नाखूनों की भाँति कटवा दिए जाते हैं। सुम्म के ऊपर पीछे की तरफ वाली गाँठ **मुट्ठा** कही जाती है। लगभग पाँच वर्ष के घोड़े के जबड़े के भीतर दोनों ओर एक-एक दाँत निकलता है, इसे **नेस** कहते हैं। नेस सब दाँतों के बाद निकलता है। जवान घोड़े के दाँतों का निचला भाग काला होता है इस कालिमा को **दँतेंसी** कहते हैं। यदि दँतेंसी समाप्त हो जाए तो वह स्थान लाल दिखने लगता है इसे **दँतलाली** कहते हैं। दँतलाली वाला घोड़ा बुड्ढा होता है और इसे **ठेका** कहते हैं। घोड़े की पीठ पर रक्खा जाने वाला एक मोटा साज **गद्‌दा** कहलाता है। चमड़े का गद्‌दा **जीन** होता है। **टट्टू** या छोटे घोड़े पर प्रायः गद्‌दा ही कसा जाता है।

घोड़े का छोटा बच्चा **बछेड़ा** या **बछेरा,** बछेड़ा से बड़ा जो सवारी के योग्य न हो **अललबछेड़ा** या **दुलदुल** होता है। यह बहुत तेज होता है और जरा-सी आवाज से कनौंती बदलने लगता है। जिस घोड़े पर कभी-कभी सवारी की जाती है उसे **कोतल** कहते हैं। नस्ल के अनुसार **अरबी, ताजी, तुर्की, पहाड़ी, काबुली, भूटिया** और **देशी** घोड़ों के प्रचलित नाम हैं। रंगों और चिह्नों के आधार पर भी घोड़ों के कई नाम हैं। सफेद और लाल रंगों का घोड़ा **अबलक,** पूरा शरीर सफेद और लाल-लाल छींटें हों तो **चीनियाँ,** कई रंगों की धारियाँ और बूँदें हो तो **छर्रा,** भूरी देह और घुटनों से लेकर सुमों तक काली टाँगों वाला **कुल्ला,** एक पैर सफेद और सारा शरीर दूसरे रंगवाला **अर्जण्ट** या **रजली,** एकदम सफेद **नुकरा,** जिसकी चारों टाँगें, पीठ, केश तथा पूँछ काली और शरीर का शेष भाग लाल काला मिश्रित रंग का हो वह **कुम्मैत,** सुमों को छोड़कर सारा शरीर स्याही मिला सुर्ख हो तो आठ गाँठ कुम्मैत, यदि लाल रंग में बहुत हल्का कालापन हो तो वह **तेलिया कुम्मैत,** सुर्ख रंग वाला **सुरंग,** बादामी रंग का **समन्द,** देह पीली **अलाय** और पूँछ सफेद हो तो **सिरगा,** यत्र-तत्र पीले रंगों की धारियाँ, शेष देह लाल हो तो **संगली,** नीली पसमी के सफेद घोड़े को **सबजा,** सफेद को **करका**। यदि सबजे की पसमी (बाल) कुछ अधिक नीली हो तो **बिल्लौरी,** हल्के काले रंग का **मुश्की,** काले मुँह का **कलमुहाँ,** मुश्की की देह पर कुछ लाली अधिक हो जाय तो **लाखी** और जिसका रंग सफेद और बाल पीले हों तो वह **सिराजी** कहलाता है। अबलक, छर्रा, आठ गाँठ कुम्मैत घोड़े अच्छे माने जाते हैं। रजली और मुश्की अच्छे नहीं होते। जिस घोड़े के चारों पैर और मुँह सफेद हो तो उसे **पचकल्यानी** कहते हैं, यह बहुत उत्तम और शुभ माना जाता है। गर्दन के नीचे छाती पर दो भौंरियों वाला **देवमन** होता है, यह बड़ा भाग्यशाली घोड़ा माना जाता है। अण्डकोष में एक ही अण्ड वाला **इकपुतिया,** एक आँख बिल्लौरी और तिरछी पुतली वाला **ताखी,** ढालू और गड्ढेदार वाला **पुट्ठेदार,** जिसकी छाती पर भौंरी हो वह **हदावल,** तंग पर भौंरीवाला **तंगतोड़,** पीठ पर भौंरी हो तो **चितभम,** अगली टाँगों में घुटनों के ऊपर भौंरियाँ हों तो **भेखुखेर,** माथे पर गोल बड़ी भौंरीवाला **मनियाँ,** वही भौंरी साँप के फन की तरह हो तो **फनियाँ,** काटनेवाला **कटहा,** सवारी करते समय अड़ जाने वाला या पीछे हटने वाला **अड़ियल, हट्टर,** लात मारने वाला **लतहा** और चुपचाप काट लेने

वाला **चुप्पा** कहलाता है। गाय के खुरों के समान सुम वाला **गौसुम्मा,** गाय की पूँछ जैसी पूँछ हो तो **गौदुम्मा,** छाती पर गाँठ हो तो **बँकहिया,** छाती पर सफेद रेखा हो तो **लकचीरिया,** मुँह सफेद आँखें काली हों तो **सेतंजनी,** यदि तालु काला हो तो **सौंतरा,** पुट्ठों के नीचे आँख के आकार की भौंरी हो तो **गैबतकी,** बगल की भौंरी वाला **कखावत,** फटे सुम वाला **चौचर,** कड़े बालों और अयालों वाला **कर्सेमिया,** पतली कमर और मटमैले रंग का **केहरी,** अयाल और पूँछ सफेद हो तो तथा चारों पाँव काले हों तो **चम्पई,** मुँह पर माथे से लेकर नथुनों तक एक पतली रेखा हो तो **तिलकी,** माथे पर दो भौंरियों वाला **चंदा सूरज,** यदि माथे पर छोटी-सी भौंरी हो तो **सितारापेशानी,** कान में एक छोटा कान और हो तो **कन्नुआँ,** गदहे के समान मुँह वाला **खरमुहाँ,** माथे पर सफेदी और उस सफेदी में भौंरी हो तो **जयमंगली** कहलाता है। जयमंगली बहुत ही शुभ माना जाता है, जबकि सितारापेशानी बदमाश, कन्नुआँ अशुभ और खरमुहाँ स्वामी भक्षक माना जाता है। इसी प्रकार रोगों के आधार पर **खस्स,** चौरंगिया, सकनारिया, बेजिया **चकराबलिया** और **बिलहड्डिया** भी घोड़ों के नाम हैं।

घोड़ों की कई चालें होती हैं। गति के अनुसार **कुदैंती** या **कुदका, रेविया, पोइया, दुनकी** या **दुलकिया, डगफार, दौड़, मैदान, फरवट, सरपट, फरफट, चौकड़ी** या **चौका, अरगा** या **कदम, सगामा, रुहाल, धम्मक, नासनी, लंगूरी, दुगामा, चौगामा, चूँमक, धम्बाल, इकवाई** और **लँगड़ी** जैसे कुछ नाम हैं।

घोड़े कई प्रकार के रोगों से भी पीड़ित होते हैं। शरीर में होने वाले दर्दों के कुछ नाम हैं—**खुझवन्त, पिटसूल, भुम्मकसूल, पनसूल, रसौनियासूल, खरसूल, अगिनबाद** और **बादगीरा**। शरीर के दूसरे रोगों में बदी सिरौट, बेल, **कम्पबाई, बसकारी, जहरबाद, तषक, जीकुलनफ्सा** और **सीनाबंद** हैं। आँखों के रोगों में **रतौंधी** या **रातरौंध,** फूली या फूला, टैंट, नाखूना या जाला तथा **दौगमा** प्रमुख हैं। नाक का रोग जिसमें नाक पर गाँठ-सी उठती है और उसमें से पानी-सा रिसने लगता है तो वह **गंडमाल** कहलाता है। **चिनग** मुतान का और **कतानबाइ** तथा **कपोतीबाइ** अण्डकोष के रोग हैं। घोड़े के मुँह के रोग **गुम्मबाइ, दुसाकबाइ, खाँसगलसुरा** और **खबक** नाम से जाने जाते हैं। **अफरा, अखरखुली, मरोरा, ऐंठन, आँव, खुरखुरी** या **कुसकुसी** पेट के रोगों के नाम हैं। घोड़े की टाँगों में **हाडिन, बजरहड्डी, बेलहड्डी, मोखड़ा** या **जनुआँ, नेबर, भूतरा, घोंटुआ, उतकन्नवाइ, संतनवाइ, झनकवाइ, थालभस्स** या **थलभरसा** नामक रोग होते हैं। **बभनी** और **अगियासइन** घोड़े की पूँछ के खतरनाक रोग हैं।

खेती के साधन : रस्सी-टोकरी

कई तरह की रस्सी किसानी के काम में लगती है। पशुओं को बाँधने के लिए अलग तरह से मज़बूत बटाई होती है। बोझ बाँधने के लिए मामूली बटी या अनबटी, चारपाई आदि के लिए महीन बटी रस्सी उपयोग में आती है।

पशुओं को बाँधने वाली रस्सी **पगहा, जोर, गेंठा, तगनी** कही जाती है। रस्सी की गाँठ **जोर** या **ठेका** कही जाती है। पशुओं के पैरों में बाँधने वाली रस्सी **छान, मूढ़ा, गोंड़ाव, गोड़ार, गोड़ावन, ढेढ़ौरा जोर** या **मलौ** कही जाती है। यह सरकश पशुओं की दुहरी बँधाई के काम आती है। गले का फन्दा **गिराँव** या **गराँव, गरौंधन, गरदाँव** या **गर्दम** कहा जाता है। बिगड़ैल पशुओं को बाँधने के लिए दोहरी रस्सी काम में लाई जाती है; उसे **दोबग्गी, दोगाहा, दोबगली** कहते हैं। बछड़ों को गाय के थन से खींचकर सेली या **सेल** से **बाँध** रखते हैं। पशुओं के नथुनों को बाँधने वाली रस्सी **नाथ** (<नस्त) कही जाती है। घोड़े आगे और पीछे दोनों ओर बाँधे जाते हैं। अगली रस्सी **अगाड़ी, अगारी** या **गलखोर**, पीछे वाली **पिछाड़ी** या **पछाड़** कही जाती है। **घोड़े को बागडोर** से सँभाल कर ले चलते हैं। **लगाम** या **रास** इसके अलावा लगती है। पेट को बाँधने वाली रस्सी **ताँत** या **मोजम्मा** या **तनी** कही जाती है। ऊँट की नाक में **नकेल** बाँधी जाती है, हाथी के पैरों में **पैकर** या **सीकड़** डाली जाती है। पानी भरने के लिए जो रस्सी काम में आती है उसे **उबहन** या **जोर** कहते हैं, लोटा भरने के लिए लोग **डोरी** काम में लाते हैं। **उबहन** या **डोरी** में बर्तन का मुँह फँसाने के लिए जो फन्दा रहता है उसे **अरवन, रौना, कनकी, फँदनी, फाँस, फसरगाली** कहते हैं। कभी-कभी एक फन्दा स्वतंत्र रूप में बर्तन में फँसा रहता है और वह उबहन में जोड़ दिया जाता है, इसे **पनछोर, छोरी** कहते हैं। इसका फन्दा **मुद्धी** कहा जाता है। नाव बाँधने के लिए मोटा रस्सा **लहासी** काम में आता है। नाव खींचने वाली रस्सी **गोन** या **गेता** कही जाती है। खेती के काम में आने वाले मोटे रस्से **बरही** कहे जाते हैं। नई कलमों की रक्षा के लिए उनके चारों ओर **मोजर** या **मोजरी** या **गेरुआ** या **बन्हना** या **जड़बँधना** या **गुढ़ी** बाँध दी जाती है।

बोझ बाँधने के लिए **सरपत** या **पटार** या **फटेरे** ऐंठ कर **जुन्ना, जुना, जौरी, पतहर,** या **मोरा** (ब्रज) या **गतार** बना लेते हैं। ईख बाँधने वाला गतार **उखबँधना** या **गतौरा** या **पगार** या **जोही** कहा जाता है। हरे पाट का **कचरा** या **ओदार** या **गुरही** भी बनाकर खरीफ़ की फ़सलें बाँधी जाती हैं। मूँज की एकबटी रस्सी **लूँड़ा** या **लूँड़ी** कही जाती है। अरहर

के तने से बनाई गई रस्सी **बेंती, बँधेरी, जुनेरी** या **बाती** कही जाती है और ताड़ की रस्सी **चोंप** या परास। हल्की चीजों को बाँधने के लिए **सुतरी** या **सुतली** (दोबटी) काम में आती है। ऐंठा सूत **ठर्रा,** या **बँटा** या **बरा** कहा जाता है। खाट बुनने के लिए **बाँधी** काम में आती है। खाट के पैताने की मोटी रस्सियों की बन्धेज **उड़चन** या **अदवान** (पश्चिम) कही जाती है। पशुओं के मुँह पर जो जाली खलिहान में लगाई जाती है, उसे **जाब** या **जाबा** या **मोहरी** कहते हैं।

टोकरी **अरहर, बाँस, बेंत** की **कैन, बाती** या **काँठर** या **मूँज की सींक** से बनती है। बोने के काम में टोकरी **ओड़ा, ओड़िया, दौरी, छैंटी, बट्टा, छींटा** या **उड़ैना** कही जाती है। पशुओं को खिलाने के लिए **ओड़ैसा, पथिया** या **दौरी** काम में लाते हैं। अनाज रखने के लिए **चँगेलीं, चँगेरी** (इनका मुँह बहुत चौड़ा होता है, पेंदी सँकरी होती है), **बटरी, झाल, झाइन, पटरी** बनाई जाती है। बड़ा **चँगेरा** या **मनौटा** ज्यादा अनाज रखने के लिए और छोटी **डलिया, मौनी, फुलुकी, बट्टा, छबड़ी** थोड़ा-सा कुछ रखने के लिए।

चौड़े मुँह वाले टोकरों को **ढाका, ओड़, धामा** कहते हैं, **अरहर** की पतली नरम **बातियों** (लौदों) से बने खाँखर टोकरे (भुस आदि ढोने के लिए) **खैंचा, खाँचा, छबड़ा,** उससे छोटे **खँचोली, पथली, नौनिहारी, दमहरिया, कतना, अघोड़ी,** उससे छोटी और कम गहरी टोकरी **खाँची, डेली, झल्ली**। रास ओसाने के लिए **छींटा** काम में लाया जाता है।

ताड़-खजूर के पत्तों की डलिया, **बोइया, कुन्ना, कुनिया, टोकरी, ठैंचा, चँगोर, ठीचा** कही जाती है। आकार में छोटी **फूलडाली, डलिया, साजी, पान-डलिया, मटोर** भी कही जाती है।

पतली बारी की सींक या बाँस की बड़ी डलिया **डगरा, डाला, छीवा** (पश्चिम) कही जाती है और सींक की बड़ी डलिया (चौड़ा मुँह और छोटी पेंदी वाली) **सिकहुता, शिकौथा, सिकौथी, करुई** या **डीकी** या **टापरा** कही जाती है। बन्द मुँह वाली गोल डलिया **झाँपी** या **झाँपा, पेटारी, पौतिया** या **पौती** कही जाती है। इसमें स्त्रियाँ अपने साज-सिंगार का सामान रखती हैं, इनका ढक्कन **झाँप** या **पेहानी** कहा जाता है।

मछली पकड़ने के काम आने वाली टोकरी **टाप, टापा, टापी, गाजा, सरैला, अंटा, परवे, ओका, आरसी, पेरवा, सैरा, छोपा** या **ढोपी** कही जाती है। सुराहीदार गर्दन वाली लम्बी टोकरी को **भौकी** या **पिदूदू** (पश्चिमी) कहते हैं। खाद या गोबर फेंकने के लिए **खाँची, तरौना, बोगिया** काम में आती है। बकरी के बच्चों, मुर्गाबियों को ढक कर रखने के लिए **टापरों, टापों, खोंपों** या **झाँपों** को उपयोग में लाते हैं। टोकरी की पेंदी छितनी या **छितरी** कही जाती है। पोस्त की खेती में पोस्ता लोढ़ने के लिए **तरछा** काम में लाई जाती है।

मछली पकड़ने के लिए कई किस्म के जाल बनते हैं। सबसे बड़ा जाल **महाजाल** कहा जाता है। एक आदमी की सँभाल में आने वाला जाल जिसमें छह डंडियाँ रहती हैं **कुरैल** या **खरैल** कहा जाता है। उससे छोटा **बिसारी, बिसार** या **बिसरी** या **खनसारी** या **चौधा**, फिंकने वाला जाल **फेकैज, खेप घुमौआ** जाल या **खपियार** या **फेंका** कहा जाता

है। लोहे या मिट्‌टी की जो छोटी गोलियाँ बँधी रहती हैं उन्हें **बटिवन, पौंड़ी, बटवन** या **भोंटिया** कहते हैं। दो लग्गों पर टिके जाल को (जिसे दो मछुए सँभाले रहते हैं) **डोड़ी** कहते हैं। दूसरे छोटे किस्म के जाल **घनैली, पसरा** और **गिरगिरा** कहे जाते हैं।

पशुओं को खिलाने के लिए जालीदार झोला **जल्ला, कपाई** या **जाला** कहा जाता है। दही–जैसा सामान ऊपर बर्तन समेत टाँगने के लिए **सिकहर, छींका, सींका** या **खाजीं** काम में लाते हैं। **सिकहर** को **बँहिगा** में लटका कर भारी सामान भी ढोया जाता है। **जलखरी** में आम आदि फल रखकर ढोते हैं।

अन्त में अहिंसात्मक किसान के हिंसात्मक हथियार, जो उसके साथ बराबर रहते हैं, खेत जोतने या हेंगाते समय उसके हाथ में **पैना** या **दंडा** या **सोंट** रहता है। वैसे कन्धे पर **लाठी (लौर, गोजी, लबदा)**, जो कमजोर हुआ तो उसके हाथ में सिर्फ़ **छड़ी** या **छकनी** या **छाकन** या **पटकन**, बुड्‌ढों के हाथ में **ठेंगनी, ठँगुनी**, लँगड़ों के हाथ में **बैसाखी**। भारी लाठी **बोंग** या **बजरबोंग** कही जाती है। चिरे बाँस का डंडा **फट्‌टा** या **फराठी** कहा जाता है। बहुत पतला सोंटा **सुटकनी, छरका** या **सटहा** कहा जाता है। चाबुक को **कोड़ा, छींटी, साँटा** या **चभुकी** भी कहते हैं।

फल तोड़ने के लिए **ढेकुआस, ढेलबाँस** या **ढेलौरी** फेंककर फलों पर निशाना लगाते हैं, कभी-कभी **गुलेल, गुलती** या **डिड़ोर** पर गोली साधकर निशाना लगाते हैं। कभी-कभी केवल **झटहों** (छोटे डंडों) से ही बेरहमी से डाल छिनगा डालते हैं।

खेती के साधन : औजार

सबसे मुख्य साधन है **हल** (हर, लांगल), पुराना हल **खिनौरी, ठेंठी, ठेंठा, खुठहरा** और नया हल **नरठा, नौठा, नव्वर** कहा जाता है। हल का पूरा सरंजाम **साँग** या **साँगह** (<सांग) भी कहाता है। हल के मुख्य अंग ये हैं, **हल** (कुड़-व्रज), **हरिस (हस्स, ईस, साँढ़, हर्स**–व्रज), मूठ (**परिहथ्, लागन्, लगना हतकरी,** या **हतेटी** या **हतिया**–व्रज); **फार** और **जुआ** (पाली, **जुआठ**)। हल की मुठिया पर किसान का हाथ टिकता है और इसी के साथ वह **हरपगहा** या **हरबागा** की बाग भी सँभालता है। हल की मूठ चाँदी और चँदुली भी कही जाती है। हल या **कुड़** के निचले हिस्से (**टोरा** या **नासा**) में एक भारी और नुकीली लकड़ी एक छेद में ठुकी रहती है, उसे **पनिहारी** या **करुआर** या **करुआरी** या **खूरा जोंका, चोभो** या **गासी** कहते हैं। **पनिहारी** के ऊपर लोहे की एक नुकीली पटिया लगी रहती है, जिसे **फार, फरिया, कुसी,** या **परिया** (संस्कृत में **फाल** और **स्तेग** शब्द हैं) या **फाला** या **लोहामा** कहते हैं। पनिहारी का ऊपरी हिस्सा **पाट, चूरा,** या **पया**, पये के ऊपर **चैली, पाचड़, उपरपाटी** का **फाना** या **पचमासा**–इसे कसा रखने के लिए और **हरिस** को सँभालने के लिए जो खूँटी ठोंकी जाती है उसे **बरैनी, बढ़ेर** (व्रज), **गोखरू, बरन, सतधरिया, समधर** या **तरैती** या **हुमना** कहते हैं।

पचमासा ढीला हो जाने पर हल **उसिल** जाता है, पनिहारी गिर जाती है। **हरिस** के ऊपरी सिरे की ओर लोहे की तीन खूँटियाँ गड़ी रहती हैं। इन्हें **गूल, डील, खेढ़ा, खोढ़ा** या **खाड़ी** कहते हैं। इसके नीचे जुआ रहता है, जुआ की निचली डंडी **तरसैया,** जुआ के दो सिरों पर की खूँटियाँ **सैला, समैल, कनैल** या **कनकिल्ली** और भीतरी खूँटियों को **समैया** या **सिझ समैल** कहते हैं। जुए के बीच चमड़े की पटार का बना एक फन्दा पड़ा रहता है, जिसे **नरा, नारा, नड़ा** (पश्चिम में), **नारन, लरनी, नाधा, नरैली, हरनाधा, दुआली, डोंड़ा** या **लेधा** (पूर्व में) कहते हैं। ये फन्दे हरिस की तीन खूँटियों में फँसा दिये जाते हैं। पीछे की ओर फँसाए जाएँ तो हल खड़ा हो जाता है (**खेहा हो जाता है**) और आगे की ओर फँसाएँ तो हल **करारा** या **कर्रा (कड़ा)** हो जाता है और आगे बाँधें तो हल और गहरा और कड़ा चलता है। इसी को **तरख, लगार, औगार, आरा, ठाढ़ा** या **गरारा** भी कहते हैं और हल्की जुताई को **सेव** या **सेहा** कहते हैं। जुए का पाट **पत्ता, वल्ला** या **पलई** या **पाता** भी कहा जाता है, जुए को हरिस से बाँधने वाली रस्सी **महादेवी** या **मँझवार** पर रहती है, जुए का सिरा **खाँड़ी, सिमल्,**

कनौसी, नकटी कहा जाता है। बैलों को जुए से जोड़ने वाली रस्सी **जोता** (<योक्त्र) कही जाती है।

कभी-कभी हल में एक **टार, टाँड़ी** या **टरसुई** लगा दी जाती है और एक पोला बाँस **बाँसा** (पूरब), **चोंगा, हरचाँड़ी** या **नजारा** लगा दिया जाता है, और मुँह (**मलवा, माला, पैला, पइला, माली, अकरी, उखरी**) में अनाज डालते रहते हैं, बुआई और जुताई (**सीता** बनने का काम) एक साथ चलता रहता है। फार पर सान चढ़ाने को **धार पिटाना, धार फरगाना, धार असराना, धार पजावना, धार बनाना** भी कहते हैं।

हल के बाद फावड़ा (**फौरा, फमरा, कस्सा, फुदरा, फहोड़ा-फड़्हा, कुदार, झमू, झामा**), कड़ी खुदाई के लिए **ओभी, खुसी,** या **खुदनी,** पतली धार वाली **कुदाली, ठेंठी कुदाली, कसिया, कुदरिया** और छोटे बेंट वाली **खुरपी** या **खुरपा** काम में लाते हैं। फावड़े का लोहे वाला हिस्सा **फार, खुद्दा, कुरदा** या **फरी** कहा जाता है, पीछे का ऊपरी हिस्सा **कंठी** या **मूँद, मूँद** में ही छेद होता है, जिसमें **बेंट** (लकड़ी का) ठुका रहता है। बेंट लोहे के फार के भीतर वाले छेद (**पासा**) में ठोंका जाता है। छेद के बाहर निकला बेंट का हिस्सा **हूरा, मूठा, एड़ा** या **अड़ानी** कहा जाता है, फार का अगला हिस्सा **धार** या **फरी**। खुरपा की धार **पासंग** या **अगेल** और **पासंग** में लगी लोहे की **मुंदरी साम चुरिया, स्याम** या **स्यान** कही जाती है। फार का जो हिस्सा बेंट के अन्दर घुसा रहता है, उसे **पँचौदा, चका** या **चचुआ, नार, डंडी,** या **डाँड़ी** कहते हैं, मुड़ी धार वाली खुरपी **पसना** या **बँकुआ** कही जाती है।

जुते खेत जो चौरस करने के लिए बाँस या लकड़ी का पाटा काम में लाया जाता है, इसे **हेंगा, चौकी, पटका, लगावरी** (पूर्व में), **सुहागा, पटेला** या **साहिल** (पश्चिम में) कहते हैं। दो बैलों द्वारा सँभलने वाला पाटा **डगोरी, एकहरा, दोबरधा,** चार बैलों द्वारा सँभलने वाला **चरगोड़ी, चौबरधा, दोहरा** कहा जाता है, खूँटियों (**सँड़सों, गुल्लियों, बोखों, अंकोरों, कौंड़ों**—व्रज) में फँसाई लम्बी रस्सी **बरही, हेंगही, सींकड़, चौकनारन, काढ़** (व्रज), **जगडोरी** कही जाती है। चमड़े की डोरी **मझोतर, मारिखर, मेढ़न, मैरनू,** बाँस के छग्गों की फँसान **कुडंडी, बँसजोती,** या **अरोआ** कही जाती है।

फ़सल काटने के लिए **दराँत** (**हँसुआ, पधरिया**—भारी धारवाली, **बधरा, बधरिया**) काम में लाई जाती है। **दाहा** (**दाब, डाब, साँगिया, चिलोही, कत्ता, क्योंचों, बाँक**) से पेड़ों की शाखाएँ काटी जाती हैं और इसकी धार चन्द्राकार न होकर सीधी होती है। **गँड़ासी** या **गँड़ासा** से चारा काटा जाता है। **हँसुआ** में लकड़ी का बेंट होता है और **धार** या **नाग** होती है। **धार** को **डाँडी, नाब** या **नरिया** या **नार** या **लार** भी कहते हैं : **गँड़ासे** का थम्हना (लकड़ी वाला हिस्सा) **मुँनरी, जलिया** या **हत्था** या **जारा** कहा जाता है। इसी में मूठ या बेंट लगी रहती है, मूठ में लोहे की धार का जो हिस्सा लगा रहता है, उसे **चूक, खुरा, खुरी, गोड़ा** या **चोभी** कहते हैं। थम्हना में ये ठुके रहते हैं। गँड़ासा लकड़ी के **ठीहे** (**परिकठ**), **कुटकटना, निसुहा** पर रखकर चारा (**छाँटी, कुट्टी, करबा**) काटते हैं।

लकड़ी काटने के लिए कुल्हाड़ी (**गेंता, टाँगा, टँगुली, गैंती**) का प्रयोग होता है, कभी-कभी खेत से घास-पात खखोरने के लिए **काटा, खखोरनी, पचफरिया** या **गेल्हनी** जैसे औजार काम में लाए जाते हैं। खूँटा आदि गाड़ने के लिए ज़मीन में गहरा सूराख़ करने के लिए **खन्ती** काम में लाई जाती है, कुआँ खोदने के लिए **चलना, तरछी, छींटी, कठुली, पथिया** या **तगाड़ी** काम में लाई जाती है। पानी का पता लगाने के लिए **खुँटा, गजाड़ा, गोभना, खोभना** या **लरहा** (भाले की शकल का औज़ार) काम में लाते हैं। डाल पर से ही फल तोड़ने के लिए **अँकुसीदार लग्गी** या **खोंचीदार लग्गी** काम में लाते हैं; इन्हें **लगुसी** और **जलसारी** भी कहते हैं।

गन्ना, आलू आदि की खेती में **क्यारी** (**कियारी, गँड़ारी**) बनाने के लिए लकड़ी की **फरुही** या **फरुहा** या **पेंड़नी** काम में लाई जाती है, पानी उलीचने के लिए **हत्था, आभा** या **कठौआ** या **छिट्टा** काम में लाया जाता है।

गाय-भैंस : धन-धरम

गाँवों में गाय-भैंस ये ही दोनों दूध के मुख्य साधन हैं, पर महिमा सबसे अधिक गाय की है। वह हिन्दू जीवन में पूजा की वस्तु है, माता के तुल्य है। गाय रखना हर गृहस्थ धर्म समझता है। गाय का लक्षण बैल की ही तरह उसका **गलकम्बल** या **सास्ना** या **कमली** या **ललरी** है। उसकी पहचान मुख्यतः रूप-रंग, सींग, आँख और **थन** या **ऐन** से की जाती है।

जिस गाय की रीढ़ की हड्डी ऊपर निकली-सी दिखाई देती है, उसे **बांसैड़ी** या **कुबड़ी** कहते हैं। काली आँखों वाली **कजली**, लाल रंग की **गोली** या **लल्लो (रोहितवर्णा)**, सफ़ेद रंग की **धौरी**, काले रंग की **श्यामा** या **कृष्णा** या **काली**, अत्यधिक काली **श्यामकाली** या **सुन्नकाली**, सफ़ेद और काले रंग की धारियों वाली **कबरी** या **चितकबरी**, कुछ सफ़ेदी लिये सिलेटी रंग की **सोंकनी**, कई रंगों वाली **छर्री**, भूरे रंग की **भूरी** या **कपिला**, सफ़ेद पुतली वाली **कड़ंजी** या **कंजी**, केवल लिलार पर सफ़ेदी वाली **टिकरी** या **टिकुली** या **चँहुली**, स्यार जैसे रंग वाली **पियरी** या **सिरकटी**, कुछ सफ़ेद खुर वाली **चरनामिरती**, सफ़ेद पूँछ वाली **चँवरी**, कटी पूँछ वाली **बाँड़ी**, और लम्बी पूँछ वाली **तरवामारनी**, टूटे सींग वाली **डूँड़ी**, बड़े सींग वाली **डूँगी** या **बड़सिंगी**, आँख के ऊपर झुके सींग वाली **लक्खी, मैनी** या **भागवन्ती**, छोटे सींग वाली **मुंडी** या **मुँड़िला**, छोटे और हिलते सींग वाली **कपिला** और कान के पीछे चिपके सींग वाली **कनचिपकी** कही जाती है।

छोटे क़द की **नाटी** या **नटुली**, ऊँची गाय **बरधगाय**, सींग मारने वाली **मरखनी** या **मरकही**, लात चलाने वाली **लतही** या **लतखनी**, धक्का देने वाली **झारनी** और फुंकारने वाली **फुर्रकनी**, हरे खेत पर टूटने वाली **हरही** या **हरिया**, लाल-पीली चीज को देखकर भड़कने वाली **चमकनी** या **भड़कनी**, चंचल स्वभाव वाली **इँतरी** और पतला या ढीला गोबर **(ढाँड़ा)** करने वाली या **पोंकने** वाली **पोंकनी** या **ढाँड़िनी** कही जाती है। उम्र के हिसाब से गायों का वर्गीकरण इस प्रकार है—दूध-पीती बछिया **चुखेटी** या **जेंगरी**, उसके बाद **बाछी**, जवान बाछी **कलोर (<काल्या)** और **बरधाने** या हरी होने के योग्य **ओसरि (<उपसर्या** या **उस्रा)** और गर्भ धारण करने के बाद **धनार ओसरि** या **अँकरिया**, पहले ब्यान के बाद **पहलौन** या **अँकरा**, तुरत ब्यायी **ओदला** या **अलब्यानी**, काफ़ी दिन ब्यायी हुई **बकेला** या **बाखरी (<बष्कयणी)** और दूध देना बन्द करने वाली **बिसुकी** या **वशा**,

एक बार ही ब्याने वाली गाय **एकठा, एकौंछ** (**<एकबन्ध्या**) या **तपोवनी**, गर्भ न धारण करने वाली **बहिला** या **ठल्ल** और एकदम बूढ़ी गाय **ठाँठर** कही जाती है।

गर्भ-धारण करने की इच्छा के लिए **उठना** क्रिया का प्रयोग होता है, गर्भ-धारण करना **हरा** होना, **बरधाना, औहरना, धन बढ़ना, गाभिन होना, साहना** या **बिजार मानना** है। यदि उठने पर **बिजार** या **साँड़** न मिले तो गाय **खूह** जाती है या **पलट जाती** है। जब गर्भ टिक जाता है तो गाय **ठहर जाती** है। जब गर्भ-स्राव हो जाता है तो कहा जाता है कि गाय **लड़ा गई**। यदि साँड़ मिलने पर भी गाभिन न हो, वह गाय **लान** या **ब्याँत** मारने वाली है। बार-बार गर्भ जिसका गिरे वह गाय **तुअनी** (**<अवतोका**) या **लड़ाधुर** है। प्रतिवर्ष बच्चा देने वाली **बरसायन** या **बरसौंड़ी**, दो बरस में ब्याने वाली **दुबरसी** कही जाती है। आजकल में ब्याने वाली गाय को कहा जाता है **डलमल** हो गई है, **झुक आई** है, ब्याने के दस दिन बाद तक गाय का दूध **फेनसा** या **पेबसी** या **खीस** और गाय **फेनसही** कही जाती है (इसके दूध की **इनरी** बनती है) बछड़े के मुँह पर थन लगने से जब दूध उतारती है तो कहा जाता है, गाय **पिन्हा रही है**, कभी-कभी **धारकढ़इया** (**दुहनेवाला**) हाथ से थन पर **सूँतता** या **हूँतता** है, बछड़े के लिए दूध चुराने वाली **चोट्टी** या **चोरनी** कही जाती है। दूध देते समय जो गाय कूद जाती है या **तड़क जाती** है या **छिटक जाती** है, उस गाय को **छनगाह** कहते हैं। जब तक गाय दूध देती रहती है, तब तक **लगेन** या **बछदुही**, बछड़ा मरने पर **मराछी** और उसके मरने पर भी दूध देने वाली **तोड़** या **तोड़िया**, खूब दूध देने वाली **दुधार**, जिसके दूध में घी अधिक निकले वह **घियार**, दूध-घी दोनों में समृद्ध **गुनीली** या **कनीली**, प्रेमपूर्वक खाने वाली **मुँहजोर** और **खइनहार**, कम खाने वाली **मिचिराह** या **लठोर**, कम खुराक पर अच्छा दूध देनेवाली **सुहेल** या **सहेज** और ज्यादा खुराक पर कम दूध देने वाली **कठार** या **बज्जी**, खाकर दूध देने वाली **पिटिया** या **झिकिया** या **खुँटहा** कही जाती है, जब चाहे तब दूध देने वाली **कामधेनु** या **महासूधी** कही जाती है। सिंह की संक्रान्ति में गाय देने वाली **सिंही** या **भदमासी** कही जाती है; यह बहुत असगुनी होती है। समय से दूध न देने वाली **तारकुतारी** और मामूली दाब पर दूध देने वाली **नरधमार** कही जाती है। गाय जब दूध दे देती है तो कहा जाता है गाय **मिल गई**।

भैंस का नर बच्चा **पड़वा** या **लबारा** और मादा बच्चा **पड़िया** कहा जाता है, सद्योजात बच्चा **जेंगरा** और **जेंगी** कहा जाता है। जब नर बच्चा बड़ा हो जाता है और दूध नहीं पीता है तो वह **बकेना पड़रू**, उसके बाद पाड़ा और जवान **पाड़ा कटरा, बिजार कटरा, भैंसा** कहा जाता है। इसी प्रकार मादा बच्चा **पड़िया** से **पड़वछ, पड़वछ** से **पाड़ी** होती है और जब वह गर्भ-धारण करने के योग्य हो तो उसे **सढ़ार** या **झुरिया** कहते हैं। गर्भ-धारण करने की इच्छा **मचना** या **उठना** है, गर्भ टिक जाना **थिर होना** है।

मुड़ी और गोल सींग वाली **कुन्नी** (**कुणित**) या **दोगली-कुन्नी**, पीछे की ओर दराँतीनुमा सींग वाली भैंस **मौरी**, चिपटे सींग वाली **चपटासिंगी**, कटे सींग वाली **कटसिंगी**, रंग के हिसाब से बिलकुल काली **सौंकारी, ललछँही, लोहरी** या **खैरी, भूरी** या **काली** कही

जाती है। काले ऐन या थन वाली **धूसरी**, आँखों और कान के बीच सफ़ेद धारी वाली **कनपट्टी**, आगे का हिस्सा जिसका हलका हो वह भैंस **घाटकी होती** है, भारी और चिकने शरीर वाली **दिखनौट**, नुकीले ठाट वाली **मसरा** और बहुत छोटी पूँछ वाली **कुचकटी** कही जाती है। एक बार से अधिक काढ़ने पर दूध देने वाली भैंस **सिटकली**, अच्छा दूध देने वाली **कसरीली**, निश्चित दूध न देने वाली **खनूकी** या **खरगटाह**, जुड़े हुए थन वाली **जुरैठी** और एकदम बेकार भैंस **कट्टी या कटैलिया** कही जाती है। माघ में ब्याने वाली **माहौटी** या **माघी** कही जाती है। यह असगुनी होती है। कंजी आँख वाली **कुहेल**, गड्ढेदार कन्धे वाली **खँदेल** और खूँटे से लड़ने वाली **खटकनी** या **खूँटाज़ोर** और खूँटा तुड़ाने वाली **खूँटातोड़** कही जाती है। भैंस से सम्बद्ध शेष शब्दावली गाय की ही तरह है। व्यावसायिक दृष्टि से भैंस का महत्त्व गाय की अपेक्षा ज्यादा है, जलवायु की दृष्टि से अधिक वर्षा वाले इलाक़ों में भैंस अधिक मानती है और अधिक दूध देती है, पर गाय सर्वत्र है। यही है कि उसके नस्ल-सुधार पर ध्यान अभी ज्यादा नहीं है, इसीलिए वह बकरी के बराबर होती जा रही है और दूध की समस्या भी अधिक विकराल होती जा रही है, अभी वह केवल **धरम** है, होना उसे चाहिए **धन-धरम** दोनों।

भेड़ और बकरी पालन

पाल या गड़ेरिया जाति के लोगों का यह व्यवसाय है। संस्कृत में भेड़ के लिए **गड्डरिका** शब्द का प्रयोग किया गया है। **गड़ेरिया** शब्द का सम्बन्ध इसी **गड्डरिका** से ही है। नर को **भेड़ा** और मादा को **भेड़** कहते हैं। बकरी को संस्कृत में **बर्करी** कहा जाता है। सामान्य तौर पर इसे **आजा, छेरी, छेर, छेली, छगड़ी** आदि नामों से जाना जाता है। नर को **बोक, अज, छगल, बर्कर, छाग, मेनाद** कहते हैं। भेड़ बकरियों का झुंड **ठैना, रेवड़, झूकटा, झोंट** कहलाता है। गड़ेरिये की स्त्री **गड़ेरिन, गड़रनी** या **गड़न्नी** होती है। विवाह या शादी के अवसर पर बन्ना, बरना या दुल्हा के लिए वह ऊन के बटे हुए डोरे लाती है। बन्ने के हाथ में वही डोरा बाँधा जाता है और उसे **काँकन** या **कंगन** कहते हैं।

देसी, दक्किनी, काबुली और **पेशावरी** भेड़ की ये चार जातियाँ प्रमुख हैं। देसी भेड़ की **पसमी** (पश्म) मोटी और कड़ी होती है। भेड़ का बाल या ऊन ही **पसमी** कहा जाता है। देशी भेड़ की पसमी से बने कम्बल बिछावन के काम में आते हैं। इन्हें **बिछैया, कम्मर, कमरा** कहा जाता है। दक्खिनी भेड़ें जयपुर के जंगल में पाई जाती हैं और वहीं से इन्हें लाया जाता है। इनकी **पसमी** पतली और मुलायम होती है। इससे **लोई** जिसे संस्कृत में **लोमिका** कहते हैं, बनाई जाती है। लोई एक प्रकार का बालदार कम्बल है। काबुली भेड़ें काबुल की होती हैं, इसे **दुम्मी** और इसके नर को **दुम्मा** कहते हैं। इसकी **पूँछ** या **दुम** मोटी और चौड़ी होती है। पेशावर की भेड़ **पेसवारी** या **पेसावरी** कहलाती हैं। इसकी पूँछ छोटी और तरबूज की तरह ऊपर उठी रहती है।

रंगों के विचार से लाल रंग की **ललुई, ललौहीं, लाली** या ललकी, काले रंग की **कारी, करियई, करिक्की** या **करिखहिया** या **कजरी**, काला और कहीं-कहीं सफेद रंग हो तो **कबरी** या **चितकबरी**, कत्थई और भूरे रंग वाली **लक्खी**, मुँह पर सफेद रंग की चौड़ी धारी वाली **मुँहपटो** या **म्हौंपटो** और जिसकी देह पर रंगों की बूँदें-सी पड़ी हों वह **छर्री** या **छिटकहिया** जैसे भेड़ों के नाम हैं। इसी प्रकार आयु के आधार पर भेड़ का बहुत छोटा नर बच्चा **ऊन्ना** (जिसके लिए वेदों में **उरा** तथा **उरण** शब्दों का प्रयोग हुआ है) अथवा **मेमना** और मादा बच्चा को **उनिया** या **ऊन्नी** कहते हैं। पूरी जवान भेड़ जो गर्भ धारण के योग्य होती है **पठिया** और पठिया से कुछ छोटी उम्र की **घेटी** या **घिटोर** कही जाती है। पठिया या घिटोर में गर्भ धारण कराने को **नमी होना** कहा

जाता है। अन्य दृष्टियों से गर्भ न धारण करने वाली **बहिला** या **बैला,** चार-छह दिनों की ब्याई **अलब्यानी,** अधिक दिनों की ब्याई **बाखरी,** एक ब्याँत से लेकर दूसरे ब्याँत तक दूध देनेवाली **खरी** और बीच में दूध बंद कर देने वाली **बज्जी** जैसे नाम से जानी जाती है।

देसी, जमुनापारी, बीकानेरी, जौनपुरी, पहाड़ी और मारवाड़ी बकरी की प्रजातियाँ हैं। आकार के आधार पर शरीर की छोटी **गुटिया** ऊँची और मोटी **बोक्सी** या **भोक्सी** तथा लम्बी और पतली के **सुँतिया** जैसे नाम हैं। रंग के आधार पर लाली, ललकी, उजरकी, चितकबरी, छरकहिया आदि भी इनके नाम हैं। अन्य दृष्टियों से जिसके चारों पैर आधे-आधे सफेद हों और सारा शरीर एकरंगा हो वह **पायखरी,** जिसके बच्चे प्रायः मर जाते हों वह **मरैनियाँ,** पहली बार गर्भ धारण करने वाली **पठिया**, दो-तीन बार ब्याई हुई **बँकटिया** और गर्भ न धारण करने वाली **बहिला** या **ठल्ल,** जिसके कान बहुत छोटे हों वह **न्योरी,** जन्म से ही दोनों कान जिसके न हों वह **बुची,** कटे कान वाली **कनकटी,** जिसके कान सिरों पर चीरे हों वह **चिरकनियाँ,** तीन थनों वाली **तिथनी,** चार थनों वाली **चौथनी,** गले में थनवाली **गलथनियाँ** और बकरे की भाँति दाढ़ी वाली **डढ़ैली** नाम से जानी जाती है।

भेड़-बकरियों के मल को **लेंड़ी** या **मेगनी** कहा जाता है। बरसात के दिनों में इनके मुँह में एक रोग हो जाता है जिसे **बिसी** कहते हैं, इस रोग से भेड़ और बकरियों का मुँह फफद जाता है यानी फोड़े और घाव हो जाते हैं जिससे बहुत-सी भेड़ और बकरियाँ मर जाती हैं।

गड़ेरी भेड़ और बकरियों के झुंड को जंगल में चराते हैं। किसान खेत को उपजाऊ बनाने की दृष्टि से एक या कई-कई रात अपने खेतों में भेड़ें रखवाता है और उसके बदले में गड़ेरिया उससे कीमत लेता है। भेड़ों के झुंड को खेत में रातभर रहने को **रहयन, खेतरखाई** या **रहौनी** कहा जाता है और **रहटान** की कीमत को **बसैत** कहा जाता है। गड़ेरियों के पास बाँस की एक लम्बी लग्गी होती है, जिसके ऊपरी सिरे पर दराँत ठोंका रहता है उस लग्गी को **डंगी** कहते हैं। गड़ेरिया डंगी से पेड़ों की **डुग्गी** (छोटी और पतली शाखा) **गुदलइया** (डुग्गी से भी छोटी और पतली शाखा) और **लहरें** (डंठलों सहित पत्ते) काटकर अपनी भेड़-बकरियों को खिलाते हैं। गड़ेरिए भेड़ें चराते समय ऊन भी कातते रहते हैं। ऊन कातने को **ढेरना** कहते हैं। लकड़ी का एक औजार जिसमें चार पंखुरियाँ और एक नरा या डंडी लगी रहती है **ढेरा** कहलाता है।

चैत महीने की नवमी तिथि को गड़ेरिया बकरे का कान काटकर **चामड़** (चामुंड़ा) पर चढ़ाता है। उस कटे कान को **चमड़-भेंट** कहते हैं। किसानों की ऐसी धारणा है कि जिस गाँव की **चामड़** (किसानों की एक ग्राम देवी) पर चमड़-भेंट चढ़ जाती है उस गाँव के पशुओं में **मरी** (पशुओं का अधिक संख्या में मरना) और **परी** (अधिक संख्या में रोग में पड़ जाना) नहीं फैलती। चमड़-भेंट से सम्बन्धित जो कुछ पूजा आदि होती है उसे **चमड़िया टंट-घंट** कहते हैं।

वर्गाकार अथवा आयताकार बाड़ा जिसकी दीवारें ढाई-तीन हाथ ऊँची होती हैं और जिसमें बकरियों तथा भेड़ों को बंद कर दिया जाता है **खरीक, खरीका** या **खीरक** कहलाता है। खरीक का दरवाजा प्रायः बाँस की फट्टियों का बना हुआ जालीनुमा होता है, जिसे **टाटी** या **टट्टी** या **टटिया** कहते हैं। भेड़ को खा जाने वाला एक जंगली जानवर **भिड़िया, भेड़िया** या **हुँड़ार** कहलाता है। जब वह भेड़-बकरियों के छोटे-छोटे बच्चों को अधिक खाने लगता है तो उसे **लिरिया** कहते हैं।

गोचारण

हलवाही और चरवाही गाँव में साधारण लोगों की जीविका के प्रमुख साधन हैं। प्रायः हलवाहे का लड़का अपने आसामी के पशुओं को चराता है। दूसरे लोगों की जीविका भी गोचारण है। कुछ जातियाँ जैसे अहीर और गड़ेरी का तो काम ही गोचारण है।

प्रातः चरवाहे मवेशियों को गाँव के बाहर किसी नियत स्थान पर एकत्र करते हैं। यह स्थान गाँव की बंजर भूमि या बाग होता है। इसे **अड़ार** कहते हैं। मध्याह्न में पशुओं को बैठाने की जगह या जंगल में पशुओं को रहने के लिए बनाई गई **पलानी** भी **अड़ा, अड़ारा, अड़ान** अथवा **अलान** कही जाती है। चरागाह के लिए छोड़ी गई जमीन को भी **अड़ार** के नाम से ही पुकारा जाता है। इसे **चराँट, चरात** और **चरान** भी कहा जाता है। अपराधी मवेशियों को बाँधने का सार्वजनिक स्थान **अड़गड़ा, फाटक** या **काँजीहाऊस** कहलाता है।

वह पशु जो बिना किसी देखरेख के चरने के लिए छोड़ दिया जाता है उसे **अनेरा, छुटहा, उज्झा** अथवा **छुट्टा, उदंगर** या **अनेरिया** कहते हैं। दुष्ट पशु के लिए **हरहट, हरफवा** और **बहिलवा** जैसे शब्दों का प्रयोग किया जाता है। वह खेत या मैदान जहाँ पशु चराये जाते हैं **आर, आरि, आरी, डँड़ेड़, अहरी, अलंग** अथवा **परना** कहा जाता है। उस खेत अथवा मैदान को जहाँ पशु चराए जाते हैं को **उबेर, उबेरा** या **उमान** कहते हैं।

चरागाह के मालिक को दिया जाने वाला शुल्क **खर्चरी, खर्चराई, बरदियाँ** अथवा **कास चराई** कहा जाता है। चरागाह के लिए छोड़ी गई भूमि **परती, रखात, चिरागाह, पराँट, बाँध** या **अहार** कही जाती है।

मवेशियों को हाँकने के लिए प्रयोग में लाई जानेवाली छड़ी, **अराई, अरौ, अरौआ** या **अरई** कही जाती है। **छकुनी, छकनी, सिटकुन, छाकुन, पैना** और **छेंडकी** भी इसके नाम हैं।

दुष्ट या भगोड़े पशु का भागना रोकने के लिए उसके गले में लकड़ी का एक टुकड़ा बाँध दिया जाता है जिसे **ठकड़ा, ठोकरा** अथवा **ठकर** कहते हैं। पशुओं के चलने से जमीन में उठने वाला खुर का निशान **खुरहेठी** कहा जाता है। जंगल या चरागाह में सूखा हुआ गोबर **कंडा, कड़ड़ा, दमारा, बिनुआ गोइंठा** या **बनगोइंठा** कहलाता है।

चरवाहे को दी जाने वाली मजदूरी **चरवाही** या **चराई** कही जाती है। चरने के लिए छोड़े गए साँड़, भैंसा, भेंड़ा आदि **छुटा** या **छुट्टा** कहे जाते हैं।

भेड़-बकरी आदि पशुओं के समूह को **जेड़, गहेंड़** या **लेहँड़ा** कहते हैं। वह परती भूमि जो मवेशियों को चरने के लिए सुरक्षित रहती है, उसे **छेका** कहते हैं। पशुओं को रोककर रखने को **छेंकल** या **दोबल़** कहते हैं।

झुंड में से निकालकर पशुओं को गाँव की ओर ले जाने की क्रिया **डगराना** या **डघराना** कही जाती है। नए या दुष्ट पशु के गले में रस्सी बाँधकर साथ ले जाने की क्रिया को **डोरियाना** कहते हैं। **अर्रछो** या **अरर्हे** जैसे शब्द का प्रयोग कर पशुओं को बुलाया जाता है।

वह साँड़ जो दागा नहीं जाता है उसे **धाकड़** या **धाकर** कहते हैं और अंशतः बधिया किए हुए साँड़ को **धाकरछोह** कहा जाता है। भैंस को छोड़कर अन्य सभी सींग वाले पालतू मवेशी **गोरू** कहे जाते हैं।

खेत में चरने के लिए पशुओं के खुद प्रवेश करने की क्रिया **नम्हल** या **नाम्हल** कही जाती है और पशुओं को चराने की गरज से खेत में प्रवेश कराने की क्रिया को **नम्हावल** कहते हैं।

पशुओं का भागना रोकने के लिए रस्सी आदि से उनके पैरों को बाँधने की क्रिया **पैंवारा** कही जाती है और पशुओं के पैरों को बाँधने की रस्सी को **पैड़, पैड़ा, पैकर, गोड़ानी** या **छन्ना** कहते हैं।

पशुओं को रहने के लिए बना छायादार घेरा **पलानी, पाझा, डाठ** या **अड़ा** कहा जाता है। वह स्थान जहाँ पशु इकट्ठा करके रखे जाते हैं उसे **बथान, गोआस, घेरा, ठाठ, ठाठा** अथवा **बठान** कहते हैं। मवेशियों को इकट्ठा करके रखने की क्रिया **बथनियाना** या **लेंड़ियाना** कही जाती है। पशुओं के खो जाने को **बहकना** या **बहक जाना** कहते हैं। चरवाही में किसी चरवाहे के मवेशियों को सामूहिक चरवाही से अलग कर देने की क्रिया **बेराना** कही जाती है।

खेतों में रातभर के लिए भेड़ों को रोक रखने को **भेड़ी हिराओल, भेड़ी बैसाओल, जीबगर होएल, धूर बैसाओल** या **खेत गोबराओल** कहा जाता है। भैंसों को इकट्ठा करके रखने की जगह **लेंड़** कही जाती है और भैंस चराने वाले को **भैंसवार** कहते हैं। भेड़-बकरी आदि पशुओं का समूह **सेहर** कहा जाता है।

पशु को टिटकार कर चलाने या खदेड़ने को **हँकावल** कहते हैं और पशुओं को चलाने या आगे बढ़ाने की क्रिया **हाँकल** या **हाँकना** कही जाती है। झुंड में से पशुओं को अलग करना, **हिगरावल** या **हिगराना** और लाठी के हुरे से पशु के बगल में मारना **हुरपेठना** कहा जाता है। पानी की धारा को पार करवाने की क्रिया **हेलावल** या **हेलाना** या **छरकाना** कही जाती है।

मवेशियों को रोकने की बोली **होर** या **हेब** कही जाती है। चरवाहे खीझकर पशुओं को **मरकी परो, मवार मरो, भवानी ले जायँ** आदि जैसी गालियों का भी प्रयोग करते हैं।

मछली और मछुआरे

मछली के **मछरी, मच्छ, मच्छी, मगरी, माछ, मीन, मत्स्य** आदि कई नाम हैं। जाति-भेद के अनुसार मछलियाँ कई तरह की होती हैं। **रोही** या **रोहू** मछली गोल मुँह की और कुछ-कुछ सुनहले रंग की होती है। मछुआरों के अनुसार खाने में यह बहुत स्वादिष्ट होती है। **कालबोस, पनडियास, मराकी** (इसका रंग लाल होता है) और **सार** या **साल** रोहू की जाति की ही मछलियाँ हैं। इनका वजन 15 से 25 सेर तक होता है। तलवार के आकार की एक मछली का नाम **हँसिया, अर्रा** या **तेगिया** है। **मल्ली** चौड़े मुँह की लगभग पाँच सेर वजन की होती है। **सौरी, सउरी** या **सौर** स्याह, पीले और सफेद रंग की होती है। इसकी **चोइयाँ** (छिलका) इकन्नी की तरह होती है। इससे मिलती-जुलती एक दूसरी मछली का नाम **गिरई** है। ये दोनों मीठे पानी में रहती हैं। एक मछली जिसकी देह ऊपर से काली और नीचे सफेद, गालों पर दोनों ओर पैनी मूँछें, पीठ पर काँटा और लगभग 25 सेर वजन की होती है, का नाम **सिंगाड़ा** है। **रोहू, सार, सिंगाड़ा, नैन** और **हिलसा** मीठे पानी के **पेंदे** (तली) पर रहती हैं और इनकी हड्डी कड़ी होती है। लगभग दो-ढाई गज लम्बी काले और पीले रंग की रोहू से बड़ी और वजनी **सेर** और **महासेर** (महाशील) नाम की भी मछलियाँ होती हैं।

छोटी मछलियों में **सहरी** (शहरी), **दरम्मा, अड़ौरी, लाँची** (नील-श्वेत रंग की चिकने और चमकीले देह की तथा चौड़े मुँह और मूँछोंवाली होती है), **कलौंट** (यह बिलकुल काली होती है), **कचबा, पाठिन** या **पाठीन,** सिंगी या सींघी (इसके जबड़ों के पास काँटे होते हैं), **छिम्मा, लैटा** और छिलका रहित काली और चौड़े मुँह की **गूँज, गौंछ** या **गौंच** प्रमुख हैं। सफेद रंग की छिक्कलदार लगभग आधा गज लम्बी एक मछली का नाम **मोह, मोअ** या **मोई** है। **खरखी** भी मोह से मिलती-जुलती मछली है। छछूँदर के मुँह की भाँति लम्बे मुँह की बगल में **पखनों** (परों) की जगह पंजेवाली मछली **सूसा** कहलाती है। **बिजुआ** बिल्ली के शक्ल की और **पल्ला** सुनहले रंग की होती है। **बाम** और **गोंइजी** साँप की तरह लम्बी, करछौहें रंग की और पीठ पर कंघीनुमा झालरवाली है। **बैंकड़ी** लाँची की तरह होती है किन्तु इसके मूँछें नहीं होतीं। **भाँगन, झाँई** या **भूड़ी, पेपटा** और **फूंका** लगभग एक पाव वजन की मछलियाँ हैं। **कटीला, कटेरू** और **कटेला** मछलियों के गोश्त में बहुत से काँटे होते हैं। **गैंड** और **अंडला** साँप जैसी बाम की ही जाति की मछलियाँ हैं जो नदी के किनारे की कीचड़ में रहती हैं। **नरैन, नैनी, पटरा, गौंगना, टैंगनी, कलौंज,**

चाल्ह या **चाली, नदिया, भद्दा, ककइया, कटिया, सिंधरी, टेंगरा, छींगा, बँगूरी** आदि भी मछलियों के नाम हैं।

पतला या **पातला** (कछुओं की एक विशेष जाति) और छिपकली के आकार का एक बड़ा जानवर **मगरमच्छ** या **भौंट** मछली के भाई-बन्धु हैं। **झोला** (चींटे की शक्ल का एक जलीय कीड़ा) और **पंचोल** या **पंचुरा** मछली के शत्रु हैं, क्योंकि ये इनके अंडों को नष्ट कर देते हैं।

मछली पकड़ने वाले व्यक्ति को **मछेरा** या **मछुआ** कहते हैं। मुसलमानों की जाति का मछुआ **मछेला** और हिन्दू का मछुआ **धीमर** या **धीवर** कहलाता है। मछलियाँ रखने की टोकरी **टापा,** टापों में मछलियों के ढेर बेचने के लिए रखनेवाले व्यक्तियों को **टपेरा,** मछली मंडी का दलाल **पैकार** और बेचने की दृष्टि से मछलियाँ रखने का स्थान **टाप** कहलाता है। मछली पकड़ने के लिए मछेरा एक लम्बा और पतला बाँस रखता है जिसे **लग्गी** बंसी या डंगी कहते हैं। डंगी के ऊपरी सिरे पर बँधे मजबूत सूत का नाम **पौदा, डोर** या **डोरी** है। डोरी के निचले सिरे पर लोहे की नोकदार और झुकी हुई कुछ ऊपर को मुड़ी एक कील बँधी रहती है उसे **काँटा** कहते हैं। काँटे के मुड़े हुए सिरे पर नीचे की ओर झुकी हुई टेढ़ी एक पतली कील लगी रहती है, जिसे **डाढ़** या **अड़गा** कहते हैं। काँटे का एक गोल छेददार हिस्सा जिसमें बंशी की डोरी का निचला सिरा बँधा रहता है, **दुम्बाला** कहलाता है। डोरी में काँटे से हाथ-डेढ़ हाथ ऊपर किसी हल्की लकड़ी का छोटा-सा टुकड़ा बँधा रहता है, जिसे **तरन्ना** या **तरंडा** कहते हैं। जब मछली काँटे पर मुँह मारती है तब तरन्ना पानी में डूबता-सा दिखाई देता है, जिससे यह पता चल जाता है कि मछली काँटे पर आ गई है। काँटे के अड़गे पर गेहूँ के आटे की गोली या केंचुआ या खली लगाई जाती है। इन वस्तुओं को **चारा, चेंपा** या **लासा** कहते हैं। इन्हें खाने के लिए मछली काँटे पर मुँह मारती है और तभी उसके गले में काँटे का अड़गा अटक जाता है।

इसके अलावा मछेरे जाल से मछलियों को पकड़ते हैं। जाल की कई किस्में होती हैं। **फेंकुआ** या **फेंकउआ** को फेंककर मछली पकड़ने का काम किया जाता है। इस जाल को **भँवरा, भँवरजाल** या **अदबक्खा** कहते हैं। इसकी लम्बाई-चौड़ाई लगभग पन्द्रह-पन्द्रह गज होती है तथा छेद बहुत छोटे होते हैं। इसके किनारों में लोहे के गिट्टू (मोटे छल्ले) लगे रहते हैं, जिन्हें **गुटियाँ, गुड़ियाँ, मूँगे, गुरियाँ** या **ढैया** कहते हैं। **छाँटी, कड़ेरा, खचेरा** या **पंडी** जाल के छोर को पकड़ कर मछेरे पानी में चढ़ाव की ओर खींचते हैं। इनके छेद भँवराजाल के छेद से बड़े होते हैं। छोटे छेदों का एक छोटा-सा जाल जो **झाँई** नाम की बहुत छोटी मछलियों को मारने में काम आता है **घोंटी** कहलाता है। इसमें लोहे की गोल **कौड़री** या **छल्लियाँ** पड़ी रहती हैं। बाँस के **खप्पचों** या **सरकंडों** का लम्बी और गहरी टोकरी-सा बना एक प्रकार का जाल मछेरा अपनी छाती के आगे दोनों हाथों से उठा-उठाकर जगह-जगह पानी में रखता है और मछली फँस जाने पर उसे हाथ से पकड़ लेता है, को **कुरैल, पिलना** या **खोंच** कहते हैं। बड़ी-बड़ी मछलियों को पकड़ने के काम

में आने वाला बड़ा जाल **घाघी** या **महाजाल** होता है। उस बड़े जाल को जिसे बहते पानी में दीवार की भाँति सीधा खड़ा करके लगाया जाता है और जो मछली को बहाव की ओर जाने से रोकता है, उसे **पटिया जाल** कहते हैं। बड़े-बड़े खानों का एक बड़ा जाल जिसमें बड़ी मछलियाँ ही फँसती हैं वह **रुधेरा** है। बड़ी मछलियों को पकड़ने का लम्बे-लम्बे आयताकार छेदों वाले एक जाल को **चिरैला** कहते हैं। मुर्गियों को ढाँकने वाले टापों की भाँति डोरियों से बुना हुआ जाल **टापा, खोरा, नुक्का, फलक्का** या **चक्करिया** कहलाता है। यह पानी में चक्कर बाँधकर नीचे बैठता है और जो मछलियाँ उसके नीचे आ जाती हैं, वे फँस जाती हैं। **भूड़िया** (छोटी मछलियाँ) मछलियों को पड़कने के लिए **हन्सी, तिखूँटिया** या **छिंगा** नामक जाल का प्रयोग किया जाता है। यह जाल झोलीनुमा होता है। इसके ऊपरी भाग में तीन डंडियाँ बँधी होती हैं।

मछेरों के पास एक बड़ी टोकरी होती है जिसका मुँह सँकरा या छोटा और पेट बड़ा होता है, इसे **कुन्नी, कोन्नी, कंडुरी, कंडी** या **छल्ली** कहते हैं। इसी छल्ली में ही मारी हुई मछलियाँ इकट्ठी की जाती हैं। एक छोटी छल्ली भी होती है जिसमें पकड़ते समय मछलियाँ रखी जाती हैं उसे **पालू** या **पल्लू** कहते हैं। संस्कृत में यही **पलव** है। तालाब, पोखर या नदी के किनारे मछलियाँ फँसाने के लिए एक गड्ढा खोद लिया जाता है, उसे **डबरा** या **खड्डा** कहते हैं। मारी हुई मछलियों को बहँगी में रखकर मछेरे घर ले आते हैं। चिरे हुए बाँस की छोटी बल्ली को **बहँगी** कहते हैं। बहँगी के दोनों सिरों में से एक सिरे पर **सन** की रस्सी का बना हुआ **छींका** या **सिकहर** लटका रहता है और दूसरे सिरे पर एक छोटी-सी जालदार **झोली** लटकी रहती है जिसे **जाली** या **जलिया** कहते हैं। मछेरे छींके में अपनी छल्ली या कोन्नी और जलिया में खाद्य सामग्री और कपड़े आदि रखते हैं। पानी के सहारे किनारे के पास मछलियाँ जहाँ अंडे देती हैं वह स्थान **थलिया** या **बिजना** कहलाता है और मछली के पेट में से आँतें आदि निकाली हुई चीजें **गिलचा, गिच्च** या **गिचड़ा** या **कचड़ा** कहलाती हैं।

फ़सलों के दुश्मन

फ़सलों को क्षति कीड़ों-मकोड़ों से, जंगली जानवरों से, जंगली घासों से तथा रोगों से पहुँचती है। जंगली पशुओं में **नीलगाय, हिरन, लकड़बग्घा, सुअर, स्यार (सिरकटा, झौतुआ, सियार), लोमड़ी (लुखटी, फ्याउरी, लुखरी)** प्रमुख हैं। स्यार और लोमड़ी कभी-कभी खेत में ही **माट** या **मान** बना लेते हैं। खेतों में चूहे भी बिल बना लेते हैं और वे सबसे बड़े दुश्मन होते हैं।

कीड़ों-मकोड़ों में **टिड्डी** सबसे प्रमुख है, जो बैठी तो खेत चट कर गयी। और कीड़ों का विवरण इस प्रकार है–

अखफुट्टा : टिड्डी की आकृति का कीड़ा जो एक पत्ती से दूसरे पत्ती पर फुदकता है और पत्ते चट कर जाता है। यह चौड़े पत्ते वाली फ़सलों पर लगता है।

कम्मा या **कमुआ** : एक **गिड़ार** (चिकनी-सी) जो तनों पर चिपकी रहती है।

कपटा, कट्टा या **कट्ठा** : नए धान और बाजरा-ज्वार को खाने वाला फुदकने वाला कीड़ा।

कटुई : एक क़िस्म का गुबरैला जो धान में लगता है।

कलरिया : अरहर में लगने वाला कीड़ा।

किरौना, कीरी, गन्धी कीड़ा, गन्धकी, भमरा : हलके हरे रंग की दुर्गन्ध देने वाली एक क़िस्म की मक्खी जो धान को बरबाद कर देती है। यह प्रायः एकदम पौधे से चिपकी रहती है।

कुकुही : जाड़े की फ़सलों में लगने वाला कीड़ा।

कुकुढ़ी या **पुरबा** : एक गुलाबी रंग की गिड़ार जो कपास को कानी (खराब) कर देती है।

कोइया : एक काला कीड़ा जो बखार में रखे अनाज को खाता है, पोला कर देता है, पुलार देता है।

खपड़ोइया या **गड़रा** : एक सफ़ेद कीड़ा, धान में लगता है।

गदही या **गदहिया** या **गधेला** : चना या मटर की फ़सलों को बरबाद करने वाला कीड़ा।

गादुर या **बड़ा चमगादड़** : चना और मटर को बरबाद करते हैं। एक क़िस्म की **जीमनी गिड़ार** मक्का के तने नष्ट कर डालती है। **गभरा** भुट्टे वाली फ़सलों में, ज्वार,

मक्का, बाजरे में लगता है। गिड़ारों से नष्ट की गई फ़सल **गिड़रियाई** या **बीझी** कही जाती है। ज्वार के **फटेरे** में या गन्ने की **पोर** (**पँगोली** या **पोई**) में **सरइया** नाम की एक छोटी गिड़ार लगती है और इन्हें पोली कर देती है। **गौंछी** जाति का गुबरैला धान को बरबाद कर देता है। **धँधरी, घोंघरी** या **घोंघड़ी** नाम का कीड़ा चना और बाजरा की फ़सलों का दुश्मन है। **घुन** बखार में रखे अनाज और काठ में लगने वाला कीड़ा है, जो भीतर ही चलता जाता है। **चैंपा** एक काला कीड़ा है। **चपटना** धान में लगने वाली एक क़िस्म की हरी मक्खी है। **छपटा, पतकट्टा** या **पचकट्टा** धान में लगने वाला तोता है। तम्बाकू और कपास में **छीरा** या **छीरी** या **छेंड़ी** या **कन्ही** या **कनाठा** लगता है। **झिल्ली** या **फुलभंगा** मटर, चना और अरहर के पौधे में जब लगता है तो पत्ते सिकुड़ा देता है। **टाँड़ा** या **टाँड़** या **पिटोई** गेहूँ और ईख की जड़ को नुक़सान पहुँचाने वाला एक हरा कीड़ा है। **तेली** नामक कीड़ा कपास के गूलों और पत्तियों को चट कर जाता है। **दुरकी** कपास की पत्तियों को नुक़सान पहुँचाने वाला दूसरा कीड़ा है। **दीमक** या **देंवका, दीयाँ** या **दियार** तो प्रसिद्ध ही है। **पक्खी** या **पखिया** सिंगाड़े की फ़सल को बरबाद करता है। **पिल्लू** या **पिलुआ** (एक सफ़ेद कीड़ा) कपास को क्षति पहुँचाता है। बखार में रखे धान में **पेटाढ़ी, पटाढ़ी** या **पेटारी** नामक कीड़ा लगता है तो धान **पइया** (खोखला) हो जाता है। **पटरही** नामक लाल कीड़ा **चना, कपास** और **अंडी** में लगता है और पत्तियों को कुतर कर **जलिया डालता** है। बालियों वाली फ़सलों में **पइया** लगता है। ईख के पत्तों को **फतिंगा** और गेहूँ, जौ और चना की जड़ों को **फनगी** बहुत खाता है—दोनों तोते की उपजातियाँ हैं। बखार में रखे अनाज में एक क़िस्म की गिड़ार लगती है, उसे **फाँड़ा** या **फाँड़ी** कहते हैं। धान में **बकुला** या **बक्की** या **बुढ़िया** या **बकेया** या **कजरी** नाम का एक काला कीड़ा लगता है; इसी की एक बड़ी किस्म **बाँका** है। **दलिहन**, दाल वाली फ़सलों की पत्तियों को सिकोड़ने वाला एक और कीड़ा है जिसे **बालू, बलुआ** या **बाला** कहते हैं। **भरका** धान में लगता है। **अंडी** और **अरहर** में **भूआ, भुइली, भुरिला** या **भुरिली** नाम की रोंएदार कीड़ी लगती है, जो आदमी की देह से छू जाए तो भयंकर खुजली पैदा करती है। सूखा पड़ने पर ज्वार-बाजरा में **भेंड़ा** या **भेंड़वा** या **भँवरा** लगता है। ईख की जड़ को कुतरने वाला एक कीड़ा है **मँगरा**। सरसों में काफ़ी पानी बरसने पर **माहो** या **माऊँ** लगती है; चना, अलसी में **लाही** लगती है। गन्ने में **सफ़ेदा** नामक कीड़ा लगता है और पत्तियों को चलनी बना डालता है। चना में **लरका** या **लुखटा** भी लगता है। ईख, चना और मटर तीनों में **सुरका** या **सिरुका** या **फनिंगा** नामक कीड़ा लगता है, जो पत्तियों को एकदम साफ़ कर जाता है। **सूँड़ा** और **सूँड़ी** गिड़ार की क़िस्में हैं। **हथिया** नामक कीड़ा धान में लगता है।

एक कीड़ा विलक्षण है। यह गुबरैला जाति का है, इसे **लछमिनिया** कहते हैं। अनाज की ढेरी में इसके रहने से गृहस्थ समझता है कि अनाज का भंडार हमेशा भरा रहेगा।

फ़सलों के दूसरे दुश्मन रोग हैं। मुख्य रोगों का विवरण इस प्रकार है :

सूखे पछुआ की कृपा से **झँगरा** या **झरका** या **मुरका** नामक रोग लग जाता है और असमय फ़सल को सुखा देता है। धान में **अरैया** या **पुआरी** लगती है। धान के पौधे में ही **कतरी** रोग लगता है तो पौधा पनप नहीं पाता। रोपा हुआ धान जब कुश की तरह बढ़ने लगता है तो उसे **कुसियाना** या **कुसवटना** कहते हैं। धान में **कोइली, कोढ़िया** या **कैलिया** रोग लगने पर पीले धब्बे डंठल पर पड़ते हैं और पौधा सूख जाता है। धान के पौधे में लगने वाले कुछ दूसरे रोगों के नाम हैं **चरका, टुनकी, फटहा** या **फट्ठा** और **भरकी**। अधिक तेज पुरुवा हवा के बहने पर धान में मंजरी को बिखेरने वाला तड़ा रोग लग जाता है। मक्खियों से आक्रान्त धान को **मखियाया** या **मछियाया** कहते हैं। अधिक वर्षा से **जरगली** रोग हो जाता है। धान की बाली में **फाटो, खैरा** या **खैरी** रोग लगते हैं। खैरा के कारण बाली कत्थई रंग की होकर पकने से पहले ही सूख जाती है।

धान, ज्वार, बाजरा और मक्का इन सबमें दक्खिनी बयार के अधिक बहने पर **दखिनहा, नीमा, सिरोरा** या **पीरो** रोग हो जाता है, जिसके कारण सफ़ेद-सफ़ेद दाग पड़ जाते हैं और फ़सल मारी जाती है। हवा तेज बहने पर कभी-कभी फ़सलों में छोटे-छोटे कंछे फूटते हैं और पौधों की बाढ़ मारी जाती है; इसे **गोभी** रोग कहते हैं। सारी फ़सल का एकदम झुलसा जाना **झुलसा, मुआर, मरी, चतरा** या **मरहिला** पड़ना कहा जाता है।

गन्ने की फ़सल के मुख्य रोग हैं, **सुखठा** या **सुखड़ा** या **पिहिका** या **मुरिया** (जिसमें नीचे से ही डंठल सूख जाता है), **कंसुआ** (पौधा पतला और छोटा पड़ जाता है), **गड़ार** या **गेरुआ** (जड़ में लगता है), **पौछी** (पीछे से नई कंछी का निकलना), **कपास, गन्धी** (मक्खियों का चिपकना), **चित्ती** (चित्तियाँ पड़ना), **परिल्ला** (सड़ना), **पैका** (ऊपरी हिस्से का गूदा सड़ना), **फटा, फूला, भौंरी, रौंथा, लखा** और **सराई**।

जौ-गेहूँ की फ़सल के मुख्य रोग ये हैं—**पाला** के कारण **उकठा**; सूखे के कारण **उखरा** या **उकसा** या **उकढ़ा**, अधिक वर्षा के कारण **हरदा** (हल्दी की तरह पीला हो जाना), **ऐंठा** या **बँधा** या **सकोरा** (पत्तियों का सिकुड़ जाना), **बैहरा** (पछुआ के आधिक्य के कारण जमीन पर गिर जाना), **गेरुई** (बरसात के बाद पुरुवाई के चलने से पौधा गेरुए रंग का हो जाता है और बाल काली पड़ जाती है), **सेहू** (दाने काले पड़ जाते हैं), **चमका** (फूल मारा जाता है), **खखड़ी** (बालों में दाने नहीं पड़ते) और **लेंढ़ा** या **नेढ़ा** (बालें पूरी नहीं गदरातीं और स्याह पड़ जाती हैं)।

तम्बाकू के रोग इस प्रकार हैं—**कचोहा** (फ़सल अधपकी ही तैयार हो जाती है), **हड्डा** (एक सफ़ेद नया तना निकलने लगता है और मुख्य पौधा नष्ट हो जाता है)। मूँगफली में **चितवा** या **हलदई** रोग लगता है तो पत्तियों पर काले-पीले धब्बे पड़ जाते हैं। बाजरे, मक्के और ज्वार में जब फूल झारने वाली बयार बहती है तो **फुलधोवा** रोग हो जाता है। ज्वार-बाजरे में **कंडुआ** रोग लगता है तो बाल मारी जाती है। मारी गई बाल को **बर्सा** कहते हैं। इसमें दाने नहीं पड़ते। मक्का में **झुलसा** रोग लगता है तो डंठल पर पीले धब्बे पड़ जाते हैं। **गुड़ा** रोग के कारण बाल वाली नलकी **(कोथ)** टेढ़ी पड़ जाती है। कपास की फ़सल में **चटका** रोग लगता है तो फूली **(पुरी)** झड़ जाते हैं।

मक्का-ज्वार-बाजरा में **औरंग** या **गपतू** या **बभनी** या **ठोंठियारी** रोग लगता है तो सफ़ेद दाग़ डंठल पर पड़ जाते हैं। अफ़ीम या पोस्ता की पत्तियों में **जाला** या **पक्खन** या **खरुका** या **मुरका** लगता है। चने में **उमसी** रोग लगे तो फली नहीं पड़ती। गाजर में जब गाँठें पड़ने लगती हैं तो उसे **गराव** कहते हैं। लौकी, तुरई आदि बेलों में **लटकी, बुकनी** और **बिरसा** नामक रोग होते हैं। मिर्च में **बाँकी** रोग हो जाता है (पत्तियाँ ऐंठ जाती हैं)।

इस रोग के बाद क्रम आता है जंगली घासों का, जिन्हें निराया न जाए तो वे फ़सल को दबा दें। मुख्य घासों के नाम इस प्रकार हैं :

अंकरा या **अंकटा** या **अंकरी** गेहूँ-जौ के खेत में उगती है।

अगिया धान-कोदों को जला डालने वाली घास है।

उखड़ा या **हड्ढा** या **बुधिया** एक फैलने वाली लतर है।

उरकुस्सी या **बिछौंतिया** या **भड़भाँड़** या **ठोकरा** पोस्ते को खाने वाली घास है।

ककना या **बनसारी** फ़सल को जकड़कर बाँध लेती है।

कठरेंगनी या **रेंगनी** या **नकछिकनी** एक क़िस्म की जंगली पोस्ता है जो अनजुते खेतों में फैली रहती है।

काना, कन्ना, कनवाँ या **फेना** धान के खेत में उगने वाली घास है।

कोसी, कनसन या **काँस** लम्बा खर है जो कुआर में फूलता है और प्रायः नदी या तालाब के किनारे लगता है।

गोरखुल, बोंसी, कोइलखो या **गोखुला** धान के खेत में उगने वाली घास है।

खरथुआ, बथुआ, खरुका या **मोचट्टी** रबी और पोस्ते की फ़सलों में उगता है। इसकी पत्तियों का साग भी बनता है। पोस्ते के खेत में **खरका, मछैता, रुआरी** भी उगती है। धान के खेत में **गाँड़र, गड़ार** या **गड़हर** या **जमार गड़ार** नामक एक लम्बी घास उगती है और सारे खेत पर छा जाती है। **गेड़हरुआ** या **गढ़रो** गेहूँ-जौ में उगता है। **चपड़ा, धुरुप** या **धूरपा** ऐसी परती में उगती है, जो पानी में कुछ समय तक डूबी रहे और बिना गहरा खोदे यह परती नहीं टूटती। **चिचोर, चिचहोर** या **लेंड़ई** तालों में होती है और धान की फ़सल को अधिकतर दबा देती है। गेहूँ में उगने वाली एक घास है, जिसे **चौपट्टा, पिपरा, पपरा, तितिली** या **पुपरा** कहते हैं। दूसरी घास जो गेहूँ के खेत में अधिकतर उगती और गेहूँ की शकल से मिलती-जुलती है, **बड़-गोहुँआ** है। **जँगला, झिरुआ** या **झीरो** घास धान में होती है। **जम्हार, जाम्हर, डम्हरो** या **जिन्हार** एक कड़ी किस्म की घास है जो खराब और बंजर धरती में उगती है। **झाँरग** या **झरँगा** जंगली क़िस्म का धान है, जो फ़सल को दबाकर खुद फैल जाता है और पकते ही झड़ जाता है। **डर** या **औरा** या **मोथा (<मुस्ता)** सबसे अधिक जड़ पकड़ने वाली घास है; गुड़ाई करने पर भी वह नहीं जाती। इसकी जड़ बड़ी जालीदार होती है और उसमें एक भीनी गंध भी होती है। **डाभी** एक कड़ी क़िस्म की **दूब** है; दूब स्वयं बड़ी प्रचंड, बेहया घास है। **बँसौता** या **बसाँढ़ी** एक क़िस्म का जंगली बाँस है जो खेतों में बहुत जल्दी फैलना शुरू कर देता है। **भँगरा**

या **भँगरैया** धान-गेहूँ में उगती है; यह ज़मीन पर पसरती या फैलती है। **मकड़ा** और **राड़ी** परती में उपजने वाली घासें हैं।

जिस फ़सल की बाढ़ मारी जाती है, उसे **बैठी, हासिल, सितुरियाई, ततुरियाई, सुतरियाई, ठिंगुरियाई, भेंटवासी** कहा जाता है। पाले से मारी फ़सल **ठरियाई, बिरनियाई** और सूखे से मारी फ़सल **मरायल, कोइल, मुआर, सुखार, चुचुहिया** या **बाँकठा** कही जाती है। **रोग-लगी** फ़सल **झबदा** या **भखियाई, दगदार**, ज़रूरत से ज्यादा फैली या बड़ी फ़सल **घघाई** कही जाती है। जब दाने न पड़ें तो फ़सल **पइया, भोर** या **कौराई, बीयासार, दैहाई, बाँझी, खुक्खा, अलगल** या **खोंचड़ा** कही जाती है। बाढ़ में मारी फ़सल **दहियायी** या **दही** या **दहारी** कही जाती है।

पशुओं से रूँदी फ़सल **छँगठी, धँगाई, लहनाई, खुरखुन, खींची** या **निघेस**, हवा से ज़मीन में लोटी **गिरी** या **खसी**, गरम हवा से झुलसी फ़सल **झोलाई** या **झोंकराई** और ओलों से बरबाद हुई फ़सल **पीटी** कही जाती है। इन तमाम ईतियों-भीतियों से बचकर कहीं फ़सल पूरी उतरती है।

पक्षी-संसार

चिरई, चिरइया, चिड़िया, खग, द्विज, नभचर, शकुनि, विहंग, पंछी, पत्ररथ आदि पक्षी के पर्याय हैं। साहित्य में पक्षी जीव या आत्मा का उपमान माना जाता है। मन पंछी का उड़ जाना मृत्यु का संकेत है। छोटे कद की मादा चिड़िया को **चिरइया** और नर को **चिड़ा** या **चिरौटा** कहते हैं। घरों में पाई जाने वाली छोटी-सी नर चिड़िया भी जिसकी आँखों में काला काजल-सा लगा रहता है, **चिरौंटा** (गौरा या गौरवा) कहलाती है।

पक्षियों के अंडे **कोष, डिम्ब, पेशी** या **पेशीकोष** कहे जाते हैं। बिना नर के सम्पर्क से ही जब कोई मादा चिड़िया अंडे देती है तो उसे **वैमातिया अंडा** या **खाकी अंडा** कहा जाता है। अंडे के भीतर का पीले रंग का द्रव **जरदी** और ऊपर का छिलका **खोल, खोलड़ाई, पोपटा** या **छिक्कल** कहलाता है। अंडे देने की इच्छा वाली (आसन्न प्रसवा) चिड़िया को **अण्डोषी** कहते हैं और मादा चिड़िया जब अंडा देने वाली होती है तो उसे **झोल** कहते हैं। अंडे से बच्चे को बाहर निकालने के लिए चिड़िया अंडे को पंखों के नीचे दबाकर गर्मी देती है, इस क्रिया का नाम **अंडा सेना** है।

बिना बाल और रोएँ का अंडे से निकला हुआ बच्चा **चिंगुला** या **गदेला** कहलाता है। बड़ा होकर बच्चा पंखों से उड़ने लगता है। दोनों पंखों में लगे हुए छोटे-छोटे टुकड़े **पर** होते हैं। कभी-कभी पंखों के फड़फड़ाने पर कुछ पर झड़ भी जाते हैं। वैसे ऋतु विशेष में तो अपने आप ही झड़ते हैं। चिड़िया की चोंच **ठोर** कहलाती है और चोंच की चोट का नाम **ठोंग, ठोंक** या **खौंट** है। पक्षी के पंजों की चोट को **झपट्टा** कहते हैं। चील का झपट्टा बहुत प्रसिद्ध है। छीना-झपटी के संदर्भ में **चील झपट्टा** मुहावरा भी प्रयुक्त होता है और बच्चों में चील झपट्टा नामक एक खेल भी बहुत प्रचलित है। भय या परेशानी के समय पक्षी का जल्दी-जल्दी पंख मारना और उसकी आवाज **फड़फड़ाहट** कहलाती है। आसमान से पंख बंद करके नीचे उतरने की क्रिया **कुंदा** कहलाती है। तीतर, बटेर आदि पक्षी एक बार में जितनी दूर उड़ जाते हैं उस दूरी का नाम **उड़ान** है। आसमान में पंक्तिबद्ध उड़ते पक्षियों के पैरों की ध्वनि **सर्रा, सरारो** या **सर्राहट** कहलाती है। पक्षियों का आसमान में चक्कर लगाना **मँड़राना** कहलाता है। पक्षियों के पुराने पर गिरने की स्थिति को **कुरेच** कहा जाता है। पानी से भीगा पक्षी परों से पानी निकालने के लिए जब अपने पंखों को हिलाता है तो वह हिलावट **फुरेरी** या **झुरझुरी** कहलाती है। पर काट दी गई चिड़िया को **परकटी** या **परकैचन** कहा जाता है।

किसी-किसी पक्षी के पंजे में पीछे की ओर एक छोटी और मोटी डंडी निकली रहती है, उसे **अँगूठा** कहते हैं। अँगूठा पेड़ की डाली पकड़ने में सहायक होता है। पक्षी के पंजे के नीचे लगी हुई गद्‌दी **तरवासा** कहलाती है। टाँगों पर पंजों तक बाल वाली चिड़िया **पामोजी** होती है। किसी पक्षी के चोंच के आगे एक घुंडी-सी होती है जिसे **फुल** कहते हैं। मादा पक्षी अपने छोटे बच्चे को जब कुछ खिलाती है, तब पहले वह अपनी चोंच में **भरन** (दाने) को **रोथ** या **कुचकर** मुलायम और लबाबदार बनाती है फिर बच्चे की चोंच में देती है। यदि दाना कुछ कड़ा रह जाता है तो बच्चा फिर उसे मादा की चोंच में वापस कर देता है, इस क्रिया को **चुगा-पल्टी** या **दाना-पल्टी** कहते हैं। घने और मोटे परों वाली चिड़िया जो शरीर से हल्की और पतली लेकिन देखने में भारी और मोटी लगती है उसे **परेल** कहते हैं। बड़ी उम्र का मोटा पक्षी जो चलने और उड़ने में तेज हो उसे **मसील** कहते हैं। एक स्थान पर नीचे मुँह किए हुए पक्षियों का बैठा झुंड **झुप्पा** होता है।

कुछ पक्षी ऐबदार या एबीले होते हैं जो अपने परों को नोचा करते हैं उन्हें **पंखोरिन** कहते हैं। नया पक्षी जब पिंजड़े में बन्द किया जाता है तब वह अपनी चोंच और पंजे पिंजड़े में मारता रहता है, ऐसे पक्षी को **ठुंग मार** या **बुंड मार** कहते हैं। पक्षी द्वारा चोंच से पंखों को कुरेदना या खुजलाना **कुरेल** और कुरेल करने वाला पक्षी **कुरेला** कहलाता है। चोंच से मिट्‌टी कुरेदने या हटाने की क्रिया **ठोरना** कहलाती है। पक्षी का पाखाना **बीट** या **छेर** कहलाता है। पेड़ों की डालों पर तिनकों से बनाया हुआ चिड़ियों का आवास **घोंसला, खोंता, घोसा** या **नीड़** कहलाता है। कुछ पक्षी पेड़ के तने के छेद में रहते हैं। उन छेदों को **खोंदरा, खौलर** या **खौंतर** कहते हैं। पेड़ पर या किसी दूसरी जगह एक रात के लिए चिड़ियों का रहना **रैन बसेरा** कहलाता है।

अलगा, तुकमा, पिया और **रक्का** कबूतरों के रोगों के नाम हैं। **काँटा, खुरी, पोटा, फूला, बरदा, रस, रसभरा** और **सीप** नामक रोग प्रायः सभी पक्षियों में होते हैं। जिस पक्षी का मांस मुसलमानों के लिए वर्जित है वह **हराम** और जिस पक्षी का मांस वह खाते हैं वह **हलाल** कहलाते हैं। जो पक्षी शौकिया तौर पर पाले जाते हैं उन्हें पालतू कहते हैं।

ऊकाब या **रगर** (चील से बड़ा, पूँछ भूरी, पैर पीले और सिर चपटा होता है) **उल्लू, घुग्घू, मरचिरइया, ररुआ, खसखुसटा, कुचकुचवा** या **चौपटा** (इसकी दोनों आँखें आदमी की तरह सामने होती हैं), **कुलंग, लमचोंचा, नाऊ** (सारस के समान आकार, चोंच तथा टाँगें लम्बी और देह चितकबरी होती है), **बुज्जा, गैबर, सारंग, जाँघिल, घोंघल, दाबिल, जलमुर्गा, कड़कुल, मुंडा** और **लगलग** (सभी कुलंग की जाति-बिरादरी के पक्षी हैं), **सारस, रेंगा** या **सत्तराम, बगुला** (आँजन, भंगल, गाय, करछिया और सुरखिया बगुलों के ही भेद हैं), **कूही** या **कुई, टीसा, तुरमुती ढेक, गीद्ध, बहरी, बाज, चील, जुर्रा** (मादा बाज) और **सिकरा** (कुही से मिलते-जुलते पक्षी हैं), **तुरमुती, लगर** और **खेरमुतिया** (बहरी की जातियाँ हैं), **खेमकरी, चिलोर, खैरी, धोबिया, संकरी** या **शाहमुबारक** (कत्थई रंग के चील को

कहते हैं), **घ्याल-घप्पा** (आकार में बाज से कुछ छोटी, लाल रंग की, काले पंजे और लाल चोंच की होती है) **झौकुरा, टिटहरी, टीसा** और **लहटोरा** (दूधिया, मटिया और खरकठा लहटोरा की तीन जातियाँ हैं) सभी शिकारी पक्षी हैं।

पालतू पक्षियों में **कबूतर, कुमरी** (सफेद रंग का, कबूतर से छोटा), **चकोर, खिड़रिच** या **खंजन** (यह सफेद चितकबरा, भूरा और पीला कई रंगों का होता है। इसकी आँखें बहुत सुन्दर मानी गई हैं। (खंजन सुन्दर आँखों के लिए प्रसिद्ध उपमान है) **लाल** या **ललमुनिया** (लाल रंग के बहुत छोटे-छोटे होते हैं। एक ही पिंजड़े में कई-कई पाले जाते हैं), **बुलबुल** (इसके तीन भेद हैं—**काँगड़ा, गुलदुम, सिपाही**। बुलबुल की लड़ाई प्रसिद्ध है।), **तीतर** या **तोता** और **मुर्गा** प्रमुख हैं।

अन्य पक्षियों में **अटी, अबाबील, बतासी, अललपंख, आड़ी, कठफोरा, खुटपारी** या **खुटबडइया, हुदहुद** या **साहसुलेमान, कठघुमनी, कत्तूरझा** या **बसन्ता, काज, किला, कोरिया, कोढ़िया, कौआ** या **कउअ** (इसकी दो जातियाँ हैं—**काका कौआ** और **डोम कौआ**।), **खुरदाँतरी, गलगलिया, गौरइया, ग्वालिन** या **महरी, गरुड़, चंचल, चमा** या **चहा, बटेर, चरखी, चकवा, चमगादड़, चुपका, छपका, जलकउआ, झाँपिल, भुंजगा, कोतवाल, डौमला** या **तेलिया, मैना, पीलक, बबुना, टिकरी, टील, ठठेरा, ढेक, धनेस, नीलकंठ, पतेना, पटकपोदना** या **पिद्‌दा, पेंहू, फुदकी** (दर्जिन) **फूलचूही, बतख, बनिया, बेडौल, बमा, मछमरनी, महौख** (महोपा, हुक्का या हुक्कू), **मुटरी, मुजैनी, मोर, लवा, श्यामा, सहेला** और **हारिल** या **हरियल** का नाम आता है।

कबूतर पालतू पक्षी है। कबूतर पालने वाले और उनकी उड़ानों की शर्तें लगाने वाले **कबूतरबाज** कहे जाते हैं। कबूतरों की सबसे ऊँची और लम्बी उड़ान का नाम **पल्ला** है। मिट्टी का बना हुआ एक दरवाजे वाला छोटा-सा घर जिसमें कबूतर रहते हैं, **धावली** कहलाता है। खानेदार काठ का घर **काबक** और काठ का बना हुआ बड़ा काबक **दरबा** कहलाता है। दरबे में घुसाने के लिए कबूतरबाज कबूतरों को **दरबे-दरबे** और दरबे से बाहर निकालने के लिए **दाने-दाने** की आवाज लगाते हैं।

स्थान के आधार पर कबूतरों के नाम **काबुली, चीनिया** और **सिराजी** हैं। नस्ल के विचार से **पलकी, बबरा** और **रहा** नाम के कबूतर पाए जाते हैं। एक बड़ी जाति के कबूतर का नाम **कपोत** है। गुण-अवगुण के अनुसार **असबहा, घिन्ना** या **घिरना, ताखी, तिलबहा, नामावर, निशावड़ा, लक्का** और **लोटन** कबूतरों के नाम हैं। **अली-अली, गफुरिया, खरब** और **याहु** बोली के अनुसार कबूतरों का नाम पुकारा जाता है। रूप के विचार से **अनार चसम, कुल्हिया, जरचा, चोटिया, जालिया, टैनी** (गोला), **नकाबिया, परचरा, बमना** (बौना), **मकोइया** और **मुदखी** जैसे नाम से कबूतरों को जाना जाता है और रंगों के आधार पर **कबरा, कलचीनी, कलचोंचा, कागदी, कासनी, अम्बरसिरा, खतंग, खैरा, गजरा, गर्रा** (लाखी), **घाघरा गोरा, जलउआ, सामड़ा, जरद, शिराजीत, दुबाज, पीलिया, पटेल, पुलसिरा, बजरा** (बजरई), **मक्खिइया, हरा, मूँगिया, मोतीचूर** और **ललसिरा** जैसे कबूतरों के नाम हैं।

घायस (बड़ा कद) **टैनी** (छोटा कद) **मीनार** (अधिक अंडे देने वाली) और **रोड** (खूबसूरत किन्तु कम अंडे देने वाली) मुर्गियों के नाम हैं। अंडे देने के विचार से मुर्गियों के नाम **कुड़क** (अंडा सेने वाली), **कुड़किन** (अंडे बंद कर देनेवाली) और **थुरकुड़क** (अंडा न देने वाली) हैं। जाति या नस्ल के विचार से **असील, औलंग, देशी, मीनार, बण्डम, रोड, लखारन** और **सिंताला** मुर्गों के नाम हैं। **कलकँटिया** (पैरों के काँटे काले रंग के हों), **चाबुका** (काँटा मारने में तेज) और **मकना** (बिना काँटों वाला) काँटे के विचार से मुर्गों के नाम हैं। कुछ विशेष चिन्हों के आधार पर एक पंख नीचे कर चलने वाला **कँधोड़ा,** नरम बालों का ऊँचे कद वाला **घघसा,** बड़ी सुराख की नाक वाला **नकपोटा, बिछुआ,** गर्दन के नीचे बालों के गुच्छों वाला **गलुआ,** छह महीने से साल भर तक का **पट्ठा** और कमल के फूल की तरह घेरेदार पूँछवाला मुर्गा **कमलपुच्छाँ** कहलाता है। रंगों के आधार पर पंख सफेद, पीला सिर और शेष देह काले रंग की हो तो **खजूरिया,** दो रंगों के पंखोंवाला **बाखला** और लाल पंखोंवाला **महँदिया** कहलाता है।

मुर्गे की देह के कुछ चिन्हों के नाम हैं—**अनी** (मुर्गे की टाँग में निकलने वाला काँटा), अच्छी तरह पक जाने पर अनी को **छड़** कहते हैं। **घौंघा** या **पोटा** (मुर्गे की छाती के पास अन्दर एक पोटली-सी होती है जिसमें वह दाना-पानी भर लेता है।), **दौल** (काँटे का प्रारम्भिक उभार), **बगबगी** (मुर्गे की दाढ़ी जो खाल के रूप में मुँह के नीचे लटकी रहती है) और **लोलक** (मुर्गे के कान के पास जो खाल लटकती रहती है)।

तीतरबाज तीतरों को कुश्ती लड़ाने के लिए पालते हैं। तीतरबाजी में कुश्ती जीतना **डंका जीतना** कहा जाता है। जब एक तीतर अपने दुश्मन तीतर को मारकर दूर भगा देता है तो उस क्रिया को **खेदना** कहते हैं। तीतरों की **देशी, दोगली** और **दखिनी** किस्में हैं। दखिनी में क़द के विचार से **झाँपी** (भारी कद), **टैनी** और **बिचकन** तीन नाम हैं। रंग के विचार से **तेलिया** (पीठ पर लाल धब्बे वाली), **पीला, भूरा, महदिया, सूर्खा** और **भट** (ऊपरी भाग सिलेटीपन लिये हुए बादामी रंग का होता है) तीतरों के नाम हैं। तीतर की एक खास नस्ल **गिरीफाल** कही जाती है। देशी, मादा और दोगले नर से उत्पन्न तीतर **खीच्चर** होता है।

तीतरों की कुश्तियों के विभिन्न दाँव-पेंच होते हैं। अपने दुश्मन तीतर की कनपटी पर चोंच मारना **कनैल** या **कनेर, काँटा** मारकर भगा देना, चोंच में चोंच डालकर पटक देना **कुलफ,** बगल में चोंच गढ़ाकर चित्त पटक देना **कुलब्बु,** गले के नीचे की खाल चोंच से पकड़कर खींचना **गलखींची,** गलेफू पर चोंच मारना **गलफू,** चेहरे पर चोंच मारना **चहरमार** या **चइया,** गाल और होंठ के बीच की जगह नोच लेना **जबुतरी,** दुश्मन तीतर को बेहोश कर देना **जाफ,** चोंच से खाल पकड़कर खींचना **टीक,** माथे में चोंच मारना **डंक** या **डंका,** दुश्मन कबूतर के पेट के नीचे घुसकर उसे चित्त उलट देना **धरपटक,** किसी एक जगह चोंच से पकड़कर गिरा देना **पटक,** गर्दन के दाईं या बाईं ओर चोंच मारना **पट्टी,** पलक पकड़कर खींचना **पलकन,** गला पकड़कर ऊपर उठाना **पेंच मुरैना,** छाती

पर चोंच मारना **पोटा** और पट्ट पड़कर टाँगों को पकड़कर उठाना **लेपटक** जैसे तीतरों की कुश्तियों के दाँव पेंचों के नाम हैं।

तीतर की भाँति बटेर को भी लड़ाने के लिए शौकीन लोग पालते हैं। बड़े कद की भारी बटेर को **घाघस** और छोटे कदवाली को **चिनिग** कहते हैं। काले रंग की नर बटेर जो काफी शक्तिशाली होती है, का नाम **चिंगपोटा** है। जबड़े के नीचे परों के गुफ्फेवाले नर बटेर को **झालरा** कहते हैं। यह कुश्ती के लिए सबसे अच्छा माना जाता है। भारी पंख और पतली देह की बटेर की एक किस्म का नाम **परेल** है। यह लड़ती नहीं, **दिखनौट** (दिखावटी या देखने की) होती है। कत्थई रंग की नर बटेर को **खैरा** कहते हैं। वह लड़ाकू बटेर जो अपने दुश्मन को भागने नहीं देती और उसे नोंच-नोंचकर घायल करती रहती है, को **लिपटू** या **खेदा** कहते हैं।

घर-द्वार

भारतीय किसान स्वभाव से घर-द्वारी होता है, उसका दरवाज़ा हमेशा खुला रहता है, उसका घर हमेशा भरा रहना चाहता है। घर के आगे **सहन** होती है, घर के बाजू में **चौपाल** या खुला छप्पर का **चौबारा**, द्वार के समीप का कोठा **पौरा**, घर के सामने कभी-कभी चबूतरा और चबूतरे के ऊपर नीम की छाया, घर से ज़रा हटकर पशुओं के बाँधने की जगह **घारी**, घर के पछीत में **पिछवारा**, जहाँ एक छोटा-सा **घेरा** या **बेढ़ा** या **कोला** या **बगिया** होती है, घर ज़मीन की सतह से कुछ ऊँचा होता है, **मिट्टी** या **गिट्टी** की भराई करके **कुर्सी** बनाई जाती है, आगे निकला हुआ खुला हिस्सा **गुलामगर्दा** कहा जाता है और घर के मुख्य द्वार के आगे का खुला हिस्सा **बरामदा** या **ओसारा** या **ओसारी** कहा जाता है, बरामदे के दोनों ओर छोटी **कोठरियाँ** भी कभी-कभी होती हैं। सम्पन्न किसान के बरामदे एक ओर **तोरणयुक्त** या **मेहराबदार खम्भों** या **पायों** और दूसरी ओर भीत पर टिके होते हैं, बरामदे के पीछे **बैठक** होती है, बारह दरवाज़े वाली **बारादरी** होती है। द्वार पर **चौखट जड़ा दरवाजा** होता है, बड़ी **बखरी** में इसके भी पहले एक **पौर द्वार** या **सदर दरवाजा** होता है, **चौखट** के दायें-बायें बाजू **कौरे (द्वारोपान्त)**, कौरे और चौखट के बीच में दीवाल की किनारी **धारी** या **झड़प**, चौखट की ऊपरी लकड़ी **उतरंगा**, नीचे की **देहरी (देहली)** या **लतमरुआ**, दाईं-बाईं ओर की लकड़ियाँ **बाजू** या **थान** कही जाती हैं, कहीं-कहीं **उतरंगे** में **गणेश** या **लक्ष्मी** या दोनों काठ में खुदे मिलते हैं और **बेल** या **कँवल-पाँति** या **पुरइन** आदि भी उत्कीर्ण किए जाते हैं, चौखट के पीछे दो किवाड़ होते हैं, जिसकी **आड़ी** या **बेंड़ी** पट्टियाँ **बेनी** और सीधी पतली पट्टियाँ **बत्ता** कही जाती हैं, किवाड़ों की जोड़ी **तिबेनिया** या **पँचबेनिया** होती है या फिर **सादा** होती है। इन बेनियों को जोड़ने वाली या विभक्त करने वाली लकड़ियाँ **पुस्तीमान, पुस्तीमानों** के ऊपर घुड़ीदार **किलौटे** जड़े जाते हैं, समूचे किवाड़ को **पल्ला** कहते हैं। बरामदे के खम्भे लकड़ी या ईंट या पत्थर के होते हैं, इनके ऊपर भी **कारुकार्य** होता है, खम्भे का ऊपरी हिस्सा **बरगा**, बीच का डाँड़ी (इसमें **पहल** या **धारियाँ** भी होती हैं), उसके नीचे मुटकी और सबसे नीचे **ढाल** या **टाप** होती है। खम्भों के ऊपर **मेहराब** या **तोरण** (प्रायः **मकराकृति** कारुकार्य से युक्त) होती है, खम्भों के नीचे **लकड़ी** या **पत्थर** की **पटिया** का दासा होता है, ऊपर भी खपरैल या छप्पर वाले घर में एक दासा होता है।

द्वार के पीछे का घर **डेवढ़ी, दुआरघर** (**द्वारगृह**) या **दोगहा** या **दुआरा** या **दुआरी**, उसके बाद का हिस्सा घर का भीतर (**अभ्यन्तर**) का हिस्सा होता है, किसी-किसी सम्पन्न मकान में दो-दो तीन-तीन खंड होते हैं और तब दो-दो तीन-तीन **डेवढ़ियाँ** और **दरवाज़े** होते हैं। घर के भीतर **आँगन**, आँगन के चारों ओर **ओसारी**, एक ओर कभी-कभी **ओसारी** के पीछे **दालान** या **चौसरा** या **चौफड़ा** (**चतुःशाल**) होता है, इसमें चार द्वार होते हैं, वैसे तीन द्वारों वाली **तिदरी** दालान भी होती है। आँगन के एक या दो बाजुओं में या चारों ओर **कोठा** या **ऊपर का खंड** भी होता है, जिसके लिए **सीढ़ी** बनाई जाती है। आँगन के दक्खिन-पूरब कोने पर **भनसा** या **रसोई** या **चूल्हाघर** होता है, पश्चिम की ओर **कोठारघर** या **भंडार-घर** होता है, जिसमें अनाज के कुठिले, दैनिक उपयोग की वस्तुएँ रखी रहती हैं, इसमें **टाँड़** बनाकर काफ़ी सामान रखा जा सकता है, इसमें अनाज के **बखार** (बाँस के बने), **ठेक** (चटाई की बनी), **डेहरी** (कच्ची मिट्टी की) या **कुँड़नी** (पकाई मिट्टी की) रखी रहती हैं। डेहरी का ढक्कन **पिहान**, तला **पेंदी** और जिस छेद से नीचे अनाज निकाला जाता है, वह **आन** कहा जाता है। बड़े घर में **पूजा-घर, दही-घर** और **कोहबर-घर** भी होते हैं।

घरों की **छाजन छप्पर** या **खपरैल** या **छतदार** होती है। छप्पर की छाजन की प्रक्रिया इस प्रकार है—**खम्भों** या **थुन्हियों** पर पहले चिरे बाँस की **बातियों** और बाँस की **कड़ियों** (**कोरो**) का **ठाट** बनता है, यह **ठाट** बड़ा रहा तो **धरन** के ऊपर टिकाया जाता है, छोटा रहा तो **बँड़ेरी** या **बड़ेर** के ऊपर, **धरन** के ऊपर एक छोटी-सी **मलखम** नाम की छोटी लकड़ी जड़ी जाती है, उसके ऊपर आधार-दंड के रूप में **लरही, लरही** के ऊपर बँड़ेर बैठाई जाती है, छप्पर की **छाजन** या **छवाई काँस, मूंज, पतेल** (सरकंडा) या **सरपत** या **खर** से की जाती है, **सरपत** की ढेरी **पूला** या **गरी** कही जाती है, पूलों को बाँधकर **जुट्टा** बनाते हैं, छप्पर छाने वाला **छबइया** या **घरानी** कहा जाता है, छप्पर को **रस्सी** या **जोड़** से जगह-जगह बाँधने वाला **तँगइया**। बाँस की ठाट के दाएँ-बाएँ **जुट्टे** के साथ बाँस की **पच्चटें** बाँध दी जाती हैं, इन्हें **मखौता** कहते हैं। छाजन **ओरी** से शुरू होती है, खम्भों के ऊपर **पँसड़ौर**, उसके ऊपर **ठाट**, ठाट में **कोरी** और **बाठी** के ऊपर **छरन** (बाँस की **कैन**), ठाट के ऊपर जब छाजन हो जाती है तो छाजन समेत पूरी **ठाट चार** कही जाती है, **चार** के दो लम्बे पक्ष **दुचारा** और चार के दो छोटे पक्ष **डैनी**, चार के ऊपर वाला हिस्सा **माँगर** कहा जाता है, सबसे ऊपर की छाजन **सरवतनी** कही जाती है। केवल दो पाखों वाली छप्पर (खुले मुँह वाली) **दुपलिया** या **पलानी** कही जाती है।

खपरैल की छाजन में कड़ी सँभालने वाली दीवाल **भीत** और **बँडेर** सँभालने वाली पाखा कही जाती है। बरामदे की छाजन में खम्भों के ऊपर **दासा**, दासे के ऊपर **कोरो** की **ठाट**, कोरो की पंक्ति को बेड़े सँभालने वाली **सरदर** और **सरदर** के नीचे **तड़क** इस तरह से लकड़ियाँ जोड़ी जाती हैं। **कोरों** या **कड़ियों** का आगे का मुँह बाँधने वाली लकड़ी मोहब्बत और द्वार के अलावा तीन ओर कड़ियों को टेकने वाली लकड़ी **टोड़िया** या **घोड़मुँहा** कही जाती हैं। कड़ियों को बँड़ेर के ऊपर कील से ठोंक कर जड़ा जाता है।

बड़े कमरे के ऊपर बँडेर के नीचे **धरन** भी होती है। इस ठाट के ऊपर या तो **पटरे** होते हैं या बाँस की खपचियों की **बिट्टन** बिछाई जाती है। उसके ऊपर **खपड़ों** पर **नरिया** बिछाई जाती है। जहाँ दो पाखों का जोड़ होगा, उसे **कोनिया** या **कोनसिला** कहते हैं। मकान के ऊपर के कोनों पर **कलश** या **कँगूरा** रखा जाता है।

छतदार मकान में शहतीर के ऊपर जुड़ाई होती है और ऊपर छत का किनारा **मुँड़ेर** और बाहर निकली खिड़की या जगह **छज्जा** कही जाती है। पत्थर के काम का ब्यौरा एक स्वतंत्र विषय है, उसे यहाँ छोड़ना ही ठीक है। कुछ छतें छप्पर के ऊपर ही मिट्टी **ल्हेसने** या **लीपने** से बनाई जाती हैं, कुछ अरहर के **ठाट** या **किरा** के ऊपर, कुछ नीम या बबूल की चिरी लकड़ियों, **किरचों** के ऊपर और कुछ बाँस से पटी, जो **जाफ़री** कही जाती है—और कुछ लोहे की छड़ों के ऊपर भी।

मकान के पीछे का दरवाज़ा **खिड़की** और उसके पास का घर **पछीत घर** या **खिड़की,** घर के पास भूसा रखने की जगह **भुसौला** (जो अरहर का एक बन्द गुम्बददार या बुर्ज़दार घेरा होता है)। पुआल की ढेरी **पुँजवट**, उपलों के रखने की जगह **गोठौला** या **बिटौरा** कही जाती है। रसोईघर से धुआँ निकलने की जगह **धुआँकस** या **तैनुआँ** कही जाती है। घर के आँगन से पानी के निकास का रास्ता **मोरी** या **पड़ोह** (इसके ऊपर प्रायः पटरा पड़ा रहता है), छड़दार खिड़की **जंगला**, गोल सूराखों वाली ओट **गौखा (<गवाक्ष)**, दीवाल में रखने की जगह **ताख**, चौखट के ऊपर की खाली रखी जगह **बारौंठा**, दीवाल में टाँगने के लिए **खूँटियाँ**, कपड़े सुखाने की जगह **अरगनी**, छत के ऊपर से पानी नीचे बहाने की प्रणाली **पँदारा** या **पनारा** और किवाड़ी उढ़काने के बाद लगाए जाने के साधन **साँकल, किल्ली** और **अड़गड़ा (<अर्गला)** होते हैं। साँकल **कुलावे, जुलफी** या **सठैनी** में लगती है। **किल्ली** या **बैंडा बिंलइया** में और **अड़गड़ा** दरवाज़ों के दाएँ-बाएँ दो छेदों के भीतर लगाई जाती है।

इस प्रकार भारतीय किसान का घर ऊपर से बहुत सीधा-सादा होते हुए भी एक जटिल और सुसंस्कृत सार्थक विन्यास है।

घर के काम-काज

प्राकृत की एक गाथा है–कठकरेजी सास दिन भर एक काम में जोतती रहती है, संझा को एक **छन** ज़रा आराम मिले तो मिले। सास न भी हो तो काम ही जोतता रहता है। गाँव की लक्ष्मी की कल्पना ही है, सवेरे हाथ में **बुहारू (झाड़ू, कूँचा** या **बढ़नी)** लिये और शाम को देहली पर **दीया** रखकर हाथ जोड़े–यही गृह-लक्ष्मी का वास्तविक स्वरूप है। सुबह उठते ही **आँगन-ओसारा** बुहारकर **घरैतिन** (कुलवधू) चौके में जाती है, जूठे बर्तन निकालती है, अच्छी तरह बुहारू करके मिट्टी का घोल **पोतना** से चौके में **लीपती** है, तीज-त्यौहार हुआ तो गोबर से लीपती है, फिर जूठे बासन माँजने बैठती है। कुछ बर्तनों की पेंदी **लग गई** है। उन्हें झँवा से **घिसना (खाड़ना)** पड़ता है। कुछ को **उबसन** (पत्ता या रस्सी) से माँजती है। किसी-किसी की चिकनी कालिख छुड़ाने के लिए गरम **राखी मलती** है। किसी बर्तन की महज़ **जलवाँसी** मिटानी होती है। किसी को **किकोरना (खुरचना)** पड़ता है। फिर इन्हें धोती है। एक बार और खँगारती है। तब वह गन्दे कपड़े बटोर कर साफ़ करती है। पटक-पटक कर **(कचारती) पछारती** है और जिन्हें अरगनी पर, खपरैल पर, छप्पर पर सूखने के लिए **पसारती** या **फैला देती** है। तब अधिक **जलासू** (जलने वाले) बर्तनों पर राख या गीली मिट्टी के लेव लगाती है और उन्हें **औन्हा** कर रख देती है। दूसरे बर्तनों को भी, उनका पानी **मरक जाए**, इसलिए एक के ऊपर दूसरे को **गाँजकर ठढ़िया देती है** (खड़ा कर देती है)।

इसके बाद घर में दूध हुआ तो दूध-दही का काम शुरू हो जाता है। **भरुका** या **दोहनी** (बाल्टी) में दूध दुहकर आया; वह दूध कड़ाही में **औटाने** के लिए उड़ेल दिया जाता है और दोहनी पात्र आग पर **सोन्हा** जाने पर (सोंधा होने पर) अगली दुहान के लिए दिया जाता है, जिससे उसमें फिर दूध रखा जाये तो खराब न हो। **बोरसी** या **अँगीठी** की गरम राख पर नाँद के नीचे ढँक कर जमने के लिए रखी हुई दही की **कहतरी** बाहर निकाली जाती है। कुछ **साढ़ी** या **मलाई** तो नैनू (ताज़ा घी) निकालने के लिए एक अलग **महेड़ी** में रख ली जाती है और कुछ **सजाव दही** (मलाई समेत) अलग रह जाता है। मलाई वाली महेड़ी में पानी मिलाकर **महाई (बिलौना)** शुरू हो जाती है। ज्यों-ज्यों रई में नैनू के कण इकट्ठे होते जाते हैं, हाथ तेज़ होते जाते हैं। घी काढ़ लिया गया। **मही डाढ़ी, छोर, कोरोनी मठा** या **छाछ** अलग रख दिया गया। उसके बाद तलछट में **खुरचनी** या **खँखौड़ी** बच जाती है, जो सेंक कर खाई जाती है, बड़ी सोंधी होती है। औटाए दूध में

से कुछ जमाने के लिए अलग कंडी की धीमी आँच पर रख दिया गया कि लाल हो जाए और फिर कुछ जुड़ा जाए (**सिरा जाए,** ठंडा हो जाए) तो उसमें ताव से **जामन, जोंरन** (पूर्वी हिन्दी) डाला जाए। मलाई कुल की **उतार लेना** दही **छिनना** है और बचा दही **(छिनुही दही) कटुई दही** कहा जाता है।

अब चूल्हा-चाकी का दूसरा कार्यक्रम शुरू होता है। रसोई में खर्च के लिए चावल-दाल आटा-मसाला काढ़ा जाता है। कभी-कभी चावल कुटे नहीं रहते हैं तो धान कूटना होता है। कभी आटा (**पिसान**) पीसना होता है, कभी दाल दलनी होती है। चावल कुटा भी हो तो उसे साफ़ करने के लिए फिर से **छाँटना** होता है, जिससे धान की **कोराई** (भीतरी छिलका) निकल जाती है। यह **कोराई** गाय-बैल खाते हैं। चावल में कुछ कंकड़ वगैरह मिला होता है इसलिए स्त्रियाँ उसे सूप से **फटकती** हैं, कभी तो दाएँ-बाएँ सूप को **रोरती (केराती)** हैं, कभी-कभी उसे **पछारती** हैं, जिससे हलकी चीजें आगे आ जाएँ। कभी-कभी दाल वगैरह **उगराती** हैं, तिरछी निकल जाए। इसके बाद भी आँख गड़ाकर **बीनती** हैं। आटा में चोकर मिला रहा, तो उसे चालती हैं। महीन मैदा तैयार करने के लिए **कपड़छन** छानती हैं। फिर सिल पर मसाला (हल्दी-धनिया) **बाँटती (पीसती)** हैं। आटा **सान** कर उसे हाथों से **माँड़ती (गूँधती)** हैं, बेसन की कोई चीज़ तैयार करनी हुई तो उसमें पानी मिलाकर उसे **फेंटती** हैं और जब बेसन **उठ जाता** है तो उसे छोड़ती हैं। आटे की मड़ाई होने पर उसकी **लोई** बनाई जाती है। अगर **हथपई** (हाथ से पानी से चुपड़कर तैयार की गयी रोटी) बनानी हुई तो बेलने की ज़रूरत नहीं, पर **फुलका, चपाती** या **पराठा-पूड़ी-कचौड़ी** के लिए **चकरी** या **चौकी** पर बेलन से रोटियाँ **बेली जाती** हैं। फिर तवे पर **सेंकी** जाती हैं, या तन्दूर में सेंकी जाती हैं, या फिर कड़ाही में घी में **छानी जाती** है। रसोई की प्रक्रिया में चावल में पानी ज्यादा हो जाने पर माड़ **पसाना** होता है। दाल पक जाने पर (**चुर जाने** पर या गल जाने पर) जीरे आदि में **छौंकी** या **बघारी** जाती हैं, तरकारी पहले घी या तेल में **फोरन** (छौंक का मसाला) के साथ छौंकी जाती है, या फिर तेल या घी में बेसन में सने या वैसे ही कतरे **ठले (भूने)** जाते हैं। उनको फिर झोल में डालकर उनका रसा **लगाया जाता** है। कभी-कभी सूखा मसाला या अनाज तवे पर **तताया** जाता है। भात-दाल में घी **कल्हरा** कर (तपा कर) डाला जाता है। पूड़ीवाले आटे में घी की **मोयन** डाली जाती है, **भरुआ पूड़ी** या **दाल की पूड़ी** में भीतर भरने के लिए पहले **पीठी** तैयार की जाती है। मांस अच्छी तरह **सिझाया** जाता है, भात **खिला-खिला (फरहर)** हो, इसलिए उसमें घी डालकर उसे ढँक दिया जाता है। चीनी में बहुत-सी चीज़ें पागी जाती हैं, दही या खटाई के घोल में चीज़ें भिगोई जाती हैं। आग पर पकाने की भी कई अवस्थाएँ हैं, आग पर रखकर तुरन्त हटा लेना **तपाना** या **तवाना** है, उसे आग में डाल कर **पकाना भूनना** है। आलू और कन्द कभी-कभी **भीरी** (तपी राख) में या जलते बालू के भांड़ में **भभराये** जाते हैं। भाड़ में चना, मक्का भी भूना जाता है। अगर मक्का फूट गया तो **लावा** नहीं तो **ठुर्री** रह जाती है, पानी में चीजें **उबाली जाती** हैं या **बुदकाई** जाती हैं, कभी-कभी खौलते पानी (**अदहन**) में ही चावल या दाल छोड़ दिए जाते हैं।

कभी-कभी पानी समेत **बैठउआ** रख दिए जाते हैं। आग पर ज़्यादा देर रखना **सेंकना** है, द्रव पदार्थ कटोरी या कलछुल में रखकर तपाना **कल्हारना** है। तरकारी का **रसा** (शोरबा) **खदकाया** जाता है। आग पर ज्यादा देर रखे रहना **सिझाना** है। उपलों की आग के भीतर पकाना **भौंरी** लगाना है। बर्तन को मिट्टी से ढँक कर तेज़ आग में पकाना **पुटपाक** या **घरिया** गलाई है।

परसने की प्रक्रिया में जेवनार या भोज के लिए विशेष रूप से तैयारी होती है। बैठने के लिए पत्तल बिछा दिए जाते हैं, या **नेरुआ** (धान की जड़) की बनी **बिठुई बिछा** दी जाती है। चौके पर पानी छिड़क दिया जाता है। फिर पत्तलें खाने के लिए **लगाई जाती** हैं। गरम पूड़ियों के **लपेटुआ** परसे जाते हैं, तब साग-सब्जी दही-चीनी **चलाई जाती** है।

रोज़मर्रा से फुरसत के समय के लिए **घरैतिन** के सौ-सौ धन्धे हैं। **सूत कातना, अचार डालना, अमावट डालना,** घर की मौके-मौके पर विशेष **सफ़ाई करना,** मांगलिक पर्वों के लिए **चौक पूरना, भीत रँगना,** अपना **सिंगार करना, सींक की दौरी-मौनी** (डलिया बनाना, **सीना-पिरोना।** फ़सल तैयार होकर घर में आती है तो उसे आँगन में फैलाकर **सुखाना**, उन्हें **अमनिया** करके डेहरी में रखना, पोसने के लिए अनाज भिगोकर **छानना**, फिर उसे **सुखाना**, गोबर के **उपले (कंडी, गोइंठा)** पाथना, घर पर मर्दों के न रहने पर पशुओं की **सानी-पानी** करना (खिलाना) और खेत से घास का **चारा लाना**, पशुओं को **बर्थानयाना** (बाँधना) **लैढ़ियाना**; उनको चरागाह पर जाने के लिए **खोलना** और दूसरे खेती के धन्धे करना, वक़्त कभी खाली नहीं है, पर काम करते-करते भी **गलचौर** होती रहती है। हाथ अपना काम करता है, जबान अपना।

नया बर्तन प्रयोग में लाने से पहले उसे **अँवासा** (उड़ाहा) जाता है; जो बर्तन कच्ची रसोई के काम आता है वह **सखरा**, जो मछली-मांस की रसोई के काम आता है, वह **विसैना** हो जाता है। पूजा के स्थानों पर **संझवाती दीया बालना** शाम का पहला काम है, रात में कठकरेजी सासों की मालिश करनी होती है, उनके पैर दाबने होते हैं, उनकी पीठ **सहलानी** होती है, तब जाकर सोने को मिलता है। गिरस्ती का जुआ है ही ऐसा कि जब तक इसे कन्धे से बाहर डालकर **परुआ** बैल न बनकर बैठ जाए तब तक यह चढ़ा ही रहता है और थकान चलने से नहीं, बैठे रहने से आती है।

रामरसोई

भोजन के लिए **रसोई, भानस, रोटी** सामान्यतः प्रचलित हैं, सबेरे का भोजन (या **छाक**) **नाश्ता, पनपियाव, खरपिटाव, जलपान, जलखई, कलेऊ, कलेवा, जलघेराव, दाना, दाना-दूनी** कहा जाता है, खेत में काम करने वालों के लिए भी **पनपियाव** या **लुकुम** या **छाक** (पश्चिम में) या **चबैना** लेकर उनकी स्त्रियाँ खेत में पहुँचती हैं, दुपहर का भोजन **खाय, खाइक, खैका, खैंया, कलौवा** या **कलेऊ** भी कहा जाता है, शाम का भोजन **ब्यालू, बियारी, सँझौआ, बेआलू,** या **बेरहतिया** कहा जाता है, रास्ते का पाथेय (संबल) **पाहुर** या **टोसा** कहा जाता है, दाल, भात, रोटी आदि कच्चा या **सखरा**, पूड़ी, साग आदि **पक्का** या **निखरा** कहा जाता है। एक बार मुँह में डाला जाने वाला **निवाला, कौर, कवर, गस्सा** कहा जाता है, रोटी का टुकड़ा **टूँक**, द्रव पदार्थों की इकाई **घूँट** कही जाती है, मज़े-मज़े में खाने को **चुगना**, चबा-चबा कर खाने को **कूँच-कूँच कर खाना**, एकदम निगल जाने को **घोंट जाना**, द्रव पदार्थ के पीने को **सुड़कना** या **सपकना**, अधीर होकर खाने को **गटकना** या **लीलना**, पीछे के दाँतों **(चौभरा)** से खाने को **चुभलाना**, जीभ से खाने को **चाटना** और बहुत ही भद्दे तरीके से खाने को **हूरना** कहते हैं। विभिन्न पदार्थों के मिलाने को **सानना** और रोटी आदि के टुकड़े करने को **तोड़ना** कहते हैं। छूटे भोजन को **जूठ** या **ऊलुस** या **छोड़न** कहते हैं। रात या रात से ज्यादा देर रखे भोजन को **बसिया, दुबसिया, तिबसिया** (दो बेला या तीन बेला तक बासी रखा गया) कहते हैं। त्यौहार या उत्सव की रसोई **भोज-भात, भोज** है।

सामान्य रसोई में रोटी-दाल या भात-दाल और एकाध सब्जी आती है। चावल को पहले साफ करते हैं, बिना साफ किए चावल को **अखरा, आदट** या **अँकरी** कहते हैं। उसे बीनते हैं, **छाँटते** हैं और तब दो-तीन बार **धोते** हैं। जो पानी धोते समय गिराया जाता है उसे **चाउरधोअन** या **धोअन** कहते हैं। कभी-कभी चावल (प्रायः पुराना चावल) पानी समेत बटलोई में चढ़ा देते हैं, इसे **बइठउआ** कहते हैं और कभी-कभी पहले पानी उबालने के लिए रख देते हैं, इसे **अदहन** या **अधैन** कहते हैं। जब पानी **उबलने** या **बदकने** लगता है तो उसमें चावल या दाल (**रँधैन**, राँधी जाने वाली वस्तु) डालते हैं। दाल जब उठती है तो उसे **बदकना** कहते हैं, तब उसमें हल्दी आदि डाल कर ढँक देते हैं। कभी-कभी पानी ज्यादा होने पर चावल में से **माँड़ पसाते** हैं, ताकि भात गीला न होने पाए। दाल लगभग तैयार हो जाने पर उसमें हींग या जीरे की **बघार** या **छौंक** या

फोड़न देते हैं। दाल **छनछना** उठती है। सम्पन्न गृहस्थ भात में भी घी डालता है। दाल को भलीभाँति **चुराया** या **गलाया** जाता है। भोजपुरी में मसल मशहूर है कि पट्टीदार और **पहिती** (दाल) जितना ही गले, उतना ही अच्छा होता है। भात वही अच्छा होता है जो **खिला** या **फरहर** हो।

रोटी पकाने के लिए पहले **आटा** या **पिसान सानते** या **माँड़ते, गूँधते** हैं। गूँधने से आटे में लोच आती है, लोच आने पर फिर उसे तोड़ते और मिलाते हैं। इस प्रक्रिया को **ईछना** कहते हैं। आटा, जौ, गेहूँ, मक्का, बाजरा, बेझड़ किसी चीज का हो सकता है। गरीब किसान **धाँठी** या **अमाँठी** (आम की गुठली) **कुसुली, गुम्मा अँठुली** का भी आटा तैयार कर लेते हैं। सस्ते और रूखे अनाज को **घटिहन** या **कदन्न** कहते हैं। गरीब आदमी **चोकर** या **चूनी** या **कनिक** की भी रोटी पाथ लेते हैं। महीन चाला हुआ आटा **मैदा** कहा जाता है। कूटे हुए जौ (ईंगुर) की रोटी **ईंगुरी** या **गूरी**, चावल के आटे की रोटी **खिरौरा**, गेहूँ की मीठी रोटी **खबौनी**, हाथ से पाथी रोटी **हथपई, भौरी** या **कंडों** या **उपलों** की आग में पकाई रोटी **फुटहरा, फुटहरी, लिट्टी, बाटी, भभरी** या **मधुकरी** कही जाती है। घी या तेल में पकाई **पूड़ी, पूरी, लचुई** या **सोहारी**, चावल के आटे की **लचुई, चन्द्रपुड़ी**, बहुत मामूली घी में पकाई रोटी **पराठा, परोठा** या **पल्टा, घसुई** या **पोछुई**, दाल की पीठी से युक्त पूड़ी, **दलही, फूटपूड़ी, बेनिया, बैंरही** और भीतर भराव वाली पूड़ी **कचौड़ी** या **बेड़ई**, चोकर-मिश्रित आटे की मोटी रोटी **मकुनी** या **ठिक्कड़**, पानी लगे हाथ से बिना **परोथन** या **खुश्की** के बनाई गई रोटी **पनपथी** या **चँदिया** या **पनफती** कही जाती है। बेलकर तैयार की गई पतली रोटी **फुलका**, बिना बेले तैयार की गई पतली रोटी **चपाती** या **रूँथा**, बहुत छोटी और पतली पूड़ी **खीकरी**, बाजरे के आटे की पूड़ी **टिकिया**, पहले पानी और फिर घी में सिंकी पूड़ी या कचौड़ी **फर** (भीगे गेहुँओं की मिंगी) से बनी घी में सिंकी रोटी **अंदरसा** और दाल के साथ पकी रोटी **ठेकुआ, ठंकुआ** या **अगरोटा** या **दाल** का **दूल्हा** कही जाती है। पकी रोटी को तोड़कर उसे घी में भूनकर **चूरमा** बनाते हैं।

दाल दो प्रकार से बनती है। कुछ दालें हल्के भूनकर दली जाती हैं, उन्हें **उलवा** या **उलावल** (<उल्ह ऊष्म>) कहते हैं। ये जल्दी चुरती हैं और कुछ दालें अखरा दली जाती हैं। फिर कुछ दालों का छिलका एकदम निकाल लेते हैं। उन्हें धोकर सुखा लेते हैं, इन्हें **धोई** या **धोआँच** कहते हैं। कुछ का छिलका नहीं निकालते, उन्हें **छिलकेदार** कहते हैं। कुछ दालें मसूर, उड़द या मूँग साबूत भी बनती हैं। दालों में कोई सब्जी (अमूमन चने का साग, बथुए का साग) मिलाकर पकाते हैं उस दाल को **दलसग्गा** या **सगपहिता** कहते हैं। कई किस्म की दालों को एकसाथ मिलाकर पकाते हैं; उसे **केवटी** कहते हैं।

तरकारी कई तरह से तैयार की जाती है। सबसे आसान तरीका आलू, बैंगन, अरुई जैसी तरकारियों को आग में भूनकर उनका **भरता** या **चोखा** या **सना** बनाना है। कुछ तरकारियाँ **सूखी** बनाई जाती हैं, कुछ **शोरवेदार** या **रसेदार** या **झोर** या **परेह** के रूप में। कुछ तरकारियाँ घी या तेल में तली जाती हैं, कुछ **बेसन** या **उड़द** या **चौरठ** (भिगोये चावल की पीठी) में लपेटकर तली जाती हैं और फिर उन्हें **रसे** या **झोल** में डाल देते

हैं। कुछ तरकारियाँ उड़द या मूँठा के साथ लपेटकर धूप में सुखा ली जाती हैं, उन्हें **अदौरी, कोंहड़ौरी, दनौरी** (पोस्ते के दाने के साथ), **तिलौरी** (तिल की पीठी के साथ), **बड़ी** कहते हैं। बिना तेल घी के केवल भाप से **बफौरी** बनाई जाती है। **अरवी** या **अरुई** के पत्ते लपेट कर तले जाते हैं। उन्हें **रिंकवच** या **अरकौंच** (<अलीकमत्स्य) कहते हैं। तरकारी के झोल या दाल में आम की **खटाई (आमिल)** या **इमली** की **पिंड़िया** पड़ती हैं। आम की खटाई दो प्रकार की होती है। टिकोरे या कैरियों की खटाई **दड़िमी** या **कली** और गुठलीदार कच्चे आम की खटाई **खोइया** कही जाती है। आम की खटाई का चूर्ण **अमचुर** कहा जाता है। कभी-कभी मठे का भी उपयोग खटास लाने के लिए होता है।

चावल के विभिन्न रूपों के नाम ये हैं : केवल चीनी या गुड़ से मीठा और पतला चावल **बखीर**, दूध में पकाया चावल **खीर** या **तसमई** और दूध-पानी दोनों में पकाया **जाउर**, सब्जी के साथ पकाया **जाबर**, हरी मटर के साथ भुना **तहरी**, दाल के साथ **खिचड़ी, तीसी** (अलसी) के साथ **तिसियाउर** या **तिसजौरी**, पोस्ते के दाने के साथ **दनजाउर**, मठा के साथ **मठजाउर** या **घोरजाउर, महियाउर**, सूखा भात **खुशका**, केसरयुक्त **केसरिया**, घी में भुना **पुलाव**, मक्के के दड़े दानों का भात **दर्रा** या **दररा** और गेहूँ-जौ के दड़े दानों की **दलिया** तैयार की जाती है। कभी-कभी पिसे आटे को भूनकर घोल तैयार करते हैं, उसे **लपसी** या **घाठा** या **घाठो** या **घट्ठा** कहते हैं।

इसके अलावा तुरता भोजन-प्रकार हैं—भुने जौ, गेहूँ आदि का **सतुआ, सितलबुकनी** या **तुरता**, उबाले धान को कूटकर तैयार किया गया **चिउड़ा** या **चूड़ा**, हरे धान को भूनकर तैयार किया गया **सुरका चिउड़ा**, बाजरे आदि को कूटकर तैयार की गई **चिउरी, चौरी** या **फरही**, भुने हरे दानों का **डभका** या **गलबल**, डंठल समेत अनाज का **होलहा, होरहा, ओरहा** या **होला** (भुने जौ की बाली हाबुस या **उम्मी** कही जाती है), भूनकर कुटे अनाज का **लाटा**, उबाले धान की **लाई, फरुही, कंती** या **खोभिया**, भुने मक्के का **लावा**, दूसरे अनाजों का **भूजा, बहुरी चबैना** या **परमल**, (अनफूटा दाना **ठर्री** या **ठोरी** कहा जाता है) और भिगोये अनाज का **दाना**।

छप्पन कोटि के व्यंजन

पहले **नमकीन** और **चरपरी** चीजों से शुरू किया जाए। **पापड़** या **पपड़ी** तो प्रसिद्ध ही है। कुछ सब्ज़ियों (कुम्हड़ा, भतुआ या सफेद कुम्हड़ा, फूलगोभी, मेथी का साग) को बेसन या उड़द या मूँग या मटर की पीठी में लपेट कर बड़ियाँ बनाई जाती हैं। इन्हें **अदौरी, कुम्हड़ौरी, बड़ी, फुलौरी, दनौरी** (पोस्ता के दानों के साथ), **तिलौड़ी** (तिल की पीठी के साथ), **मुंगौड़ी** (मूँग की पीठी के साथ) कहते हैं। गेहूँ के आटे की **मठरी, पड़ाका** और **टिकिया** बनती हैं; चावल के आटे की **कौरी, कचरिया** और **मोहनपकौड़ी**, बेसन की **बरी, फुलौरी, सेब, बूँदी (बुनिया), पीठा** या पीठी और उड़द से **बड़ा** या **करा (बजका, चक्का) बल्ला** या **रामचक्कर**; चावल के आटे से **खँड़रा, तरल** आदि और सत्तू से **बगिया**। महीन मैदा से **नानखटाई** बनती है। नमकीन घोल के रूप में **कांजी, रायता, तक्कर** (मठे का घोल), **इमली का झोर, जीराजल** आदि बनाए जाते हैं। अन्य नमकीन उपस्करों में **सोंठ, चटनी (नौरतन, हरी चटनी, अमावट की चटनी), अचार** (सूखा या तेल या नींबू में भिगोया), **खटाई (नोनचा)** की विविध किस्में हैं। अन्य नमकीन चीज़ों में **समोसा, चाट, पिठौरी, चूड़ामटर** सभी जगह प्रसिद्ध हैं।

कोरी चीनी या शक्कर से बनने वाली चीजें ये हैं : **गट्टा, बतासा, गुलदाना, इलायची दाना, सेब** या **लकठा** (जिसमें कुछ आटा बीच में मिला रहता है)। चीनी और तिल के योग से **गजक, तिलकुट (तिलवा)**, कोरी खाँड की टिकिया के रूप में **साबौनी, चाँदशाही, चनौरी**, रंगीन खाँड़ की बनी लम्बी मिठाई **दनदान** और कटोरीनुमा **तिनगिनी**, खाँड़ के लड्डू **ओरालड़वा**, खाँड़ की टिकिया **गिंदौरा**, खाँड़ की पहियेनुमा मिठाई **हतौना** बनती है। चीनी का **शीरा या सिरा** दूसरी मिठाइयों (लड्डू आदि) को पागने के काम आता है। शीरे का उपयोग भाँति-भाँति के मुरब्बों **(पेठा, बेल, सेब, नींबू, आँवला, हर्र, परवल** आदि) में भी होता है।

गेहूँ के मैदे और आटे से कई तरह की मिठाइयाँ बनती हैं। गेहूँ के आटे को घी में भूनकर शक्कर मिलाकर **कसार** या **कचवनिया** बनाते हैं। फलाहारी किस्म का कसार जिसमें भुनी धनिया और शक्कर के अलावा कुटू का आटा या सिंगाड़े का आटा पड़ता है, **पंजीरी** कहा जाता है। गेहूँ के आटे के शक्कर मिले घोल से **पूआ, मालपुआ, गुलगुला, मकुंदी दाना, नाकसेव** (लम्बी आयताकार मिठाई) या **हेसमा, चीला, झौरी, मोयनदार** आटे से गोल टिकिया के रूप में **खुरमा**, मुट्ठी के रूप में **मुठिया, खजूर** या **झिलिया**

(खजूर की आकृति की), **धौंग** (बड़ा पूआ) और **बीरी** बनती है। गेहूँ की बारीक मैदा से **छाक** बनाई जाती है। इसी में जब शक्कर मिला देते हैं, तब उसे **मट्ठा** कहते हैं। इस मट्ठा से **खजुला** (जो बीच में पोली होती है) या **खाजा, फेनी** या **बतासफेनी, सकरपारा, मिरजई, बालूशाही** आदि पकवान बनते हैं। घी में मैदा या बेसन भूनकर बूरा मिला देते हैं, उसे **मगद** कहते हैं। मैदे की पूड़ी बेलकर उसमें **मगद** भरा जाता है। कभी-कभी उसमें खोया भी मिला दिया जाता है। इसको **गोंठकर** फिर घी में छानते हैं, तब **गुझिया, गोझाग** या **पिड़किया** (खोए की गुझिया) तैयार होती है। सूजी के आटे से **हलुआ** तथा आटे से ही **घीवर** या **घुगुरी, घियौड़ा** या **घेबर** बनते हैं। उर्द की पिट्ठी से गोल छल्लेदार **इमरती** और **जलेबी** बनाई जाती है। उर्द की ही पिट्ठी से एक पोली जैसी मिठाई बनती है, उसे **गुलदाना** कहते हैं। मूँग की दाल की पिट्ठी से **खीरमोहन** या **मोहनभोग** बनाते हैं। चने के भुने बेसन को खाँड़ में मिलाकर कतरियाँ काट लेते हैं, उनको **ढारमा** कहते हैं। बेसन की ही बूँदी या नुकती बनती है, जिनसे **लड्डू** या **लड्डुवा** भी बनाए जाते हैं। भुने बेसन से ही **सोहनहलुआ (सोनहलुआ), केसरबाटी, मेवाबाटी** और **चबैनी** (शीरा में पगे मीठे **सेब**) जैसी मिठाइयाँ बनती हैं। बेसन से ही **साँस** (बच्चों की एक प्रिय मिठाई) तैयार होती है। चावल के आटे से **तासखानी** या **ताजखानी, खिरौरा** और **फेनी** बनती है। चावल के आटे को शक्कर के साथ मिलाकर लम्बी-लम्बी कतरियाँ बनाते हैं, उन्हें घी में सेक कर **गिजा**, गोल-गोल **खजूर** और **गुलाब गजूर, छपहली तरबेजी,** पहियेनुमा **अकबरी**, गोल टिकिया के आकार का **अँदरसा**, मालपुए जैसी फूली-फूली **बाबरा** या **बाबरी** और चावल के चूरे में बूरा और दूध मिलाकर लड्डू बनाए जाते हैं, जिन्हें **पिन्नी** कहते हैं। मैदा से बनी दो छोटी पूड़ियों को जो खाँड़ से पगी होती हैं, **चन्द्रकला** कहते हैं। मैदा के घोल से ही **सूतदारी** कचौड़ी बनती है जिसे **सूतफेनी** कहते हैं। बेसन और मैदा के मिश्रण से बीच में छेद वाली मिठाई बनती है, जिसे **गालमसूरी, मसूरी** या **मैसूरी** कहते हैं। मैदा को घी में भूनकर उसे **हलुआ** के रूप में पकाते हैं, इसे **मैदा का हलुआ** कहते हैं।

गोला (नारियल), बादाम, पिश्ता, चिरौंजी, मूँगफली, मिंगी (खरबूजे आदि की) इन्हें अलग-अलग या मिलाकर खाँड़ की चाशनी में मिलाकर जमा देते हैं, उसे **पाग** कहते हैं। बबूल के गोंद को भूनकर खाँड़ में पागते हैं और उसमें खोया मिलाते हैं, उसे **गोंदपाक (गुंदपाक)** कहते हैं। इसी तरह इलायची से **इलायची पाग**, बादाम से **बादाम पाग** जैसी मिठाइयाँ बनती हैं। खोये में मिलाने के लिए जो चीज़ तैयार की जाती है, उसे **लौंज** कहते हैं, जैसे **लौकी, चिरौंजी** या **गरी की लौंज**। कहीं-कहीं बर्फ़ी को भी लौंज कहते हैं। लौकी के लम्बे-लम्बे लच्छों को खाँड़ की चाशनी में पाग कर **घीयाकस** या **कपूरकंद** के लच्छे बनाते हैं

खोये की बनी मिठाइयों के दो प्रकार हैं। एक जो दूध जलाकर खोया तैयार किया जाता है, उससे मिठाइयाँ बनाई जाती हैं। दूसरा प्रकार है, दूध को फाड़कर उसका **छेना** या **पनीर** निकालकर सुखा लेते हैं। उससे मिठाइयाँ बनती हैं। खोये की मिठाइयों में **पेड़ा,**

भुने खोये का **लाल पेड़ा, बर्फ़ी** (**केसरिया, पिश्ता** आदि) चाशनी के साथ पगे खोये का **कलाकंद, रबड़ी** (**बासूदा**), **मलाई**, सूखी मलाई की पपड़ियों से **खुरचन, गुलाबजामुन, खीरमोहन, मलाई की पूड़ी, मलाई के लड्डू** प्रसिद्ध हैं। खोया भूनने की क्रिया को **कुंदा** करना कहते हैं। भुना हुआ खोया **कुंदा** और कुछ-कुछ दूधिया खोया **कच्चा खोया** कहा जाता है। छेने से **संदेस, रसगुल्ला, चमचम, आम, कालाजाम, मक्खन-बड़ा, छेनिया, दूधबरा, खीरकदंब, छेनाबड़ी, छेना खीर** जैसी मिठाइयों के अलावा नमकीन चीजें भी बनती हैं। **छेने की टिकिया, मटर के साथ पनीर, आलू पनीर की टिकिया** आदि।

कभी-कभी बाहरी मदद की जरूरत पड़ती है तब हलवाई बुलाया जाता है। रसोई के साधारण उपकरणों के अलावा उसका अपना **ताम-झाम** होता है। झरने के ही कई प्रकार होते हैं, **झरना, छनौटा, पौना, पौनिया, चट्टी, झँझरा, केओचा** (वड़ा), **छोलनी** (छोटी), खुरचने के लिए **खुरपी, खुरचनी**, मोड़ने के लिए **दाबा, दाबी, गुरदम, उपटन, मुँगरा**, मिठाई रखने के लिए काठ का **गिरदा, खोनचा, उगरना, खाँचा**, पीतल की **थाल** या **परात**। मिठाई रखने के लिए जो छोटी चौकी बनाते हैं, उसे **तरौनी, तरौना** या **टेखती** कहते हैं। मुसलमानों के भात भोज में **नानबाई** या **नानपज** की भी मदद लेनी पड़ती है। **नानबाई तंदूर** सँभालता है। तंदूर में सेंकने की जगह **सींक** या **सींख**, उसका आधार **हिच्छा** या **कबाबदानी** या **चक्कस** कहा जाता है। पकाने का बर्तन **डेगची** या **पतीली** कहा जाता है और परसने की प्याला **रिकाबी**, लकड़ी का चम्मच **डोई**, बड़ा चम्मच **कफचा, डोआ, डोंगा, डाभा** या **कफगीर** कहा जाता है। नानबाई जिस गद्‌दी पर रखकर रोटी सेंकता है, उसे **रफ़ीदा** कहते हैं और लोहे की छड़ें जो रोटी निकालने के काम आती हैं, **हश्तगना** और **अर्रा** कही जाती हैं, इन दोनों को समवेत रूप से **कंसी** या **जोड़ी** भी कहते हैं। नानबाई **नान** पर कभी-कभी कुछ शक्लें उभारता है, उस साँचे को **चोका** या **चोकन** या **चोकनी** कहते हैं। मुसलमानों के जेवनारों में अमूमन कुछ खास चीजें और हैं, **सेवई, फालूदा, पुलाव, सिरनी, सालन, शोरबा, कबाब**।

'कंगन बनवाइ देव सोने के'

स्त्रियो भूषणमिच्छन्ति यह कलाशास्त्र का वचन है। शुद्ध सोने के गहनों पर रोक थी, तब भी गहने गढ़ाये जाते रहे, स्वदेशी बैंक टूटा नहीं। सोना जिसे नहीं जुरता, वह चाँदी और गिलट से ही सन्तोष कर लेता है पर सहालग में गहने खरीदे और गढ़वाये जाते हैं। गाँवों में नख-शिख गहनों से लदी वधू ही सच्चे अर्थ में सुहागिन होती है।

सामने **माथे** पर **साँकरी** में लटका हुआ **चन्दा** या **टीका** या **बैना**, सिर की माँग के ऊपर **शीशफल (बौंरिया** या **बोल्ला)** और **बन्दी**, आगे से लटकने वाली **झूमर** (या **झिलमिली** या **झुबझुबी**), सिर पर दोनों ओर की पाटियों पर **पाटी** और **अड़िया, झूमर** के ऊपर **सहारा** और उसके आसपास **काँटे** और **झेले**, जूड़े के ऊपर चक्राकार **जूड़ा**, चोटी में गुही जानेवाली **चोटी** और केशों को अपनी जगह पर सजाये रखने के लिए **काँटे**, भाल में **तिलक** या **टिकुली** और पूरे **लिलार** पर **खौर** और **सिंगारपट्टी**—इन सबसे समूचा मस्तक जगमगा उठता है, चेहरे के नाक-नक्श में कुछ नुक्स भी रहा तो वह दब जाता है। कान और नाक में तो गहने सुहागिन या सधवा के लिए अनिवार्य हैं। कान के बीच के भाग **बिचकनी** में **बारी** या **बाली (बालिका, बाणभट्ट), बाली** के छेद में **गूँज** (एक टेढ़ा सिरा) लगाकर कान में खोंसी जाती है। बाली के साथ गुच्छी भी पहनी जाती है। कान के नीचे के हिस्से **लौर** में छेद करके कई प्रकार के गहने लटकाये जाते हैं। दो मोतियोंवाली **बाली** (जिसे **बीर** भी कहते हैं), **बुन्दा, कुण्डल, झूमक, कनफूल, झाला, बिजली (बिजली** में छोटी लटकनी **सहेली** कही जाती है) **तरकी** और **तर्योना** विभिन्न आकारों के गहने हैं। **लौर** के ऊपर के हिस्से **गोखरू** में भी **बाला** पहना जाता है। पूरे कान को ढँकने वाले **कान** और **गोसा** (धनुषाकार) अब विरल हो गए हैं।

नाक की तो ऊँची धाक है ही, **नथ** या **नथिया** के बिना वधू ही कैसी। **नथ** का ही एक दूसरा प्रकार **बेसर** है (जिसमें **मोती** या **मूँगा** पिरोये रहते हैं)। नाक के बीचवाले जोड़ में **बुलाक** और **झुलनी** पहनी जाती है, नथुए की बाईं ओर **नथ** और दाईं ओर **लौंग, सेंठा** (बूँदीदार गोल गहना), लौंग या सेंठे में सामने **टाल**, बीच में पोली डंडी **नलकी** और नलकी के पीछे की डाट **कील** या **पल्ला** कही जाती है।

गले में गोल या **अठपहल** या **चौपहल** दानों वाला कंठा, ठोस **हँसली** (उसके भीतर ताँबा हो या ठोस सोना हो) **मुहरों** से गुँथी **हुमेल**, गले में चिपके हुए गहने, **गुलूबन्द, ठुस्सी, चिक** और **पाटिया**। इसके अलावा हार के प्रकार **दुलरी, तिलरी, चौलरी,**

पचलरी, औकल-धौकलहार, चन्दनहार, मोलसिरीहार, कैरीहार (अमिया के आकार के लटकनों वाला); माला के प्रकार, **जौमाला, चम्पाकली, शंखमाला, मटरमाला, मोहनमाला, आममाला** (जिनके बीच में **जुगुनू** और उसके दोनों ओर **जौ** आदि की आकृति के दाने लटकते हैं), **तौक** (ताबीज), **कँटका** और **हैकल (सींकड़ीदार)** ये सभी गले का शृंगार बढ़ाते हैं। कई गहने एक साथ भी पहने जाते हैं, पर एक दूसरे के ऊपर नहीं पड़ते।

कमर में सोने या चाँदी की या फिर **गंगा-जमुनी** (दोनों की मिली हुई) **करधनी, तगड़ी, पेटी** और **कमरकस** नाम के गहने पहने जाते हैं। **करधनी** लड़ीदार होती है और **पेंच** के द्वारा जोड़ी जाती है। **तगड़ी** में झालरें नीचे लटकती हैं। पेटी और कमरकस अधिक ठोस होते हैं। नाभि के नीचे चौड़ा नक्काशीदार **थप्पा** या **ठप्पा** लगाया जाता है। पीछे की ओर **घुंडीदार** पेच लगाकर **थप्पा** और **ठोक** (थप्पे का दूसरा सिरा), के कुन्दों को मिला दिया जाता है। बाँहों में **कुहनी** के ऊपर **बहूँटा** या **बहूँटी** (बलडौड़ा भी इसी का एक नाम है, यह एक मुड़ा हुआ गोल आभूषण है), **बाज** या **बाजूबन्द** (चौड़ी सोने या चाँदी की **पत्तियों** पर **बूँद** होती हैं, पत्ती डोरे में **गुही** या **पुही** रहती है, नीचे एक घुंडी पड़ी रहती है, इस घुंडी को **जंग** कहते हैं), **भुजायठ, बाँक झबिया, अनन्त, जोशन, नौरतन** (जड़ाऊदार गहना) गहने पहने जाते हैं। पहुँचे में काँच या लाख की **चूड़ियों, लहठियों** और **बन्दों** के अलावा आगे-पीछे कई प्रकार के गहने पहने जाते हैं; डोरे में **गुही पहुँची** आगे की ओर पहनी जाती है; **पछेली** के दाने इलायची, मौलसिरी, लौंग के आकार के होते हैं, ये पहलदार भी होते हैं और इन आकारों के आधार पर पछेलियों के नाम भी अलग-अलग होते हैं। **इलाइचिया, मौलसिरिया, लौंगिय** और **पहलदार** ये दाने पोले होते हैं और डोरे से गुहे होते हैं। पहुँची के पीछे **कंगन, गजरा, चूहेदंती, कड़ा डार** या **दुआ**, चूड़ियों के बीच में **बँगली** या **बँगुरी**, चूड़ियों के पीछे **पछेली, पछुआ, छनिया,** हथेली के ऊपर **पान-बतासा, हथफल, हथसँकरी** ये गहने पहने जाते हैं। हाथ की उँगलियों में **मुँदरी** या **अँगूठी (सादी या नगदार)** आरसी **छल्ला, बाँक, पोरुआ** और **बेड़ा** पहने जाते हैं।

पाँवों में सोने के गहने वर्जित हैं। चाँदी के तार से बने **लच्छे** या **छड़े (इमरिती, घुँघरू** और **सूत** के आकार के **इमरितिया, घुँघुरुआ** और **सूतिया), काड़ा** (एक-एक पहने जानेवाला, इसी के प्रकार **छैंलचड़ी, बेलचड़ी** और **चमकचूड़ी** हैं, घुँघरूदार **अनोखा** भी इसी का एक उपभेद है), **पायल, पायजेब, गोड़हरा, साँकड़ा, चौरासी घुँघुर, छागल, पैजनी, झाँझन, खड्डुआ** पैरों में ही पहने जाते हैं। पैरों की उँगलियों के पोरों में **छल्ले, साँकरी** (दोनों का योग **साँकरछल्ली), पोर, जोट, बिछिया, (बिछआ, सुहागिल)** पहने जाते हैं। अँगूठों में पहना जानेवाला **अनवट** या **गूँठा** कहा जाता है। **घुँघुरू** या **रवा** कई प्रकार के होते हैं : **बाजरे** के आकार के **बाजरिया, मटर** के आकार के **मटरुआ** और **बाजने** या **चौरासी** (दो कटोरियाँ-सी मिलाकर जोड़ दी जाती हैं), **नोकदार** या **चोंचिया, कछवाये (दो पल्ले के चपटे** और **किनारीदार)**।

गहना या जेवर का काम **सुनारी, नग जड़ने** का काम **जड़ियागिरी**, तार से नग की कटाई को **चिराई** या **चीरना**, नग के नोकों की घिसाई को **कोरना**, गहनों पर वस्तुओं की आकृति बनाने को **चीतना** या **चिताई**, गहनों पर रंगसाजी **मीनाकारी** या **मीनागरी**, सुनार की अँगीठी की राख में सोने-चाँदी के कणों को अलग करने का काम **न्यारियागिरी** कहा जाता है। सोने में चमक पैदा करने की प्रक्रिया **छिलाई**, शुद्ध करने की प्रक्रिया **सोधना**, विशेष प्रकार के शुद्धीकरण को **पक्की चासनी** करना कहते हैं।

विवाह की तैयारी

भारतीय **अनुष्ठानों** में सबसे विशद और लम्बा अनुष्ठान विवाह का ही होता है। विवाह की पूरी प्रक्रिया बड़ी लम्बी होती है, उसकी रस्में अनगिनत होती हैं और उसके लिए तैयारी बड़ी जोरदार। प्रक्रिया को ही लें। **ब्याह पक्का करने** के पहले भावी वर देखने **वरदेखुआ** आते हैं। तब वर की **कुंडली** या **टीपन** कन्या की **टीपन** से मिलाई जाती है और विवाह की **गणना सोधी** जाती है। गणना उत्तम बनने पर कन्या पक्षवाला वर **छेंकने** की रस्म अदा करता है, इसे **बरिच्छा, सगाई, पक्की** या **भेंट** भी कहते हैं। कहीं-कहीं विवाह की **ठहरौनी** हो जाने पर वर पक्ष की ओर से कन्या की **गोद-भराई** भी की जाती है। अधिकतर दहेज की प्रथा है, दहेज की रकम तय होने पर **तिलक** या **टीका** की **साइत सोधी** जाती है। इसी को पश्चिमी उत्तर प्रदेश में **सिक्का** या **जैमा** भी कहा जाता है। **तिलक** में **थारा** या **परात** में हल्दी-रंगे चावल, नारियल और द्रव्य चढ़ाया जाता है। **तिलक** लाने वाले पुरोहित को **पँचोतरी** दक्षिणा मिलती है, नाई को **नेग** मिलता है। **तिलक** के साथ **लगन** जाती है। विवाह के लिए **हल्दी-सोपारी** आसपास बाँटने की प्रक्रिया शुरू हो जाती है, दूर **न्योता** या **निमंत्रण** या **पीली चिट्ठी** भेजी जाती है। **कन्या** और **वर** की **लगन धरायी** जाती है, उनको **हल्दी-उबटन** लगना शुरू होता है, गीतों की शुरुआत **सगुन की साइत** से हो जाती है। लड़की और लड़के दोनों के घर **कोहबर (कौतुकगृह)** में **भीत** पर **कोहबर** रचने की प्रक्रिया सज-धज से शुरू होती है। यह कोहबर दो तरह से रचा जाता है, एक तो गोबर भीत पर लीप कर सुखाकर उस पर **हल्दी (ऐपन)** मिले **चौरठ** (चावल का आटा) से रचाई, जिसे **ऐपन** का कोहबर कहते हैं। दूसरा गोबर के लेप के ऊपर **चौरठ छुहियाया** (हल्के हाथ से फैलाया) जाता है और इस ज़मीन पर उड़द भूनकर बनाए गए आटा **(पिसान, पिष्ट)** से रेखाएँ खींची जाती हैं और उनमें यथोचित रंग भरे जाते हैं। इसे **मसी** या **कोहबर** कहते हैं। कोहबर लोक **भित्ति-चित्रांकन** की बहुत बड़ी सिद्धि है, इसमें किनारे हाशियों पर **बेल (वल्लरी)** या **पटिया** लिखी जाती है। यह **सादी** हो सकती है, **बुंदीदार** हो सकती है। **बुंदीदार** बेल में बुन्दियाँ बना कर कई आकार की बेलें बनाई जाती हैं, **चौखूँट** या **सिन्होरी, अठमाचिया, चिरईमंगार** (चिड़िया और डाली) और **बनजारा** (मानवाकृति) आदि। इनके भीतर सबसे नीचे **बाँस**, बीच में दोनों ओर **मोर-मुरैला** लिखे जाते हैं, **बाँस** के ऊपर **सुग्गा** लिखा जाता है। नवग्रह, **सात सिंहनी, पाँच** या **सात हाथी, शंख, चक्र, गदा, पद्मपुरइन, देवी-देवता** और **जिउती-जिउता**

(दम्पति) लिखे जाते हैं। मांगलिक पूजा के लिए **माँड़ों** या **मँड़वा** (मंडप) छाने का कार्य शुरू होता है। **माँड़ों** की **छाजन छप्पर** की होती है, उसकी **छाजन सरपत** और **बाती** (बाँस की पतली **खपाची**) से की जाती है, उसके **ठाट** के बीच में और चारों कोनों में **पुरइन** की आकृति बनाई जाती है। **माँड़ों में आम** और **बाँस** के खम्भे लगाए जाते हैं और चारों ओर आम के पल्लवों की **तोरन** या **बन्दनवार (वन्दनमालिका)** बाँधी जाती है। **माँड़ों** में ही एक किनारे मिट्टी का **हाथी** रखा जाता है, हाथी के पेट में धान भरा जाता है, उसके ऊपर एक सच्छिद्र कड़ाही, उसके ऊपर कलश, उसके ऊपर **झझरीदार गगरी** में **दीया** रखा जाता है, हाथी की **भक्तिरचना** सात रंगों से होती है। माँड़ों के बीच में जौ के दानों को खोंस कर गोंठा हुआ **कलसा (कलश)**, उसके ऊपर **पंचपल्लव (पाकड़, पीपल, गूलर, बरगद** और **आम)**, पंचपल्लव के ऊपर धान से भरा **कोसा** रखा जाता है। माँड़ों की जमीन पर **चौक पूरा** जाता है, विवाह में **कुसबढ़ाव** चौक पूरा जाता है, यह **गाँठजोड़** चौक होता है, एक किनारे **खील लावा** (लाजा) भूनने के लिए चूल्हा रहता है, एक किनारे **वेदी**, बीच में **कलसा** के सामने **पीढ़ा** (काष्ठपीठिका) रहता है, जिसमें **कमल** की खुदाई की रहती है। विवाह को पाँच दिन रह जाते हैं तो **साँझविहान संझा** और **भोर** के गीत माँड़ों में शुरू हो जाते हैं। विवाह के एक या दो दिन पहले **वर** या **कन्या** का **तेल-चढ़ाव** होता है। इसको **हल्दी** भी कहते हैं। बारात जाने के पहले वर की साजसज्जा होती है, केसरिया **जोड़ा-जामा, पगड़ी, फड़बन्दा, मौर, कंकण** (उनमें राई, **नोन**, हल्दी बँधा रहता है), **गरुअट** या **रोली, काजल से सुसज्जित वर** की **आरती** उतारी जाती है, उसका हल्दी-रंगे **अच्छतों** से **चुमावन** होता है, उसे लेकर उसकी माँ-बहनें **रछहर** घूमती हैं (ग्राम देवताओं के स्थान की ओर कुएँ की परिक्रमा करती हैं) और तब **गाजा-बाजा** के साथ **बारात** प्रस्थान करती है।

वर के साथ बहुत-सी चीजें जाती हैं, बाँस की खुली रंगीन डलिया (जो दुमंजिली या तिमंजिली होती है और **शंक्वाकृति** होती है, इसी को **डाल** कहते हैं) में कन्या के लिए कपड़े रहते हैं, दो **चुनरी** (एक **सुनहले चढ़ावे** वाली, दूसरी **रुपहले चढ़ावे** वाली), दो तिकोनी आकृति में **तहियाई** सूती साड़ियाँ और जरी और रेशम की साड़ियाँ रहती हैं। **डाल** के साथ मिट्टी की ढक्कनदार कड़ाहियों में **साँकर** (चीनी की **पुरइन, अठदल कमल** या **पान** या **मछली** की आकृति की **परियों** में ढले, चीनी के ढले खंड) **बूँदी**, कन्या के लिए **मौरी**, दो **सिन्होरे (सिन्दूरदानी**, एक गोल, एक लम्बा), **कसार** (भुने चावल के आटे का बना हुआ), **ककड़ौर, उबटन** (ये बाँस की **छितनी** में रखे रहते हैं और लाल कपड़े से **छितनी** ढँक कर बीच में आटे की **नराकृति** बनाकर शीर्ष रूप में रखी जाती है) रखा जाता है, कन्या पक्ष की **पवनियों** के लिए **धोतियाँ** और **कलसही** धोतियाँ (पाँच कलश लाकर रखने वाली सुहागिन स्त्रियों के लिए) भी जाती हैं। कन्या के लिए एक जरी की **मथढकनी** साड़ी जाती है।

बारात **डेरे** या **जनवासे** में पहुँचती है तो उस समय अर्घ्य रूप में पाँच कलशों में जल आता है और तब वर का **नहछू** या **केसौंड़ा** होता है। तब बारात **द्वाराचार** या **बारौठी**

या **बारौनियाँ** के लिए कन्या के दरवाजे जाती है। कहीं-कहीं पूजन होता है, कहीं-कहीं केवल वर का **परिछन** होता है और बारात पुनः जनवासे लौट आती है। इसके बाद **परात** में बारातियों के पैर **पखारे** जाते हैं और पल्लवयुक्त गढ़ुवे में जल भरकर बारातियों की **आज्ञा** माँगी जाती है (कि वे भोजन करना स्वीकार करें), आज्ञा मंजूर होने पर **कन्या-प्रतिष्ठा** के लिए तथा **कन्या** के गले में **ताग-पाट** डालने के लिए उसके **जेठ** जाते हैं। कन्या-प्रतिष्ठा के बाद विवाह का अनुष्ठान शुरू होता है। इसके अलावा उभय पक्षों में कुछ और प्रक्रियाएँ होती हैं : **पितरनेवती (पितृनिमंत्रण), बसुधारा (वसोर्धारा), आभ्युदयिक** या **नान्दीमुख श्राद्ध, देव-पूजन, मटकोंड़रा** या **मटमंगरा** (मिट्टी से मंगल की याचना) और **गुड़धनिया** (गुड़ और धनिया बाँटने की प्रक्रिया)। कन्या पक्ष में कन्या के लिए **सुहाग माँगने** की प्रक्रिया होती है। पूरब में सबसे पहले धोबिन से सुहाग माँगा जाता है (शायद सीताजी को धोबी-धोबिन के प्रवाद से संकट हुआ था, उसी के लिए निवारक उपाय है), उसके बाद घर की सुहागिन स्त्रियों से। सुहाग माँगने वाली लड़की और **सुहागी** डालने वाली स्त्रियाँ दोनों प्रायः निर्जल उपवास करती हैं। कन्या को कोहबर-घर में ही रखा जाता है। वहीं से वह माँड़ों में ले जाई जाती है। जेठ जब उसे पूजने आता है तब वह **चुनरी** पहने रहती है, पर जब पुनः विवाह की **पीठिका** पर विराजती हैं तो एक सादी **पियरी** (पीली सूती साड़ी) में ही आती है। विवाह के गम्भीर दायित्व का बोध प्रत्येक गीत और अनुष्ठान में रहता है।

सात फेरों का बंधन

जब वधू बनने के लिए कन्या विवाह-मंडप में लाई जाने को होती है तो उसका नखशिख शृंगार किया जाता है। पैरों में **महावर** या **मेंहदी रची** जाती है। विवाह के अवसर पर ही **महावर** की विधि विशेष प्रकार की होती है और तीज-त्यौहार पर तो **भौंरा, चिड़िया** (या **पुतसतिया**), **बुंदका** या **कौआ-साँतिया** (स्वस्तिक) पंजों पर लिखा जाता है, परन्तु विवाह के लिए पैर के दोनों बाजुओं और एड़ी पर दो-दो लकीरें और पंजे पर पाँच लकीरें खींची जाती हैं। पंजों के ऊपर **बिन्दकी** लिखी जाती है, जिसमें पाँच **समकेन्द्रिक** वृत्त बनाए जाते हैं, इसे **छबरिया** कहते हैं, बीच वाले वृत्त के भीतर स्वस्तिक भी बनाते हैं, उसे **फुलछबरिया** कहते हैं। कहीं-कहीं **पिंडली** या **तिली** के ऊपर **खजूर** गुदाया जाता है, एड़ी के ऊपर की गाँठों पर (**गट्टों** पर) तथा गाँठों के ऊपर **मुरायों** (टखनों) पर **नेवाड़ी** (एक गोल धारी) या **खड्डआ** (दुहरी धारी) गुदाई जाती है। हाथ की **हथेली** (**गदोली**) पर फूल-पत्तियों या बूँदों की मेंहदी-रचना (**चितैया या मड़ैया**) भी विवाह-शृंगार का कहीं-कहीं आवश्यक अंग होती है। मेंहदी की बड़ी-बड़ी गोल बूँदों का नाम **पैसा-टका** और नन्हीं बूँदों का नाम **हथफूल** है। हथेली की मेंहदी-रचना **सूरजमुखी, चन्दा तरई** या **चुनरी** तीन प्रकार की होती है। उँगलियों पर **खजूर, लहरिया, साँकड़ी, फुलपतिया** और **मुठिया** कई किस्म की रचाई होती है। भावी वधू की चूड़ियाँ भी विशेष होती हैं। इन्हें **भागमंती, सहाना** कहते हैं। पूरब का रिवाज है कि केवल लाल चूड़ियाँ पहनाई जाएँ और उनके आगे-पीछे **लाह (लाख)** की **लहठी** या **बन्द** पहनाए जाएँ। पश्चिम में **धानी** या **तोतई** चूड़ियों का रिवाज है। बायें हाथ में एक अतिरिक्त चूड़ी पहनाई जाती है। इसे **असीस** की चूड़ी कहते हैं। सुहाग की चूड़ी या सोबे की चूड़ी पहनाने का नेग **मनिहारिन** लेती है। चूड़ियाँ पहनाते समय यदि कोई चूड़ी तड़क जाए तो उसे फूटना न कहकर **मौरना** कहते हैं। मौरी हुई चूड़ी को तोड़कर प्यार की परीक्षा ली जाती है। यदि टुकड़े के सिरे पर नोक निकल आए तो इसका संकेत है कि पति प्यार करेगा।

इसके बाद केशों का शृंगार शुरू होता है। वैसे अनमने ढंग से **इकचुटिया** बँधाव हो, पर शुभ अवसरों के लिए **बेनी-बँधाव** ही होता है, वह भी **टेढ़ी** या **बाँकी** माँग न होकर **तुम्की** या **सीधी** माँग होती है और **तिनचुटिया** (**काकपक्षी** या **कौवा** बँधाव) न होकर **खोंपा-बँधाव** (धझिल्ल) या **छल्ली-बँधाव** होता है। विवाह के पहले कन्या का

कर्णभेद (कनेवा) होता है। उस समय दस चोटी वाला **खजूरा-बँधाव** किया जाता है, परन्तु विवाह के अवसर पर बँधाव की प्रक्रिया इस प्रकार है : पहले **थकरी** से केश **ब्यौरे** या **थकरियाये** या **सुलझाए** जाते हैं, इसके बाद उनमें कंघी की जाती है, पहले बीच में एक सीधी माँग निकाली जाती है, फिर **तलुए** (सिर के सामने वाले भाग) पर से कुछ बाल लेकर एक पान की-सी आकृति की **बेनी गुह** दी जाती है, इसके बाद अगल-बगल दोनों **पक्खों** (कनपटियों) के ऊपर दो-दो के हिसाब से चार बेनियाँ गुही जाती हैं। माथे के पीछे (**पिछाई** या **लेंवाड़ी**) की ओर एक अलग बेनी गुही जाती है। अगल-बगल की बेनियों को **पटिया** भी कहते हैं और इस प्रकार बाल सजाने को **पटिया पारना** या **काढ़ना** कहते हैं। इन पाँच बेनियों को एक साथ जोड़ दिया जाता है। इसी को **खोंपा काढ़ना** कहते हैं। बाल गुँहने की प्रक्रिया में छोटे-छोटे कनपटी के बाल, **छाँहरे** या आगे **लिलार** या **ललाट** की ओर के छोटे-छोटे बाल **भौंरे चौंटियाये** जाते हैं, इनकी बेनी **चौंटिया** (**छोटी बेनी** या **छोटी पटिया**) कही जाती है। लटों के तीन मुट्ठे करके बेनी गुही जाती है। मुट्ठे को **पखिया** भी कहते हैं। लट **बाँकी** या **वंक** या **कुटिल** (अलक) होती है या **सटकारी** या **सीधी** होती है। टेढ़े घुँघराले बालों में जो **मोड़** पड़ती है, उसे **घूमर** कहते हैं। संस्कृत साहित्य में चूर्णकुन्तल का प्रयोग टेढ़ी लटों में घूमर उभारने के अर्थ में किया गया है। इस प्रक्रिया में बालों के धरातल को ऊँचा-नीचा बनाकर उन्हें **सहरदार** या **घँघरा** बनाया जाता है और ऊपर फूले हुए बाल, **गुब्बारे** उभारे जाते हैं।

छल्ली-बँधाव में लाल-पीले सूत के धागों (**कलायों**) के **फन्दों** (**छल्लों**) में **खोंपा-बँधाव** की पाँच बेनियाँ बाँधी जाती हैं।

विवाह के पहले माँग में सिन्दूर नहीं भरी जाती, पर माथे पर **बिन्दी** लगाई जाती है। भावी **वधू** या **कन्या** (**लाडो** या **बरनी**) को काजल भी विशेष तरीके से **आँजा** जाता है जो संलक्ष्य न हो, पर जो कोरों की कोर उभारनेवाला हो। उनके सिर के ऊपर **मौरी** रखी जाती है। विवाह के समय वह नख-शिख गहनों से सजाई जाती है। विवाह की रस्में देश-भेद से अलग-अलग हैं, पर अनुष्ठान की शास्त्रीय विधि प्रायः एक है। **कन्यादान, पाणिग्रहण,** पाणिग्रहण के समय ही **शाखोच्चार** या **बेल** (जिसमें कन्या-वर के नाम तीन पूर्व पुरुषों के नामों के साथ लिये जाते हैं), **ध्रुव-दर्शन, अश्मारोहण, लाजाहोम, अग्निप्रदक्षिणा** और **सप्तपदी**, यह क्रम सर्वमान्य है। **सप्तपदी** को ही **भाँवर** या **फेरा** भी कहते हैं। पूरब के लौकिक अनुष्ठानों में शास्त्रीय विधि पूरी हो जाने के बाद **सिन्दूर-दान** होता है। सिन्दूर लाल भी होता है, पीला भी, पर शुभकार्य में पीले सिन्दूर का ही व्यवहार होता है। विवाह के लिए एक पुड़िया में **दमड़ी का सिन्दूर** रहता है, विवाह-विधि में उसी का उपयोग होता है। कन्या और वर दोनों की माताएँ पाँच सुपारी सिन्दूर में डुबोकर अलग रख देती हैं। कन्या की माँ वर को ये पाँच सुपारियाँ देती है, वर की माँ तीज के अवसर पर कन्या को भेजती है, इस प्रक्रिया को **सिन्दूर परोरना** कहते हैं। सिन्दूरदान करते समय दो उँगलियों से वर पाँच बार वधू की माँग में सिन्दूर भरता है, इसके बाद मेथी पीसकर छाप लेने के लिए प्रस्तुत केशपाश के

ऊपर कागज काटकर बनाए गए **पान-फूल** या **बेल-रचना** पर सिन्दूर छिड़का जाता है। कागज उठा लेते ही वह रचना सिन्दूर में पूरे माथे पर उभर जाती है। सिन्दूरदान के बाद वर-वधू का अक्षतों से **चुमावन** होता है और वे कौतुकगृह (**कोहबर**) में ले जाए जाते हैं। वहाँ **कोसा** (म्यान) खोलने की विधि (**कोसा-खोलाई**), दीया-बाती मिलाने की विधि (**बाती-मिलौनी**), **सिन्दूर-बहोरने** की विधि पूरी होती है। प्रत्येक विधि का एक-एक नेग होता है। विवाह के दिन वर के पाँव भी पूजे जाते हैं। उस समय का नेग **पाँव-पूजी** कहा जाता है।

विवाह के दिन नाइन वर-वधू के ऊपर **छत्र करने का** (छाता करने का) नेग तथा दोनों की गाँठ हल्दी-सुपारी से जोड़ने का नेग (**गँठबँधनी**) पाती है। विवाह के दूसरे दिन मंडप में वर को भोजन कराया जाता है, उसे **कुँअरकलेऊ, बसिया-खिलाई** या **खिचड़ी-खिलाई** कहते हैं। वर को अधिकार होता है कि कुछ देर तक कोप करने का स्वाँग रचे (**कोहनाये**)। उसको मनाने के लिए कुछ उपहार दिए जाते हैं, जिन्हें **बसिया-खिलाई** या **खिचड़ी-खिलाई** कहते हैं। जहाँ बारात तीन से अधिक दिन रहती है, वहाँ चौथे दिन **चतुर्थी** छूटती है और उसी दिन वर का पिता वधू का **माथ ढाँकने जाता है**। उसी के साथ वर-पक्ष का नाई कन्या-पक्ष की नाइन का भी **माथ ढाँकता** है। माथ ढाँकने वाली साड़ी को **मथढँकनी** कहते हैं। बारात विदा होने के दिन कई रस्में पूरी की जाती हैं। **समधी** (वर का पिता) मंडप में आता है। **माँड़ों हिलाकर माँड़ों प्रतिष्ठा** करता है, माँड़ों में खम्भों के साथ बँधी हुई एकाध रस्सी खोल देता है। इसके लिए उसे **मँड़वाना** मिलता है। इसके बाद वर-पक्ष से पान कन्या की माँ (**समधिन**) के पास भेजा जाता है। वह तीन बार भेजा जाता है, तीन बार वापस आता है, तीनों बार कुछ द्रव्य की भेंट आती है, जिसे **पान-फेराई** कहते हैं। इसके अलावा वर, वर के पिता (समधी) और वर के जेठे भाई को **बटुआ** मिलता है, वर के बटुए की **घुंडी** चाँदी या सोने की होती है, बटुए में चाँदी का **पनडब्बा, इत्रदानी (मछलीनुमा), सुपारी** के साथ दक्षिणा-द्रव्य भी रहता है। वर विदा होते समय पुनः **परिछा** जाता है। उसके लिए **परछौनी** पाता है, वह सास का आँचल थामता है, उसके लिए **अँचराधरौनी** पाता है, उसे भी अपनी सालियों को नेग देना पड़ता है, जो द्वार छेंकती हैं (**दुआरछेंकाई**)। सबसे अन्त में परात में पीले अक्षत आते हैं, जो पाँच बार समधी के हाथ में दिए जाते हैं। **अक्षत** मिलते ही बारात की विदाई सम्पन्न हो जाती है। वधू विवाह के बाद सवा महीने तक मंडप में **चौरी** पूजती है।

आठ प्रकार के विवाह धर्मशास्त्रों में बतलाए गए हैं। पर लोक-व्यवहार में तीन ही प्रकार के विवाह प्रचलित हैं। एक तो **पाँव-पूँजी** (जिसमें कन्या को लेकर पिता वर के घर पहुँचा जाता है और वर के पाँव पूजकर वहीं कन्या प्रदान करके लौट जाता है, इसमें बारात नहीं जाती और विवाह के व्यय का भार वर पक्ष पर पड़ता है), दूसरा **चढ़के** विवाह (जिसमें बारात जाती है, व्यय-भार कन्या पक्ष पर पड़ता है); तीसरा घर-**बैठौनी** (दूसरे की **ऊढ़ा** या **उढ़री** विधवा या स्वयंवरा कन्या को कोई पूरी रस्म अदा किए बिना केवल

भात-भोज देकर अपने घर बैठा लेता है), इसी घर-बैठौनी का शहरी और कानूनी संस्करण सिविल मैरेज (**अदालती ब्याह**) है। विवाह के बाद वधू-प्रवेश (**गौना**) और उसके बाद द्विरागमन (**दोंगा** या **रौना**), त्रिरागमन (**तेंगा**) होता है।

ब्याह और गौने के बाद मिठाइयों का **बायन** पास-पड़ोस और रिश्तेदारों में बाँटा जाता है। बहू का मुँह देखने के लिए घर के लोग कुछ भेंट लाते हैं, उसे **मुँहदेखौनी** या **मुँह-दिखाई** कहते हैं।

विवाह से सम्बद्ध गीतों और भेंट की मिठाइयों के प्रदेश-भेद से अनगिनत नाम हैं। विवाह सबसे बड़ा सामाजिक उत्सव है, क्योंकि भारतीय कल्पना में गृहस्थाश्रम ही सबसे प्रधान आश्रम है। इसके लिए **उछाह** भी इसीलिए इतना अधिक है और इसकी विधि में जटिलता भी इतनी है।

नई खेती

अधिक उत्पादन के लिए इधर खेती के क्षेत्र में नए-नए ईजाद हुए हैं। इसके लिए प्रकृति के साथ अनुकूलन तो किया ही गया है, उसे चुनौती भी दी गई है। शुरुआत नई विकसित प्रणालियों से करते हैं। सघन खेती, विस्तृत खेती, नम खेती, सिंचित खेती, शुष्क खेती, एकल खेती, दोहरी खेती, बहुफसल खेती, रोपण खेती, झूमिंग खेती, फेर-बदल की खेती (फार्मिंग बाई क्रॉप रोटेशन), मिश्रित खेती और व्यावसायिक खेती प्रमुख खेती या फसल प्रणालियाँ हैं। अतिरिक्त इसके, व्यक्तिगत, सहकारी और सामूहिक खेती का प्रचलन भी है। सहकारी खेती के अन्तर्गत सहकारी कास्तकारी खेती, सहकारी सामूहिक खेती, सहकारी बेहतर खेती और सहकारी संयुक्त खेती की विधियाँ हैं। इसके आगे भी सरकारी स्तर पर सघन कृषि कार्यक्रम चलाए जा रहे हैं।

भूमि-परीक्षण (मिट्टी की जाँच) नई खेती की पहली शर्त है। खेत के चारों कोनों और मध्य से नौ इंच नीचे की थोड़ी-थोड़ी मिट्टी लेकर परीक्षण केन्द्र से जाँच कराकर यह जानकारी की जाती है कि भूमि में किन-किन रासायनिक तत्वों की कमी है। फिर उसी के अनुरूप उर्वरक व फसल आदि का निर्धारण किया जाता है यथा—**लाल मिट्टी** में **लौह तत्व** की अधिकता तथा **नाइट्रोजन-फास्फोरस** की कमी होती है अतः ऐसी भूमि में ज्वार, बाजरा, कपास, तिलहन और मूँगफली की फसलें बोई जाती हैं। **काली मिट्टी** में **लौह पोटाश** की अधिकता और **नाइट्रोजन-फास्फोरस** की कमी होती है इसलिए ऐसी मिट्टी में मोटे अनाज की फसलें उगाई जाती हैं, **लैटेराइट** मिट्टी साधारणतः अनउपजाऊ होती है, **जलोढ़** या **दोमट** मिट्टी में **पोटाश** अधिक मात्रा में पाया जाता है किन्तु फास्फोरस की कमी होती है, ऐसी मिट्टी सभी रासायनिक तत्वों से पूर्ण तथा मुलायम होती है अतः इसमें रबी, खरीफ की दोनों फसलें गेहूँ, गन्ना, चावल, तम्बाकू, पटसन आदि की फसल बोई जाती हैं और नमकीन या **क्षारीय मिट्टी** में **सोडियम, कैल्शियम, मैगनीशियम** के लवण और **सलफ्यूरिक अम्ल** का आधिक्य होता है अतः ऐसी मिट्टी में **जिप्सम** डालकर साधारण फसलें उगाई जाती हैं।

फसल कटते ही **मेस्टन हल** (मिट्टी पलटने वाले हल) या **डिस्क** (जुताई के साथ मिट्टी पलटने का यंत्र) के द्वारा गर्मी की जुताई आवश्यक है, जिससे खरपतवार नीचे चले जाएँ और बरसात में सड़कर खाद बन जाएँ और नीचे के कीड़े-मकोड़े तथा उनके अंडे ऊपर आकर गर्मी से नष्ट हो जाएँ। बारिश होते ही या जहाँ सिंचाई का साधन

है, बारिश से पूर्व ही हरी खाद के लिए हरी खाद की फसलें सनई, मूँग, लोबिया, ढेंचा, ग्वार आदि बो दी जाती हैं और साठ दिनों बाद पाटा या पटेला चलाकर मिट्टी पलटने वाले हल से खेत में जोत दी जाती हैं। इस क्रिया को **गजारना** कहते हैं। फिर खेत में पानी भर दिया जाता है। इसके बाद खेत की तैयारी की जाती है। इसके लिए जुताई हल-बैल द्वारा या फिर **ट्रैक्टर** द्वारा की जाती है। अब खेत में खाद देने का क्रम आता है। खाद दो प्रकार की होती है—साधारण खाद (कार्बनिक रसायन) और विशेष खाद (अकार्बनिक रसायन)। साधारण खाद वनस्पतियों, कूड़ा-करकटों, पशुओं, पक्षियों, मनुष्यों के मल-मूत्रों से प्राप्त रासायनिक पदार्थ हैं। इसमें गोबर की खाद, हरी फसल की खाद, मल-मूत्र की खाद, मछली एवं खली की खाद या सोरे की खाद प्रमुख हैं। यह खाद भूमि की उर्वरा शक्ति को धीरे-धीरे बढ़ाती है और उसके स्थायित्व को बनाए रखती है। इन खादों को बुआई से पहले दिया जाता है जैसे—गोबर, कम्पोस्ट, मल-मूत्र और कूड़ा-करकट वाली खादों को बुआई से दो माह पूर्व और हरी खाद को बुआई से दो महीने पूर्व बोकर तथा बुआई के आठ-दस दिन पहले सड़ा दिया जाता है तथा महुआ की खली को कम से कम ढाई या तीन महीना पहले खेतों में डाला जाता है। विशेष खाद को **उर्वरकों** के नाम से जाना जाता है। ये अकार्बनिक रासायनिक उर्वरक कारखानों में तैयार किये जाते हैं और इनकी तीन श्रेणियाँ हैं—(क) नाइट्रोजन युक्त उर्वरक (ख) फास्फोरस युक्त उर्वरक और (ग) पोटाश युक्त उर्वरक। संक्षेप में इन्हें **एन.पी.के.** कहते हैं। इनसे भूमि की उर्वरा शक्ति तेजी से बढ़ती है किन्तु इनका नियमित प्रयोग भूमि की उर्वरा शक्ति को धीरे-धीरे घटाता भी है। इसीलिए इनका प्रयोग भूमि के परीक्षण के बाद आवश्यकतानुसार उपयुक्त मात्रा में उपयुक्त समय पर किया जाता है। रासायनिक उर्वरकों में नाइट्रोजन युक्त उर्वरक के अन्तर्गत **यूरिया,** (एमाइड) **अमोनियम सल्फेट** (नाइट्रेट), **कैल्शियम अमोनियम** (नाइट्रेट), **सोडियम नाइट्रेट** (नाइट्रेट), **अमोनियम सल्फेट** (अमोनियम), **पोटेशियम नाइट्रेट** (नाइट्रेट), **कैल्शियम साइनामाइड** (एमाइड), **मोनो अमोनियम फास्फेट** (अमोनियम) और **डाइ अमोनियम फास्फेट** (अमोनियम) आते हैं, फास्फोरस युक्त उर्वरकों में **डाई अमोनियम फास्फेट, मोनो अमोनियम फास्फेट, सिंगल सुपर फास्फेट, सुफला** (धूसर), **ट्राई अमोनियम फास्फेट, ट्रिपल सुपर फास्फेट, सुफला** (गुलाबी), **हड्डी का चूरा, ग्रोमोर, बेसिक स्लेरा, डाई कैल्शियम फास्फेट** और **सुफला (पीला)** एवं पोटाश युक्त उर्वरकों में **म्युरेट ऑफ पोटाश, पोटेशियम कार्बोनेट, पोटेशियम सल्फेट** और **पोटेशियम नाइट्रेट** प्रचलित खादें हैं। किन्तु साधारण किसान की जुबान पर तो बुआई से पहले **डाई** और बुआई के बाद (खड़ी फसल में) प्रयोग में लाने के लिए **यूरिया** का ही नाम रहता है। अकार्बनिक रासायनिक खादों को बुआई के ठीक पूर्व या बुआई के ठीक बाद दिया जाता है जैसे पोटेशियम एवं फास्फोरस युक्त उर्वरकों को बुआई से ठीक पहले दिया जाता है और इस क्रिया को **बेसल ब्रेसिंग** कहते हैं और नाइट्रोजन युक्त उर्वरक बुआई के समय और उसके पश्चात आवश्यकतानुसार दो-तीन बार खड़ी फसल में दिया जाता है। खड़ी

फसल में नाइट्रोजन युक्त उर्वरक देने की क्रिया **टॉप ड्रेसिंग** कही जाती है। नाइट्रोजन युक्त खाद खड़ी फसल में हाथ से छींटकर भी दी जाती है और पानी में घोल बनाकर इसका छिड़काव भी किया जाता है।

बुआई के पहले किसान **फसल चक्र** का निर्धारण करता है। वह किसी निश्चित क्षेत्र में निश्चित अवधि के अन्तराल पर फसलों को एक निश्चित क्रम से उगाने की बात सोचता है ताकि भूमि की उर्वरा शक्ति को नष्ट किए बिना उसका अधिकतम उपयोग किया जा सके। इसके लिए वह गहरी जड़ वाली फसलों के बाद उथली जड़ वाली फसल जैसे ज्वार के बाद चना या गेहूँ के बाद कपास, अधिक खाद चाहने वाली फसलों के बाद कम खाद चाहने वाली फसलों को जैसे आलू के बाद मक्का, गेहूँ के बाद मूँगफली, फलीदार या दलहनी फसलों के बाद गैर फलीदार या गैर दलहनी फसलों को जैसे मूँग के बाद धान, चने के बाद ज्वार, मूँग या लोभिया के बाद गेहूँ, मटर के बाद धान और अधिक निराई-गुड़ाई सिंचाई वाली फसलों के बाद कम निराई-गुड़ाई सिंचाई वाली फसलों जैसे धान के बाद चना, और गन्ने के बाद मूँग या अरहर जैसी फसलों का चयन करता है। फसल तय कर लेने के बाद किसान अच्छे और उन्नतशील बीज का प्रबंध करता है। कृषि संस्थानों में बीजों की बहुत सारी **शंकर प्रजातियाँ** विकसित हुई हैं, जिनके नाम नम्बरों से नियत किए गए हैं। इन संस्थानों से उपलब्ध होने वाले बीज **फाउंडेशन बीज** कहे जाते हैं। किसान प्रायः इन्हीं बीजों को प्राप्त करने का भरसक प्रयास करता है। इनकी अनुपलब्धता में वह सरकारी गोदामों या बीज की दुकानों या कास्तकारों के यहाँ से बीज लेकर उसका शोधन अपने यहाँ करता है। बोने के पूर्व बीज में उपयुक्त रसायनों का मिलना **बीज शोधन** या **बीजोपचार** कहलाता है। बीज शोधन के लिए प्रयोग में आने वाले सभी प्रचलित रसायन **स्पर्श विष** होते हैं जो बीज की सतह पर अथवा भूमि में मौजूद रोग को नष्ट कर देते हैं अतः बीज की सतह पर बीज शोधक रसायन की एक समान व पतली पर्त जमा होना आवश्यक है। बीज शोधन की तीन विधियाँ प्रचलित हैं–(1) **शुष्क बीज शोधन,** (2) **लेप द्वारा और** (3) **घोल में डुबा कर**। शुष्क बीज शोधन के लिए सूखे रसायन और बीज दोनों का सूखा होना जरूरी है। बीज में दवा मिलाने के लिए **बीज शोधक यंत्र** का प्रयोग किया जाता है। इस यंत्र में तीन-चौथाई तक बीज भरकर उसके ऊपर निश्चित मात्रा में दवा का चूर्ण डाल देते हैं। फिर यंत्र को हाथ से चालीस-पचास बार धीरे-धीरे घुमाते हैं। इस प्रकार दवा बीज की सतह पर एक पतली पर्त में जमा हो जाती है। यंत्र के अभाव में घड़े का प्रयोग भी किया जाता है। घड़े में इसी ढंग से बीज व दवा भरकर उसका मुँह कपड़े से बाँधकर चार-पाँच मिनट तक घुमाने से दवा उचित प्रकार से मिल जाती है। लेप द्वारा बीज शोधन के लिए केवल घुलनशील चूर्ण का प्रयोग किया जाता है। दवा को पहले थोड़े पानी में घोलकर उसकी गाढ़ी **लेई** बना ली जाती है। इस लेई में थोड़ा-सा पानी मिलाकर उसका गाढ़ा लेप बना लिया जाता है जिसे बीज पर छिड़क कर बीज में भली-भाँति मिलाया जाता है। लगभग एक कुन्तल बीज के लिए डेढ़ लीटर लेप पर्याप्त

होता है। घोल द्वारा बीज शोधन के लिए घुलनशील पारायुक्त रसायनों का प्रयोग होता है। इन्हें पहले पानी में घोलकर उसमें बीज को निश्चित समय तक डुबाया या भिगोया जाता है। लेप और घोल विधि द्वारा बीज शोधन को **वेट सीड ट्रीटमेंट** भी कहते हैं। **सेरासन, एग्रोसन जी-एन. थीरम, कैप्टान, टफासान** या **एरिटान, एगलाल, डायथेन** आदि बीज-शोधक दवाएँ हैं। कुछ अन्य क्षेत्र के नए बीजों तथा दलहनी फसलों की **नाइट्रोजन फिक्शेसन** (नत्रजन स्थिरीकरण) क्षमता-वृद्धि के लिए बीजों में गुड़ मिलाकर उनका **कल्चर** तैयार किया जाता है, जिसे **राइजोवियम कल्चर** कहते हैं।

शोधित बीज निर्धारित दूरी और गहराई पर बोया जाता है। बुआई की तीन विधियाँ प्रचलित हैं–(1) छिटकवा बुआई, (2) कतारों में बुआई और (3) रोपाई द्वारा बुआई। छिटकवा बुआई में बीज बिना किसी यंत्र के हाथ द्वारा छिटक कर बोया जाता है। इस विधि से बीज अधिक लगता है, उपज कम होती है और निराई-गुड़ाई, सिंचाई आदि में असुविधा होती है। नई खेती में इस विधि का प्रायः **उठान** ही हो गया है। कतारों में बुआई कृषि यंत्रों द्वारा की जाती है। इस विधि में बीज कम लगता है, उपज अधिक होती है और निराई-गुड़ाई, सिंचाई आदि में सहूलियत होती है। कतारों में बुआई कई तरह से की जाती है। जैसे–हल के पीछे कूँड़ में, **डिब्लर** से और **सीड ड्रिल** द्वारा। रोपाई के लिए सबसे पहले छोटी-छोटी क्यारियों में बीज बोकर पौध तैयार की जाती है। बाद में इन पौधों को निकालकर खेतों में फसल के अनुसार उचित दूरी पर कतारों में रोपा या लगाया जाता है।

खरपतवार ऐसे अवांछित पौधे होते हैं जो फसल के साथ स्वतः उगा करते हैं, लगभग स्थायी होते हैं और तेजी से बढ़ते हैं। इनके कारण कृषि व्यय में वृद्धि और उत्पादन में कमी हो जाती है। खरपतवारों को तीन श्रेणियों में रखा जा सकता है–(1) एकवर्षीय–एक ही मौसम में वानस्पतिक वृद्धि और बीज उत्पादन को पूरा करने वाले मौसमी खरपतवार जैसे–बथुआ, सेंवई, लहसुआ, कृष्णनील आदि। (2) द्विवर्षीय–इनमें वानस्पतिक वृद्धि और बीजोत्पादन कार्य पूरा करने में दो वर्ष लगता है, जैसे जंगली गोभी, जंगली गाजर, करमी साग आदि। (3) बहुवर्षीय–ऐसे खरपतवार दो मौसम से अधिक जीवित रहते हैं। इनमें प्रजनन बीज के अतिरिक्त भूमिगत तनों द्वारा अधिक होता है। इनका ऊपरी भाग वर्ष भर हरा रहता है या किसी मौसम में सूख जाता है और दूसरे मौसम में फिर हरा हो जाता है, जैसे बरू, मोथा, कुस, कास आदि। आज का किसान कृषि विधियों द्वारा खरपतवार पर नियंत्रण के पक्ष में कम रहता है। वह तो रासायनिक नियंत्रण द्वारा खरपतवारों पर तुरन्त नियंत्रण पाने के पक्ष में है और यह सुविधाजनक तथा कम खर्चीला भी है। खरपतवारों पर नियंत्रण पाने के लिए खरपतवार नाशकों का नीचे लिखे तीन प्रकार से प्रयोग किया जाता है–

1. **पूर्वरोपण :** फसल बोने के पहले खरपतवार नाशकों को खेत की मिट्टी में मिला दिया जाता है। इसके लिए एप्टम, वरनाम, ट्रेफलान और टी.सी.ए. प्रमुख खरपतवारनाशक दवाएँ हैं।

2. **पूर्व अंकुरण** : बोने के पश्चात परन्तु उगने के पूर्व खरपतवारनाशक रसायनों का प्रयोग किया जाता है। इसके लिए उपयोगी रसायन सिमाजीन, अट्राजीन, टोकई-25, कोटारोन, टेनोरान और लासो हैं।

3. **बाद अंकुरण** : फसल और खरपतवार दोनों के उगने के पश्चात खरपतवारनाशकों का प्रयोग किया जाता है। इसके लिए 2, 4-डी., एम.सी.पी.ए., एम.सी.पी.बी., अट्राजीन, पी.सी.पी., स्टैम एफ. 34 और डलापान प्रमुख खरपतवारनाशक रसायन हैं।

कृषि रक्षा के बहुत सारे रसायन हैं जिनका प्रयोग हानिकारक कीड़ों, पौधों के रोगों, खरपतवारों, चूहों आदि के लिए किया जाता है। जिन रसायनों का प्रयोग कीड़ों-मकोड़ों की रोकथाम के लिए किया जाता है उन्हें **कीटनाशक** कहते हैं। पौधों के अधिकांश रोग फफूँदी के कारण होते हैं और कुछ शाकाणु (वैक्टीरिया) के कारण। इनकी रोकथाम के लिए जो दवाएँ प्रयुक्त होती हैं उन्हें **फफूँदीनाशक** (फजीसाइड) और शाकाणु या जीवाणु नाशक कहते हैं। इसी प्रकार खरपतवारों को नष्ट करने वाली दवा को **खरपतवारनाशक** (बीडीसाइड) व चूहों को मारने वाली दवा को **चूहानाशक** कहते हैं। प्रमुख कृषि रक्षा रसायनों के व्यापारिक नाम आल्ड्रैक्स, आल्ड्रीन, गैमेक्सीन, हैक्सीडोल, सेविन, हेक्साविन, क्लोरडेन, हेप्टाक्लोर, मैलामार, फालीडाल, पैराटाक्स, आल्ड्रेक्स, गामा.बी. एच.सी. लिन्डेन, उर्सवान, वासुडीन, डाइटाफ, बेजानान, रोगार, न्यूवान, डाइवेप, डी.डी. वी.पी., थायोडान, थायोटाक्स, हिल्डान, लेवासिड, एन्थियो, फालीथियान, सुमिथियान, मैलामार, मेटासिस्टाक्स, न्यूवाफ्रान, जोलोन, इकाटीन, हेक्साटीन, डायमेक्रान, इकालाक्स, एल्सान, सेविन, थिमेट 10जी., फियूराडान 3जी, बेवेस्टीन, वेनलेट, ब्लाइटाक्स, फाइटोलान, बिल्यू, कापर, डाइथेन, जेड-78, जाइरम, फैराथेन, एग्रोसन जी.एन., हेक्सासान, सेरेसान, टिलेक्स, सेरेसन वेट, हगलाल, ऐराटान, टेफासान, सल्फेक्स, विटावेक्स, रेटाफिन, रोडोफरीन, जिन्टाक्स, सेल्फास, ई.डी.बी. एम्पुल, एग्रीमाइसिन, स्ट्रेप्टोसाइक्लीन, टोक ई-25, डोसोनेक्स, ट्रिबुनिल एरीलान, टोलकान, फारनोक्सान, ब्लेडेक्स जी, और ब्लेडेक्स सी हैं।

बीज की बुआई से लेकर फसल की कटाई-मड़ाई तक प्रायः हर कार्य यंत्रों या कृषि उपकरणों द्वारा ही किये जाते हैं। कुछ के नाम और कार्य इस प्रकार हैं–

कल्टीवेटर : सीधी जुताई करता है। इसमें 7 से लेकर 21 फाल होते हैं। यह ट्रैक्टर के पीछे जुड़ता है और इसके फालों की संख्या ट्रैक्टर की क्षमता पर निर्भर करती है।

डिस्क : यह जुताई के साथ-साथ मिट्टी भी पलटता है। इसमें छः आगे और छः पीछे कुल बारह तवे लगे रहते हैं।

डिस्क हैरो : काफी गहरी जुताई करके मिट्टी को पलटता है।

मोल्ड बोल्ड प्लाऊ : यह कल्टीवेटर की डिजाइन का होता है। इसमें दो-तीन फाल मोल्ड बोल्ड आकार के होते हैं, जो गहरी जुताई करते और मिट्टी को पलटते हैं।

डिबलर : बुआई का उपकरण है। इसका प्रयोग हाथ द्वारा किया जाता है।

मेस्टन : मिट्टी पलटने का हल है। यह बैलों द्वारा चलाया जाता है।

स्क्रैपर या लेबलर : इसके द्वारा जमीन को समतल किया जाता है। इसे ट्रैक्टर के पीछे लगाते हैं।

चाइनीज रोटा बेटर : जुताई का यंत्र है। इसका हैंडल हाथ से पकड़कर एक आदमी पैदल चलाता है।

चाइनीज पावर टिलर : यह एक प्रकार का मिनी ट्रैक्टर है। इसका इंजन आठ हार्स पॉवर का होता है और यह जुताई तथा बुआई का काम करता है।

सीडड्रिल : इसके द्वारा बुआई की जाती है। इससे नौ कतारें बनती हैं। कतारों की दूरी बढ़ाने और घटाने की भी व्यवस्था होती है। यह कल्टीवेटर की तरह ही होता है। इसमें दो बाक्स भी होते हैं एक में खाद और दूसरे में बीज भरा जाता है। यह ट्रैक्टर के पीछे लगाया जाता है।

मालवीय सीडड्रिल : यह बुआई का छोटा यंत्र है और बैलों द्वारा चलाया जाता है।

ड्राईलैंड बीडर : इससे निराई-गुड़ाई की जाती है और यह आदमी द्वारा चलाया जाता है।

हो : निराई-गुड़ाई का यंत्र है। यह कई प्रकार का होता है। कुछ मशीन और कुछ हाथ द्वारा चलाया जाता है। हाथ द्वारा चलाए जाने वाले हो को **हैंड हो** कहते हैं।

हस्त डस्टर : इसके द्वारा फसलों पर रसायन चूर्ण का भुरकाव किया जाता है।

पावर डस्टर : वृक्षों और फसलों पर इसके द्वारा रसायन चूर्ण का भुरकाव किया जाता है।

स्प्रेयर कम डस्टर : इसके द्वारा फसलों पर रसायन का छिड़काव और भुरकाव किया जाता है।

वायुदाब स्प्रेयर : फसलों पर घोल छिड़कने का उपकरण है।

बाल्टी स्प्रेयर, नैपसैक स्प्रेयर, वैटरी नैपसैक स्प्रेयर, राफर स्प्रेयर, पद स्प्रेयर, पावर स्प्रेयर और लो वालूम स्प्रेयर—सभी फसलों पर रासायनिक घोल छिड़कने के यंत्र हैं।

बीज शोधन यंत्र : इस उपकरण के द्वारा शुष्क बीज का शोधन किया जाता है।

भूमि शोधन पम्प : इसके द्वारा जमीन में सूत्र कृमिनाशक रसायन डाला जाता है।

चूहा पम्प : इसके द्वारा चूहों के बिलों में चूर्ण धौंकने का काम किया जाता है।

फ्लेम थ्रोअर : इससे टिड्डी दलों को जलाया जाता है।

पम्पिंग सेट : गड्ढे, तालाब, बोरिंग वाले कुओं तथा नदी आदि से पानी खींचता है।

थ्रेसर : यह मड़ाई या दवाई का उपकरण है। इसे ट्रैक्टर या पम्पिंग सेट द्वारा चलाया जाता है।

ओसाई का पंखा : थ्रेसिंग के बाद इसके द्वारा ओसाई की जाती है। यह आदमी द्वारा चलाया जाता है।

हार्वेस्टर : इसके द्वारा एक साथ ही फसल की कटाई, मड़ाई और दाना अलग करने का काम किया जाता है।

इस प्रकार हम देखते हैं कि नई खेती ने पुरानी कृषि निष्क्रियता को समाप्त कर खेती के क्षेत्र में पर्याप्त प्रगति ला दी है और कृषकों के परम्परागत दृष्टिकोण में आमूल परिवर्तन कर दिया है।

खाट बुनाई

जीवनोपयोगी सामानों में **खाट, खटिया** या **चारपाई** का बहुत महत्त्व है। आकार के विचार से खाटें कई प्रकार की होती हैं। बहुत छोटी खाट जिस पर बालक सोते हैं **खटोला,** खटोले से बड़ी **खटिया,** खटिया से बड़ी **खाट,** खाट से बड़ा **पलंग** और पलंग से बड़ा **मचान** या **माचा** होता है। लोकगीतों की भाषा में पति-पत्नी के सोने की खाट **सेज** कही जाती है। पति-पत्नी में मनमुटाव होने पर रूठती और प्रसन्न रहने पर बिहँसती है। पहली बार जब बहू अपने ससुराल जाती है तो मायके से उसे पलंग दिया जाता है और ससुराल में वह पलंग उसके प्रकोष्ठ में उसकी ननद या ननदोई द्वारा ही बिछाया जाता है।

पुरुषों के गृह उद्योग के अन्तर्गत खाट बुनाई का काम भी आता है। इसे बढ़ई तो करते ही हैं दूसरे लोग भी इस कार्य से अपनी जीविका चलाते हैं। खाट बुनाई में सबसे पहले **रस्सी** तैयार की जाती है। रस्सी को **जेवर** या **जेवरी** भी कहते हैं। रस्सी **सनई** और पटुआ के पौधों की छाल से बनाई जाती है। किसान इन पौधों को बरसात के प्रारम्भ में बो देता है तथा ढाई-तीन महीने बाद काटकर इन पौधों के ऊपरी मुलायम भाग को अलग करके तनों की छोटी-छोटी पुली बनाकर तालाब या गड्ढे के पानी में गाड़ देता है और पाँच या छह दिनों बाद उसे मिट्टी से बाहर निकालकर पानी में पीट-पीटकर साफ करता है, पश्चात सुखाकर सन और डंठल को अलग कर देता है फिर उस सन को सुखा और साफ करके रस्सी तैयार करता है। इस रस्सी को **सुतरी** कहते हैं। सन के अलावा प्रकृति में कुछ ऐसी घासें भी हैं जिनसे रस्सी तैयार की जाती है। इनमें प्रमुख हैं **काँस, कुस, भाभर, पटेर, पतेल** और **मूँज**।

रस्सी **चरखी** और **ढेरा** से ऐंठी जाती है। चरखी का वह मोटा डंडा जिसके सिरे पर छेद होता है **गड़ना** कहलाता है। गड़ने के छेद में डाली जानेवाली और ऐंठा लगाने वाली लकड़ी को **घिरनी** अथवा **घिन्नी** कहते हैं। ढेरे में दो लकड़ियाँ एक दूसरे के ऊपर धन के निशान की तरह जड़ी रहती हैं, इन्हें **चक्का** कहते हैं। चक्का के ठीक बीचोबीच पतली लकड़ी या लोहा या बाँस की **कइन** लगा दी जाती है, जिसे **डाँड़ी, नरा** या **ढिरनी** कहते हैं। ढिरनी के ऊपर यदि डाँड़ी बाँस या लकड़ी की है तो उसके ऊपरी सिरे को थोड़ा मोड़ दिया जाता है और उसी में रस्सी को अँटाकर चक्के को घुमाया जाता है। वह छोटी लकड़ी या लोहे का मुड़ाव रोक, **सुलहुल** या **नक्किनी** नाम

से जाना जाता है। चक्के के चारों भाग अलग-अलग दशा में **पंखे** या **पंखुरिया** कहे जाते हैं।

ढेरे द्वारा रस्सी ऐंठने को **ढेरना** या **कातना,** हाथ की हथेलियों से ऐंठा लगाने को **बटना** और बटी हुई रस्सी को दुहरी या तिहरी करके उन्हें आपस में लपेटने को **भाँजना, भानना** कहते हैं। अधिक ऐंठन हो जाने पर रस्सी में जगह-जगह मुड़ी हुई गाँठें पड़ जाती हैं जिन्हें **बल, घुर्रा, गुड़ी, अंटा** या **अलवेटा** कहते हैं। सन की बनी रस्सी काफी मजबूत होती है जबकि अन्य प्राकृतिक घासों के द्वारा बनाई गई रस्सी अपेक्षाकृत कमजोर होती है। मूँज के परतों को उलेचने या छीलने की क्रिया को **पतोलना** कहते हैं। मूँज के तीर पर लिपटा हुआ पर्त **नारी** कहलाता है इसी नारी को कूट कर रस्सी बनाई जाती है। पहले नारी को सुखाकर जिस लकड़ी के तख्ते पर कूटते हैं उसे **मुढ़ी** अथवा **मुड्डी** कहते हैं, जिससे पीटते हैं वह मूँठदार लकड़ी **मुँगरी** कहलाती है। कूटी हुई मूँज के पुंजों को चरखी से ऐंठते हैं। चरखी में एक चौखटा होता है जिसकी लम्बाई वाली दो लकड़ियाँ **पाटी** और चौड़ाई वाली दो लकड़ियाँ **गुल्लियाँ** कहलाती हैं। चौखटे के बीच में दो लकड़ियाँ घूमती हैं इन्हें **बेलन** कहते हैं। गिल्ली में एक छोटी गिट्टक पड़ी रहती है, जिसे **फूल** और बेलनों पर लिपटी मोटी डोरी को **इँटानी** कहते हैं। इँटानी से ही बेलन घूमते हैं और मूँज ऐंठती है। मूँज ऐंठ जाने के बाद रस्सी को लकड़ी के बने अड्डे या चौखटे पर लपेट लिया जाता है। इस प्रकार पूरी तरह रस्सी की लपेट **बान** कहलाती है।

खाट में आठ अंग होते हैं। चौड़ाई में लगी हुई दो लकड़ियाँ या बाँस **सिरो** और लम्बाईवाली दोनों लकड़ियाँ या बाँस **पाटी** कहलाते हैं। खाट में चार पाए होते हैं। इन पायों को **गोड़ा** भी कहते हैं। पायों के सिरों पर बने छेद को **सुराख** या **बिल** कहते हैं। इन सुराखों में पाटी और सिरों को कुछ पतला करके ठोंक दिया जाता है। सुराखों में घुसे भाग को **चूर** कहते हैं। यदि सुराखों में चूलें ढीली होती हैं तो उनमें दो-एक लकड़ी की पच्चड़ ठोंक दी जाती है, जिसे **पाँचर** या **धाँस** कहते हैं। खाट का ऊपरी भाग जिस तरफ सिर करके सोया जाता है **सिरहाना** या **सिराना** कहलाता है और जिधर पाँव होते हैं उसे **पैताना** या पाइँत कहते हैं। पाटी और सिरों के ऊपर की चार, छह या आठ रस्सियों के सामूहिक लड़ों को **सोखा** कहते हैं। जिस खाट की दोनों पाटी और दोनों सिरे बराबर न होकर घट-बढ़ होते हैं वह खाट कोनों पर कुछ खिंच जाती है, इस टेढ़े खिंचाव को **कोनचड़, कान** या **खोंच** और इस खाट को **कैंकची** कहते हैं। जिस खाट का एक पाया शेष तीन पायों से छोटा हो वह **कुत्तामूतनी,** बैठने पर चरचर की आवाज करने वाली **चर्रमर्री,** छोटी खाट **नसकट** या **नसकटनी** और ढीली तथा गड्ढेदार खाट **सबरलील** कहलाती है। पैताने में लगी हुई मोटी रस्सी को **ओनचन** अथवा **अदवाँइन** कहते हैं।

खाट बुनने वाला सबसे पहले रस्सी को उधेड़कर उसके ऐंठन को सुलझाता है फिर उस लम्बी रस्सी को पिण्डे की भाँति लपेट लेता है। इसे **बिन्डी, गूजरी** या **बीड़ी** कहते हैं। जब वह अपने हाथ के पंजे पर रस्सी लपेटता है तो उसे **मोअना** कहते हैं। खाट

की बुनावट तीन तरह की होती है। सोखों के आधार पर की जानेवाली विभिन्न प्रकार की बुनाई को **सोखिया,** साकरों या कड़ियों के आधार पर की गई बुनाई **साँकरी** और खाट के चौक के चारों ओर अनेक प्रकार की लहरें डालकर की गई बुनाई **लहरिया** बुनावट कही जाती है। कड़ियों के विचार से खाट की बुनावटों के नाम **दुकड़ी, तिकड़ी, चौकड़ी, छकड़ी, अठकड़ी, नौकड़ी** और **बारहकड़ी,** फूलों के विचार से **चौफुली, नौफुली, सोलहफुली** और **चौंसठफुलिया, बेल** अथवा **लहर** के विचार से **खजूरी, गड़ेरिया, चौफड़िया, राजवान, सतरंजी, लहरिया** और **साँकरछल्ली** तथा अन्य दृष्टि से **पाखिया, जाफरी, चौफेरा, चौकिया, संकरफुलिया, चटाई, मकड़ी, गड़िया, निवाड़ी** आदि हैं।

रस्सी की एक लर एक **कड़ी** कहलाती है। दो **कड़ी** को **जोट** कहते हैं। बुनाई में रस्सी की जोट ही दबती और उछलती है। चौकड़ी में चार कड़ियों के सोखे पड़ते हैं। सँकरी बुनावट में सोखे कड़ियों में नहीं बनते बल्कि पूरी पट्टी रस्सी से बँध जाती है और सिरों तथा पाटियों के पास एक आयताकार **साकल** पड़ जाती है। जोट के उछालने और दबाने से खाट में लहर और फूल भी पड़ते हैं और बीच-बीच में आयताकार निशान बनते जाते हैं। इन्हें **चौक** कहते हैं। पैताने की ओर रस्सियों का जुट्टा **अतरामन, कौंधनी** या **माही** कहा जाता है। इसी में ओंनचन लगाया जाता है।

खाट बुनने वाला सबसे पहले ओंनचन की ओर खाट की चौड़ाई की दशा में रस्सी की पन्द्रह-बीस लड़ें पूरकर एक जुट्टा-सा बना लेता है, जिसे **कौंधनी** कहते हैं। इस कौंधनी के ऊपर मजबूती के लिए कपड़ा लपेट देते हैं, जिसे **लँगोट** कहते हैं। कौंधनी के बीच में एक छोटा-सा डंडा डालकर उससे कौंधनी में ऐंठा लगा देते हैं और उस डंडे को खाट बुनने तक कौंधनी और पैंताने के सिरों में अटकाए रहते हैं, इसे **अँतरसटा** कहते हैं। लरें पूरने के बाद जो जोट पड़ती है और चार या छह कड़ियाँ दब जाती हैं उसे **सोखफटना** कहा जाता है। बीच की बुनावट ऐसी होनी चाहिए कि चौक की कड़ियाँ अंत में उछली हुई हों। इसे **उछराचौक** कहते हैं। दबे चौक की खाट अच्छी नहीं मानी जाती है। किसी कारणवश बीच का चौक दब जाता है तो लकड़ी से उसकी कड़ियों को पास-पास किया जाता है, इस लकड़ी को **सेंचनी** और इस क्रिया को **सेंचियाना** कहते हैं। बुनते समय यदि भूल से दो-एक लरें ऊपर-नीचे हो जाएँ तो उसे **लरकाट** कहते हैं। खाट बुनने में तीन आदमियों की जरूरत पड़ती है। पुरानी खाट की रस्सियाँ जब कुछ जगह टूट जाती हैं तब उसे जहाँ-तहाँ बुनकर उसे ठीक कर दिया जाता है, इस बुनाई को **साँटना** कहते हैं।

जजमानी

गाँवों में कुछ जातियों की जीविका का साधन **जजमानी** है। जिसके यहाँ वे अपने जातीय पेशे के मुताबिक कार्य करते हैं, वे उनके **जजमान** (सं. यजमान) कहलाते हैं। जजमानी का काम करने वालों में पहला नाम **ब्राह्मण** का है। ऐसे ब्राह्मणों को **जजमनिहाँ बाभन** कहते हैं। इनके जजमान इन्हें **पुरोहित** या आदर से **उपरोहिता जी** कहते हैं। यद्यपि जजमानी या पुरोहिती का काम उपेक्षित माना जाता है लेकिन बिना पुरोहित के कोई भी संस्कार या धार्मिक कृत्य सम्पन्न नहीं हो पाता। **यात्रा** हो, **लग्न** या **साइत** की बात हो, **टीपन, जन्मांग** या **कुंडली** बनवाना हो या फिर लड़के-लड़की के विवाह की **गणना** करानी हो, बिना पुरोहित के काम नहीं होता है। जजमान पुरोहित के यहाँ जाकर **पतरा** या **पत्रा** दिखाता है और पुरोहित उसे **साइत, तिथि, लगन** या **लग्न** अथवा **मुहूरत** या **मुहूर्त** बताता है और जजमान इसके उपलक्ष्य में उसे **दछिना** (दक्षिणा) देता है। पुरोहित कुछ खास त्यौहारों जैसे श्रावणी या रक्षाबंधन पर जजमान के घर जाकर उसे **राखीपूनी** (रक्षा सूत्र) बाँधता है, विजयादशमी या दशहरा पर **जरई** (जौ का नया पौधा) देता है और जजमान इसके उपलक्ष्य में पुरोहित को **सिद्धा** (चावल, दाल, आटा, सब्जी, नमक, तेल, घी आदि कच्ची भोज्य सामग्री) और दक्षिणास्वरूप कुछ द्रव्य देता है। इसी प्रकार **मकर-संक्रांति** या **खिचड़ी** या **खिचड़ीवार** पर पुरोहित को जजमान द्वारा खिचड़ी (चावल, उड़द की दाल, हल्दी, अदरक, घी आदि), **चूड़ा, लाई, तिल का लड्डू** या **तिलवा** और **ढुंढा** (लाई या लावा से गुड़ के पाग में बनाया गया लड्डू) तथा **मेष संक्रांति** या **सतुआ संक्रांति** या **सतुआन** के दिन **सतुआ** (सत्तू), गुड़, घड़ा, लोटा, छाता आदि दिया जाता है। नई फसल होने पर पहले पुरोहित को **अंगऊ** या **अंगऊआ** (खलिहान में अनाज की राशि से निकाला गया अन्न) दिया जाता है।

पुरोहित जजमान के यहाँ पूजा-पाठ, कथा, हूम (हवन) आदि करता है तो उसे देवताओं का चढ़ावा, कपड़ा, अन्न, दछिना (नकद राशि) प्राप्त होता है। जजमान द्वारा गोदान कराने पर गाय और तुला-दान कराने पर जजमान के वजन के बराबर अन्न पुरोहित को दिया जाता है। जन्म के अवसर पर घर में बच्चे के जन्म लेते ही जजमान पुरोहित से प्रसूता या जच्चा के छठी और बरही के स्नान का तथा मूल आदि का विचार कराता है। संयोग से यदि बच्चा मूल में हुआ तो पुरोहित ही मूल-शान्ति कराता

है और जजमान उसे दान-दक्षिणा बरनी (वरण) आदि देता है। बच्चे का अन्नप्राशन, विद्यारम्भ, जनेऊ या यज्ञोपवीत जैसे कार्यों का सम्पादन भी पुरोहित के द्वारा ही किया जाता है। लड़की के वर खोजने से लेकर तिलक, विवाह, द्विरागमन आदि सभी कार्यों में पुरोहित की महत्त्वपूर्ण भूमिका होती है। विवाह आदि के विभिन्न कार्यक्रमों पर पुरोहित के भिन्न-भिन्न प्रकार के दान-दक्षिणा या नेग होते हैं। कन्या पक्ष का पुरोहित वर पक्ष के पुरोहित की अपेक्षा तिलक और विवाह के अवसरों पर दूना दान-दक्षिणा पाता है, क्योंकि कन्या पक्ष का जजमान जितना वर पक्ष के पुरोहित को देता है ठीक उसका दूना वर पक्ष के जजमान को कन्या पक्ष के पुरोहित को देना पड़ता है। शुभ कार्यों के अतिरिक्त घर में कष्ट और बीमारी की स्थिति में पुरोहित विघ्न-बाधा ग्रहादि की शान्ति के लिए पूजा-पाठ, अनुष्ठान, जपादि भी करता है और उचित पारिश्रमिक प्राप्त करता है। यही नहीं, गमी तथा मृत्यु के अवसर पर भी पुरोहित की आवश्यकता पड़ती है। मृतक को पिंडा (पिंड-दान) दिलाने, तिलांजलि दिलाने, विधिवत् श्राद्ध आदि की सम्पन्नता का कार्य पुरोहित द्वारा ही किया जाता है। मृत्यु के बाद मृतात्मा की शान्ति के लिए पुरोहित जजमान के यहाँ **गरुड़ पुराण** का पाठ करता है और मृत्यु से पूर्व मोक्ष-प्राप्ति के लिए जजमान को भागवत की कथा सुनाता है। जजमान इन कार्यों के लिए पुरोहित को अच्छी दक्षिणा देता है। दूसरी जाति विशेष के लोग जो बाल या हजामत बनाने का काम करते हैं, **नाऊ** या **नाई** कहलाते हैं। नाई को **हज्जाम** और **छत्तीसा** भी कहा जाता है। नाई बड़े चालाक होते हैं इसीलिए कहावत प्रसिद्ध है पक्षिन में **काऊ** और जातिन में **नाऊ**। लोकगीतों में भी नाई की चालाकी का वर्णन प्राप्त होता है यथा—**नउवा क ऽ लरिका छँटल छतीसा, ओठवन बुध उपरावे**। नाई की स्त्री **नाइन, नाउन, नइनियाँ** या **नउनियाँ** होती है। **टहल** इसके सेवा कार्य का नाम है। इसीलिए नाई गाँवों में विशेष **टहलुआ** (सेवक) होता है। नाई जिसकी टहल करता है वह उसका **जजमान** कहलाता है। **कार-परोजन** (विभिन्न अवसर) पर नाई गाँव से बाहर **नेवता** या **न्यौता** (निमंत्रण) लेकर जाता है। पुत्र-जन्म का निमंत्रण या संदेश ले जाने को **रोचना** या **लोचना,** गौने के लिए प्रथम विदाई-पत्र जिसे कन्या पक्ष वापस कर देता है **सगुन** और सगुन के बाद भेजे जाने वाले गौने के निमित्त विदाई-पत्र को **उवादा** कहते हैं। मृत्यु के अवसर पर भेजा जानेवाला निमंत्रण **गमी** या **तेरही** का नेवता कहलाता है। निमंत्रण के अलावा नाई पास-पड़ोस में **बलउआ** या **बलावा** (बुलाना) देने का कार्य भी करता है। कथा-पूजन और विभिन्न मांगलिक कार्यों पर देखने, सुनने और खाने का बुलावा देने की प्रथा प्रचलित है। नाई समय-समय पर अपने जजमान की हजामत भी बनाता है, इसे **बार बनाना** कहा जाता है। नाई जजमान के शरीर की थकान दूर करने के लिए उसकी देह भी दबाता है। इस कार्य को **मालिश** करना कहते हैं।

टहल के एवज में किसान या जजमान नाई को फसल की कटाई के समय खेत में **लेहना** (बाँहों में अटने भर कटी फसल), **बोझ** या **बोझा** और खलिहान में तैयार अनाज

में से तौलकर कुछ निश्चित अनाज देता है। इसके अलावा घर में जितने पुरुष होते हैं उतने पाँच सेर या दस सेर जहाँ जैसा नियम हो, के अनुसार उसे पूरे साल की मजदूरी दी जाती है, इसे **मूड़ पीछे बन्ही** कहते हैं। नाई जब भी घर के लोगों के बाल बनाता है उसे कुछ खाने को तैयार भोजन या **कोरा अनाज** या **सीधा** (चावल, दाल, आटा, नमक आदि) दिया जाता है। कहीं-कहीं इसे **उजरत बरेटी** कहते हैं। नाई प्रत्येक त्यौहार पर अपने जजमान के घर जाता है तब उसे खाने के लिए जो भोज्य सामग्री दी जाती है उसे **त्यौहारी** कहते हैं। मुंडन, यज्ञोपवीत, विवाह, गवना आदि के मुख्य कामों पर नाई को जो रुपया-पैसा प्राप्त होता है, उसे **नेग** और **न्यौछावर** कहा जाता है। नाई के नेगों में प्रत्येक मांगलिक कार्य में चौक पूरने पर **चउक पुराई,** मुंडन के समय बच्चे के बाल बनाने पर **मुड़न कराई,** बच्चे को **ओंइछ कर** (हाथ में कुछ पैसा या सामान लेकर बच्चे के सर के चारों तरफ तीन या पाँच बार घुमाकर) नाई को दे दिया जाता है, उसे **न्यौछावर** या **उआर-फेर,** कहीं-कहीं बच्चे के नामकरण पर नाई बच्चे के सम्बन्धियों (दादा, पिता, चाचा, फूफा, मामा आदि) के कानों पर दूब रखता है और इसके बदले उसे रुपया दिया जाता है इसे **दूबधरी का नेग,** विवाह के समय वर की हजामत और **नह** (नाखून) काटने पर **नहछू,** लड़की के यहाँ दही और वर का पानी ले जाने का नेग **दहेगँड़ा,** कन्या पक्ष का नाई बारात दरवाजे पर आने के संकेत रूप थाल में वस्त्रादि रखकर बारातियों को दिखाने के लिए ले जाता है तो **छाता देखाई,** वर को दही-गुड़ लेकर खिलाने ले जाता है, इसे **दही गुड़ कराई,** मंडप में **फेरों** (भाँवरों) के समय वर के ऊपर नाई एक कपड़ा तानता है जिसे **छात** कहा जाता है, छात में रुपये-पैसे डाले जाते हैं जो नाई को मिलते हैं इसे **छात नवाई,** होम के लिए आग लाने पर **वैसान्दुरी,** हवन के लिए लकड़ियाँ लाने के बदले **समदई,** वर का जूठा दोना उठाने के लिए **जूठ उठाई, जसूठनी** और अतिथियों का पैर धोने पर जो नेग नाई को मिलता है उसे **पाँव धोआई** या **पाँय परखनी** कहते हैं। गमी पड़ने पर **घंट बँधवाने** और **दसवाँ** या **दसाह** (दसगात्र) के बाल बनाने का कार्य भी नाई ही करता है।

नाइन जजमान के घर की औरतों और बहू-बेटियों को नहलाने-धुलाने, सिर के बाल गूँथने, नाखून काटने और गोड़ रँगने का काम करती है। गेहूँ के आटे में हल्दी और तेल मिलाकर **उबटन** बनाती है और नहलाने से पहले मैल उतारने के लिए शरीर पर मलती है। गर्म पानी को **तात** (तप्त) और ठंडे पानी को **लिर** (शीतल) पानी कहते हैं। अधिक गरम पानी को कुछ ठंडा करने के लिए उसमें ठंडा पानी मिलाया जाता है जिसे **समूना** कहते हैं। सहन योग्य गरम पानी को **सुहाता पानी** और मामूली गर्म पानी को **गुनगुना** या **कुनकुना** कहा जाता है। पैरों की मैल छुड़ाने के लिए जिस खुरदुरे ईंट के टुकड़े का प्रयोग किया जाता है उसे **झावाँ** कहते हैं। त्यौहार और मांगलिक कार्यों पर नाइन जजमान के घर की औरतों के नाखून काटती और गोड़ तो रँगती ही है, वैसे भी दसवें-पन्द्रहवें दिन नाखून काटने और गोड़ रँगने का कार्य किया करती है। इस कार्य के बदले उसे **परोसा** (भोजन) या **सीधा** या **कोरा अनाज** प्राप्त होता है।

बच्चा पैदा होने पर वह प्रसूता को छट्ठी और बरही का स्नान कराती है जिसके बदले प्रसूता के द्वारा स्नान के बाद छोड़े वस्त्र को वह ले लेती है, साथ ही और भी नेग न्यौछावर उसे दिया जाता है। छट्ठी के बाद प्रसूता को नाइन एक महीने तक **मींसती** (मालिश) करती है, जिसका पारिश्रमिक उसे अलग से दिया जाता है। जजमान के घर में किसी की मृत्यु हो जाने पर नाइन घर की औरतों को प्रतिदिन नहलाने को लिवा जाती है, इस क्रिया को **घाट नहवाना** कहते हैं। इसका पारिश्रमिक भी नाइन को दिया जाता है।

जजमानी का काम करने वाली तीसरी जाति है **लोहार** या **लुहार**। गाँव का लोहार लोहा और लकड़ी दोनों का काम करता है। वह जजमान का हँसिया, खुरपी, खुरपा फावड़ा, कुदाल, कुल्हाड़ी, गँड़ास, हल, फाल आदि को बनाता और उनकी समय-समय पर मरम्मत करता है। साथ ही जजमान के खिड़की, दरवाजे, मकान की छाजन आदि को भी बनाता और ठीक करता है। जजमान द्वारा लोहार को साल में कुछ निश्चित अन्न तथा खरीफ और रबी की फसलों से खेत या खलिहान में **लेहना** और **बोझ** (कटी फसल का कुछ निश्चित भाग) दिया जाता है। जब वह खेती के औजारों की मरम्मत के अतिरिक्त अन्य काम करता है तो उसे अतिरिक्त मजदूरी दी जाती है। मांगलिक कार्यों जैसे यज्ञोपवीत के अवसर पर वह पीढ़ा, खड़ाऊँ और पटरी या तख्ती वटु के लिए ले आता है और विवाह के अवसर पर पीढ़ा तथा सुग्गा बनाकर लाता है। इन सब चीजों का उसे नेग या दक्षिणा मिलता है जिसमें द्रव्य और वस्त्र दिया जाता है। गर्मी में शिवजी के लिए **जलधरी** लोहार ही बनाता है और मृत्यु के उपरान्त शव की अरथी या टिकठी सालने या बनाने का काम भी लोहार ही करता है।

कहार नामक जाति भी सेवा या टहल का काम करती है। इस जाति के लोग प्रायः अपने जजमान के यहाँ पानी भरने, जजमान की मालिश करने, स्नान कराने, वस्त्र फींचने आदि का कार्य करते हैं। कहार की स्त्री **कहारिन** कहलाती है। कहारिन जजमान के घर में सुबह-शाम पानी भरने का काम करती है। जजमान के घर में जब कोई कार-परोजन पड़ता है तो कहार पानी भरने और अतिथियों का पैर धुलाने का काम करता है। पर्व तथा त्यौहारों पर कहार को कलेवा दिया जाता है। रबी और खरीफ की फसलों से लेहना और बोझ तथा साल में निश्चित अन्न की राशि कहार को दी जाती है। साथ ही घर के मांगलिक कार्यों पर उसे धोती और नेगस्वरूप पैसा भी दिया जाता है। जब कार-परोजन पर वह अतिरिक्त कार्य करता है तो उसे उसकी मजदूरी अलग से दी जाती है।

जजमानी ही **धोबी** की भी आजीविका है। धोबी हिन्दू और मुसलमान दोनों में पाए जाते हैं। धोबी की औरत को **धोबिन** कहते हैं। धोबी अपने जजमान के कपड़े धोता है। कपड़ों की पहचान के लिए धोबी उन पर जो काले निशान बनाता है उसे **भिलाया डालना** कहते हैं और कपड़ों पर भिलाया डालने के काम को **भिलाई** कहते हैं। प्रत्येक घर के हिसाब से धोबी जब कपड़ों को छाँटकर एक-एक जगह एकत्र करके बाँधता है

तब बँधे हुए कपड़ों को **बाँट** कहते हैं और बाँटों को जब एक जगह बाँध दिया जाता है तो उसे **मोटरी** कहते हैं। कपड़े धोने के काम को धोआई (धुलाई) कहते हैं। धोबी जजमान के कपड़ों को **रेह** (ऊसर भूमि की मिट्टी) और **मैंगनी** (बकरी की लेंड़ी) मिला पानी के घोल जिसे **रैम या राढ़ा** कहते हैं में **सउनता या सौंदता** (भिगोता) है। फिर उसे तालाब या नदी के किनारे ले जाकर पत्थर पर पटक-पटककर धोता है। धोबी जिस घाट पर कपड़े धोता है उस घाट को **धोबी घाट** कहते हैं। सामान्य कपड़ों की धुलाई धोबी को बँधे (निश्चित) अन्न के रूप में दी जाती है किन्तु अच्छी धुलाई तथा ऊनी और रेशमी वस्त्रों की धुलाई का पारिश्रमिक उसे अलग से दिया जाता है। त्यौहारों और कार-परोजनों पर धोबी को कलेवा नेग और वस्त्रादि भी दिए जाते हैं। धोबिन जब जच्चा के प्रसूति-गृह के वस्त्रों को धोती है और उसकी धुलाई के बदले में जो नेग उसे दिया जाता है उसे **नहान-धोवन** कहते हैं। कन्या के विवाह के अवसर पर **नहछू-नहावन** के बाद कन्या को धोबिन अपनी माँग का सिन्दूर लगाती है इसे **सुहाग देना** कहते हैं। लोक-जीवन में ऐसी मान्यता है कि पहला सुहाग धोबिन को ही देना चाहिए। सुहाग का नेग उसे विशेष रूप में दिया जाता है। इसके लिए वह पर्याप्त **ठनगन** भी करती है।

गोंड़ या **भड़भूजा** की एक जाति होती है। इस जाति के लोग प्रायः अनाज के दाने भूँजने का काम करते हैं। इसके साथ ही अपने जजमान के नाते-रिश्तेदारों के यहाँ लड़कियों को **खिचड़ी** (दाना, मिष्ठान, चावल आदि) और बहुओं को **तीज** (तीज के अवसर पर भेजा जाने वाला वस्त्रादि, शृंगार की सामग्री) पहुँचाता है। इसके उपलक्ष्य में उसे अच्छा पारिश्रमिक प्राप्त होता है। विवाह के अवसर पर **लावा भूँजने** का कार्य गोंड़ या उसकी स्त्री जिसे **गोड़िन** कहते हैं, ही करती है। लावा भूँजने का नेग गोंड़ का महत्त्वपूर्ण नेग है। तीज-त्यौहारों पर गोंड़ को कलेवा और फसल होने पर लेहना और बोझ साल में दो बार दिया जाता है।

चमड़े का कार्य करने और जूता बनाने वाली जाति **चमार** कही जाती है। गाँव में मरे हुए पशुओं को इसी जाति के लोग ले जाकर चमड़ा निकालते हैं। मरे पशुओं को **डाँगर** कहा जाता है। डाँगर की खाल को **सिझाकर** चमार उससे जूते-चप्पल और **पुर** या **मोट** बनाता है। डाँगर की उम्र, कद और वर्ग के अनुसार चमार अपने जजमान को जूते आदि देता है। त्यौहार उत्सव और घर के कार-परोजन पर चमार को कलेवा, कपड़े और पैसे दिए जाते हैं। मांगलिक अवसरों पर चमार जजमान के दरवाजे पर **डुगडुइया** या **मानर** (बहुत छोटा नगाड़ा) बजाता है। विवाह के अवसर पर तीन या पाँच दिन पूर्व जिस दिन मंडप गड़ता है, मिट्टी-पानी लाने जाने के पूर्व घर की औरतें चमार के मानर की पूजा करती हैं इसे **मानर पूजाई** कहते हैं। मानर पूजाई का नेग चमार को रुपये-पैसे के रूप में दिया जाता है।

जजमानी का काम करने वाली एक और छोटी जाति है **डोम** की। इस जाति के लोग प्रायः बाँस से सूप आदि बर्तन बनाते हैं। विवाह आदि के अवसर पर **सूप, दौरी**

और **डाल-मौनी** बनाकर जजमान के यहाँ डोम पहुँचाता है। बदले में उसे उसका नेग रुपयों के रूप में प्राप्त होता है। बच्चे के जन्म पर बच्चा जब सत्तइसा के मूल में होता है तब मूल-शान्ति के दिन सत्ताइस बंधनों का सूप डोम द्वारा ही बनाकर लाया जाता है। इसका बड़ा महत्त्व है और डोम को उसका अच्छा नेग मिलता है। ग्रहण के दूसरे दिन ग्रहण का दान डोम को ही दिया जाता है। त्यौहार और उत्सव के अवसर पर डोम को अपने जजमान के यहाँ से कलेवा और वस्त्रादि मिलते हैं।

पर्व-त्यौहार और मेले

चैत्रे मासि जगद् ब्रह्मा ससर्ज प्रथमेऽहनि। शुक्ले पक्षे समग्रे तु तदा सूर्योदये सति के अनुसार चैत्र शुक्ल प्रतिपदा को **संवत्सर** का शुभारंभ हुआ। इसी दिन वर्षागम का **नव दिवस पर्व, वासंती नवरात्रारम्भ** और ईरानियों का **नौरोज** मनाया जाता है। **गण गौर** या **गौरीदोलोत्सव** चैत्र शुक्ल तृतीया को राजस्थान में होता है। यह महिलाओं का पर्व है। चैत्र शुक्ल पक्ष की नवमी **रामनवमी** के नाम से जानी जाती है। इस दिन रामजन्म महोत्सव (विशेष रूप से अयोध्या में) मनाया जाता है। नवरात्र का अन्तिम दिन होने के कारण देवी-धामों (विन्ध्याचल आदि) पर पूजनोत्सव व मेले भी होते हैं। चैत्र शुक्ल दशमी या एकादशी (अप्रैल 13-14) को **सतुआ संक्रान्ति** या **सतुआनि** का पर्व पूरब में और **वर्षारम्भ** पंजाब और बंगाल में मनाया जाता है। उत्तर भारत में वैशाख मास की पूर्णिमा को मनाया जानेवाला पर्व **वैशाखी** है जो चान्द्र पंचांग की दृष्टि से कुछ हिन्दुओं द्वारा नववर्ष के रूप में भी मनाया जाता है। **गंगा दशहरा** ज्येष्ठ शुक्ल दशमी को होता है और **रथयात्रा** का मेला आषाढ़ शुक्ल द्वितीया को (विशेष रूप से उड़ीसा में पुरी में) लगता है। **गुरुपूर्णिमा, व्यास-पूजा** और गाँवों में मनाया जाने वाला **असाढ़ी जोग** आषाढ़ पूर्णिमा को होता है। इस दिन लोग गुरु और व्यास की पूजा करते हैं तथा पूर्वी उत्तर प्रदेश के गाँवों में असाढ़ी जोग का पर्व मनाया जाता है जिसमें गोबर से घरों को गोंठा जाता है और **सतनजा** (सात प्रकार के अनाज) का **कोढ़ा** (सत्तू) खाया जाता है।

श्रावण मास के शुक्ल पक्ष की पंचमी को मनाया जाने वाला। नागपूजनोत्सव **नाग पंचमी** या **पचइयाँ** और श्रावण पूर्णिमा को होने वाली ब्राह्मणों की **श्रावणी (राखी पूनी)** और भाई-बहन का पवित्र त्यौहार रक्षा-बंधन है। भाद्र मास की कृष्णा चतुर्थी **गणेश चतुर्थी** (गणेश चौथ) और कहीं-कहीं **बिहुला चतुर्थी** के नाम से विख्यात है। गणेश चतुर्थी के रूप में गणेश जी की आराधना का यह पर्व है। महाराष्ट्र में इसी दिन दस दिनों तक चलने वाला गणेशोत्सव प्रारम्भ होता है। बिहुला चतुर्थी के रूप में यह पुत्रवती स्त्रियों का पर्व है। ऐसी स्त्रियाँ दिन भर व्रत रखती हैं और सांध्य वेला में सवत्सा गाय की पूजा करती हैं। सौभाग्यवती स्त्रियों का पर्व **हल षष्ठी** जिसे **ललही छठ** या **हरछठ** भी कहते हैं, भाद्र मास की कृष्ण षष्ठी को होता है। भाद्र मास के कृष्ण पक्ष की अष्टमी को भगवान श्रीकृष्ण के जन्मदिवस के उपलक्ष्य में मनाया जाने वाला त्यौहार **कृष्ण जन्माष्टमी** है। स्त्रियों का प्रमुख त्यौहार **हरितालिका** या **तीज** भादों सुदी तीज को मनाया

जाता है। अक्षय सौभाग्य हेतु स्त्रियाँ इस दिन निराजल व्रत रखती और शिव-पार्वती का पूजन करती हैं। अनन्त भगवान की आराधना और माता लक्ष्मी की पूजा का पर्व **अनन्त चतुर्दशी** भादों सुदी चतुर्दशी को होता है। इस दिन चौदह गाँठ वाले डोरे को बाँधने का विधान है। कहीं-कहीं इसी दिन सौभाग्यवती व पुत्रवती स्त्रियाँ **रम्भा चतुर्दशी** का पर्व मनातीं, रम्भा या कदली का व्रत रखतीं और अपने हाथों कदली के पौधे का रोपण करती हैं तथा वर्षभर उसकी देखभाल करती हैं। जब उसमें फल लगने को होता है तो व्रत का अनुष्ठान किया जाता है। आश्विन कृष्ण अष्टमी को पुत्रवती स्त्रियाँ अपने पुत्र की दीर्घायु के लिए **जीवित्पुत्रिका** (जितिया, जूतिया या जउतिया) का व्रत रखतीं और पर्व मनाती हैं। आश्विन मास के शुक्ल पक्ष के प्रथम नौ दिन तक चलने वाला देशी दुर्गा का आराधना पर्व **नवरात्र** कहलाता है। इन नौ दिनों में दुर्गा सप्तशती का पाठ तथा देवी की पूजा की जाती है। **दुर्गा पूजा** उत्तरी भारत में आश्विन मास के शुक्ल पक्ष की षष्ठी से दशमी तक चलने वाला दुर्गा पूजनोत्सव है, जिसमें देवी दुर्गा की प्रतिमा स्थापित कर और दशमी को प्रतिमा को किसी जलाशय या नदी में विसर्जित कर दिया जाता है। यह उत्सव बंगाल में विशेष समारोह के साथ सम्पादित होता है। आश्विन शुक्ल दशमी को **विजयादशमी** का जिसे **दशहरा** और **अपराजिता दशमी** भी कहते हैं, का महापर्व मनाया जाता है। इस दिन भगवान राम की रावण पर विजय के उपलक्ष्य में रावण, कुम्भकर्ण एवं मेघनाद के विशालकाय पुतले जलाये जाते हैं। यह बुराई पर अच्छाई की विजय है। जगह-जगह दशहरा पर मेले भी लगते हैं। विजयादशमी के दूसरे दिन **भरत मिलाप** का मेला होता है।

कार्तिक मास के कृष्ण पक्ष की चतुर्थी तिथि को **करवा चौथ** का पर्व मनाया जाता है। यह सौभाग्यवती स्त्रियों का पर्व है। इस दिन सौभाग्यवती स्त्रियाँ व्रत रखती हैं और शिव-पार्वती, कार्तिकेय और चन्द्रमा की पूजा करती हैं। **धनतेरस** कार्तिक मास के कृष्ण पक्ष की त्रयोदशी का नाम है। इसी दिन से दीपावली का शुभारम्भ होता है। धनतेरस को ही नए बर्तन खरीदे जाते हैं अतः इसे बर्तन खरीदने वाला त्यौहार भी माना जाता है। धनतेरस को भगवान धन्वंतरी तथा यमराज के पूजन का विधान है। कार्तिक कृष्ण चतुर्दशी **नरक चतुर्दशी** के नाम से विख्यात है। यह दिन छोटी दीपावली का दिन है। **दिवाली** या **दीपावली** कार्तिक अमावस्या को सम्पूर्ण भारत में मनाया जाने वाला दीप पर्व है। इसे कहीं **दीपमाला,** कहीं **कौमुदी** और कहीं **सुख-सुप्ती** के नाम से भी पुकारा जाता है। इस दिन लक्ष्मी-पूजन का विशेष महत्त्व है। यों तो दीपावली सर्वत्र बड़े ठाट-बाट में मनाई जाती है किन्तु बम्बई और मैसूर की प्रसिद्धि सारे संसार में है। कार्तिक मास के शुक्ल पक्ष की प्रतिपदा को **अन्नकूट** पर्व मनाया जाता है। यह वैष्णवों का मुख्य पर्व है और इसका सम्बन्ध गोवर्धन पूजा से है। अन्नकूट पर्व के अवसर पर गाय के गोबर से गोवर्धन पर्वत बनाया जाता है और भाँति-भाँति के व्यंजनों का पहाड़ बनाया जाता है। यह पर्व **गोवर्धन पूजा** और **अन्नकूट पर्व** दोनों नामों से जाना जाता है। **भैया-दूज, भ्रातृटीका** या **भ्रातृद्वितीया** का पर्व कार्तिक शुक्ल द्वितीया को मनाया

जाता है। इस दिन बहनें अपने भाई की रक्षा हेतु उनके माथे पर टीका लगाती और बदले में धनादि प्राप्त करती हैं। बिहार में इस दिन बहनें अपने भाइयों की रक्षा हेतु **गोधन** कूटने का विशेष त्यौहार मनाती हैं। इसी पर्व के दिन चित्रगुप्त पूजन का भी विधान है। **सूर्य षष्ठी,** छठ या **डाला छठ** बिहार तथा पूर्वी उत्तर प्रदेश में कार्तिक सुदि छठ को सूर्य की आराधना का त्यौहार है। इसमें भक्त स्त्री-पुरुष दिन भर निर्जला उपवास कर किसी जलाशय में संध्या को डूबते सूर्य को अर्घ्य देते हैं और अगले दिन सुबह उगते हुए सूर्य को अर्घ्य देने के उपरान्त अन्न-जल ग्रहण करते हैं। कार्तिक शुक्ल नवमी को **अक्षय नवमी** का पर्व मनाया जाता है। इस दिन आँवला के वृक्ष के पूजन का विधान है तथा उसके नीचे भोजन कराने और करने का बड़ा महत्त्व है। पुराणों के अनुसार त्रेतायुग का आरम्भ इसी तिथि को होता है। कार्तिक सुदी एकादशी को देवोत्थान का विधान है। स्थान-स्थान पर यह एकादशी **प्रबोधिनी, देवोत्थायिनी, देवोत्थानी, देठवन, देवठन, डिठवन** और **डेठावन** एकादशी के नाम से जानी जाती है। इस दिन प्रायः लोग व्रत रखते हैं, ईख की पूजा करते हैं, प्रसाद रूप ईख को चूसते और नया गुड़ बनाते हैं। देवोत्थान एकादशी का पर्व सभी लोगों का अत्यन्त लोकप्रिय पर्व है। **कार्तिक पूर्णिमा** पूर्णिमाओं में बड़ी पवित्र मानी जाती है। इसे **कातिक पूनो** भी कहते हैं। इस दिन गंगा-यमुना तथा अन्य नदियों में स्नान-दान करने का पर्व मनाया जाता है।

माघ महीने के कृष्ण पक्ष की चतुर्थी तिथि को **संकठा चौथ** कहते हैं। यह तिथि गणेश जी की जन्मतिथि है। भक्तगण इस दिन गणेश व्रत रखते, गणेश जी की प्रतिमा स्थापित करते और विविध प्रकार से पूजन एवं उत्सव करते हैं। माघ कृष्ण पंचमी या चौदह जनवरी को मकर संक्रान्ति पर **खिचड़ी** का पर्व मनाया जाता है। इस दिन जलाशयों में स्नान और तिल से बने व्यंजन तथा नए अनाज खाए जाते हैं। इस पर्व को आसाम में **बिहू** या **भगेली बिहू,** आंध्र प्रदेश, तमिलनाडु और कर्नाटक में **पोंगल** तथा केरल में **ओठाम** नाम से मनाया जाता है। प्रयाग (इलाहाबाद) में गंगा, यमुना और सरस्वती के पवित्र संगम में जनवरी-फरवरी अर्थात माघ महीने में एक महीने तक चलने वाला **माघ मेला** पवित्र पर्व है जिसमें **मकर संक्रान्ति, मौनी अमावस्या, बसंत पंचमी, अचला सप्तमी, एकादशी** और **पूर्णिमा** के विशेष अवसरों के अलावा प्रतिदिन संगम में स्नान किया जाता है। **इलाहाबाद, हरिद्वार, उज्जैन** तथा **नासिक** में प्रति बारह वर्षों पर **महाकुम्भ** मेला लगता है जिसमें लाखों लोग इन चारों स्थानों पर पवित्र नदियों में स्नान करते हैं। माघ सुदी पंचमी को **बसंत पंचमी** या **श्री पंचमी** तथा अष्टमी को **भीष्माष्टमी** का पर्व मनाया जाता है। फाल्गुन माघ के कृष्ण पक्ष की त्रयोदशी को भगवान शंकर और पार्वती के विवाहोत्सव की याद में मनाए जाने वाला पर्व **महाशिवरात्रि** है और **होली** जिसे **ढूँढ़ेरी** नाम से भी जाना जाता है, शिशिरान्त और वसन्तारम्भ का उत्सव है। फाल्गुन शुक्ल पूर्णिमा की रात में होली जलाई जाती है और दूसरे दिन चैत्र कृष्ण प्रतिपदा को होली, धूल-वंदन का विधान है। इस दिन लोग नए वस्त्र धारण करते हैं, एक-दूसरे पर

रंग डालते हैं, अबीर-गुलाल लगाते हैं और अच्छे-अच्छे व्यंजन खाते और खिलाते हैं। इसी दिन **दोलोत्सव** दोल यात्रा का प्रारम्भ भी होता है। यह दोल यात्रा भगवान श्रीकृष्ण का है। दोलोत्सव कलियुग का सर्वप्रधान उत्सव माना जाता है। इसके अतिरिक्त **डोल पूर्णिमा** बंगाल में चैत्र मास में होली के साथ मनाए जाने वाला त्यौहार है जिसमें भगवान कृष्ण की रंगों से पुती हुई प्रतिमा की झाँकी निकाली जाती है। महाराष्ट्र में भगवान विष्णु के प्रतिरूप **बठोवा** की आराधाना का पर्व **बिठोवा** है। इसे वर्ष में दो बार मनाया जाता है। **लोहणी** जनवरी मास में मनाया जाने वाला पंजाब तथा हरियाणा का शीतकालीन त्यौहार है और **बच्छवारस** राजस्थान में सावन के महीने में महिलाओं द्वारा गाय की पूजा, मोठ व चने का बना भोजन खाने का उल्लासपूर्ण पर्व है। बंगाल सागर द्वीप पर लगने वाला **गंगासागर मेला,** पुरी की रथयात्रा, राजस्थान में पुष्कर स्थित एक झील के किनारे कार्तिक महीने में लगने वाला **पुष्कर मेला** और कार्तिक में ही लगने वाला बलिया का **ददरी मेला** मेलों में मुख्य है।

कुछ अन्य क्षेत्रीय त्यौहारों में बिहार के आदिवासियों द्वारा चैत मास में मनाए जाने वाला त्योहार **सरहुल** और भादों के महीने में मनाया जाने वाला त्यौहार **करमा** है। **कारनीवाल** रोमन कैथोलिकों द्वारा मार्च-अप्रैल के महीने में गोवा में मनाए जाने वाला तीन दिवसीय त्यौहार है। चैत्र मास में मनाए जाने वाला कर्नाटक का नववर्ष **उगदि,** चैत्र मास के शुक्ल पक्ष की प्रतिपदा को मनाए जाने वाला कश्मीर का नववर्ष पर्व **नववरीह** और चैत्र मास में मनाए जाने वाला महाराष्ट्र का नववर्ष पर्व **गुड़ी पर्व** कहलाता है। बंगाली नववर्ष का त्यौहार चौदह अप्रैल को बड़े धूमधाम से मनाते हैं।

विभिन्न धर्मों के प्रमुख त्यौहारों में **क्रिसमस** (ईसा मसीह का जन्मदिन), **ल्यंट,** गुड फ्राइडे (ईसा मसीह को सूली पर चढ़ाए जाने की याद में मनाए जाने वाला पर्व), **ईस्टर संडे** (ईसामसीह के पुनर्जीवित हो जाने की याद में मनाए जाने वाला पर्व), **पाम संडे** (सूली पर चढ़ाए जाने के बाद येरुसलम पहुँचने पर उनके भव्य स्वागत की याद में मनाए जाने वाला पर्व), **आल सेंट्सडे** (एक नवम्बर ईसाई संतों की याद में मनाए जाने वाला पर्व), **मांडी थर्सडे** (मृत्यु से पूर्व ईसामसीह द्वारा अपने अनुयायियों द्वारा गुरुवार को किए गए अन्तिम सहभोज की याद में मनाए जाने वाला पर्व) और **आल सोल्स डे** (दो नवम्बर को अपने मृत कुटुम्बियों एवं पूर्वजों की स्मृति में मनाए जाने वाला पर्व) ईसाइयों के प्रमुख त्यौहार हैं।

ईद-उल-जुहा (बकरीद), **ईद-उल-फितर, ईद-उल-मीलाद-उन-नबी** (हजरत मुहम्मद के जन्मदिन के रूप में मनाए जाने वाला पर्व), **मुहर्रम** (शोक का महीना), **बाराबफात** (हजरत मुहम्मद की स्मृति में मनाया जाने वाला शोक पर्व) और **शबे बरात** (केवल भारतीय मुसलमानों में प्रचलित है) इस्लाम धर्म के मुख्य त्यौहार हैं।

नौरोज (पारसियों का नववर्ष), **खोरदादसाल** (पारसी धर्म के प्रवर्तक का जन्मदिन), **जरथुस्त्रनो** (जरथुस्त्र की पुण्यतिथि), **फ्रावारदेगन** (देवदूतों और पूर्वजों को पर्व के अन्त में दस दिवसीय श्राद्धों का आयोजन), **पटेटी** (यह पुराने पारसियों द्वारा मनाया जाने

वाला नववर्ष दिवस) और **जमशेद नौरोज** (पारसी सम्राट के ईरान पर शासनारूढ़ होने का दिन) पारसी या जरथ्रुस्ट धर्म के मुख्य त्यौहार हैं।

जैनियों के त्यौहार **पंचकल्याणक, महावीर जयंती, ओलि** (साल में दो बार–अप्रैल और अक्टूबर में मनाया जाता है), **पम्जुशण** (भादों बदी तेरस से भादों सुदी पंचमी तक आठ दिन पर्व के रूप में मनाए जाते हैं), **पर्युषण** (पम्जुशण पर्व की समाप्ति होते ही पर्युषण पर्व मनाया जाता है), **ऋषिपंचमी,** दीपावली (कार्तिक मास में महावीर के निर्माण के रूप में मनाया जाता है), **ज्ञानपंचमी** (दीपावली के पाँच दिन बाद मनाया जाता है) और **देव दीवाली** (दीवाली के दस दिनों बाद मनाया जाने वाला जैन पर्व) हैं।

बौद्ध धर्मावलम्बियों का एकमात्र पर्व **बुद्ध जयन्ती** है, जो वैसाख पूर्णिमा को मनाया जाता है।

यौम किपुर (प्रायश्चित दिवस के रूप में मनाया जाने वाला पर्व), **शुक्कोह** (मूसा के नेतृत्व में यहूदियों द्वारा इज़राइल की ओर प्रस्थान की याद में मनाए जाने वाला पर्व), **हुनक्का** (इसे प्रकाश पर्व भी कहते हैं), **पूरीम** (फारस के यहूदियों के मृत्युदंड के बावजूद बच जाने की याद में मनाया जाने वाला पर्व), **रोशह-शनाह** (नववर्ष) और **पास ओवर** (मिस्र से मुक्ति की स्मृति में मनाए जाने वाला पर्व) यहूदियों के प्रमुख पर्व हैं।

गुरुनानक देव के जन्मदिन को **गुरु पर्व,** गुरु गोविन्द सिंह द्वारा खालसा पंथ की नींव रखने की याद में मनाया जाने वाला पर्व **वैशाखी, गुरु गोविन्द सिंह जयंती, गुरु अर्जुनदेव का बलिदान दिवस** और **गुरु तेगबहादुर का अवसान दिवस** सिक्ख धर्म के प्रमुख त्यौहार हैं।

चरखवा चालू रहे

असहयोग के दिनों में यह पंक्ति भोजपुरी क्षेत्र में बराबर गूँजती रही : **चरखवा चालू रहे**। वस्तुतः कपास की खेती, सूत की कताई और बुनाई; ये तीनों चीजें विश्व-सभ्यता को भारत की देन हैं। कपास की खेती की चर्चा पहले की जा चुकी है। आज भी सूत कातने पर बहुत-से परिवारों का ऊपरी खर्च चल रहा है, यहाँ तक कि सफ़ेदपोश मध्यमवर्ग की स्त्रियों ने सूत कातकर पूर्वी उत्तर प्रदेश और बिहार में सफ़ेदपोशी की इज़्ज़त क़ायम रखी।

सूत कातने से पहले रूई साफ़ करने और बुनने की प्रक्रिया ज़रूरी होती है। पहले तो **बन** या **बाँग** से **बिनौले** (**बँगौर**—कपास के बीज) अलग किए जाते हैं। कुछ रद्दी क़िस्म की कपास, **करकुट** बच रहती है, उसे अलग कर देते हैं, यह प्रक्रिया **चरखी** के द्वारा संपन्न की जाती है, **चरखी** या **रैंटी** से रूई ओटने की प्रक्रिया बहुत पेचदार नहीं है, **चरखी** एक लकड़ी के चौड़े तख़्ते (**फरई** या **पीढ़ा** या **पिढ़ई**) के ऊपर आधारित ढाँचा है, इस तख़्ते पर दो सीधे खूँटे ठुके रहते हैं, इन दोनों खूँटों के ऊपरी सिरे पर एक-एक छेद में एक लोहे की डंडी या काठ का चिकना **बेलन** बैठाया रहता है, इनको **जाठि** या **सँड़ारी** या **डाँड़ी** कहते हैं। बेलन के सिरे पर एक और लकड़ी चूल कसने के लिए ठुकी रहती है, उसे पचरी कहते हैं। निचले बेलन को घुमाने वाली लकड़ी **मकरी** कही जाती है जो एक **किल्ली** से जुड़ी रहती है, बेलनों के नीचे दोनों खूँटों के बीच एक **कल** होता है, जो थाम्हने का काम करता है, चरखी को चलाने के लिए एक **घेन्नी** या **घेरनी** या **लागनि** या **चलौनी** या **हथौरी** होती है, हाथ से उसे घुमा कर चरखी चलाते हैं। कपास बेलनों के बीच दबाई जाती है और लोहे वाले बेलन में गहरे कट्ठों में पड़कर बीज अलग हो जाता है, इन कट्टों को **चिन्नी** या **गुदना** कहते हैं, तख़्त को स्थिर रखने के लिए उसके पीछे एक **डंडा** (**मंझा**) रहता है, जिसके ऊपर भारी पत्थर रख देते हैं, चरखी से अलग की गई रूई को **तूर** या **रूअ** कहते हैं, इसके बाद फिर से इस रूई की हाथ से सफ़ाई, **तुनाई** या **तूमने** की प्रक्रिया होती है।

अब रुई धुनियाँ की **पींजन** या **धुनकी** या **धुनेठी** या **धनुही** के हवाले की जाती है, **धुनकी** अर्धधनुषाकार होती है, जिसमें लकड़ी के **फरेहे** या **फरौटे में** एक लचीली **डाँड़ी** या **डंटी** लगी रहती हैं, इसकी **माँगी** या **माथे** के ऊपर एक चमड़े की **ताँत** या **रोदा** मढ़ी जाती है, यह ताँत **फरेहे** के गोल सिरे पर खींची जाती है, इस सिरे को **पुछेटा** या **पछौंटा**

या **काँकर** या **पुशडैल** कहते हैं, **धुनकी** का **हथहर** या **हथगर** बायें हाथ में लिये रहते हैं, जिससे वह स्थिर रहती है, ताँत रूई के बीच खींच कर जिस्ते के द्वारा छोड़ी जाती है रूई को धुनी ढेर को **गोठी** कहते हैं।

गोठी से छोटे गोले कातने के लिए बनाए जाते हैं, जिन्हें **पीनी, पीउनी, पूनी** या **पीर** कहते हैं, अब **चरखा** चालू होगा, चरखे को कहीं-कहीं **रहठा** या **जरखा** भी कहते हैं। महीन सूत कातने के लिए (मसलन **जनेऊ** या **पूजा** के लिए सूत) स्त्रियाँ चरखे के बजाय **तकुली (<तकु)** पर सूत कातती हैं, तकुली एक लट्टू की शक्ल का होता है, जिसमें लोहे या लकड़ी की लंबी डंटी लगी रहती है, चरखे का आधार एक चौड़ा तख्ता होता है, इसको भी **फरई** या **पिढ़िया** या **पीढ़ा** कहते हैं, इसमें दो खूँटे ठुके रहते हैं, इनके बीच धुरी के रूप में एक लंबी लकड़ी रहती है, जिसे **नरा** या **लाट** या **जाट** या **बेलना** कहते हैं, इसी में चरखा बैठाया जाता है, यह गोलाकार काठ होता है, जिसे **मदरा** कहते हैं, मदरे के दोनों ओर चौड़ी-चौड़ी पत्तियाँ या **पंखुड़ियाँ** कटी रहती हैं, यह मदरा **मकरी** या **दाड़ी** या **नाक** पर घूमता है, इसके बीच की नाभि को **मूड़ी** या **मुड़िया, पैला** या **तागा** और इसके अरों को **ककरी** या **पुत्ती** या **पूती** कहते हैं, इसकी पंखुड़ियों के सिरों पर दो-दो **कटान** होते हैं, जिन्हें **खाँचा** कहते हैं, इनमें एक डोरी (**अदवाँइन** या **जंदनी** या **अमाल** या **अँवाल**) लपेटी रहती है, **चलौना** या **लरना** या **भौंती** या **हथिया** के छेद में उँगली डालकर **नरा** या **लाट** घुमाया जाता है, जिससे सारा **चरखा** घूमने लगता है। प्रायः घूमने की प्रक्रिया को अधिक तीव्र और निर्बाध करने के लिए खूँटों और पंखुड़ियों के बीच एक गोल **चकई** या **फिरकी** या **चेंगी** या **चिरइया** डाल दी जाती है, **पीढ़े** या **फरई** के ऊपर एक **तकुली** होती है, जिसके ऊपर दो ओर दो खूँटी और बीच में दो छोटी-छोटी **लकड़ियाँ** गड़ी रहती हैं, इनके बीच में **तकुआ** जड़ा रहता है, जिसके ऊपर काली डोरी (**माल** या **माल्ह**) घूमती है, इसके पूरे साँचे को **पँचकठिया** या **खुँटपुत्ती** कहते हैं। दोनों सिरों वाली लकड़ियों को खूँटी, उसके बाद की दोनों ओर की दो लकड़ियों को **गुड़िया** या **मलकाठी** कहते हैं। **तकली** और **फरई** को जड़ने वाली लकड़ी **माँझा** कही जाती है। तकली की दोनों **मलकाठियों** के छेदों में मूँज या चमड़े की बनी **चमरखें** लगी रहती हैं, इनके छेदों के बीच से होकर तकुआ घूमता रहता है, तकुए के ऊपर **सैंटे** या **बगनर** की एक **पोखी गड़ेली** चढ़ी रहती है, जिसे **छुच्छी** या **नरी** या **बीड़ी** कहते हैं, छुच्छी के आगे सूखे लौआ (**तौमरा**) की एक गोल चकई बनाकर तकुए के ऊपर चढ़ा दी जाती है, उसे **फिरकी** या **दिमिरका** कहते हैं, यह पैसे के आकार का होता है।

माल को **धूमन** या **राल** और तेल से माँज कर मज़बूत बना देते हैं, उस पर कोयला रगड़कर सुखा देते हैं। यह माल दो बार चरखे पर और अंतर देकर मलकाठी के बीच में घूमता है, कातते समय पानी में रूई डालकर **तार** या **तागा** निकाल कर तकुए पर लपेट देते हैं, तब तकुआ फिरा कर **पूनी** में से **तागा** निकालने की या सूत कातने की प्रक्रिया शुरू हो जाती है, तकुए पर **तागा** लपेटने को **तागा पेसना** कहते हैं।

जब तागे से तकुए का सिरा लपेटते-लपेटते भर जाता है तो उस पूरे लिपटे सूतों के पिंड को **कुकरी** या **कूकरी** या **कुकड़ी** कहते हैं। छोटी **कुकरी** को पिंदिया कहते हैं, कूकरी को तब पानी में भिगोते हैं (**मोआ** लगाते हैं), इसके बाद उसे **भूभर** या **गर्म राख** पर रख देते हैं, तब उसे लकड़ी के एक अड्डे पर लपेटते हैं जिसे **ऐना** या **अटेरन** या **परता**, या **परेता** या **नटवा** या **नठाई** कहते हैं, इस प्रक्रिया को **ऐनना** या **परेतना** कहते हैं। **परेते** या **ऐने** सूत की **आटें** या **पोले** या **पोलियाँ** या **नत्ती** या **कदची** (**लच्छी**) बना लेते हैं, इन्हें वजन देने के लिए गुनगुने पानी में फिर समोते हैं।

चरखा कातने वाली स्त्रियाँ **कत्तिनें**, कातने वाले पुरुष **कत्ती** कहे जाते हैं। यह सूत वजन और बारीकी के हिसाब से बिकता है। मिथिला के मधुबनी इलाके में 200 नंबर तक का बढ़िया महीन सूत काता जाता है, सूत कातते समय कत्तिनें बहुत एकाग्र चित्त से इस पर ध्यान रखती हैं, कि **चरखा के टूटे न तार : चरखवा चालू रहे**। पूरी प्रक्रिया बड़े मनोयोग की माँग करती है। महात्मा गांधी ने चरखे को स्वाधीनता का प्रतीक बनाया तो सिर्फ इसीलिए कि स्वाधीनता की साधना ऐश नहीं है, आरामतलबी की साधना नहीं है, यह निरन्तर और निष्ठायुक्त प्रक्रिया है।

करघा

मुसलमान **जुलाहा (जोलहा** या **मोमिन)** या हिन्दू **तँतवा** या **ताँती** या कोरी सिधाई का प्रतिमान है। गाँवों में उसके सूधेपन को लेकर बीसियों क़िस्से मशहूर हैं, जैसे **करघा छोड़ तमाशा जाय, नाहक चोट जुलाहा खाय। कौआ चला वास को, जोलाहा चला घास को। जोलाहा भूला तीसी के खेत,** वस्तुतः जुलाहा अपने काम में बहुत मशगूल रहता है, वह दुनियादारी की ख़बर नहीं रखता।

जुलाहा जमीन के ऊपर पहले **ताना** तानता है, लगभग 17 जोड़ी **सर** या **सरकी** दो पाँतियों में एक-एक हाथ की दूरी पर बिछाता है। दोनों पाँतियाँ लगभग दो हाथ का अंतर देकर बिछाई जाती हैं। दोनों पाँतियों के सिरों पर एक-एक बाँस की मजबूत खूँटी गाड़ी जाती है। प्रत्येक **सरकी** में **सूत** (जो कि 7-8 दिनों तक भिगो कर मजबूत बनाया जा चुका है) लपेटा जाता है, इस प्रक्रिया को **ताना** या **तानी** करना कहते हैं। बाँस की खूँटियों के सामने वाली **सरकी छिट्टुआ** या **छिपकी** या **डोरीक सर** या **छिटकी** कही जाती है। पूरे **पलंजर** को भी **तानी** या **ताना** कहते हैं। एक **तिकोनी चरखी** में लपेटा हुआ सूत सरकियों पर ताना जाता है। यह चरखी एक **दगनी** या **दाँगी** पर घूमती है, इस चरखी के ऊपरी सिरे पर एक गोल कटोरीनुमा **थोड़ी** या **थोड़ली** या **टाई** होती है, जो घूमती है। इस चरखी में 14 बाँस की बत्तियाँ होती हैं, जो चरखी के गोलाकार आधार चक्कर के ऊपर बराबर दूरी पर घुमा कर तानी जाती हैं। इस चरखी की मूठ बाएँ हाथ में लेकर जुलाहा ताने की दोनों पाँतियों में **खूँड़ी** या **खोंड़ी** से सूत सरकियों में **बरताता चलता** है। जब सूत इस प्रकार ताने पर बरता दिया जाता है, तब खूँटियाँ उखाड़ ली जाती हैं। इसके बाद खूँटियों को सावधानी से निकाल कर उसकी जगह पर बाँस की ही **सिरार** या **सिरारी** पिन्हा दी जाती है, और बड़ी धनुही के आकार की दूसरी सरकी, जिसे **बन्हका** या **सुतरी** कहते हैं (और जिसमें बाँस की बाती की ही डोरी लगी रहती है) और इस **सुतरी** के सिरों को सरकियों की जोड़ी से ऐसा मिलाते हैं कि जिस तरह सूत ताना गया था, उसी रूप में इस पर उतर आए। सभी सुरतियाँ एक ओर मुँह करके ज़मीन पर समानांतर बिछाई जाती हैं और जितना चौड़ा कपड़ा बुनना हो उसी हिसाब से उतनी ज़मीन घेर कर बिछाई जाती है।

इस तरह बिछाए गए सूत को चावल के **माँड़** में अच्छी तरह भिगोते हैं, और इस सूत को और कड़ा करने के लिए चावल का माँड़ बनाते समय उसमें मँड़ुवा के दाने भी

मिला देते हैं। अब यह सूत ज़मीन से दो हाथ ऊपर आड़े फैला कर कूँची से माँजा जाता है। यह कूँची तेल और पानी में भिगोई रहती है। इस कूँची को **मजना** या **माँजा** या **माँजन** भी कहते हैं। जिन तिकोनी बातियों पर सूत रखा जाता है, उन्हें **माँझा** और **माँझे** के हर सिरे पर बाँस की **खँभिया** को **ठेंघनी** या **लाठीडोर** या **गोड़ा** या **खसरैया** या **ठठा** या **लाठी** कहते हैं। माँजने वाली **कूँची** के रोओं को **खसखस** या **कतरा की जड़** कहते हैं, माँजने की प्रक्रिया को **पाई करना** या **तासन करना** भी कहते हैं। इस प्रक्रिया में काफ़ी परिश्रम और समय लगता है। इसीलिए जब जुलाहा कहता है **आई-पाई कर रहा हूँ,** इसका मतलब सहज रूप में यह होता है, अभी बुनाई कोसों दूर है। मसल मशहूर है **जोलाहा के आई-पाई, चमरा के बिहान (कल)** ये कभी पूरे नहीं होते।

सूत मँजकर **करघे** पर बुनने के लिए तैयार हो जाता है। **करघा** की बनावट इस प्रकार होती है। करघे को **करिगह** या **करगाह** भी कहीं-कहीं कहते हैं। बुनने के लिए जो औजार उपयोग में लाया जाता है, उसे **ढरकी** या **कपरबिनी** या **कपरनी** (संस्कृत नाम **तुरी**) कहते हैं। ढरकी में एक सूराख होती है, जिससे सूत निकल कर बुना जाता है, उसे **तिरि** कहते हैं। यह सूराख **अच्छी** में जब सूत पूरा लपेट लिया जाता है तो इसको **लरी** या **नरी** कहते हैं। यह **लरी ढरकी** के खोखले हिस्से में नुकीले पर से थम्हा रहता है। इसको **पखनरी** या **बिर** या **पखबिर** या **पखियारी** कहते हैं। जुलाहे की बुनाई की नाप **नरी** है। कितनी नरी बुनी गई, इसी हिसाब से उसका काम **एक नरी, दो नरी** आदि संज्ञाओं से नापा जाता है। **जुलाहा ढरकी** को आगे चलाकर ऊपर से लटकी हुई लकड़ी की सँचिया **(<संचिका)** या **हत्या** या **कमहँड़** या **कमहँड़ा** या **तनकर** चलाकर सूत अपनी ओर खींच कर उसे व्यवस्थित करता है।

एक कंघीनुमा बाँस की राछ होती है, जो ताने के सूतों को अलग किए रहती है, जिससे सूत उलझ नहीं सकते। सूतों को उठाने या गिराने के लिए **बै** या **बए** उपयोग में लाया जाता है। **बए** के आगे तीन हल्की लकड़ियों का **अतरावन** या **तारावन** होता है, जो ताना और बाना के सूतों को उलझने नहीं देता। कभी-कभी एक और अतिरिक्त **अतरावन** काम में लाया जाता है जिसे **भँजनी** या **अतरावन भाँज** कहते हैं। बुने जाते कपड़े को ताने रखने के लिए **पन्निक** या **पन्नि** नाम की एक चीज़ जो एक लचीली धनुही की शक्ल की होती है, काम में लाई जाती है।

बुनकर के आगे एक लकड़ी का बेलन रहता है, जिसमें बुना कपड़ा बुनते ही लपेटा जाता है। इसे **लपेटन** या **चौपट** कहते हैं। यह **लपेटन** खूँटों पर टिका रहता है। दायें बाजू वाला **खूँटा जभेला** या **जिहला** या **जिहेला** या **गाली** खूँटा कहा जाता है। यह बेलन के आर-पार जाता है और बेलन को उलटने से रोकता है। बायें बाजू वाला खूँटा **बँघेला** या **बँवारी** या **पछेला** या **कँघेला** या **बमैला** कहा जाता है। **पाई** या **सूत** का ताना बुनकर सामने वाले सिरे पर एक लकड़ी के खूँटे में जड़ी लकड़ी से थम्हा रहता है, इसको **खरकौट** या **खरकौटी** या **खरकूटी** कहते हैं। खूँटी को **कनैली** या **थूम** या **थुम्मी** या **थुन्ही** या **खरहो** खूँटी कहते हैं। **पाई** को ताने रखने के लिए करघे के सिरे पर एक गोल खूँटी में एक

डोरी लगी रहती है, जो बुनकर के हाथ की पहुँच तक आती है और एक दूसरी खूँटी में लपेटी रहती है, वह जब चाहता है तो **पाई** को ढीला कर देता है, जब चाहता है, तान देता है। आगे वाली खूँटी **अगेला** या **मरकौनी**, पिछली खूँटी **डोरबंधा** की **खूँटी** या **कनखिल्ली** कही जाती है। बुनकर जिस पर पैर रखकर करघा चलाता है, उसे **पौंसार, पसार** या **पौसार** कहते हैं। इसमें एक मेख जड़ी रहती है, जिसे अँगूठों के बीच में बुनकर दबाए रखता है, इसे **पौतान** कहते हैं।

बए को ऊपर से गिराने या उठाने वाली लकड़ी की कड़ी **नचनी** या **लोचनी** या **लचनी** कही जाती है। इस **नचनी** को ऊपर की एक और कड़ी से बाँधे रखते हैं। उसे **अमेर** या **भितभेरा** या **धचाना** या **अकासी** या **उपरकर** या **करबार** या **कर** कहते हैं। पाई का लटकने वाला हिस्सा **सिरारा** कहा जाता है, जो **टँगनी** के ऊपर लपेटा रहता है और ऊपर लटकाया रहता है। **ताने** के ऊपर जो दूसरा सूत बुना जाता है, उसे **बाना** कहते हैं।

कपड़ों की क़िस्म के ऊपर अलग विस्तार से चर्चा होगी। पर इसी बुनाई के संदर्भ में ऊन के कंबल बुनने वाले **गड़ेरिया (भेड़िहार** या **मड़ड़** या **गड़री)** के काम की चर्चा प्रासंगिक होगी। उसका करघा बहुत सीधा-सादा होता है। जिस बेलन पर कंबल लपेटा जाता है, उसे **ओखर** या **सिंजोय** या **सिंजो** या **कमहर** कहते हैं। यह दो खूँटियों पर टिका रहता है, जिसे **खटूटी** या **खाँटी** कहते हैं, कहीं-कहीं इसे **गाली** या **गलियारी** भी कहते हैं। कहीं-कहीं बाईं खूँटी को **बरनी** और दायीं को **गाली** अलग-अलग नाम से पुकारते हैं। बुनकर के सामने वाले सिरे पर जिस ऊपर की कड़ी से ताना थाम्हा जाता है, उसे **ओहारी** कहते हैं। **बेंव** या **हत्था** नामक लकड़ी से ताने का सूत कड़ा किया जाता है। सूतों को सुलझे रखने के लिए **तगधरी** या **बैलट** या **बरत** नाम की लकड़ी बराबर चलाई जाती है। सूत को ऊपर उठाने और दूसरे को नीचे गिराने के लिए **चपनी** या **फटूठी** काम में लाई जाती है। सूत की **गाँठ** या **मुर्री** बराबर करने के लिए लकड़ी की एक कूँची काम में लाई जाती है। इसे **खिखोरनी** या **खिलोरनी** या **खिधोरनी** कहते हैं। कंबल बुनने वाली लकड़ी **सरँगा** या **सेरंग** कही जाती है। बाने के दो सूतों के बीच में कहीं-कहीं बाँस की एक फटूटी रखते हैं। इसे **साँसत** या **चौगा** या **साँसर** कहते हैं।

मालीगीरी

माली जाति विशेष का नाम है। इस जाति के लोग बाग-बगीचों में पेड़-पौधे लगाने और फूलों की मालाएँ बनाने का काम करते हैं। ये दो तरह के होते हैं : **फूलमाली** और **काछी-माली**। फूलों की मालाएँ बनाना और उन्हें बेचना फूलमाली का मुख्य व्यवसाय है। काछी माली की जीविका का साधन बगीचों में **फुलवार** (फूलों के पौधे) उगाना और उनकी रक्षा करना है। जिन पौधों से कुछ ही समय तक फूल प्राप्त होते हैं, उन्हें **कच्ची फुलवार** कहते हैं। सघन पेड़ों की परस्पर उलझी गुलदइयों (शाखाओं) को **फँसार** कहते हैं। बगीचे के पेड़ **झोपसे** या **झउआये** (बहुत शाखाओं और घनी पत्तियों वाले) हों और उनकी शाखाएँ जमीन पर पसरी हों तो वह बाग **लोटना** कहलाता है। कम पत्तियों और कम डालियों वाला किन्तु पर्याप्त ऊँचा पेड़ **सर्रा** या **सर्रउआ** होता है। चारों तरफ उल्टी-सीधी डालियों और घनी पत्तियों वाला पेड़ **झब्दा संखिया** होता है। छतरी की तरह चारों तरफ फैली डालों और घनी पत्तियों वाला पेड़ **छतनार** या **गुमटीदार** कहलाता है। बगीचे में दूर-दूर पर पौधे उगाना **बीरर, बीड़र** या **बेगरी पौध लगाना** कहलाता है। जब किसी छोटे पौधे को जड़ और मिट्टी सहित बेलचा से उठाया जाता है तो इस क्रिया को **थापी** कहते हैं। पेड़ या पौधे की नई निकली लाल पत्ती **कलशी, कल्ला, किल्ली** या **गिदी** होती है। पेड़ या पौधे की चोटी **टुनगी, फुनगी** या **ढुलकी** नाम से जानी जाती है और पत्तीदार टहनी **डौंगी** है।

माली बाग या बगीचे को चार भागों में बाँटकर बीच में **रौसें, रउस** या **रबिस** बना देते हैं। रौसों द्वारा बँटे हिस्से **तख्ते** होते हैं और बगीचे के चारों ओर उठी हुई मेड़ें **डोरा, ढोरा** होती हैं। पेड़-पौधों में पानी लगाने के लिए **बरहा** (ऊँची उठी हुई दो मेड़ों के बीच में पानी बहने का रास्ता) बनाया जाता है। पेड़ के चारों ओर गोलाई में बनी हुई ऊँची मेड़ **थाला, गबचा, घिरोला** या **थामरा** होती है। नए उगे छोटे पौधे को **पाला** और धूप से बचाने के लिए पौधे के चारों ओर चार डंडे या लकड़ियाँ गाड़कर उन पर छप्पर-सा बना देने को **गोफा, छावटी** या **छवाटी** कहते हैं। माली के विभिन्न औजारों में **फरसा** (फावड़ा) **कुदाल, बेलचा, खुरपा, खुरपी** और **काँती, कतरनी** या **छाँटनी** (कैंची विशेष) प्रमुख हैं। एक प्रकार की लम्बी दराँती जिसे **लित्ती** कहते हैं, भी माली का उपयोगी औजार है।

फुलवार (फूल वाले) के विभिन्न पेड़-पौधों और बेलों के नाम इस प्रकार देखे जा सकते हैं—पेड़ों में **अगस्त**, (अगस्त्य, कनली), **दीर्घफलक, बंगपुष्प, बोड़ी का फूल,**

सुरप्रिय, हथिया, हगदा। कचनार, कटसरिया (इसकी चार प्रजाति होती हैं–कटसरिया सफेद, कटसरिया लाल, कटसरिया नीली और कटसरिया पीली), **कदम्ब** (नीप, भूमिज, वृत्तपुष्प, सुवाह, कदम्ब या भृंगवल्लभ), **कटेलिया, कनेर** (रंगों के विचार से सफेद कनेर, लाल कनेर और पीला कनेर), **गुलफन्नूस** (वैशाख) में गुलाबी और सफेद फूल होता है। **गुलतुर्रा** (झब्बादार हल्का लाल रंग का फूल माघ-पूस में फूलता है) **गुलफिरंग** (गुलाबी रंग का फूल फागुन में फूलता है), **गुलमौर** (झुग्गादार लाल फूल), **गुलाचीनी** (ऊपर पीला और नीचे सफेद रंग का झब्बादार फूल), **मुचकुन्द** या **मचकन्द** (पीले फूलों वाला, इसे चित्रक, छत्रवृक्ष, दीर्घपुष्प, बहुपत्र सुदल, हरिवल्लभ भी कहते हैं।) **मौलसिरी** (कंठ, करक, मौसरी, बकुल, सिंह, केसर, मकुल या दोहल) और **हरसिंगार** (हारसिंगार, खरपत्रक, पारिजात, परजाता, शेफाली) प्रमुख हैं।

अड़हुल (जवा कुसुम, बंधूक, गुडहल, गुडहर, जपा, त्रिसंध्या), **कुन्द** (अट्टहास, दलकोश, मनोहर, माध्य, शुक्लपुष्प, वनहास), **केलि** या **केरि** (फूल सफेद और पीले), पीला केवड़ा (कनकप्रसवा, छिन्नरूहा, पुष्पी, हैमी, सुगन्धिनी, स्वर्ण केतकी), सफेद केवड़ा (केतकी, जम्बुक, पांशुला, विफला, स्थिरगंधा, चामरपुष्प, दीर्घपत्रा), कौआ (फूल काले रंग का होता है), कोचिया, गुलअशरफी, गुलखैरा, गुलदाउदी (फूल लाल-पीले और सफेद माघ-पूस में फूलता है), गुलबकावली, गुलमनिया, गुलमेंहदा, (पीले, लाल, सफेद और गुलाबी रंग के फूल), गुललाला, गुलसब्बो (फूल सुगंधित और रात में खिलते हैं), गुलैबाँस, गुलाब (विभिन्न रंगों के फूल होते हैं, चैत में फूलनेवाला चैतिया गुलाब, देशी गुलाब, कलमी गुलाब, पहाड़ी गुलाब और बटन गुलाब इसकी प्रजातियाँ हैं), गेंदा (इसकी तीन जातियाँ होती हैं–हजारा या ढप्पू, टिर्री और ठुड्डी)। हजारा के फूल बड़े होते हैं, टिर्री छोटे फूल का गेंदा है और ठुड्डी के फूल में बहुत कम पंखुड़ियाँ होती हैं तथा फूल बंद-सा रहता है), घुंडी, चाँदनी, चम्पा (उपगंध, अतिगंधक, चम्पक, कुसुमाधिप, सुभग) जलेरा (सफेद गुलाबी, पीले और लाल फूल क्वार-कार्तिक में फूलते हैं), जाफरी, टगर, टसर, डील (बसंती रंग का फूल)। तिकौनिया (पीला फूल), तिलसटिया, दंदना (नीला फूल पूस में होता है), गुलदौना या दौना मरुआ (गुलाबी रंग का फूल चैत के महीने में) धुरंटा (नरकरी, रेलिया), नक्केसर, नर्गिस, नेवारी (अतिमोदा, नौमलिका, नेवाली, नेवाड़ी, वसंतजा, सुगंधा), पेंजी (पीला और सफेद फूल पूस-माघ में फूलता है) फुलवा (लाल और सफेद फूल), माँफरीट (फागुन में पीले और सफेद फूल) मिरचौनी (रंग और आकार लाल मिर्च-सा होता है), रातरानी (पीला फूल घुंडी-सा रात में फूलता है), लीलिया (नीला फूल), नीलोफर या लीलोफर, लौनिया, लटकन (जाफर, जोगिया, रक्तबीजा, सिन्दूरी, सुकोमला), सकासुहागिन (फूल सफेद और लाल), सनेरिया (पीले लाल और सफेद फूल होते हैं) और सूरजमुखी (लाल पीला अगहन पूस में फूलता है) फूल वाले पौधों के नाम हैं।

लताओं द्वारा प्राप्त होने वाले सफेद चमेली (उपजाति वेशिका, सुवर्षा, सुरूपा, श्रीमती), पीली चमेली (चेतकी, जनेष्ठा जाति, मालती, वासंती, सुकुमारी, मनोहरा,

मालिनी, सुमना), बेला (गवाक्षी, गिरजा, राजपुत्री, प्रिया, गंधसार, मृगेष्ट) आदि कई नाम हैं। मोतिया, चमरूआ, पथरिया, मोंगरा, रायबेल, गठिया, मदनमोहन और इकहरा बेले की जातियाँ हैं), बेलिया (फूल लाल होते हैं), लटर (झुग्गादार लाल फूल पूस में फूलते हैं), लटेरिया (फूल का ऊपरी भाग लाल, नीचे का सफेद, चौमासे में फूलता है), लिप्टइया, ललटैना (लाल पीले सफेद फूल हर महीने में फूलते हैं), सफेद जुही (अम्बष्ठा, गड़िका, मागधी, बहुगंधा, वासंती, यूथी, हरिणी या शिखंडी), जुही पीली (कनकप्रभा, पीतिका, रक्तगंधा, सुगंधा, सोनजुही, हैमा या हेमपुष्पिका), माधवी (अतिमुक्ता, बासंती, सुगंधा, भृंगप्रिया, भद्रलता या चन्द्रवल्ली), मालती (जाति, युवती, वासंती, सुमना), कर्णफूल (कर्णफूल की भाँति नीले रंग का फूल) और अपराजिता (नीले रंग का फूल विष्णु को अतिप्रिय) के फूल हैं।

पानी में उगने वाले फूल के पौधों में कमल का प्रमुख स्थान है। इसके पत्ते को **पुरैन, किसलय, दल** या **संवर्तिका,** तने को **नाल, कोरक, तन्तुर, मृणाल, कमलदंड** अथवा **मुराट,** जड़ को **गोपभद्र, शालूक, पंकशूरण, भिस्सांड** या **भसेड़** या **कमलककड़ी,** केसर को **आपत, कांचन, केसर, किंजल्क, जीरा, तुंग, पीतपराग,** रस को **मकरन्द, मधु** या **रस** और बीज को **कमलगट्टा, कंदली, बहा, वराटक** या **श्यामा** कहते हैं। श्वेतकमल (दृशोपम, पुण्डरीक, शारद, शिंताम्बुज, हरिनेत्र), रक्तकमल (अरविन्द, अल्पपत्र, अलिप्रिय, कोकनद, चारूनालक, रविप्रिय, रक्तोत्पल, शोणपद्म), नीलकमल (असितोत्पल, इन्दीवर, इन्दीरावर, उत्पलक, कुवलय, नीलपत्रक, सुगंध या नीलाबज) और पीला कमल (पीतकमल या स्वर्णकमल) कमल की प्रजातियाँ हैं। **कुंड** का पत्ता मेथी के आकार का और फूल सफेद बारहमासी होता है। **कुमुद** (कुमोदिनी, कमोदिनी, कुमुदिनी, कहार, कोंई, कुँई, नलिनी, पद्मिनी, कैरो या गंधसोम), कुमुद का फूल सफेद रंग का होता है।

माली फूलों की माला और गहने बनाते हैं। फूल से बने गहनों को **फूलगहना** कहते हैं। गहने तैयार करने की क्रिया **फूलगुथनी** कहलाती है। विभिन्न प्रकार के फूलों की बनी बहुत बड़ी माला जो घुटनों तक लटकती हो, का नाम **राममाला** या **विशुनमाला** है। फूल के डंठल को **डाँड़ी,** डाँड़ी की सुराक को **नरूका,** फूल के दल को **पंखी** या **पंखुड़ी,** पंखुड़ियों के पीछे की हरी पत्तियाँ **अखुरी**, अखुरियाँ जिस उभरे हुए भाग पर रहती हैं, को **टुमा** या **टुमना** और दुमने के ऊपर पंखुरियों के अन्दर के खड़े हुए तन्तु को **सूत** कहते हैं। फूलों की गुँथाई कई प्रकार से होती है। सूई-डोरे से फूलों को किसी क्रम में लगाना, **गूँथना गुहना** या **गुँथनी करना** होता है और बिना सुई के केवल डोरों से फन्दों में फाँस कर फूल लगाने की क्रिया **फँदना** या **फँदान** है। **पंखीलर** फूल की पंखुड़ियों में डाली जानेवाली एक विशिष्ट **फँदान** को कहते हैं और पंखुड़ियों में जो विशेष फंदा पड़ता है वह हाथ से डाला जाता है और उसका नाम **दरफेंट फंदा** है। कभी-कभी डोरे की जगह माली पतले तार का प्रयोग करते हैं। इससे **झाड़** बनाए जाते हैं। तारों के फंदे **तारफंद** कहलाते हैं। झाड़ प्रायः गेंदे के फूलों से बनते हैं। **बकुचन, फूलदान** या **गुलदस्ते** भी फूल-पत्तियों से ही बनाए जाते हैं।

साधारण मालाओं को **फूलमाला** या **लड़ी** कहते हैं। इनकी गुँथाई में पंखुड़ियों का रुख एक ही ओर रहता है और सूई डाँड़ी के नरूका में होकर पीछे से आगे की ओर निकाली जाती है। ठीक इसके विपरीत हार की गुँथाई होती है। हार में एक फूल की पंखुड़ी दूसरे फूल की पंखुड़ी से मिला दी जाती है। दो फूलों की डाँड़ियों की भिन्न दिशा की गुँथाई को **दुफलिया गुँथाई** कहते हैं। गले का **गजरा** इसी गुँथाई द्वारा तैयार किया जाता है। जब लड़ी और गजरे की गुँथाई मिलाकर की जाती है तब **कंठा** (गले का फूल गहना) बन जाता है। कंठे में चौकलिया गुँथाई होती है। **दुकलिया गुँथाई** में दो फूल और **चौकलिया** में चार फूल पास-पास गूँथे जाते हैं। बंद फूलों की लड़ी के ढंग पर की जाने वाली गुँथाई **कलकतिया लड़ी** कही जाती है। यह बेले या गुलाब की कूलियों से बनाई जाती है। अधिकतर गुँथाई लड़ी जैसी किन्तु कहीं-कहीं गजरे की गुँथाई जब की जाती है तो उसे **गुंजा गुँथाई** कहते हैं।

माली हार भी कई तरह के बनाते हैं। एक विशेष हार का नाम है **लखनउआ**। इसके बीच में यत्र-तत्र **गंडे** (कलियाँ) और **झंडे** (खिले फूलों की चहुँमुखी गुँथन) भी गूँथे जाते हैं। नीचे ठीक बीचोबीच **झब्बा** लटकाया जाता है। प्रायः शादी-विवाह में दुल्हे के गले में लखनउआ ही पहनाया जाता है। एक दूसरे प्रकार का हार **बद्दी** कहलाता है। इसे यज्ञोपवीत की तरह पहना जाता है। माथे और मुँह के आगे लटकता हुआ एक फूल गहना **सेहरा** या **मुहेर** है। इसी प्रकार **कंगन, इकलरी, दुलरी, झुब्बी** और **कनौझी** भी फूलगहनों के नाम हैं। **कंगन** हाथ का, **दुलरी** गले और **झुब्बी** तथा **कनौझी** कानों के गहने हैं।

कुम्हारगीरी

मिट्टी का बर्तन बनानेवाला **कुम्हार, कुम्भकार, कोहार** या **कुलाल** कहलाता है। हिन्दुओं की यह एक जाति है। इस जाति के लोग अपने को **परजापत, प्रजापति** या **प्रजापती** (अर्थात धरती का ब्रह्मा) कहते हैं। कुम्हार का सबसे प्रमुख यंत्र चाक है। संस्कृत में चाक को **चक्र** तथा प्राकृत में **चक्क** कहा जाता है। चाक पत्थर या मिट्टी का बना होता है। चाक के अंग-प्रत्यंगों में **थरी, थरिया, कीला** या **कीली, कुलबी, चकरौती** या **चकोतरी, मदरा** या **ढरकनी, बार, बाड़** या **बाढ़, माँड़र, घेर** या **घर, बिचौंदी, डारसल, गुलिया** और **चकरेटी** प्रमुख हैं।

बर्तन बनाने के काम आनेवाली वस्तुओं में **भामनी** या **कुम्हरौटी** (बर्तन बनाने के काम में आनेवाली महीन और कुछ काली मिट्टी) प्रमुख है। जिस गड्ढे में से कुम्हार मिट्टी खोदकर लाता है वह **कुम्हरगड़हा** या **कुम्हरगढ़ा** कहलाता है। चौमासे में कुम्हरगड़हे की मिट्टी **फोक** (मुलायम) हो जाती है तब कुम्हार उसे खोदता है। मिट्टी खोदने का यंत्र **पाँसू** या **लहाँसू** कहलाता है, यह लोहे का बना होता है और इसके दोनों सिरे नीचे की ओर झुके होते हैं। कुम्हार लहाँसू या पाँसू को **राजा** और मिट्टी को **रानी** मानते हैं। कुम्हरगढ़ों की मिट्टी कुछ काली और चिकनी होती है इसे **कबिसा** कहते हैं। क्वार के महीने में फावड़े से दस-दस या बीस-बीस सेर का ढेला कुम्हार खोदता है जिसे **चहार** कहते हैं। चहार की खुदाई के समय कभी-कभी किनारे की मनों मिट्टी खिसक जाती है और उसे **ढहाई या ढाई** कहते हैं। कुम्हार झौआ या झबड़े में भरी हुई मिट्टी को जब आसानी से नहीं उठा पाता तो उस बोझ या भार को वह **हेल** कहता है। घर में बनी हुई चबूतरी जिस पर मिट्टी फोड़ी और गलाई जाती है, को **मटियार** कहते हैं और मटियार के बीच का भाग **तगार** होता है। कुम्हार के चाक के पास पानी से भरी हुई **चकैंड़ी** (मिट्टी का एक बर्तन) संस्कृत में इसे **चक्रभांडिका** कहते हैं, रखी रहती है। चकैंड़ी में बर्तन काटकर उतारने के लिए छेना, छैना, छेउआ या ऐंता पड़ा रहता है। यह एक डोरा या सूता होता है जिसके दोनों सिरों पर दो-दो अंगुल की छोटी-छोटी दो लकड़ियाँ बँधी होती हैं। लकड़ी का एक औजार जो चाक बनाने के काम में आता है **चकेरना** कहलाता है। रौंदी या गूंथी हुई मिट्टी को जिस छोटी पटिया पर मला जाता है उसे **पथरौटा, पाट** या **लुड़ासा** कहते हैं। मिट्टी का एक बर्तन जो उथली नाँद की भाँति होता है, **कूँड़ा** कहलाता है। चाक से उतारी हुई **भामनियाँ** (अधबने घड़े)

कूँड़े में ही रखी जाती हैं और उन्हें **पीड़ी** (पकी हुई मिट्टी की मूँठदार चौरस और गोली सतह वाली वस्तु जिसे घड़े आदि में भीतर सहारा देने के लिए लगाते हैं) और **थपुआ** या **थापा** (लकड़ी का एक औजार जिससे बर्तन ऊपर से पीटा जाता है) से पीट-पीटकर बढ़ाई जाती है। थापे की चोट से कच्चा घड़ा तिरके न इसलिए कुम्हार घड़े को औंधा करके पीड़ी उसके अन्दर लगाकर थापे की चोट देता है। इस प्रकार बाद में भामनियाँ घड़े का रूप ले लेती हैं। इसके बाद **परिया** (मिट्टी की मूठदार वस्तु) फेरकर उन घड़ों को चिकनाया जाता है। सूखे हुए घड़ों पर रंग करने के काम में आनेवाली वस्तु **फिरकनी** कहलाती है। यह मिट्टी की गोल-गोल बनी हुई होती है और इसमें सरकंडा तार द्वारा लगा रहता है।

बर्तन बनाने के लिए मिट्टी की तैयारी में कुम्हार सर्वप्रथम कुम्हरगढ़ा से लाई हुई मिट्टी को मटियार पर रखकर फोड़ता और उसमें से कंकड़, पत्थर, खपड़ा आदि बीनता है, फिर मिट्टी के बड़े-बड़े टुकड़ों को रोलता है और शेष बारीक मिट्टी को पीसकर चून-सी बना देना है। पीसी हुई बारीक मिट्टी को **चुनी** और इस क्रिया को **चुनियाना** कहते हैं। चुनी में पानी डालकर गलाया और उसे पैरों से रूँदा या रौंदा जाता है इसे **गुँदाई** कहते हैं। गुँदाई के बाद गीली मिट्टी के आठ-दस सेर वजन के भार बना लिये जाते हैं इन्हें **गौंदा, गुल्ला** या **लौंदा** कहते हैं। यही लौंदे चाक की बिचौंदी पर रखे जाते हैं। गागर, कछरी, मटका आदि बड़ा बर्तन बनाने के पहले कुम्हार चाक पर उसी नमूने का छोटा रूप बनाता है जिसे **भामनी** कहते हैं। भामनियाँ बाद में थापे और पीड़ी से कूँड़े में रखकर पीटी जाती हैं, इसे **गढ़ना** कहते हैं। जो बर्तन गढ़ा जाता है वह उस समय **गढ़नी** कहलाता है। इस प्रकार कछरियाँ और गागरें पहले भामनी फिर गढ़नी और अंत में अपना असली रूप प्राप्त करती हैं।

चाक पर भामनी बनाने के लिए कुम्हार सबसे पहले बिचौंदी पर गौंदा रखकर चाक को **भन्नाता** (तेज घुमाता) है। चाक जब अपनी पूरी गति से घूमने लगता है तब उसे **ताव आना** कहते हैं। चाक के ताव पर होने पर कुम्हार गौंदे को दोनों हाथों से दबाते हुए ऊपर की ओर उसे **गावदुम** बनाता है। इस क्रिया का नाम **पुरी सूँतना** या **पुरी बनाना** है। कुम्हार अपनी अंगुलियों और अँगूठों से गौंदे में गड्ढा करते हुए मनचाहे बर्तन या **पिटार** (मध्यवर्ती भाग) बनाता है फिर एक हाथ अंदर और एक हाथ बाहर लगाकर बर्तन को कुछ चौड़ा और ऊपर चिकना करता है। ऐसा करने को **पोरा देना** कहते हैं। **पोरा देने** से कुछ बर्तन में **फरी** (उठी हुई धारियाँ बन जाती हैं। बर्तन की गर्दन बनाना **नार धरना** कहलाता है। नार धर जाने के पश्चात **किनार** या **किनाठी** (बर्तन का मुँह बनाना) बनाया जाता है। पश्चात छिनना से काटकर बर्तन को जमीन पर रख दिया जाता है। छिनने से काटते समय बर्तन के पेंदे में एक गड्ढेनुमा निशान बन जाता है जिसे **ऐंतन** कहते हैं।

बर्तनों को पकाने के लिए कुम्हार सबसे पहले एक गड्ढे में कंडों को गोलाई में चुनता या जोड़ता है। कंडे की पहली पर्त जिसे **चया** कहते हैं, के ऊपर बर्तनों का एक

चया और फिर कंडों का दूसरा चया और क्रम से ऐसे ही कंडों पर बर्तनों का चया लगाता चला जाता है। जब चय में बर्तन चुन जाते हैं तो उनके मध्यभाग का सिरा जिसे **फड़ेड़ी** कहते हैं, से आग नीचे पहुँचाई जाती है। जिस गड्ढे में मिट्टी के बर्तन पकते हैं उसे **अवाँ या आवाँ** कहते हैं। संस्कृत में यह **आपाक** कहा जाता है।

पकाये जाने से पहले बर्तनों की रंगाई और चिताई की जाती है। गागर, कछरी आदि के पैंदे और बगली पर **लेआ, लेवा** या **लेपन** (पीली मिट्टी से पोताई) लगाया जाता है। एक प्रकार की पीली मिट्टी जिसे **रामरज** कहते हैं लेआ लगाने के बाद ऊपर से पोत दी जाती है। इस क्रिया को **सुर्खी देना** या **लोंहनी** देना कहते हैं। काली कंकड़ियों को पीसकर बनाया हुआ रंग **कारौनी** (कालवर्णिका) और खड़िया मिट्टी से बनाया हुआ सफेद रंग **सेतौनी** (श्वेतवर्णिका) कहलाता है। **बन्नी** (वर्णिका) बर्तनों को रँगी जानेवाली मिट्टी का नाम है। कारौनी और सेतौनी में फिरकनी से डोबा लेकर घड़ों और कछरियों आदि की गर्दन और कोठों पर जो श्यामश्वेत बूँदें और रेखाएँ चित्रित की जाती हैं, उन्हें **चिताई** या **चितन** (चित्रण) कहा जाता है। बगली पर चीतन किए जाने वाले घड़े प्रायः चीतन के बाद ही अँवे में पकाए जाते हैं।

सभी प्रकार के मिट्टी के बर्तनों को सामान्य रूप से **बाँसन, भाँड़ा** या **भँड़वा** कहते हैं। इसका संस्कृत का नाम **भांडक** है। एक जगह रखे धातु और मिट्टी के मिले-जुले बर्तनों को **बाँसन-कूसन** या **बर्तन-भड़वा** कहा जाता है। जब तक बाँसन (मिट्टी का बर्तन) प्रयोग में नहीं आता **कोरा** रहता है। अशुद्ध हाथों से छुआ हुआ बर्तन **भैंड़ौंदा** हो जाता है और जूठे हाथों से छू गई पानी की गागर **उतरी गागर** बन जाती है। मिट्टी के बड़े बर्तनों में **नाद, नदोरा, कंडा, कछरी, खोन्हा, कुंडनी, मथना, माँट, मटुका, नाप, बोट, गोल** और **करसी** (लम्बा मटका) प्रमुख है। मिट्टी के छोटे बर्तन और खिलौनों के कुछ नाम हैं–**दीया, दीवला, दिवला, चिपीया, मानक दीया, कोसा, परई, सखा** या **सरइया, तस्तरी** या **रफेदी, सकोरा, कसोरा** या **ढोकसा, कुल्हड़, पुरवा, चुक्कड़, रामलोटा, भरूका, कूल्हा, कुलुहा, कुल्हरिया, चौडोल, कड़ाही, कड़ाहा, कलशी, कलशा, गगरी, मटकी, मटका, घड़ा, कूड़ा, माट, अलींजर, कछरी, चमटिया, कमोरी, हड़िया, दुहनी** या **दमनी, मथनी** या **चलामनी, कछबा, सुराही, झारी, झंझर, तौला** या **कमड़ा, डबुआ, कुंजा, कमंडल, चरुआ, करबा, मलरा, बदना, करौली, करूआ** या **करवा मेटी, घरिया, तेलहड़ी, मलरिया** या **मलसिया, अमृतबान, गिरदी, घल्ला, घल्लिया, टुमनी, पारा** या **परिया, दीवट** आदि। मिट्टी की अन्य वस्तुओं में **गल्ला, चिलम, चिलमा, सुलफियाई चिलम, खझड़ी**, खझड़ी मढ़ने की **झील**, तबला मढ़ने का **कूँडा** या **कूँडी, गमला** या **घमला, राहे, सिकना, गुल्लक** या **गोलक, झाँझी** आदि का नाम प्रमुखता से लिया जाता है।

बढ़ईगीरी और लुहारगीरी

गाँव के कारीगरों में बढ़ई (वड्ढकी<वर्धकी) बड़ी ऊँची हैसियत रखता है। वह खेती के औजार बनाता है। गाँव के मकानों का समूचा लकड़ी का काम करता है, बैलगाड़ी और नाव गढ़ता है और विवाह जैसे संस्कार में मंगल-पीठिका (कमल-बेल की खुदाई से युक्त पिढ़ई) बनाता है, उसका आनुष्ठानिक महत्त्व भी है। बढ़ई को **मड़ैया, कमार** और **बड़ही** भी कहीं-कहीं कहते हैं, और बढ़ईखाना को **कमरसायर** भी कहते हैं।

बढ़ई के औजारों में सबसे मुख्य हैं **बसूला** या **बासिला**। इससे वह **गढ़ने, छीलने, छेव लगाने** का काम करता है। इसमें लड़की की छोटी बेंट में एक चौकोर धारदार लोहा ठुका रहता है। **मोटी** और **कड़ी लकड़ी** को काटने के लिए **टाँगा** या **टाँगी** या **टँगारी** या **कुल्हाड़ी** और **फरसा** भी काम में लाया जाता है।

बड़ी लकड़ी चीरने के लिए **आरा**, छोटी लकड़ी चीरने के लिए **आरी** काम में लाई जाती है। बड़े आरे को चलाने का काम बढ़ई खुद न करके **आराकश** या **अरकसिया** लगाते हैं। लकड़ी में छेद करने का काम **बर्मा** से लिया जाता है। **बर्मा** एक **कमानी** या **कमानक** में लगा रहता है और बढ़ई उसकी **गुलफी** (मूठ) हाथ में रखता है और हथेली से बर्मा की **टोपी** या **पैला** या **दबनी** या **दबोटा** दबाकर बर्मा चलाता जाता है। उस डोरी को **दुआली** या **जोती** या **जेंवर** भी कहते हैं, जो बर्मा को खींचती रहती है। बढ़ई के पास ठोकने के लिए **हथौड़ा** या **लिहावर** रहता है। इसी का लघु संस्करण **नारतौल** या **हथौड़ी** कहा जाता है। कहीं-कहीं इसे **घन** और **मरिया** भी कहते हैं।

छेव मारने के काम के लिए कई प्रकार के औजार काम में आते हैं। नुकीली **छेनी, कच्चक** या **बटारी** या **बटाली** या **कज्जक** कही जाती है। लम्बे छेव के लिए और बड़े सुराख के लिए **रंबा** काम में लाते हैं। सीधे और चौड़े छेव के लिए **चौरसा** या **बतासी** काम में लाई जाती है। **मोटे काम** के लिए अमूमन **रुखानी** (जो बड़ी मोटी होती है) काम में लाते हैं। सिर्फ रेखा बनाने के लिए **गिरदा** या **खोलिया** या **गोरदार** रंदा या **गोलक बुरुजखाब** काम में लाते हैं। **गोली पेंदी** बनाने के लिए **गोलक** या **गोला रुखानी** या **गोरदार रुखानी** या **गौच** (<अंग्रेजी गौज) या **गिरमिट** (<अंग्रेजी गिम्लेट) और बहुत बड़ा खोखला बनाने के लिए (जैसे कि ओखली में) **बाँक रुखानी** काम में लाते हैं।

सतह बराबर करने के लिए रंदा काम में लाया जाता है। रंदा में एक तो धार होती है जिसे **फल्ली** या **फलसा** कहते हैं, दूसरे उसका कुंदा, धार **खूँटी** या **ठेकी** या **चैली** या

पच्ची या **पचड़ी** या **पच्चड़** या **ठेंपी** में बैठाई रहती है। मोटे काम के लिए जो रंदा काम में लाते हैं, उसे **झरना** या **दाँत रंदा** कहते हैं और महीन काम के लिए **साफ़ी रंदा** काम में लाया जाता है। कोर को चौकोर बनाने के लिए **दराज रंदा** काम में लाया जाता है।

चौकोर या वर्गाकार **ख़ाना** बनाने के लिए **बुरुजखाब** या **गुरुजखाप**, गोल **ख़ाना** बनाने के लिए **गलता** या **खिलती** या **खिरची** और दरवाजों के काम के लिए **झारी** का **रंदा** या **पलाऊँ** काम में लाते हैं।

रेतने के लिए कई प्रकार की **रेतियों** का उपयोग होता है। आरा की धार तेज करने के लिए **कतरा** या **कतरी** या **कतरोही** या **तेफल** या **तिफल्ला** या **कनासी** का उपयोग होता है और मोटे काम के लिए **सोहन** रेती का। चौड़ी रेती को **चौरसा रेती** कहते हैं। एक अर्धचन्द्राकार रेती होती है, जो चिकनेपन के लिए काम में लाई जाती है। उसे **मैगिरी** या **नीम गिरिद** कहते हैं। एक **चौपहल रेती** भी होती है।

सीध आदि देखने के लिए **बटाम, चलता बटाम** और **गुनियाँ** का उपयोग करते हैं। कोणों के लिए **परकाल** का, सिर्फ **रेधारी** लगाने के लिए **खतकस** या **कोरसूत** का उपयोग करते हैं। चिकनापन लाने के लिए **सरेस कागज, सरेस पत्ता** या **सरेस कन्ना** या **साफ़ी** को सतह पर रगड़ते हैं।

काँटी आदि निकालने के लिए **जम्हूरे** या **सँड़सी** का उपयोग करते हैं। बढ़ई जिस **ठीहे** पर काम करता है, उसे **ठिया, ठिहा, परकट्ठो** और **परियाठा** भी कहते हैं। लकड़ी **खरादने** वाले को **खरादी** कहते हैं।

लोहार या **लुहार** या **कमार** की काम करने की जगह **लोहगार** या **लोहसारी** या **कमरसारी** कही जाती है। जिस लोहे के आधार पर उसका अधिकांश काम होता है, उसे **निहाई** या **लहाई, अहेरन, ऐन** या **लिहाई** या **नेहाई** कहते हैं। यह **निहाई ठीहे** या **परेठे** या **गड़ियास** या **अंकुठ** के ऊपर जड़ी रहती है। एक क़िस्म की निहाई होती है, जो गड्ढेदार रहती है और लोहे में छेद करना होता है तो उसे उस पर रखकर उसमें सूराख करते हैं। इस निहाई का नाम **इकवाई** या **छपरोना** या **घनमुद्धी** है, जिसके ऊपर **बीर** या **बीरी** या **हन्ना** जड़ा रहता है। इसी के ऊपर काँटियों की टोपी भी बनाई जाती है। इसी से इसको **चपरौना** या **चपरौनी** भी कहते हैं। लोहा पीटने के लिए बड़ा **घन** या **छोटा हथौड़ा** काम में लाया जाता है। गरम लोहा पकड़ने के लिए **सँड़सी** या **गहुआ** या **बँगुरी** काम में लाई जाती है। एक लकड़ी की सँड़सी भी होती है, उसे **सुगही** कहते हैं। आग तेज करने के लिए **अँकुरा** या **अँकुड़ा** या **अँकोरी** या **कोलटारा** या **कोलतारा** काम में लाया जाता है। छेनी काटने के काम में आती है, छेद करने के लिए **टोपन** या **टोपनी** या **सुम्मा** या **सुम्मी** काम में आती है।

लुहार को अपना लोहा तपाने के लिए आँच तेज रखनी पड़ती है। इसी के लिए **भाथी** या **धौंकनी** का उपयोग होता है। यह चमड़े की होती है। हाथ से चलाई जानेवाली भाथी **दुहत्थी** या **एकहत्थी** या **सुपौआ** या **कठमाँथी** कही जाती है। भाथी की नली का जो सिरा आग को छूता है, उसे **मुहारी, म्हौड़ा, मूड़ा** या **मूड़ी** या **मुड़िया, अँकुड़ा, मूढ़ी,**

मोहखा, मोखड़ी या **सालक** कहते हैं। नली को **फूँक, छूँछी, चोंगा, मुरमा** या **सुरमी** कहते हैं। इसी से लुहार की भट्ठी **धौंकी** जाती है, जहाँ से हवा घुसती है, धौंकनी के उस ऊपरी भाग को **धोंका** कहते हैं। लोहे की नली के ऊपर एक मिट्टी की **पिन्हाई** होती है, उसे **आरन** या **अरनी** या **आर** या **मेटुम** या **मोटहम** कहते हैं। **भाथी** या **धौंकनी** के दोनों बाजुओं पर **तख्ते** या **पटरे** लगे होते हैं। चमड़े का **पंखा** या **पँखड़ी** या **गद्दी** चरखे की तरह घूम-घूमकर हवा भरती रहती है। दोनों भाथियाँ जिस धुरी पर काम करती हैं, उसे **अँकुरा, धूरी, कोंड़ा** या **सुरसा** कहते हैं। भाथी उठाने-गिराने वाली लकड़ी **डंटा, लाठ** या **छीप** कही जाती है। भाथी जिस लोहे की छड़ के नीचे रहती है उसे **बड़ेड़ा, बरेठा** या **बेड़या** कहते हैं। हाथ से चलाई जानेवाली भाथी के दोनों किनारों पर फँसाने के लिए फंदा लगा रहता है। लुहार उसी में बायाँ हाथ डालकर भाथी चलाता रहता है। भट्ठी की आग की लपट को **झर** कहते हैं, भट्ठी की आग की लपट छुए न, इसलिए एक **ओट** लगा देते हैं।

ढिभरी आदि कसने या घुमाने के लिए लुहार **पाना, कवला** या **छच्छी** का उपयोग करता है। लोहे की सतह को चौरस करने के लिए (**माठने** के लिए) **माँठना** काम में लाया जाता है। कसने और दाबने के लिए तख्ते में जमा हुआ एक औजार काम में आता है उसे **बाँक** या **बैस** या **हथकल** कहते हैं। इसके दो पल्ले होते हैं और इसमें एक **गहुआ** होता है, जिसे **मुसरा** या **कवला** या **छूँछी** या **चोंगिया** कहते हैं, जिसे **चलौनी** या **हथकड़ा** या **हत्था** से चलाते हैं। पेचकस के साँचे को **बाँदिया, बदिया** या **डाई** कहते हैं। इसी से ढाल कर **पेचकस, चुटकी, कुटका, डिबरी** या **कबला** बनाते हैं।

लुहार जिस पानी की कुंडी में लोहे के औजारों या गरम टुकड़ों को बुझाता है, उसे **जलहली, पनिहंडा, पनिहारा, लबेरी, नबेर, पनचाहा, चाहा** या **नमेरी** कहते हैं।

इसके अलावा रेती, बर्मा आदि औजार बढ़ई और लुहार के समान होते हैं। लोहे को पीटकर पतला बनाने के काम को **खोटना** या **धार धरना** या **धार फरगाना** या **धार असराना** या **धार पजाना** या **धार पिटाना** कहते हैं। सान पर चढ़ाकर धार तेज़ करने को **पैनाना, पानी चढ़ाना, चाँड़ना** और **पानी धरना** कहते हैं।

राजगीर और संगतरास

मकान बनाने वाला कारीगर **राज** या **मिस्त्री** कहलाता है। मकान प्रायः ईंटों से बनते हैं किन्तु किसान अपना घर **गौंद** या **लौंदा** से बनाता है। इस तरह बनाई हुई दीवार **भीत** कहलाती है। राजगीर मकान दो तरह से बनाता है, एक ठेका लेकर और दूसरा रोजनदारी पर। **रोजनदारी** को **अमानी** भी कहते हैं। ठेका में सम्पूर्ण काम का एक निश्चित पारिश्रमिक तय हो जाता है और रोजनदारी में प्रतिदिन की निश्चित मजदूरी पर काम किया या कराया जाता है। मकान बनने से पहले उसकी लम्बाई, चौड़ाई व चौहद्दी निश्चित करने के लिए निशान लगाया जाता है, उसे **ख़त, छेव** या **दागबेल** कहते हैं। दागबेल की सीमाओं के मध्यवर्ती धरातल को जब **इकसार** या समतल किया जाता है तो उस क्रिया को **दरेसी** कहते हैं। हाथ में लिये हुए काम को पूरा करने के अर्थ में **सलटाना** क्रिया प्रचलित है। मकान बनने के लिए सबसे पहले उसकी **बुनियाद** या **नींव** खोदी जाती है। नींव की भराई ईंट के टुकड़ों, बोल्डर (पत्थर के ढोंकों) या ईंटों से की जाती है। मिट्‌टी का वह टुकड़ा जो आयताकार साँचे में ढाल कर बनाया जाता है, **ईंट** कहलाता है। ईंट के लिए संस्कृत में **इष्टका** और प्राकृत में **इट्‌टगा** शब्द का प्रयोग होता है। ईंट का टुकड़ा **इटौरा** (सं. इष्टका+पोतलक) कहलाता है। बड़ी ईंट को **ईंटा** कहते हैं। वह स्थान जहाँ से ईंटों के लिए मिट्‌टी खोदी जाती है **खनाना** कहा जाता है। साँचे के द्वारा मिट्‌टी को ईंटों का रूप देना **ईंट पाथना** है। ईंट पाथने वाले को **पथेरा** या **ईंट पथा** कहते हैं। ईंटें जहाँ पायी जाती हैं उस चौरस मैदान को **चौक, पैर, फर** और ईंट पाथने के काम को **पथाई** या **पथार** कहते हैं।

ईंटें दो प्रकार की होती हैं—कच्ची और पक्की। अनपकी ईंट **कच्ची ईंट** है जबकि आग में पकी ईंट **पक्की ईंट** होती है। ईंटें जिस भट्‌ठे में चुनकर पकाई जाती हैं उसे **पैजावा, पजावा** या **पजाया** कहते हैं। **पजावा** कम और थोड़ी ईंटों से लगाया जाता है। अधिक ईंटों को पकाने के लिए काफी बड़ा **भट्‌ठा** (चिमनीदार पचावा) बनाया जाता है। पजावे की ईंट पर नम्बर या नाम अंकित नहीं होता। पजावा प्रायः व्यक्ति विशेष के द्वारा निजी प्रयोग हेतु लगाया जाता है जबकि भट्‌ठे की ईंट पर नम्बर या नाम अंकित होता है और उसका उत्पादन व्यावसायिक दृष्टिकोण से बड़े पैमाने पर किया जाता है। इस दृष्टि से भी ईंटों के **पजइया ईंट** और **नम्बरी ईंट** जैसे दो भेद हैं। पजइया ईंट जो लगभग नौ इंच लम्बी और पाँच इंच चौड़ी होती है उसे **गुम्मा** और जो चार इंच लम्बी

तथा ढाई इंच चौड़ी होती है उसे **ककइया** कहते हैं। आकार की सफाई और पकाई की दृष्टि से नम्बरी ईंटों के कई नाम हैं—अच्छी तरह पकी और साफ पेटी की ईंट **नम्बर-एक** या **अव्वल,** नम्बर एक से कम पकी हुई **दोयम** या **नम्बर दो** और नम्बर दो से कुछ कम पकी **तेयम** या **सेम** कही जाती है। शेयम तथा सेम के बीच की ईंट **कालीपेटी** की ईंट है।

लाल रंग की ईंट जो मुलायम पकी हुई होती है उसे **लाल पेटी** कहते हैं। अन्दर पकी किन्तु ऊपर से कच्ची दिखने वाली ईंट **तलसा,** बहुत अच्छी पकी हुई सीधी और समान ईंट **सीधा तामड़ा,** बहुत अधिक पकी ईंट टेढ़े और भौड़ी शक्ल की **टेढ़ा तामड़ा,** ठीक पकी किन्तु ताप से बही हुई ईंट **खाँचा,** आँच से चटकी हुई **चटका** या **चटखा,** दो-तीन जगह से टेढ़ी **खोर** या **ऐंचकबैंची,** भट्ठे के मुख के पास लगने वाली ईंटें **कलमुही** या **करमुही,** पुरानी ईंटों में **लखौरी** व **चौपेली** और पकते समय कोयला तथा मिट्टी पड़ जाने के कारण **काले फफोले** या **दर्दरी बूँदों** वाली **झाँवा, झामा** या **झम्मा** कहलाती है। भट्ठे में पकने से जो ईंटें कुछ पक्की कुछ कच्ची रह जाती हैं उन्हें **पीरा** या **कच्ची पीरा** कहा जाता है।

नींव में सतह पर एक विशेष प्रकार से ईंटों को समधरातल पर जमाना **रद्दा चुनाई** कहलाता है। खुदी हुई नींव में पहले एक सूखा रद्दा चुना जाता है और फिर उसके ऊपर **गारे** (पानी में गलाई हुई मिट्टी) की चिनाई में रद्दे लगते जाते हैं। गारे को **गिलावा** या **तगार** भीर कहते हैं। जिस बर्तन में **गिलाए** को भरकर मजदूर, राज के पास पहुँचाता है उसे **तगाड़ी, तगार** या **अढ़िया** कहते हैं। गिलावे के चारों ओर की **मेंड़, डौरी, डौर** या **डौल** होती है। रद्दे की चुनाई में यदि कोई ईंट सतह के नीचे हो जाती है तो उसे **धसकन** या **ईंट धसकना** कहा जाता है। जो टूटी-फूटी ईंटें नींव में भरी जाती हैं वे **भराव** होती हैं। नींव की चिनाई का ऊपरी रद्दा **फड़** है। मकान की कुर्सी ऊँची करने के लिए भरी जानेवाली मिट्टी **भर्त** या **भरती** होती है। फड़ से दीवार की शुरुआत होती है और मकान की दीवार रद्दों के तहों से बनती है। गिलाए की दो तहों के बीच में लगी हुई ईंटों की एक तह **रद्दा** होता है। मिट्टी के गिलावे के अतिरिक्त ईंट की चिनाई या जुड़ाई का काम सुर्खी-चूना और सीमेंट-बालू से भी की जाती है। दीवालों की चिनाई अथवा जुड़ाई दो तरह की होती है : खड़ंजा या खरंजा की चिनाई, 2. टोड़े पट्टी की चुनाई। खड़ंजे की चुनाई में ईंटें खड़ी रखी जाती हैं। इसमें सवा ईंट लगती है। टोड़े पट्टे की चुनाई में एक कतार सीधी और दूसरी उसके पीछे लम्बवत् लगाई जाती है। एक दीवाल से दूसरी दीवाल को मिलाने के लिए ईंटों का खड्ढा या डाँड़े निकाले जाते हैं। दो अथवा चार बल्लियों में जो बाँस चिनाई के लिए बाँध लिये जाते हैं उन्हें **पाइट, बरगा** या **अस्ताजा** कहा जाता है। **बल्लियों, बरगों** और **बाँसों** की **टट्टर** या जाली का नाम **पाढ़** है। ऊँची हो जाने पर दीवाल की चिनाई पाढ़ बाँधकर की जाती है। दीवाल की ऊँचाई समाप्त हो जाने पर **टोढ़ों** पर **छाँवन** जमाया जाता है। इसे छज्जा कहते हैं। छज्जे के नीचे दीवाल में बाहर की ओर निकाली हुई एक पट्टी का नाम **गर्दना** है।

दरवाजे या जंगले के ऊपर और गर्दने के नीचे महावरदार पट्टी-सी दीवार में बनाई जाती है उसे **बहादरी** (सं. भद्रिका) कहते हैं।

बरामदे के द्वारों के ऊपर भी बहादरी बनाई जाती है। दो बहादरियों को मिलाने वाली पटरी के नीचे उठी हुई त्रिभुजाकार जगह **चंगेल** कहलाती है। छत के नीचे दीवालों पर किया गया काम **तलैटी** कहलाता है।

आँगन में ईंटों का फर्श **खरंजा** होता है। मकान का कोई कोना यदि रास्ते की ओर निकला हुआ हो तो गाड़ी आदि की टक्कर से उसे बचाने के लिए उसके पास एक पत्थर गाड़ दिया जाता है। उस पत्थर को **नुकड़ेटा** या **कछौटा** कहते हैं। चिनाई के बाद दीवालों की ईंटों के जोड़ों में चूना या सीमेंट भरने की क्रिया **टिपकारी** या **पलस्तर** होती है। छत को **करी या कड़ी** या **गाटर** देकर पत्थर की पटिया से पाटते हैं अथवा ढलाई करके छत बनाते हैं। ढलाई दो तरह की होती है—**आर.बी. ढलाई** और **आर.सी.सी. ढलाई**। आर. बी. ढलाई के लिए बल्ली व पटरे से छत का आधार बनाकर उस पर थोड़ी मिट्टी फैलाकर पिटाई की जाती है। पश्चात थोड़ा बालू फैलाकर ईंट सजाने का काम होता है। एक ईंट का अन्तर देकर दूसरी कतार के मध्य छड़ डालते हैं फिर दो-दो फुट की दूरी पर बड़े-बड़े क्रास छड़ डालकर ऊपर से ढाई भाग बालू और एक भाग सीमेंट का मसाला घोल दिया जाता है। इसी प्रकार आर.सी.सी. की ढलाई के आधार पर 10+1 का मसाला घोल कर घोरुआ से चिकना दिया जाता है। दो दिन बाद तीसी की खली या गोबिल से बुताई करके 6 इंच $\times$ 7 इंच पर क्रास छड़ बाँधते हैं फिर चार भाग गिट्टी, ढाई भाग बालू और एक भाग सीमेंट से तैयार मसाले से पौन इंच मोटाई की ढलाई कर दी जाती है।

राजगीरी के औजारों में **करनी** या **कन्नी** और **बँसुली** दो प्रमुख औजार हैं। करनी से गिलाया, चूना या सीमेंट लगाया और फैलाया जाता है। बहुत छोटी करनी को **नटला** कहते हैं। बसुली से ईंटें तोड़ी और छीली जाती हैं। लकड़ी का एक औजार जिसकी आकृति करनी जैसी होती है **थापी** या **थपिया** कहलाता है। इससे फर्श या दीवाल पर लगा हुआ मसाला पीटा जाता है। मूठदार गोल लकड़ी का एक औजार जिससे खम्भे का **गल्ता** चिकनाया जाता है **गोलचा** होता है। चौरसाई के काम आने वाले लोहे और लकड़ी के औजारों के नाम **फंटी, चौरसा, चीप, पाटा, जैबंद, गुटका, समादा, गुरमाला** और **कोवा** है।

फर्श की समतलता को **पँसार** कहते हैं। पँसार देखने के लिए एक यंत्र होता है जिसे **रेबल** या **पँसार पारा** कहते हैं। पुरानी रीति के अनुसार पनसार या पन्सार (पतली पाइप में पानी भरकर जमीन की समतलता देखने का तरीका) से काम किया जाता है। दीवाल की सीध और कोने देखने के लिए **गुनिया** या **गोनिया** होती है। दीवाल की सीधी चिनाई के लिए सूत होता है। लकड़ी का एक गज **राजनपाना** कहलाता है। लोहे या पीतल के एक छोटे से लट्टू के कुंदे में एक डोरी बँधी रहती है उस डोरी में छोटी-सी लकड़ी चिप्पी पड़ी रहती है। लट्टू को **लबा**, डोरी को **सूत** और चिप्पी को **कैंड़ा** कहते

हैं। सामूहिक रूप में तीनों चीजें **साहुल, सुहावल, सावल** या **सौला** कहलाती हैं। इस यंत्र से दीवाल की ऊँचाई की सीध देखी जाती है।

पत्थर का काम करने वाला कारीगर **पथरछिता** या **संगतरास** कहलाता है। **खान** या **खदान** से निकले पत्थर की कटाई-छँटाई को **गढ़ना या घड़ना,** पत्थर पर छिताई करके फूल-पत्तियाँ बनाना **मनोवत** और पत्थर के बट्टों तथा सिलों में **टाँकी** से गुच्चे करने, खोटने और छीलने को **टाँकना** या **राहना** कहते हैं। पत्थर की सतह में गहराईदार अक्षर, फूल-पत्तियाँ आदि खोदकर उनके उसी आकार के विभिन्न रंगों के पत्थरों को जमाने की क्रिया **चौरसाई** या **पच्चीकारी** होती है। चौरसाई का काम सबसे कठिन है।

पटिया या सिल की मोटाई का रुख **टक्कर** होता है। फर्श पर पटिया बिछानी हो तो एक से दूसरी पटिया को मिलाने के लिए उनकी टक्करों को चौरस करना होता है। **दासे** (बरामदों में खम्भों के ऊपर लगने वाली लम्बी किन्तु कम चौड़ी पटिया) टक्कर ठीक होने पर ही एक-दूसरे से मिल पाते हैं। टक्करों को सम या इकसार बनाने के काम को **पटकाई,** दो पटियों को तर-ऊपर रखकर चारों ओर से एक सीध में मिलाने को **बीड़ी बनाना** और इस प्रकार की जुड़ाई को **बीड़ी** कहते हैं। खम्भे के आकार का लम्बा और गोल ऊँची-नीची, सतह का खुरदरा पत्थर **डौल** होता है। **सौड़ना** डौल की सफाई और चिकनाई का नाम है। **चुनकाई** झौड़ाई के बाद औजार की हल्की चोट से की जाती है और **दौंचना** पत्थर की पहली बार की सफाई को कहते हैं। **माँठना** दौंचने के बाद की चिकनाई और सफाई का नाम है। मनोवत के कार्य में फूल-पत्तियों को हल्की और पोली बनाने का काम **नुकाना** कहलाता है। **झौड़ने, चुनकने, दौंचने** और **माँठने** से बारीक काम **नुकाने** का है। वस्तुतः **नुकाई** में ही संगतरास के कारीगरी की परीक्षा होती है। नुकाई, चौरसाई और मनोवत का कार्य करने वाले कारीगर **परचीनिया** या **पच्चीकार** कहलाते हैं।

पत्थर छेनने या छेतने के **हथौड़ी, छेनी** या **टाँकी** प्रमुख औजार हैं। झौड़ने के काम में आने वाली नोंकदार टाँकी **तकला** कही जाती है, चौड़े पाते की टाँकी जो माँठने के काम में प्रयुक्त होती है उसे **तकली** कहते हैं और प्रारम्भ में डौल झौड़ने के काम में आने वाला यंत्र **गुट्ठा** कहा जाता है। गुट्ठा से ही पत्थरों की पटकाई की जाती है। **भोंटा** या **चौरसा** पत्थर काटने और चौरस करने का औजार है। पत्थर की सतह को चिकना करने वाला तकली से मिलता-जुलता औजार **थलकी** कहलाता है। **भैंपड़ा** चौड़े पाते की एक टाँकी है जो मनोवत को पोली करने के काम में आती है, **टकोरा** सील या चक्की के पाट को खोटता है, पाट के धार की चौड़ाई **टक्कर** होती है, पिच्चड़ पाते की चौड़ी टक्कर वाली टाँकी कड़े पत्थर की छिनाई में प्रयुक्त होती है, **मनोवत** (फूल-पत्ती) बनाने के काम आने वाली गोल नोंकदार टाँकी **नरजा** और चौड़े पाँते की टाँकी का नाम **नरजी** है। लोहे की चौड़ी पत्ती का बना हुआ एक पैमाना **गुनिया** या **गोनिया** कहलाता है। यह पत्थर का **मोहड़ा** (लम्बाई और मोटाई) तथा **बहोड़ा** (चौड़ाई) की सीध देखने और नाप मालूम करने के काम में आता है। इस पर **तसू** (इमारती गज का चौबीसवाँ भाग जो सवा इंच के लगभग होता है) के निशान लगे होते हैं। गोला

खींचने के लिए एक परकार होती है जिसे **गोलची** कहते हैं। गोलची की चौड़ी पत्ती की बनी हुई दोनों टाँगें **पर** कहलाती हैं। झुड़ाई, छिनाई या छिताई आदि कामों से निकले हुए पत्थर के टुकड़े और कण **टूटन** कहलाते हैं।

सामान्यतः खान से निकलने वाले आयताकार या वर्गाकार पत्थर **पर्त,** गोल या गाँठ के आकार के **ढिम्मा** और लम्बे और कुछ-कुछ गोल लट्ठे सदृश पत्थर **डौल** होते हैं। डौल से ही मकानों के खम्भे बनाये जाते हैं। एक बड़ा खम्भा बनने लायक बड़ी डौल को **ठेवा** और बहुत बड़ा पत्थर जिसमें से कई **दासे** और खम्भे निकल सकें **जिला** कहलाता है।

स्थान, गुण और रूप-रंग के विचार से पत्थरों के बहुत से नाम हैं। स्थान के नाम पर चुनार का **पत्थर गड़ा,** फतहपुर के डामर की खान का **डामरा,** झाँसी के धौर्रा खान का **धौर्रा,** मकराना का **मकरानिया** या संगमरमर, तांतपुर रियासत का **तांतपुरिया, बियाना, वंशीपहाड़पुर** और **सुलेमानिया** पत्थर प्रसिद्ध हैं। रंग के आधार पर सफेद पत्थर **दूधिया** हरापन लिये हुए सफेद **जहरमुहरा,** या **जहरमौरा,** सफेद काला मिश्रित **डौसा,** पीला, **पीलिया,** काला **संगमूसा,** हरा और पीला **ऐवरी** तथा **भैंसराना** और जिस पत्थर में लाल और सफेद दोनों धारियाँ साथ-साथ हों वह **भर्रा** जैसे पत्थरों के कई नाम हैं। एक प्रकार मजबूत पत्थर जिससे दासे बनाए जाते हैं **टुली,** एक दूसरा चिकना और मजबूत **तेलिया,** छिनाई करने पर जिससे रेत झड़े वह **बजुआ, खारा** या **भुरभुरा,** बहुत कड़ा जो सान के काम में आता है **कुरण्ट,** आग निकलने वाला **चकमक,** बिना पर्त का ठोस **पातरी** और लाल अथवा पीले रंग का ठोस पत्थर **बासी** कहलाता है। यह पत्थर सिंगौरौली और फतेहपुर में अधिक पाया जाता है। दिल्ली के लाल किले में लाल रंग का यही बासी पत्थर लगा है। वह **कैंड़ा** (कड़ा) पत्थर जो **भर्रा** (मटमैला सफेद) रंग का होता है और जिससे चक्की के पाट आदि बनते हैं, **गर्रा** कहलाता है। **बरौलिया** नामक पत्थर गहरा लाल और सफेद होता है। अरावली पहाड़ में पाया जाने वाला एक प्रकार का बहुत ठोस पत्थर **झावन** कहलाता है। पत्थर पर धारीदार पतला निशान जो दूसरी किस्म के पत्थर के बीच में आ जाने के कारण बनता है, **जनेऊ** या **रग** कहलाता है और किसी रंग के पत्थर पर उससे भिन्न रंग की **बूँदें, बुँदके** या **छींटे** कहलाती हैं। छिनाई से झड़ने वाली रेत-सी टूटन **भस,** छोटे-छोटे कण **छिटका** या **रेजा,** तोले-दो तोले का टुकड़ा **कत्तल** और कत्तल से बड़े टुकड़े **गिट्टी** होते हैं।

मनोवत (फूल-पत्तियाँ बनाना) के कई काम हैं। पटिया या खम्भे में गहरी नाली बनाने का काम **पनारी,** फूल-पत्ती बनाने का **बूटा,** खड़ी रेखा के ऊपर-नीचे अर्धवृत्तों को बनाना **बंद,** टाँकी का गड्ढा **खोट** या **गुच्चा** और सील पर चौकटेनुमा गहरी लकीर बनाने का काम **कस लगाना** कहलाता है। छिनाई किये हुए इमारती पत्थरों के **टोड़ा, दासा, देहर, पखवाई** या **अलीन,** खम्भ या खम्ब (खम्भा), **मुतक्का, सागीर्दी, फरमेड़ा** और **जाली** नाम हैं। टोड़े के **ढीबा, तरैचा, मुहरा, ढाल, लुम्बा, लम्बी,** या **अनार, मड़ोरी,** और **लोड़** नामक अंग होते हैं। दासे के अंगों में **रूकार** या **टक्कर, आँट** और **मौरहक**

का प्रमुख नाम है। टक्कर यदि गोल बनाई जाती है तो उसे **गोलियादासा** और यदि उसमें फूल-पत्ती काटी जाती है तो उसे **बूटियादासा** कहते हैं। जमीन पर देहली या देहरी में लगने वाली **पटिया** का नाम **देहर** है। दालान के पाँखों से सटाकर लगाए जाने वाले चीरे हुए खम्भे **पखवाई** या **आलीन** होते हैं। ये दरवाजे के बगल में भी लगाए जाते हैं, इनके भी **बरदा, भरना, डाँड़ी** और **कुरसी** नामक चार अंग होते हैं। खम्भे के भी यही चारों हिस्से हैं। खम्भे का ऊपरी वर्गाकार भाग **वर्गा** या **परगा** और वर्गे के नीचे का भाग **भरना** कहलाता है। भरने में ही **मुर्दे** (बल खाते हुए पत्ते एवं फूलों की पंखुड़ियाँ) बनाए जाते हैं। भरने के नीचे **गोला** या **चिन्नी** बनाई जाती है। चिन्नी को **चिरनी** भी कहते हैं। चिन्नी से पतली पोपची होती है। गुलिया डाँड़ी के खम्भों में परगों और गोलों के मध्य में **अंधेरी, छेंकी** (बनाई) जाती है। खम्भे के बिचले हिस्से का नाम डाँड़ी है। डाँड़ी की ऊँचाई में गहराईदार जगह को **खार, पहल** या **चप्पी** कहते हैं। जबकि पहलों वाली डाँड़ी **पहलिया** या **खारदार** डाँड़ी कहलाती है। डाँड़ी के नीचे का भाग **कुरसी** होता है। कुरसी में बहुत-सी चीजें बनी होती हैं। दो गोलों के बीच में बने हुए गोलाईदार भाग **कुम्ब** (कुम्भ या कुम्भिया), दो गोलों के बीच का गड्ढेदार भाग **गल्ता,** डाँड़ी के नीचे बनी हुई फूल-पत्तियाँ **मौज-पत्ती,** कुम्ब का ऊपरी भाग घड़े जैसा हो तो **मटुकी** या **मोटकी,** नीचे का जमीन पर रहने वाला हिस्सा **वरगा** और **वरगे** से कुछ ऊपर का भाग **ढाल** या **टाप** कहलाता है। मकान की कुर्सी के सहारे जमीन से लेकर कुर्सी के फर्श तक जो छोटा-सा खम्भा लगता है **मुतक्का** और मुतक्के के दोनों ओर खड़ी स्थिति में जो पत्थर लगाए जाते हैं, उन्हें **सागिर्दी** कहते हैं। कुर्सी में आगे की ओर लगने वाला पत्थर **फरमेड़ा** कहलाता है। पत्थर के धरातल में जो गोल, आयताकार, वर्गाकार, छःपहलू और अठपहलू छेद किए जाते हैं उन्हें **जाली** या **गौखी** (गवाक्षिका) कहते हैं।

पत्थरों से विभिन्न प्रकार के बर्तन भी बनाए जाते हैं। आटा गूँथने के काम में आनेवाला एक बड़ा पत्थर का बर्तन जिसका आकार परात का-सा होता है, **पथरौटा** कहलाता है। **चक्की का पाट, कूंडी, खरल, सिल-बट्टा** भी पत्थर के ही बनते हैं। छतों में डालने के लिए पत्थर के बेलन भी बनाए जाते हैं।

कारखाना शब्दावली

कारखाने में मशीन के भिन्न-भिन्न पुर्जे (पाट्र्स) अलग-अलग कारीगरों द्वारा तैयार किए जाते हैं। इन तैयार पुर्जों को एकत्र करके उनकी **फिटिंग** की जाती है। जो कारीगर समूचे पुर्जों को फिट करके एक मशीन का रूप देता है, उसे फिटर कहते हैं

कारखाने में फिटर चार प्रकार के होते हैं : 1. बेंच वाइस फिटर, 2. डाईमेकर फिटर, 3. इरेक्शन फिटर और 4. जनरल फिटर।

1. बेंच वाइस फिटर : यह फिटर प्रायः 75% कार्यों को हाथ के औजार की सहायता से एक ही स्थान पर (अपने बेंच के ऊपर) सम्पन्न कर देता है। मात्र 25% फिटिंग के कार्यों के लिए इसे मशीन की सहायता लेनी पड़ती है। विभिन्न प्रकार के हैंड टूल्स, सूक्ष्ममापी यंत्रों और मशीनों के प्रकार, साइज, भाग और धातु के प्रयोग की विधि तथा रख-रखाव का बेंच वाइस फिटर पूरी तरह जानकार होता है।

2. डाईमेकर फिटर : विभिन्न प्रकार की चीजों जैसे : चम्मच, कटोरी, गिलास, साइकिल की घंटी आदि को ठोंक-पीटकर कोई भी कारीगर नहीं बना सकता है। इन वस्तुओं को बनाने के लिए पहले डाई और पंच बनाया जाता है। इस डाई और पंच के बनाने वाले कारीगर को **डाईमेकर फिटर** कहते हैं। फिटर डाई को फीमेल और पंच को मेल भी कहते हैं।

3. इरेक्शन फिटर : जो फिटर राजमिस्त्री का कार्य करता है, उसे **इरेक्शन फिटर** कहते हैं।

4. जनरल फिटर : कारखाने में बने मशीनों के सभी पुर्जों को यथास्थान फिट कर मशीन का रूप देने का कार्य जो कारीगर करता है, उसे जनरल फिटर कहते हैं। फिटर के उपयोग में आनेवाले टूल्स या औजारों में फाईल (रेती) प्रमुख औजार है। यह कई प्रकार की होती है : 1. फ्लेट या चपटी रेती, 2. हाफ राउंड या अर्ध गोलाकार रेती, 3. राउंड या गोलाकार रेती, 4. स्क्वायर या वर्गाकार रेती, 5. ट्रैंगुलर या त्रिकोणीय रेती, 6. हैंड या दस्ती रेती, 7. चाकू जैसी रेती। ये सभी रेतियाँ हाई कार्बन स्टील, कास्ट स्टील या फिर अच्छे ग्रेड के टूल स्टील से बनाई जाती हैं। इनके पूरे भाग को हार्ड व टैम्पर कर दिया जाता है और **टैग** (मुठिया) को मुलायम रखा जाता है जिससे हैंडल (मुठिया) फिट करते समय टैग टूटने न पाए। फाईल के अगले भाग को **प्वाइंट** कहते हैं। सामने का हिस्सा **फेस** होता है, फाईल का साइड **ऐज** कहलाता है, पीछे का भाग

जहाँ दाँते नहीं कटे होते **हील** और जिसमें लकड़ी का हैंडल लगाया जाता है उसे **टैग** कहते हैं। **फाईल** धार को पैना करने, पुर्जो को सम करने और धातु को छोटे-छोटे टुकड़ों के रूप में काटने के काम में आती है। फिटर द्वारा फाईल (रेती) के प्रयोग की क्रिया को **फाईलिंग** कहते हैं।

हैक्सा (आरी) फिटर के उपयोग का दूसरा महत्त्वपूर्ण औजार है। यह एक कटिंग टूल है। इसके द्वारा सेक्शन पत्ती, पाइप, सीट या चद्दर, छड़ अथवा रॉड आदि को काटा जाता है। हैक्सा द्वारा की जाने वाली क्रिया (कटाई करना) **हैक्साइंग** कही जाती है। हैक्सा के दो भाग होते हैं : फ्रेम और ब्लेड। हैंडिल, फ्रेम, विंग नट, स्लाइडिंग, पिन और स्क्रू **हैक्साफ्रेम** के प्रमुख अंग हैं। फ्रेम तीन प्रकार के होते हैं :

1. फिक्स्ड हैक्साफ्रेम : यह एक ही धातु के टुकड़े के दो सिरों को 90^0 के कोण में मोड़कर बनाया जाता है और इसमें एक ही साइज का ब्लेड फिट किया जाता है।

2. एडजस्टेबल हैक्साफ्रेम : इस प्रकार का हैक्सा धातु के दो टुकड़ों का बना होता है और इसे समायोजित भी किया जा सकता है।

3. डीप कटिंग हैक्साफ्रेम : यह हैक्सा फ्रेम जैसा होता है लेकिन इसके दोनों सिरे अधिक लम्बाई पर मुड़े होते हैं। इस हैक्सा के द्वारा अधिक गहराई से कटाई का काम किया जाता है।

हैक्सा ब्लेड का उपयोग धातु को काटने के लिए किया जाता है। इसकी लम्बाई 250 से 300 मि.मी., चौड़ाई 13 से 16 मि.मी., मोटाई 0.63 से 0.83 मि.मी., पदार्थ हाई कार्बन स्टील, किनारा सिंगल किस्म टीपसाइड और पिच 1.4 मि.मी. होता है। हैक्सा ब्लेड तीन प्रकार के होते हैं :

1. फ्लैक्सीबल ब्लेड : इसका केवल दाँतों वाला भाग ही हार्ड व टैम्पर किया जाता है।

2. आलहार्ड ब्लैड : इसके केवल पिन होल को छोड़कर समूचा ब्लेड हार्ड और टैम्पर्ड किया होता है। यही कारण है कि यह मोड़ने पर टूट जाता है।

3. स्प्रिंगबैक और फ्लैक्सीबल सेंटर टाइप ब्लेड : इस प्रकार के ब्लेड हार्ड और फ्लैक्सीबल के बीच के हाते हैं।

चीजल (छेनी) फिटर का तीसरा उपयोगी औजार है। जिस धातु की कटाई हैक्सा द्वारा नहीं हो पाती उसे काटने के लिए चीजल का प्रयोग होता है। चीजल से कटाई की क्रिया को **चीपिंग** कहा जाता है। चीजल षटभुजाकार होता है और हाई कार्बन स्टील से बनाया जाता है। इसका अगला भाग (लगभग 25 से 35 मि.मी. तक) हार्ड व टैम्पर कर दिया जाता है। **चीजल** के तीन भाग होते हैं : **1. हैड :** यह चीजल का ऊपरी भाग होता है जिसे चैम्फर कर दिया जाता है। बार-बार चोट लगने पर यह फैल जाता है। **2. बाडी या शैंक :** यह चीजल का मध्य भाग होता है और इसका आकार षटभुजाकार होता है। यह भाग धातु के मूलरूप में होता है, इसे हार्ड या टैम्पर नहीं किया जाता है। **3. कटिंग ऐज :** चीजल का कटिंग ऐज धातु के अनुसार सही कोण में निश्चित करके

बनाया जाता है। यही धातु कटाई का काम करता है। चीजल दो प्रकार का होता है : **1. हाट चीजल :** इसका प्रयोग गर्म कार्य के लिए किया जाता है। फिटर शाप के लिए यही चीजल सर्वाधिक उपयुक्त होता है। **2. कोल्ड चीजल :** इसका प्रयोग ठंडे कार्य के लिए किया जाता है।

स्क्रैपर (खुरचनी) फिटर के काम का यह चौथा औजार है। फाईलिंग और मशीनिंग के बाद भी सतह को ठीक करने के लिए इसका प्रयोग जरूरी होता है। यह हैंड कटिंग औजार है। हाई कार्बन स्टील की पुरानी फाइलों को ग्राइंड करके यह बनाया जाता है और इसके सिरे पर कटिंग ऐज होता है। इससे काम करने की क्रिया को **स्क्रैपिंग** कहते हैं। स्क्रैपर के चार भाग होते हैं : 1. टैग, 2. बॉडी, 3. कटिंग ऐज और 4. हैंडिल। स्क्रैपर पाँच प्रकार के होते हैं :

1. फ्लैट स्क्रैपर : आयताकार एवं वर्गाकार जॉब की सतह को शुद्ध करने के लिए इसका प्रयोग किया जाता है। इसकी लम्बाई 100 मि.मी. से 300 मि.मी. और इसके कटिंग ऐज की चौड़ाई 20 से 30 मि.मी. होती है।

2. ट्रैंगुलर स्क्रैपर : इसका प्रयोग छोटे-छोटे बेयरिंग बुश तथा दूसरे गोलाईदार जाब की स्क्रैपिंग करने के लिए किया जाता है। यह लगभग 135 मि.मी. से 175 मि.मी. तक लम्बा होता है।

3. हुक स्क्रैपर : जहाँ फ्लैट स्क्रैपर से काम नहीं हो पाता वहाँ हुक स्क्रैपर उपयोग में लाया जाता है। इसका कटिंग ऐज 90^0 के कोण पर मुड़ा होता है।

4. अर्धगोलाकार स्क्रैपर : इसका उपयोग जॉब के अन्दर की गोलाकार सतह को शुद्ध करने के लिए किया जाता है। यह अर्धगोलाकार होता है और इसका एक सिरा गोलाई में मुड़ा होता है।

5. दो हैंडल स्क्रैपर : इसके दोनों किनारों पर टाँगें होती हैं और बॉडी के दोनों किनारे कटिंग हुक का काम करते हैं। इससे बियरिंग बॉक्स तथा बाडी की गोलाकार सतहों की स्क्रैपिंग की जाती है।

ड्रिल बरमा फिटर के उपयोग का पाँचवाँ औजार है। इस कटिंग टूल के द्वारा किसी भी धातु में सुराख (छेद) किया जाता है। आमभाषा में इसे बरमा कहते हैं। इसके द्वारा सुराख करने की विधि को **ड्रिलिंग** कहते हैं। ड्रिल प्रायः हाई कार्बन स्टील, हाईस्पीड स्टील अथवा स्टील अलाय से बनता है और इसके शैंक, नैक, बॉडी, प्वांइट, लैड या मार्जिन, बॉडी क्लीयरेन्स, लिप्स, फ्ल्यूट्स, लिप क्लीयरेन्स, बैव और डैड सेन्टर जैसे ग्यारह भाग होते हैं। आकार के अनुसार ड्रिल छः तरह के होते हैं–

1. फ्लैट ड्रिल : यह हाईकार्बन स्टील का बना होता है। इसकी बॉडी गोल और सिरा चपटा होता है। इस चपटे सिरे को 90^0 के कोण पर ग्राइंड करके हाई व टैम्पर कर दिया जाता है। इसके करिंग ऐज को लगभग 3^0 से 5^0 तक क्लीयरेन्स ऐंगल भी दिया जाता है। इस ड्रिल का प्रयोग अधिकतर कारपेन्टरी शाप में किया जाता है।

2. स्ट्रेट फिल्यूरिड ड्रिल : इसकी बॉडी में दो सीधे और समानान्तर दराज कटे होते हैं जिनसे बुरादा निकलता रहता है। इस ड्रिल का प्रयोग पतली चादरें और नर्म धातुओं में छेद करने के लिए किया जाता है।

3. ट्रिविस्ट ड्रिल : यह ड्रिल कार्बन स्टील, हाईस्पीड स्टील या अलाय स्टील की गोल रॉड का बना होता है। इसके एक सिरे पर कटिंग ऐज होता है। इसकी बॉडी में घुमावदार दराज या झिर्रियाँ कटी होती हैं जिससे कटे चिप्स आसानी से बाहर हो जाते हैं।

4. कोर ड्रिल : इस ड्रिल में दो से अधिक फ्यूट और कटिंग के सिरे होते हैं। इसका प्रयोग ढलाई में रखे गए छेदों को साफ करने के लिए होता है।

5. सेंटर ड्रिल : इसका उपयोग जॉबों को बीच में पकड़कर सुराख करने के लिए होता है।

6. आयल ट्यूब ड्रिल : इसका प्रयोग गहरा छेद करने के लिए किया जाता है। इसकी बॉडी के साथ-साथ बालदार छेद होता है, जो तेल या तेल जैसे दूसरे पदार्थ को कटाई तक पहुँचाता है।

रीमर फिटर के उपयोग का छठा औजार है। इसका प्रयोग ड्रिल को गोल, चिकना और ठीक करने के लिए किया जाता है। पहले से किये गए ड्रिल होल को बढ़ाकर सही आकार में लाने की क्रिया को रीमिंग कहते हैं। रीमर हाई कार्बन, हाईस्पीड स्टील अथवा अलाय स्टील के बने होते हैं। इन्हें हार्ड या टैम्पर भी किया जाता है। रीमर के चार भाग होते हैं : **1. टैग :** इस भाग में रीमर को घुमाने के लिए हैंडिल फिट करते हैं। **2. शैक :** इसको मशीन के स्पिण्डल में फिट करते हैं। इसके ऊपर रीमर का साइज लिखा होता है। इसका शैक हमेशा टैम्पर होता है। **3. फ्ल्यूट :** यह कटे हुए चिप्स को बाहर निकालने का काम करता है। **4. बीवेल ऐज :** यह रीमर में सबसे नीचे की ओर होता है। सबसे पहले होल के अन्दर यही भाग जाता है जिससे रीमर होल में अपनी सही स्थिति बना पाता है। रीमर आठ प्रकार के होते हैं : 1. हैंड रीमर, 2. चैक या मशीन रीमर, 3. शैल रीमर, 4. एडजस्टेबल रीमर, 5. एक्सपेन्शन रीमर, 6. टेपर रीमर, 7. टेपरपिन रीमर और 8. पायलट रीमर।

टैप फिटर के उपयोग का सातवाँ औजार है। यह एक प्रकार का कटिंग टूल है जिसके द्वारा अन्दरूनी चूड़ियाँ काटी जाती हैं। चूड़ियाँ काटने से पहले टैप के साइज के अनुसार ड्रिल से सुराख कर लिया जाता है फिर उसी सुराख में टैप के द्वारा चूड़ियाँ काटते हैं। टैप से चूड़ियाँ काटने की क्रिया टैपिंग कही जाती है। बॉडी, टैग, शैक, फ्ल्यूट्स, ग्रूव, लैंड, कटिंग फेस, हील, चैम्फर और प्वाइंट व्यास टैप के कुल नौ भाग होते हैं। टैप ग्यारह प्रकार के होते हैं : 1. हैंड टैप, 2. एक्सटेन्शन टैप, 3. मास्टर टैप, 4. मशीन स्क्रू टैप, 5. नर टैप, 6. स्पाइरल पल्यूरिड टैप, 7. बैंड शैक टैप, 8. गन या स्पाइरल प्वाइंट टैप, 9. गैस या टेपर पाइप टैप, 10. मशीन टैप, 11. फ्ल्यूट लैस टैप।

डाई फिटर के उपयोग का आठवाँ औजार है। इसके द्वारा बाहरी चूड़ियाँ बनाई जाती हैं। विशेषकर गोल रॉड, पाइप या सरिया पर डाई द्वारा चूड़ियाँ बनाई जाती हैं।

डाई गोलाकार तथा चौरस बनी होती है। चूड़ियों में कटिंग ऐज बनाने के लिए इसमें कुछ दाँते बने होते हैं। डाई की एक तरफ की चूड़ियाँ चैम्फर की होती हैं, जिससे कट बनाने में सुविधा होती है। डाई हाई कार्बन स्टील, अलाय स्टील या हाई स्पीडल स्टील की बनी होती है जिसमें डाई को पकड़कर चूड़ियाँ काटी जाती हैं, उसे **डाई स्टाक** या **डाई हैंडिल** कहते हैं। यह दो प्रकार का होता है : 1. सालिड डाई स्टाक, 2. एडजस्टेबल डाई स्टाक। कार्य के अनुसार राउंड डाई, एडजस्टेबल डाई, डाई नट, डाई प्लेट, पाइप डाई, चेजर डाई और ऐक्रन डाई जैसे डाई के सात प्रकार होते हैं।

हैमर (हथौड़ा) यह फिटर के उपयोग का नौवाँ मुख्य औजार है। कारखाना फिटर के दैनिक जीवन के बहुसंख्यक कार्यों में चोट मारने वाला यह बहुत ही उपयोगी औजार है। इसकी पहचान इसके आकार और भार से की जाती है। यह प्रायः कार्बन स्टील का बना होता है तथा इसके फेस और पेन को हार्ड एवं टैम्पर कर दिया जाता है। पेन, फेस, आई होल, हैड, हैंडल और वेज इसके छह भाग होते हैं। हैमर का ऊपरी भाग पेन होता है। **फेस** हैमर का वह भाग है जिससे चोट की जाती है। हैंडल डाले जाने वाले भाग को **आई होल** कहते हैं। फेस का ऊपरी हिस्सा हैड कहलाता है। जिसे पकड़कर हैमर को उठाते और चोट करते हैं, उसे हैंडिल कहते हैं और जिस तरफ हैंडिल डाला जाता है उसके दूसरे तरफ के हिस्से को **वेज** कहते हैं। हैमर द्वारा किया जाने वाला कार्य **हैमरिंग** कहा जाता हैं। पावर हैमर, हैंड हैमर, स्लेज हैमर, कला हैमर, शाफ्ट हैमर, राँ हाइट हैमर, मेटल हैमर और नायलान हैमर–ये हैमर के नौ प्रकार हैं। फिटर के उपयोग में विशेषकर हैंड हैमर, स्लेज हैमर और राँ हाइट हैमर ही आते हैं।

स्क्रू ड्राइवर (पेचकस) फिटर का यह बहुत ही उपयोगी औजार है। यह पेंच को खोलने और कसने के काम आता है। इसका ब्लेड शैक हाई कार्बन स्टील का हाई और टैम्पर किया हुआ होता है। इसकी साइज प्रायः 3 इंच से 18 इंच और 2.5 से 500 मि.मी. तक होती है। यह छह प्रकार का होता है : 1. फ्लेट स्क्रू ड्राइवर, 2. फिलिप्स स्क्रू ड्राइवर, 3. रैचेट स्क्रू ड्राइवर, 4. आफसैट ड्राइवर, 5. वाचमेकर स्क्रू ड्राइवर, 6. कारपेंटर स्क्रू ड्राइवर।

प्लायर्स (पिलास) फिटर का सबसे महत्त्वपूर्ण और हमेशा उपयोग में आने वाला औजार है। कार्य करते समय फिटर इसका उपयोग छोटे-छोटे जॉब या वस्तुओं को पकड़ने, तार काटने अथवा मोड़ने के लिए करता है। यह कार्बन अथवा स्टील के ड्रा फोर्जिंग विधि से बनाया जाता है। इसके हैंडिल, खिट और जाँस तीन भाग हैं। प्लायर्स प्रायः छह प्रकार के होते हैं :

1. साइड कटिंग प्लायर्स : इसका प्रयोग प्रायः हर जगह होता है। बिजली के कार्य में प्रयुक्त पिलास के हैंडिल पर प्लास्टिक का कवर चढ़ा होता है। इसके दोनों जाँस के बीच में कटिंग ऐज बने होते हैं जो तार काटने के काम में आते हैं।

2. लांग नोज प्लायर्स : इसके जाँस लम्बे और आगे की ओर निकले होते हैं जो किसी तंग स्थान के पार्ट को पकड़ने के लिए उपयोगी होते हैं।

3. स्लिप ज्वाइंट प्लायर्स : अन्य प्लायर्स की अपेक्षा यह अधिक चौड़ाई में खोला जा सकता है और बड़े साइज के जॉं को पकड़ने के काम में आता है।

4. डायगनल प्लायर्स : यह एक विशेष प्रकार का प्लायर्स है जो केवल बिजली मैकेनिक के प्रयोग में आता है।

5. मल्टीग्रिप प्लायर्स : इसे वाटर पम्प पिलास भी कहते हैं। काम के अनुरूप इसे विभिन्न मापों में सेट किया जा सकता है।

6. गैस प्लायर्स : इसके जॉंस भीतर की ओर गोलाकार मुड़े होते हैं और भीतर की गोलाई में दाँत कटे होते हैं। इसका उपयोग गोल जॉब या छोटे पाइप, यूनिट या साकेट आदि को कसने के लिए होता है।

इसके अतिरिक्त फिटर के उपयोग में आने वाले कुछ मार्किंग टूल्स हैं, जिनमें डिवाइडर, स्क्राइबर, सरफेस प्लेट, ऐंगिल प्लेट, बी ब्लाक, वर्नियर हाइट गेज, मार्किंग ब्लाक और मार्किंग पंच प्रमुख हैं।

डिवाइडर का उपयोग किसी खींची हुई रेखा को आवश्यकतानुसार आपस में बराबर दूरी पर बाँटने के लिए किया जाता है। **स्क्राइबर** का उपयोग स्केल की सहायता से जॉब के ऊपर रेखा खींचने के लिए होता है। जॉब की समतलता जाँचने तथा जॉब को रखकर मार्किंग करने के लिए **सरफेस प्लेट** उपयोगी होता है। **ऐंगिल प्लेट** जॉब पर मार्किंग करते समय जॉब को पीछे से सपोर्ट करता है। **बी ब्लाक** राउण्ड जॉब का सेन्टर निकालने के लिए काम में आता है। **वर्नियर हाईट गेज** जॉब के सूक्ष्म मार्किंग के काम में प्रयुक्त होता है। **मार्किंग ब्लाक** का प्रयोग जॉब की मार्किंग के लिए किया जाता है और **मार्किंग पंच** का काम मार्किंग की हुई जॉब के ऊपर लाइन को स्थिर करना है।

कारखाना फिटर के लिए कुछ अन्य आवश्यक यंत्र भी हैं जिनका उपयोग यदा-कदा आवश्यक होता है। जब फिटर को इंचों में दशमलव के तीसरे अंक में दशमलव के दूसरे स्थान से भी परिशुद्ध माप लेना हो तो वह सूक्ष्ममापी यंत्र का उपयोग करता है। यह माप जिन टूल्स के द्वारा ली जाती है इनमें पहला माइक्रोमीटर है। माइक्रोमीटर एक प्रकार का सूक्ष्ममापी उपकरण है जिससे .001 अथवा .01 मि.मी. तक की सूक्षमता में माप ली जाती है। यह कई प्रकार का होता है जैसे आउट साइड माइक्रोमीटर, इन साइड माइक्रोमीटर, डेप्थ माइक्रोमीटर, स्क्रू क्रोड माइक्रोमीटर। दूसरा वर्नियर कैलीपर यंत्र है। यह भी सूक्ष्ममापी यंत्र ही है। इसके द्वारा बाहरी, अन्दरूनी और गहराई को मापने तथा चेक करने का काम लिया जाता है। तीसरा **वर्नियर बिवेल प्रोटेक्टर** यंत्र है। इसके द्वारा किसी मशीन पार्ट्स का एंगिल शून्य डिग्री से लेकर 5 मि. की एक्वीरेशी तक मापा जा सकता है। चौथे यंत्र का नाम है**—डायल टेस्टिंग इंडीकेटर**। इस यंत्र के द्वारा किसी मशीन के पाटर्स का धरातल 1/1000 इंच तथा .01 मि.मी. की एक्वीरेसी में चेक किया जाता है। पाँचवाँ यंत्र **गेज** कहलाता है। भिन्न-भिन्न प्रकार के बने हुए पुर्जों को चेक करने के लिए **गेज** का प्रयोग किया जाता है। **गेज** कई प्रकार के होते हैं। जैसे : **वायर गेज** से तार व सीट की मोटाई नापी जाती है। **रेडियर गेज**

बने हुए रेडियस को चेक करता है। **फीलर गेज** दो पुर्जों के बीच की दूरी को चेक करता है। **स्क्रूपिच गेज** द्वारा पिच की गहराई नापी जाती है। **ड्रिल गेज** ड्रिल के ऐंगल को चेक करता है और **रिंग गेज** से किसी गोल जॉब के डाईमीटर की डाई को चेक किया जाता है।

फिटिंग के अतिरिक्त कारखाने के जितने भी बिजली के काम हैं, सभी **इलेक्ट्रिकल** के माध्यम से सम्पादित होते हैं। बिजली का काम करने वाला इलेक्ट्रिशियन कहलाता है। इलेक्ट्रिकल के सामानों में **कम्बीनेशन प्लायर्स** सामानों को पकड़ने और काटने के काम में आता है, **स्क्रू ड्राइवर** पेंच को खोलता और कसता है, **लाइन टेस्टर** बिजली टेस्ट करने का यंत्र है, **चीज़ल** से लकड़ी काटी जाती है, **हैमर** (हथौड़ा) पीटने-ठोंकने के काम में आता है, **पोकर** लकड़ी और लोहे में छेद करने, **स्पैनर** नट कसने-खोलने, **आरी** लकड़ी काटने, **चाकू** तार काटने और **हैक सॉ** लोहे की वस्तुओं को काटने के यंत्र हैं। **प्लायर** तीन प्रकार के होते हैं। **क्वैटनोज प्लायर** तारों को पकड़ने और खींचने के लिए प्रयुक्त होता है, **राउंड नोज प्लायर** से तारों के सिरों को गोल किया जाता है और नट आदि को पकड़ा जाता है जबकि **साइड कटिंग प्लायर** केवल नरम तारों की कटाई के काम में आता है। **जीमलेट** से लकड़ी की वस्तुओं में छेद किया जाता है जबकि **ड्रिल या हैंड ड्रिल मशीन** द्वारा लकड़ी में **बिट** की मदद से छेद करते हैं। इसकी साइज 6 मि.मी. से 12 मि.मी. तक की होती है। **इलेक्ट्रिक ड्रिल मशीन** बिजली से चलती और धातु तथा लकड़ी में बिट द्वारा छेद करने के काम आती है। **कोल्ड चीजल** द्वारा कंकरीट और पत्थर की दीवार में छेद किया जाता है।

रेती पाँच प्रकार की होती है : फ्लैट रेती, स्क्वायर रेती, राउण्ड रेती, हाफ राउण्ड रेती और ट्रांगुलर रेती। फ्लैट रेती की लम्बाई 2/3 भाग तक समानान्तर फिर पतली होती है। जहाँ यह काम नहीं करती वहाँ कोने और दरारों को रेतने के लिए स्क्वायर रेती का प्रयोग किया जाता है। राउण्ड रेती से छेदों को खोला और गोल भागों को रेता जाता है। हाफ राउण्ड रेती का आधा भाग गोल और आधा भाग चपटा होता है। इसका उपयोग अर्धव्यास बनाने में होता है और ट्रांगुलर रेती **टेनन सॉ** तथा **हैक सॉ** की पत्तियों को तेज करती है। तार की साइज नापने का यंत्र **स्टैंडर्ड वायर गेज** है। **इलेक्ट्रिशियन नाइफ** धातु का बना होता है और तारों के **इन्शुलेशन** को छीलने के काम आता है। सप्लाई लाइन को टेस्ट करने के लिए **लाइन टेस्टर** की जरूरत होती है। वस्तुओं को पकड़ने का यंत्र **वाइस** कहलाता है। वाइस चार प्रकार के होते हैं : बैंच वाइस, लाइन वाइस, मशीन वाइस और पाइप वाइस। **सोल्डिंग आयरन** धातु की वस्तुओं को राँगा द्वारा जोड़ने के काम आता है। **रावल प्लग टूल** दीवाल में छेद करने, **स्टाक एंड डाई** पाइप में चूड़ी काटने, **कटर** लोहे की वस्तुओं को काटने, **डबल इनडेड ओपन स्पेनर सेट** नट-बोल्ट कसने-खोलने, **पिंसर** लकड़ी में से कीलों को निकालने और **स्टील फुट रूल** मैकेनिकल प्रयोग की वस्तुओं व मशीनों के भागों को नापने के यंत्र हैं। किसी धातु पर छेद करने से पूर्व निशान बनाने के लिए सेंटर पेच का उपयोग होता है। **मैलेट** लकड़ी

का हथौड़ा है, जो लोहे के तारों व चादरों को सीधा करता और बाइंडिंग के क्वायलों को आकार प्रदान करता है। **पाइप रिंच** से लोहे की पाइप को पकड़ा, कसा व खोला जाता है और **मौकी रिंच** द्वारा बड़े नट कसे जाते हैं। **प्लम्ब वाव** सीधी खड़ी लकीर खींचने के काम आता है। इसका एक सिरा नोकदार और दूसरा धागे से बँधा होता है। मशीनों की पूली **पूली पूलर** से उतारी जाती है जबकि मोटरों की शाफ्ट से बेयरिंग निकालने का काम बेयरिंग पूलर द्वारा होता है। **माइक्रोमीटर** तार का व्यास और पदार्थ की मोटाई नापने के काम में आता है। इसका आकार अंग्रेजी के यू (U) जैसा होता है और साइज 0.25 मि.मी. व इससे अधिक भी होती है। **इन्सूलेशनरिमूवर** से तारों के ऊपर का इन्सूलेशन उतारा जाता है और **वायर स्ट्रीपर** तारों का इन्सूलेशन उतारने का काम देता है। **क्रिम्पिंग टूल** द्वारा तारों को जोड़ा व थिम्बल आदि लगाया जाता है।

मैजीटिंग टेप लम्बाई नापने के काम में आता है। यह दो मीटर से लेकर बीस मीटर तक का होता है। इसकी टेप कपड़े या पतले चादर की होती है। **रेचिट ब्रिट बेस** की साइज 2.5 मि.मी. की होती है और यह बड़ी-बड़ी बल्लियों या मोटे लकड़ी के बोर्डों में छेद करने के उपयोग में आता है। **ब्लो लैम्प** किसी भी वस्तु को गर्म करने तथा ज्वाइंट को सोलण्डर करने में प्रयुक्त होता है। **रंदा** लकड़ी की सतह को सम करने का काम करता है। इसकी साइज ब्लेड की चौड़ाई व रंदे की लम्बाई पर निर्भर करती है। बॉडी, ब्लेड और हैंडल इसके तीन प्रमुख अंग हैं। **बोल्ड मीटर** वोल्टेज मापन, **एम्पीयर मीटर** करेंट मापन, **ओम मीटर** प्रतिरोध मापन, **एनर्जी मीटर** विद्युत एनर्जी मापन, **फ्रीक्वेंसी मीटर** ए.सी. विद्युत-आवृत्ति मापन, **पावर फैक्टर मीटर** ए.सी. सप्लाई पावर फैक्टर मापन और **मेगार** तार के ऊपर लगे इन्सूलेशन का प्रतिरोध (हाई रेजिटेन्स) मापन यंत्र है। **विद्युत मोटर** विद्युत सप्लाई से चलने वाली, **जनरेटर** विद्युत पैदा करने वाली और **ट्रांसफारमर** ए.सी. विद्युत वोल्टेज को कमोबेश करने वाली मशीनें हैं। **स्टार्टर** मोटर चलाने का यंत्र है, **मेन स्विच** तीन फेस सप्लाई को कंट्रोल करता है, **सर्किट ब्रेकर** विद्युत सप्लाई को नियंत्रित करता है और **चुम्बक** का काम लोहे को अपनी ओर आकर्षित करना है। **कंडेंसर** (कैपीसीटर) बिजली को अपनी ओर स्टाक करने का यंत्र है। **रेगूलेटर** सर्किट में वोल्टेज कम और अधिक करता है। **विद्युत खम्भा** द्वारा तार फैलाया जाता है। **आयरन प्रेस** विद्युत सप्लाई द्वारा कपड़ा प्रेस करने का यंत्र, **विद्युत हीटर** बिजली के द्वारा चूल्हा जलाने का यंत्र, **रूम हीटर** विद्युत सप्लाई से कमरा गर्म करने, **इमरसन हीटर** विद्युत सप्लाई द्वारा पानी गर्म करने, गीजर बड़े टैंकों में पानी गर्म करने, कूलर हवा को ठंडा करने, **टोस्टर,** स्लाईश गर्म करने, **विद्युत पंखा** पंखा चलाने, **इमर्जेन्सी लाइट** बिजली विकल्प और **वोल्टेज स्टेप्लाइजर** आवश्यकतानुसार वोल्टेज कम और अधिक करने के यंत्र हैं।

कभी गाड़ी पर

गाँवों में यातायात के मुख्य साधन के रूप में गाड़ी और नाव अब भी सनातन सत्य हैं। बैलगाड़ी आकार के अनुसार कई क़िस्म की होती है। **छकड़ा** या **गाड़ा** या **टायर** (गाड़ा) **(चघूस गाड़ी)**, हल्की बैलगाड़ी, **लड़ी, सग्गड़, लढ़िया** और सवारी वाली गाड़ी **रथ, बहली, सौंगी** कही जाती है। सबसे हल्की गाड़ी **एकबरधा** होती है, जिसका ऊँची-नीची ज़मीन पर अधिक उपयोग होता है। बैलगाड़ी में एक, दो, तीन या चार बैल तक जुतते हैं (दोबरधा, चौबरधा) तीन बैल जब जुतते हैं तो दायें-बायें वाले दो बैल **कोड़ी** या **धुरिया** और बीच वाला **बींड़ बिंड़िया** या **झिट्टी** या **नाटा** कहा जाता है।

बैलगाड़ी के ढाँचे के चार मुख्य भाग हैं, **पहिया, धुरी,** ऊपर वाला **ढाँचा** और **जुआ पहिया** या **चक्का**। **पहिया** के तीन हिस्से होते हैं, **मंगर** या **जमोट** (काठ की 6 **पट्टियों** या **पुट्टियों** के जोड़ से बना गोल घेरा), **नाह** (<नाभि), बीच की गोलाई और **अरा**। **अरा** या **आरा** की तीन जोड़ियाँ होती हैं, जो पहिये की **व्यास** होती हैं। अमूमन पहली जोड़ी को ही **आरा** कहते हैं, यह सबसे मोटी और मज़बूत होती है। दूसरी जोड़ी जो इसकी अपेक्षा कुछ हल्की होती है, **निमारा** या **बैली** या **नीमधुरी** या **नबारा** या **लेबारा** और तीसरी जो सबसे हल्की होती है, **गज** कही जाती है। इन तीनों जोड़ियों को डंड़िया और **आरागज** भी कहते हैं। **मंगर** की 6 **पुट्टियाँ चूर** या **चूल** पर बैठाई होती हैं। हर पुट्टी के दोनों ओर यह चूल रहती है, इसे **चोंही** या **जोही** या **गरबखिला** या **चोंटी** या **चेंघी** भी कहते हैं, **छेद** या **भूर** या **खोल** में सिरा **(डाकनी)** बैठा दिया जाता है। एक खूँटी पूरे **मंगर** को मज़बूत रखने के लिए बाहर से ठोंकी जाती है, उसे **पच्चर** या **पच्ची** या **पच्चड़** कहते हैं।

नाह लोहे के **बन्द** या **बन** में पिन्हाया रहता है। पहिया के चारों ओर भी लोहा चढ़ाया रहता है; इसे **टाल, कोरमार** कहते हैं। नाह के केन्द्र में लोहे का गोल बेलनाकार छेद होता है; इसे **मोहरी** कहते हैं। इसी लोहे की धुरी का सिरी **(आवन)** पहनाया जाता है। इधर **टायरों** का रिवाज हो गया है। टायर वाली पहिया के चारों ओर **हाल** चढ़ाया जाता है। नाह के दोनों ओर **धुरकिल्ली** या **रनकिल्ली** या **किल्ली** या **फरकिल्ली** ठोंकी जाती है कि धुरी निकलने न पाए। नाह में सन का एक वाशर **(चेनी** या **चेंदी** या **चेंही, चिन्धी)** बाहर लगा रहता है और एक भीतर **(खाँगन, खँहन)**।

धुरी को बाहर से मजबूत करने के लिए पहिये के बाहरी हिस्से में दो लकड़ी के टुकड़े फ़िट किए रहते हैं, इन्हें **तुलावा** कहते हैं। ये ऊपर ढाँचे के अगले और पिछले

हिस्सों से बँधे रहते हैं। शीशम की एक टेढ़ी लकड़ी और रहती है जो **धुरी** के नीचे से उसे टेक देती है। इसे **पैंजनी** या **दाब** कहते हैं। **पैंजनी** को आगे की ओर से बाँधने वाली रस्सी **जन्त** कही जाती है, पीछे की ओर वाली रस्सी **कुलँगड़ा** या **तुलंगड़ा**। **जन्त** का एक सिरा **कड़ी** में खोंसा रहता है और **टेकानी** और **कड़हड़ी** में लगी रहती है। **जन्त** को **अमेढ़ी** या **सलैया** से कड़ा रखा जाता है। **पैंजनी** लोहे की एक सींकड़ जैसी चीज है, दो **कोढ़ों** में गाड़ी की **आक** के भीतरी हिस्से (पड़ाव) में दो **छल्लियाँ** (खड़खड़ियाँ) लगी रहती हैं, उन्हीं में यह सींकड़ जुड़ी रहती है।

गाड़ी का ढाँचा प्रायः तिकोना होता है, पीछे की तरफ़ चौड़ा, आगे की तरफ सिर्फ एक सिरा। पिछला हिस्सा चौकोर होता है, इसका सबसे पिछला हिस्सा ही **आक** या **आग** या **आँख** कहा जाता है। इस **आक** के नीचे एक और लकड़ी रहती है, उसे **पड़ाक** कहते हैं। आक के पीछे बाँस का **पछलकड़ा** या **पिछलकड़ा** या **अंकोरा** या **पछेड़ना** लगा रहता है। आक के आगे **टेकानी** या **तेकानी** होती है। पिछले चौकोर हिस्से के दो बाजू जो पहियों के ऊपर रहते हैं, **धुरौटी** और **टेकानी** को जोड़ने वाली **खूँटी बिलैया** कही जाती है और **टेकानी** और सबसे आगे के **हूरे** को मिलाने वाली लकड़ी **पिढ़िया** कही जाती है।

अगला हिस्सा **सगुन** या **सगुनी** या **सबुनी** कहा जाता है। इसका तला थोप कहा जाता है। गाड़ी के ढाँचे की दो लम्बी भुजायें **फड़, फैड़, हरसा** या **ताँगा** कही जाती हैं। कभी-कभी इन्हें मजबूत करने के लिए इनमें लोहे का **पत्तर** या **बन्द** लगा देते हैं। गाड़ी के **छज्जे** (ढाँचे) के इस प्रकार **फर, आक, टेकानी** और **पिढ़िया** ये चार मुख्य हिस्से हैं। इसके अलावा तीन लम्बी पट्टियाँ और 13 आड़ी पट्टियाँ ठुकी रहती हैं जिन्हें क्रमशः **फरी** या **चपोट** या **माँझा** या **भरानी** या **कड़हड़ी** और **बत्ती** या **बत्ता** या **चाली** कहते हैं। ये **फरकिल्लों** या **काँटियों** से ठुके रहते हैं।

गाड़ी के पीछे **पछुआ** लगा देते हैं कि कोई सामान पीछे न गिरे। पिढ़िया के ऊपर दो **खुँटरों** (खम्भों) के ऊपर बाँस का एक **तीज** रहता है। **छज्जे** के दोनों बाजुओं में एक-एक **बल्ला** या **बँसौरी** या **बँसवल्ली** या **चँदवा आक** और **तीज** के ऊपर रखा जाता है। कभी-कभी ये बल्ले **तेकानी से फर** और कभी-कभी **टेकानी से सगुनी** तक लम्बे चले जाते हैं। इन बल्लों को **चीप** कहते हैं। रस्सी की **दाँगली** या **बीघी** या **दौंगड़ी** या **जौंढ़ा** या **सोंठ** से ये कई फेरों में नीचे के ढाँचे से बँधे रहते हैं। इस प्रकार ये सामान रखने के लिए दीवाल का काम करते हैं।

गाड़ी हाँकने वाले (गाड़ीवान) की बैठकी **मोहरा** या **मोढ़ा** कही जाती है। टोकरी वग़ैरह लटकाने के लिए गाड़ी के नीचे **थोम** रहता है। **सगुनी** के नीचे (एक मोटी खूँटी) **उढ़रा** रहता है, सगुनी के ऊपर जुआ के साथ जोड़ने के लिए **मुँहथोपड़ा** या **मोंहड़ा** रहता है। **जुआ** को **जूअड़** भी कहते हैं। इसमें बैलों के कन्धे के दोनों ओर जुआ में दो-दो खूँटियाँ होती हैं, जिनके बीच में कन्धे रहते हैं; इन्हें **समइल** या **सिम्मल** या **सेमल** या **कनैल** कहते हैं। भीतर वाली खूँटी को कहीं-कहीं **चिरैया** भी कहते हैं। बैल जोतने के पहले गाड़ी को उठाकर **सिरपाया** या **सिपावा** पर टिका देते हैं। **सिपावा** का माथा **माँझा**

कहा जाता है। गाड़ी को उलटने से रोकने के लिए कभी-कभी **एड़ा, उलरुआ** या **सिधवाई** की टेक भी लगाते हैं। बैलों की गर्दन में लगी रस्सी **जोता** या **जाती** या **गलजोती** कही जाती है।

सवाँगी गाड़ी या **बहली** की आकृति कम लम्बी होती है। पीछे की ओर वर्गाकार बैठने की जगह होती है, उस पर **छतरी** या **ठटरा** तनी रहती है, नीचे **गद्दा** या **गदेला** बिछा रहता है। पूरे पिछले हिस्से को जिसमें सवारी बैठती है, **पट्टी** या **पट्टा** या **बोहंडी** कहते हैं। पीछे की ओर की टेक के लिए **ढरुआ** और **बावली** लगाये जाते हैं। कभी-कभी सामान के लिए अलग जगह निकालते हैं। उसे **हँनुआ** या **ढाला** या **अड़ानी** कहते हैं। अगर नई बहू सवारी कर रही हो तो **ओहार** या **पर्दा** चारों ओर डाल देते हैं।

बैलगाड़ी के अतिरिक्त घोड़ा और ऊँटगाड़ियाँ भी होती हैं। घोड़ागाड़ी कई प्रकार की होती हैं जिनमें **इक्का** या **एक्का, ताँगा, बग्घी** और **टमटम** प्रमुख हैं। छतरी वाली कमानीदार एक घोड़ागाड़ी का नाम **इक्का** है। ताँगा इक्के से बड़ा होता है तथा बग्घे और टमटम ताँगे से भी बड़े होते हैं। इनमें प्रायः दो घोड़े जुतते हैं इसलिए इन्हें **जोड़ी** भी कहते हैं।

फड़, भंडारी, पटाव, पंखा, छोटी भंडारी, कोच, लीदखोरा, धुरा, कमानी, बम्ब या **बाँस, खूँटे, हत्ते** और **छतरी** इक्के के प्रमुख अंग हैं। फड़ इक्के का मुख्य आधार होता है। दो मजबूत पट्टियों पर एक चौड़ा तख्ता जमाया जाता है। पट्टियों को **फड़** और तख्ते को **फरस** कहते हैं। फरस की निचली सतह में जड़ी पट्टियाँ **मलंगा** होती हैं। वर्गाकार फरस के कोनों पर खूँटे और किनारे-किनारे चौखटे उठाए जाते हैं। चौखटे की पट्टी और किनारे के मध्य में छः या आठ खड़ी लकड़ियाँ लगती हैं, इन्हें **गुंजक** कहते हैं। पट्टियों और गुंजकों के सहारे लोहे की चद्दर जड़ी जाती है। इस प्रकार बनी वर्गाकार गहरी जगह का नाम भंडारी है। कोचवान या इक्कावान (इक्का हाँकनेवाला) सवारी का माल-असबाब **भंडारी** में ही रखता है। भंडारी को ढकने के लिए ऊपर लगा हुआ तख्ता **ढकना** या **पटौदा** कहलाता है और पटौदे के ऊपरी भाग का नाम **बैठकी** है। सवारियाँ यहीं पर बैठती हैं। पटौदी के दायें-बायें लकड़ी का पटाव **पंखा** कहलाता है। पंखे दो होते हैं और पहिये से लगभग एक हाथ ऊपर रहते हैं। पंखों को सुंदर बनाने के लिए किनारे पर **कन्नस** (लकड़ी की किनारी) लगाई जाती है। भंडारी और बैठकी के पीछे का महराबदार कुछ उठा हुआ तख्ता तकिया कहलाता है। बैठकी पर बैठने वाले अपनी पीठ तकिये के सहारे ही लगाते हैं। बैठकी का अगला भाग कोच होता है। कोच के आगे **लीदखोरा** (ढालू रुख का तख्ता) लगा रहता है और कोच दायें-बायें किनारे पर चढ़ने के लिए लोहे के **पायदान** लगे रहते हैं। इक्के का फरस समानान्तर दो मोटे बाँसों पर जमाया जाता है इन्हें **बम्ब** कहते हैं। घोड़ा दोनों बम्बों के बीच में ही **नाधा** (जोता) जाता है। इस प्रकार इक्के का पूरा ढाँचा तैयार करके उसके नीचे दायें-बायें दो कमानियाँ लगाई जाती हैं। धूरे और कमानी के बीच में लगी हुई ठोस लोहे की एक बड़ी गट्टी का नाम **ठेबी** है। बैठकी के धरातल पर कोनों के पास लगे कुन्दों पर एक डंडा ठोक

दिया जाता है और चारों डंडों पर लकड़ियों से बनाया हुआ जालीदार ढाँचा होता है इसे **छतरी** कहते हैं। छतरी डंडों की मजबूती के लिए कुन्दे और डंडे में बाँधे जाने वाले तस्मे (चमड़े की पटारे) का नाम **हत्ता** है। बैठकी पर बैठने वाली सवारियाँ हत्ते को पकड़े रहती हैं जिससे चलते इक्के से गिरें न।

नाब, गद्‌दी और टप ताँगे के भाग हैं। ताँगे के नीचे का खन (दर्जा) जो धूरे पर जमाया जाता है, **नाब** कहलाता है। नाब के ऊपर का भाग **गद्‌दी** और गद्‌दी के ऊपर का सायबान **टप** होता है। इक्के के घोड़े की पीठ पर जहाँ काठी रखी जाती है, वहाँ बग्घी के घोड़े पर **चाल** रखी जाती है। चाल की बनावट भी काठी से मिलती-जुलती ही होती है। चाल की ऊपरी अर्धचन्द्राकार लोहे की पत्ती को **बगला** कहते हैं। बगले के दोनों तरफ के कुन्दे **रासकड़ी** होते हैं। उनके नीचे दाहिनी ओर की पत्ती **दामन** और बाईं ओर के छल्ले का नाम **कड़ा** है। दामन और कड़े के नीचे की दोनों गद्‌दियों का सम्बन्ध **तंग** और **छीप** से होता है। चमड़े की चौड़ी पट्‌टी को तंग और पतली पट्‌टी को **छीप** कहते हैं। छीप को तंग में डालकर **बक्सुए** से कस दिया जाता है। बग्घी के घोड़े के हल्के के ऊपर **हसली** (लोहे की एक गोलाईदार वस्त्र) भी रहती है। पीतल के बगले में ऊपर एक छेद भी होता है, उस छेद को बनाने के औजार का नाम **तुरफान** है।

घोड़ागाड़ी के घोड़े के साज में **पट्‌टा, लगाम, रास, जैबंद, फसफला, सीनाबंद, हल्का, तंग, खाँठी, दुमची** और **मानक जोत** प्रमुख है। घोड़े के मुँह और माथे पर के चमड़े के साज को **पट्‌टा** कहते हैं। पट्‌टे के कई भाग होते हैं। आँखों के पास के दोनों चकौटे (चमड़े के वर्गाकार टुकड़े) **आँखें, पट्‌टे** या **कनौत** कहलाते हैं। मुँह की लगाम के सिरों के कुन्दों में चमड़े की पड़ी पटारों का नाम **रास** है। पट्‌टे जिन तस्मों में लगे होते हैं उन्हें **डंडे** कहते हैं। पट्‌टों से नीचे थुथन के चारों ओर की पट्‌टी **झब्बू** या **म्हौरा** कहलाती है। माथे पर होकर पीछे की ओर जाने वाली पट्‌टी **कनसरा** और सिर के ऊपर की पट्‌टी **सिरद्धारी** होती है। सिरद्धारी के बीच में से माथे की ओर तीन पत्तियाँ निकली रहती हैं। बीच की पत्ती का नाम **तिलक** और इधर-उधर की दोनों पत्तियों का नाम **बंदनी** या **मकसर** है। सिरद्धारी के मध्य की गिलासनुमा नली को **कुल्फी** कहते हैं। कुल्फी में लगे पंख का नाम **कलगी** है। सिरद्धारी में से एक पत्ती गले के नीचे चली जाती है जिसका नाम **गलखोर** है। लगाम और रास को छोड़कर सभी चीजें पट्‌टे के ही भाग हैं।

घोड़े के सीने को रगड़ और घाव से बचाने के लिए उसके गले में माला की भाँति गद्‌दीदार जो वस्तु पहनाई जाती है, उसे **फसकला** या **गलौसा** कहते हैं। फसकले के ऊपर चमड़े का एक हल्का (मोटे चमड़े से बनी हुई त्रिभुजाकार वस्त्र) पहनाया जाता है। कोई-कोई फसकले के ऊपर **सीनाबंद** (चमड़े की एक चौड़ी पट्‌टी) भी लगाते हैं जिसका सम्बन्ध **जोतों** (चमड़े की लम्बी पटारे) से होता है। सीनाबंद और म्होरे के बीच में घोड़े के गले के नीचे सुन्दरता के लिए एक रंगीन कपड़ा बाँधा जाता है जिसे **जैबंद** कहते हैं। छाती को कसती हुई जो पट्‌टी पीठ के ऊपर आती है उसका नाम **तंग** है।

पीठ के ऊपर गर्दन की पिछले सिरे के पास लोहे की दो वर्गाकार मिली हुई पत्तियाँ **काठी** और काठी के ऊपर लोहे के लगे दो कुन्दे **रासकड़ी** होते हैं। बम्बों के सिरों पर चमड़े गोल झल्ले को **चौंगी** तथा चौंगी को काठी में कसकर बाँधने वाले तस्मे को **खैच** कहते हैं। घोड़े की रीढ़ पर चमड़े की एक पटार होती है, पूँछ के पास जिसके दो हिस्से हो जाते हैं, वह पूँछ के नीचे भी रहती है, उसका नाम **दुमची** है। घोड़े की कमर के दोनों ओर सुन्दरता के लिए चमड़े की जो वस्तु लटकती रहती है उसका नाम **मानकजोत** है। घोड़े के सीने के नीचे होकर बम्बों में पड़ी पटार का नाम **भारकस** है। इक्का इसी से खींचता है।

चार पहियों की ऊँची और लम्बी गाड़ी जिसमें ऊँट जोता जाता है, **ऊँटगाड़ी** या **सिकरम** कहलाती है। कोच, ढाँच, पिंजरा और टप इसके चार भाग हैं। ऊँटगाड़ी हाँकनेवाले के बैठने की जगह **आसनी** कहलाती है। कोच के आगे लगी दो बल्लियाँ **बम्ब** कहलाती हैं। इनके बीच में ही ऊँट चलता है। आसनी के आगे लगी पट्टी का नाम **सेरुआ** है। सेरुए की मजबूती के लिए उसके सहारे लगाई गई लकड़ी को **बारहसिंगा** कहते हैं। सेरुए और बम्बों को मिलाती हुई अगल-बगल दो लकड़ियाँ लगाई जाती हैं, उन्हें **कोनिया** कहते हैं। सेरुए के आगे दोनों बम्बों को मिलाती हुई, सेरुए की समानान्तर लगाई जानेवाली लकड़ी का नाम **टंट** है। सिकरम की छत के नीचे का अगला धुरा **ठोपर** या **ठोकर** और पिछला **करधर** कहलाता है। ठोपर बारहसिंगों से लकड़ी की पट्टियों द्वारा जुड़ा रहता है, उन पट्टियों का नाम **गुड़िया** है। गुड़ियों के साथ लगी हुई लोहे की मोटी सलाखें **सराए** कहलाती हैं। धुरे के ऊपर मजबूती के लिए जमाई हुई लकड़ी का नाम **दरेसी** है। सिकरम में बैठने या माल भरने के लिए दो दरजे होते हैं। निचले दरजे को **पिंजरा** और पिंजरे के ऊपर के दरजे को **टाप** कहते हैं। सिकरम में जुतने वाले ऊँट की पीठ पर के सामान का नाम **पलानी** है। पलानी के आगे-पीछे लगे हुए दो त्रिभुजाकार चौखटे **ताड़ी** कहलाते हैं। ताड़ी जिन टाट की गद्दियों पर जमाई जाती है उन्हें **थड़े** कहते हैं।

आजकल रबर के पहियों वाली गाड़ियों का सवारी में अधिक उपयोग होने लगा है। इन्हें **डनलप** या **टायर** गाड़ी कहते हैं। गाड़ी आगे की ओर हल्की हो तो **उलार** और भारी हो तो दब कही जाती है। आज भी देहातों में यातायात के मुख्य साधन के रूप में बैलगाड़ी का उपयोग उसी तरह हो रहा है, जिस तरह वैदिक युग में होता था।

कभी नाव पर

नदी-नाव संयोग हमारी संसार-परक दृष्टि का प्रसिद्ध उपमान है। हिन्दी-भाषी क्षेत्र प्रायः नदियों का देश है, इसलिए नाव का साधन अत्यंत प्राचीन काल से न केवल इस पार से उस पार उतारने के लिए रहा, बल्कि व्यापार के लिए भी उसका उपयोग होता रहा। पूर्वी भारत में अब भी नाव से सामान ढोने का काम लिया जाता है।

बड़ी नाव के मुख्य प्रकार हैं, **उलाँक** (जिसमें एक लम्बा नुकीला सिरा पानी के ऊपर निकला रहता है), **मेल्हनी** (जिसका सिरा चपटा और चौड़ा होता है), **पटेली** या **पटेला** या **पटैला** या **कतरा** के ऊपर पटरे बिछे रहते हैं, **कच्छा** एक चौकोर नाव होती है, जिसमें **माँग** या **करवार** नहीं होती। दो डाँड़ों से खेयी जाती है, यह छिछले पानी के लिए उपयुक्त होती है और अधिक बोझ ले सकती है, **सारंगा** या **सरंगा** या **सलीना** या **सरिन्ना** भी छिछले पानी के लिए उपयुक्त होती है। इसकी पेंदी गोलाकार होती है।

छोटी नावों के मुख्य प्रकार ये हैं : डोहट या डोइट, इसकी पेंदी चिपटी होती है, इसकी **माँग** और **करवार** बहुत ठोस होती है। **पनसुही** हल्की नाव है, इसकी पेंदी गोल होती है, इससे भी हलकी नावें **पलवार** और **एकठा** या **बँगड़ा** हैं। ये अधिकतर शिकारी नावें होती हैं, मछुओं की नावें **डेंगी** और **खोलनैया** कही जाती हैं। खोलनैया के दोनों सिरे बड़े नुकीले और ऊपर उठे होते हैं। यह जल्दी डूब नहीं सकती। इसके अलावा घड़ों को बाँस के साथ जोड़कर **घरनई** बनाते हैं। बड़ी-बड़ी बल्लियों को जोड़कर और एक के ऊपर दूसरी पाँती बिठाकर बल्लियों की नाव बनती है। तिजारती नावों पर प्रायः छाजन रहती है, बड़ी सजी-धजी नावें **बजरा** कही जाती हैं।

नाव की गढ़ाई महीनों लेती है और इसीलिए मसल मशहूर है, कभी गाड़ी नाव पर और कभी नाव गाड़ी पर। नाव की **आड़ी** पटरियाँ **गूढ़ा** और **बेंड़ी** पटरियाँ **बाता, ठड़िया** या **ठढ़बाता** या **गोछा** या **काछ** या **गुच्छा** कही जाती हैं। छोटी आड़ी पटरियाँ **बाँक** कही जाती हैं। बाहर के तख्ते **हार** या **बाबल** या **बगल** या **जलमहार** कहे जाते हैं, तो तख्ते एक सिरे से दूसरे सिरे तक **लंबान** में जड़े जाते हैं उन्हें **अहार** या **दीवाल** कहते हैं। भीतर के तख्ते **पाटन** या **पटवतन** या **पटौरी** कहे जाते हैं। इनके ऊपर कभी भी लम्बा तख्ता डाल दिया जाता है। उसे **अपती** कहते हैं। नाव की पेंदी के ऊपर जो जड़ाई होती है, उसे **चाली** या **उढ़रा** या **पटाई** कहते हैं। पटैला नाव में जो तख्ते इस सिरे से उस सिरे तक नाव के ऊपर जोड़े जाते हैं, उन्हें **लेवा** कहते हैं। गैर-पटैला नावों में ऊपर जुड़ाई

नहीं होती, केवल बीच में पतले और मजबूत तख्ते मुश्किल से बैठने भर के लिए जड़े रहते हैं, इन्हें **मरिया** या **मोरिया** कहते हैं...डाँड़ खेने वाली की जगह **पटौरी** या **बिटन** और ऊँची नाव पर इसे **बीट** या **पटाई** या **हलमचौनी** या **मचान** भी कहते हैं। पेंदी में **चाचर** (झाऊ के झाड़) बिछे रहते हैं, उस पर आदमी पैर रख सके। आड़ी पटरियों को थाम्हने वाली थून्ही **कड़वा** कही जाती है। नाव बाँधने के लिए लोहे की छल्ली बनाई जाती है, उसे **कड़ी** या **जोंका** कहते हैं।

नाव में अगर पलाश की छाल से दराजें भरी जाती हैं, तो इस **भराई** या **शिगाफबन्दी** को **रसवत** और अगर सन या पाट से की जाती हैं तो इसे **गहनी** कहते हैं, कभी-कभी भराई के लिए **अटार** (पतली रस्सी) का भी उपयोग होता है। पेंदी का निचला पटरा **सिक्का** या **सहन** या **बर्तन** या **डंडा** कहा जाता है और यह पूरी लम्बाई में इस सिरे से उस सिरे तक जाता है और इसकी मजबूती पर ही नाव का दारोमदार रहता है।

नाव की लम्बान **दवर** कही जाती है, नाव की पिछाड़ी **गलही** और अगला हिस्सा **माँग** या **मलंग**। माँग को मल्लाह अच्छी तरह ठीक कर सुबह नाव खोलता है, माँग की ओर अधिक बोझ भी नहीं होने देता। गलही पर ही मल्लाह बैठा रहता है और वहीं **पतवार** (संस्कृत-कर्ण) या **पटवार** रहती है, जो नाव को घुमाने का काम करती है। **पतवार** का डंडा **गोल** या **गौला** या **खंदा** कहा जाता है और यह **नथिया** से **गूढ़े** में बँधा रहता है। पतवार की घूमने वाली लकड़ी **सैल** या **डंठा** कही जाती है। यह जिस घिरनी में फिट की रहती है, उसे **बनरा** या **ठेल** या **ठेहरी** कहते हैं। **पतवार** का एक छोर **गड़कसा** नामक रस्सी से और दूसरा छोर **अँकवरिया** से बँधा रहता है, पतवार चलाने वाला ही मुख्य मल्लाह होता है। उसे माझी कहते हैं, वही संस्कृत का **कर्णधार** है।

खेने के लिए दो या चार **डाँड़** या **चप्पू** होते हैं, हल्के डाँड़े को **करुआर** या **करुआरी** भी कहते हैं। डाँड़े की चपटी धार को **पाता** कहते हैं, कभी-कभी थहाने के लिए और अधिकतर अपने लिए बाँस की **लग्गी** या **लग्गा** लगाते हैं। और तीन-तीन चार-चार आदमी मिलकर चलाते हैं (जब नाव को बहाव में लेकर देखना होता है)।

नाव का मस्तूल **गुरखा** या **गुनरखा** भी कहा जाता है। यह मस्तूल जिस लम्बे खम्भे पर खड़ा किया जाता है, उसे **दरसूधा** या **जसोधा** या **जवसधा** या **जरसुधा** कहते हैं। इसकी पेंदी **मलिया** या **मलवा** में फिट रहती है और **मलिया** जिस गूढ़े में फिट की जाती है, उसे **सतवनिया** या **सूत** कहते हैं। मस्तूल में **घिरनियाँ** लगी रहती हैं, जिनमें से होकर उठाने-गिराने का काम करती हैं। **पाल** को **सूर्त** या **सुर्तवनिया** भी कहते हैं।

नाव को तेज़ धारा के खिलाफ ले चलने के लिए तीन-चार आदमी रस्सी लगाकर खींचते हैं। इस रस्सी को **गोन** या **गून** कहते हैं। यह काफी पतली या **मजबूत** बटी रस्सी होती है और यह बाँस के **खूँटे** या **बरुआ** में कई फेरों में लपेटी रहती है। गोन खींचने वाले पीठ पर बरुआ लिये रहते हैं और जम-जम कर आगे बढ़ते जाते हैं। गोन खींचने वालों को **गुनवाह** कहते हैं, जब नाव इस पार से उस पार जाने को होती है, तो ये नाव पर चढ़ आते हैं। फिर कहीं रेता पड़ा और नाव फँस गई, तो नीचे उतर कर नाव को

ठेलते हैं और जरूरत पड़ने पर छिछले पानी से भी नाव ऊपर की ओर खींचते हैं।

नाव को किनारे लगाकर इसकी **लहासी** (मोटी रस्सी) मजबूत **खूँटे** या **कील** में कई फेरे डालकर बाँध देते हैं। अगर नाव को ज्यादा पानी में ही खड़ा करना हुआ, तो लोहे का **लंगर** या **लोहलेगार गिरावी** पानी में फेंकते हैं और वह जमीन पकड़ कर नाव को बाँध लेता है।

नाव में कभी-कभी छेद हो जाता है और पानी भरने लगता है, तब **सेवता** या **सोता** नामक काठ के छिछले बरतनों से पानी उलीचा जाता है।

नाव जब पहली बार पानी में डाली जाती है (**पनियायी** जाती है), तब परीक्षा की जाती है कि कितना पानी **तोड़ती** है, कितना पानी इसके बार पेंदी से ऊपर आता है। उसके हिसाब से कितना बोझ लेगी, इसका अंदाज लगाया जाता है। जो नाव घाट पर चलती है उसे **घटहा** कहते हैं, जो माल ढोती हैं, उसे **रोजगारी** या **देसावरी** कहते हैं, घाट चलाने वाले को **घटवार** और महसूल को **घाटखेवा** या **खेवाई** या **पार उतराई** कहते हैं।

नापी जा सकने वाली गहराई **थाह** कहलाती है। कम गहरा पानी **उथरा** या **उथला** पानी कहलाता है। नदी के किनारों के पास की निचली भूमि जहाँ बाढ़ का पानी भर जाता है **खादर** और नदी नाले में गहरा गड्ढा **औड़ा कुंडा** कहलाता है। पानी की लहरों से निरन्तर कटकर गिरते रहने वाले नदी के रेतीले किनारे **चोरपार** होते हैं। नदी के किनारे गीली जमीन में गड्ढा खोदने पर बहुत जल्दी पानी निकल आता है इस गड्ढे को **चोआ** कहते हैं और जिस जमीन में चोआ खोदा जाता है वह जमीन **चुआन** या **चुआट** कहलाती है। नदी की सूखी रेती जहाँ दूर से देखने पर पानी-सा मालूम पड़े, को **चिलकन** कहते हैं। नदी का वह किनारा जहाँ आदमी इस पार से उस पार आते-जाते हैं **घाट** नाम से जाना जाता है।

मल्लाह जब शीघ्रतापूर्वक एक झटके के साथ नाव चलाना शुरू करता है तो वह क्रिया **हेला** कहलाती है। स्थिर पानी या तालाब में जब नाव एकदम स्थिर हो जाती है तो उसे **सोई नाव** कहते हैं। नाव की वह चाल जिसमें नाव पानी के बहाव के सहारे ही अपने आप धीरे-धीरे बहती है, **रैगा** कही जाती है। नाव की वह मध्यम चाल जिसमें सवारियों को **हाल** (धक्का) न लगे, **सुहाँती** कहलाती है। सावन-भादों की उफनाई नदी जब लपेटा मार रही हो और उसमें मल्लाह नाव खे रहा हो तो वह चाल **कुदकुदिया** होती है। कुदकुदिया से तेज चाल का नाम **ऊलनी** है। जब नाव पूरी शक्ति से जल्दी-जल्दी दौड़ाकर चलाई जाती है तब उस चाल को **सर्रफा** कहते हैं और यही चाल नाव की सबसे अधिक तेज चाल होती है। जब नाव नदी में डूबती है तब वह अपने चारों ओर का पानी समेटती हुई डूबती है। उस समय चारों ओर के पानी का वेग नाव की ओर आता है, उस वेगवान प्रवाह के साथ नाव डूबने को **घप्पा** कहते हैं।

नाव के लिए सबसे आराम और सबसे आफत का समय बरसात है, क्योंकि बरसात में ऊपर-नीचे, दायें-बायें पानी का ही पारावार रहता है, इसलिए दूर-दूर तक नाव से ही यात्रा की जा सकती है, रेतियाँ डूब जाती हैं, नाव को खींचने या ठेलने की जरूरत

नहीं पड़ती, एक बार खूब ऊपर ले जाकर नाव छोड़ दी जाती है और **कड़खाधार** मिनटों में कई मील का **पाट** पार करा देती है। पर आफत है **पुरुवाई** के तेज झोंके से, जब **ऊँची लहरें** उठती हैं या **भेड़िया** उठने लगता है। उनके थपेड़ों में नाव **हिलकोरा मारने लगती है**। उसे सँभालना मुश्किल हो जाता है। **पाल** गिरा देनी होती है, नहीं तो नाव के उलटने का डर रहता है। माझी और दूसरे मल्लाह तब चुपचाप राम का नाम लेते हैं, इसी तरह जब नाव का किसी बहते हुए पेड़ से टकराने का डर उपस्थित हो जाता है, तो **जोड़-तोड़** से मल्लाह नाव को उधर जाने से खींचने लगते हैं, कभी-कभी दो धाराओं की **टक्कर (सिल)** पर नाव पहुँचने न पाए, इसलिए नाव की उल्टी खेवाई शुरू होती है, क्योंकि ऐसी जगह पहुँचने पर पेंदी सीधे अरराकर टूक-टूक होने का डर रहता है। प्रायः नावें ऐसी जगहों पर ही **मारी जाती** हैं (डूबती हैं)। मल्लाह **भौंरी** से भी बहुत डरता है, क्योंकि वह नाव को भीतर खींचती है। नाव वाला आफत में सवारियों से हाथ जोड़ता रहता है कि नाव की **आरी** पर न आएँ, चुपचाप बैठे रहें, पर नाव उसके काबू में रहती है, तो वह फिर बादशाह रहता है, घाघ पंडित के अनुसार वन में **अहीर** (ग्वाला), माँग पर **केवट** (मल्लाह) और मैके में **जोरू** ये तीनों किसी के हित नहीं, इनका कोई एतबार नहीं। पर नाव के खेल भी अपने बड़े रोचक हैं। छोटी-छोटी **एकठा** नावों में लोग **छिछली** खेलने निकल जाते हैं, हाँ मौसम सुहावना होना चाहिए और इस खेल में नाव बड़ी तेजी से एक ओर से दूसरी ओर घुमाई जाती है। मंदे पानी में नावों की दौड़ भी होती है। चिड़ियों के शिकार के लिए **चोर नावें** जो छप् छप् शब्द भी नहीं करतीं, उपयोग में लाई जाती हैं।

नाव का ही बृहत्तर रूप बोहित **(बहित्र) बेड़ा** या **जहाज** है और पारमार्थिक संतरण के साधन के रूप में भी इसी बिम्ब का प्रयोग निरन्तर होता है। नौका **हमारे** जीवन-दर्शन की एक मूर्त्त व्यंजना है।

शब्दानुक्रमणिका

अँकटा–गेहूँ-जौ के खेत में उगने वाली घास।

अँकरा–अँकटा, पहलौन।

अँकरिया–धनार, ओसारि।

अँकरी–अँकरा, बिना साफ किया चावल।

अँकवरिया–वह रस्सी जिससे पतवार का दूसरा छोर बँधा रहता है।

अँकुठ–ठीहा।

अँकुड़ा–मुहारी, अँकुरा।

अँकुढ़ा–अँखुबा।

अँकुरा–1. जिससे आग तेज करने का काम किया जाता है। 2. वह धुरी जिस पर दोनों भाथियाँ काम करती हैं।

अँकुसीदार लग्गी–इससे डाल पर से ही फल तोड़ने का काम लिया जाता है।

अँकोरा–1. पिछलकड़ा, 2. सँटसा।

अँकोरी–अँकुरा।

अँखुआ–डीभी, अंकुर, सुआ।

अँखुआना–अँखियाना, अंकुर निकलना, सुइयाना।

अँगीठी–बोरसी।

अँगुरी–अँगुली, उँगली।

अँगूठी–मुँदरी।

अँगेर–अगला सिरा, गल्ले का सिरा।

अँगोला–गन्ने का सिरा।

अँचराधरौनी–विदा होते समय वर सास का आँचल थामता है, तो उसे कुछ उपहार या द्रव्य दिया जाता है।

अँटिया–पाँजा।

अँठुली–गुठली (आम की)।

अँडाउआ–अंडी का पौधा।

अँड़ुआ–वह पशु जिसके अण्डकोष कुचले न गए हों।

अँदरसा–1. भींगे गेहुँओं की मिंगी से बनी घी में सिंकी रोटी। 2. गोल टिकिया सदृश एक मिठाई।

अँबाल–अदवाइन।

अँवासना–उड़ाहना, नया बर्तन उपयोग में लाना।

अंक–गोद।

अंगुष्ठ–अंगूठा।

अंगूठा–मुर्गे के पंजे के पीछे की ओर निकली डंडी।

अंगूरी–अंगूर के रंग की, अंगूर से बनी हुई।

अंटा–अधिक ऐंठन के कारण रस्सी में पड़ी मुड़ी हुई गाँठें।

अंडकोषी–अंडे देने की इच्छावाली चिड़िया।

अंडा सेना–मादा चिड़िया का अंडे को पंखों के नीचे दबाकर गर्मी देना।

अंस–कंध, कंधा।

अकड़ा–1. देह का अकड़ा जाना। 2. बैलों का एक रोग।

अकबरी–पहियेनुमा एक मिठाई।

अकरकरा–आकारकरभ।

अकरी—हल का मुँह।

अकवार—गोद।

अकासी—अमेर।

अक्षत—विवाह का चावल (हल्दी में सना हुआ, रँगा हुआ)।

अक्षयतृतीया—वैशाख शुक्लपक्ष की तृतीया, अखड़तिजिया।

अक्षिलोम—बरौनी।

अक्स—छायाचित्र।

अखड़तिजिया—अक्षयतृतीया।

अखफुट्टा—टिड्डी की आकृति का एक कीड़ा जो पत्ते चट कर जाता है।

अखरा—बिना साफ किया हुआ चावल।

अखुरी—पंखुड़ी के पीछे की हरी पत्ती।

अगता—पहले आने वाला।

अगदाई—सबसे बाहर वाला दौंरी का बैल।

अगरबन्धू—कटने योग्य पौधा।

अगरोटा—ठेकुआ।

अगला सिर—अँगेरा।

अगवार—दूर बिखर जाने वाला अनाज।

अगहनी—अगहन के महीने में पकने और काटने वाली धान की फसल।

अगहनुआ—अगहन में होने वाली उड़द।

अगाड़ी—1. घोड़े को बाँधने वाली रस्सी, 2. आगे।

अगारी—1. अगाड़ी, 2. अँगेर।

अगिनवाद—घोड़े का एक रोग।

अगिया—धान-कोदों को जला डालने वाली घास।

अगेल—पासंग।

अगेला—आगे वाली खूँटी।

अग्निप्रदक्षिणा—विवाह की एक क्रिया जिसमें वर-वधू को अग्नि की प्रदक्षिणा करनी पड़ती है।

अग्रमांस—कलेजा।

अघ—योनि।

अघा देनेवाली बर्सा—भूमि को पूर्ण जलमय बना देने वाली वर्षा।

अघोड़ी—खँचोली।

अंगूरी—अंगूर के रंग की, अंगूर से बनी हुई।

अच्छाय—बिना छाया के।

अज—बकरा।

अजा—बकरी।

अजमोदा—अजवाइन।

अजवाइन—अजमोदा, 'जवाइन'।

अटार—पतली रस्सी।

अटेरन—ऐना।

अठखेली करना—क्रीड़ा करना।

अठदन्ता—आठ दाँत वाला बछड़ा।

अठदल कमल—अष्टदल कमल।

अठपरा (कुँआ)—जिस कुएँ पर आठ पुर चलें।

अठमाचिया—एक प्रकार की बेल-रचना।

अड्डा—रस्सी लपेटने का यंत्र।

अड़गड़ा—1. अर्गला, साँकल। 2. अपराधी मवेशियों को बाँधने का सार्वजनिक स्थान।

अड़हुल—गुड़हल।

अड़ा/अड़ान/अड़ार—दोपहर में पशुओं को बैठाने की जगह या जंगल में पशुओं को रहने के लिए बनाई गई पलानी।

अड़ानी—एड़ा।

अड़ानी—हँतुआ।

अड़ार—टूटने योग्य।

अड़ार—पशुओं को इकट्ठा रखने की जगह।

अड़ार—नदी का जलवर्ती किनारा।

अड़ियल—सवारी के समय अड़ जाने वाला घोड़ा।

अढ़िया–गारा या मसाला ढोने का तसला।

अड़िया–कूकरी।

अड़िया–एक आभूषण।

अड़ियल–कामचोर बैल।

अतरायन–खाट के पैताने की ओर रस्सियों का जुट्टा।

अतरावन–अन्तर देना।

अतरावन भाँज–एक प्रकार का अतरावन।

अथाह–नदी का वह भाग जिसकी गहराई का ठीक पता न चल सके, अत्यधिक गहरा।

अदन्त–जब तक दूध के दाँत नहीं झड़ते।

अदबक्खा–जाल की एक किस्म।

अदरख–आदी।

अदल-बदल की खेती–एक ही खेत में फसलों को अदल-बदल कर उगाना।

अदवान–उड़चन।

अदवाँइन–1. खाँचा में लपेटी गई एक डोरी। 2. खाट के पैताने में लगी मोटी रस्सी।

अदहन–चावल या दाल उबलने के लिए पहले रखा हुआ केवल पानी।

अदहन–खौलता पानी।

अदालती ब्याह–घर-बैठौनी विवाह का कानूनी संस्करण।

अदौरी–कुछ तरकारियाँ जो उड़द या मूँग के साथ लपेटकर धूप में सुखा ली जाती हैं।

अधढँकी–आधी ढँकी हुई रोशनी।

अधभरी–पइया अनाज।

अधवा–14 ढोली पान।

अधसँवारनी–कुछ मन्द होना, कुछ श्यामल होना।

अधिकमास–मलमास, पुरुषोत्तममास।

अधिकवर्ष–अधिकमास वाला वर्ष।

अधैन–अदहन।

अनन्त–एक बाँह का आभूषण।

अनन्दी–चबेना के काम आनेवाला चावल।

अनवट–पैरों के अँगूठों में पहना जाने वाला आभूषण।

अनहद नाद–भीतर वाली आवाज, अनाहत नाद।

अन्तःस्थ–एक प्रकार की ध्वनि।

अन्तराल–आँतर।

अन्धड़–तेज हवा जिसके कारण धूलि छा जाए।

अन्हरिया–पुआरी का जोत, ईख का कमाना।

अनामिका–मध्यमा और कनिष्ठा के बीच की अंगुली।

अनार–दाड़िम, करक।

अनालोक–प्रकाशहीन।

अनी–मुर्गे की टाँग का काँटा।

अनुकृति–अनुकरण, प्रतिकृति।

अनुष्ठान–धार्मिक कार्य तथा संस्कार।

अनुबिम्ब–प्रतिबिम्ब, परछाँही।

अनिल–प्राण संचार करने वाली हवा।

अनिष्ट–अनैठा बैल।

अनेरा/अनेरिया–बिना देखरेख के चरने के लिए छोड़ दिया गया पशु।

अनैठा–अनिष्ट, बोदा बैल।

अनोखा–काड़ा का एक प्रकार।

अपघन–अंग।

अपटन–उबटन।

अपती–भीतर वाली पटरी के ऊपर डाले गए तख्ते।

अपराजिता–आस्फोता।

अपान–शरीरस्थ वायु का प्रकार।

अपां नपात्–विद्युत देवता।

अपामार्ग–चिचिड़ी, चिरचिरा।

अफरा–बैलों का पेट फूलना।
अफार–फरेरा सूखा (खेत)।
अबलक–सफेद और लाल रंगों के घोड़े।
अबारा–लगार।
अभ्यन्तर–भीतर।
अमकली–आम की सूखी खटाई।
अमचुर–आम की सूखी खटाई का चूर्ण।
अमनिया–स्वच्छ, निर्मल।
अमरस–आम का रस, पना।
अमरूद–अमरूत, जाम।
अमलोन–खट्टा, नमकीन।
अमानी–रोजन्दारी (प्रतिदिन की मजदूरी पर रोज का काम)।
अमाल–अदवाइँन।
अमावट–आमपपड़ी।
अमावट की चटनी–अमावट में नमक, सरसों का तेल आदि डालकर चाटने योग्य बनाया गया एक तरल पदार्थ।
अमावस–अमावस्या।
अमावस्या–कृष्णपक्ष की 15वीं तिथि, मास की तीसवीं तिथि।
अमिया–कच्चे आम का लघु रूप, टिकोरा।
अमियारी–आमों की वाटिका।
अमेड़ी–कनपटी की सूजन (बैलों का एक रोग)।
अमेठी–सलैया।
अमेर–नचनी को बाँधे रखने वाली ऊपर की एक कड़ी।
अमोनियम सल्फेट–नत्रजनिक खाद।
अमोला–नया पौधा (आम का)।
अम्बठा–अमलोन, नमकीन।
अम्बठा लगाना–किशोर अवस्था के प्यार की प्रक्रिया।
अम्मत–खट्टा।
अयाल/आल–घोड़े के गर्दन के बाल।
अरई/अराई/अरौ/अरौआ–मवेशियों को हाँकने की छड़ी।
अरकसिया–आरा (लकड़ी चीरने का यंत्र) चलाने वाला।
अरकौंच–रिंकवच, व्यंजन विशेष।
अरगनी–कपड़े सुखाने की जगह।
अरनी–आरन।
अरराना–गिरने के समय उत्पन्न होने वाली ध्वनि विशेष उत्पन्न करना।
अरलवो–घोड़करंज।
अरवन–बर्तन का मुँह फँसाने के लिए एक फंदा जो उबहन या डोरी में रहता है।
अरवा–बिना उबाले हुए खड़े धान का चावल।
अरवी–अरुई, तरकारी विशेष जो जमीन में बैठती है।
अरहर–अन्न विशेष, जिसकी दाल बनती है।
अरा–आरा।
अरुआ–बंडा, तरकारी विशेष।
अरुई–अरवी।
अरुण–लाल।
अरैया–धान में लगने वाली बीमारी।
अरौआ–कुडंडी।
अर्गला–अड़गड़ा।
अर्जष्ट–एक पैर सफेद और सारा शरीर दूसरे रंगवाला घोड़ा।
अर्धश्याम–आधा साँवला।
अर्धश्यामल–अधसँवराया।
अर्भ/अर्भक–गर्भ।
अर्र छो/अर्र हे–पशुओं को बुलाने की आवाज।
अर्रबाऊ–धूलि के बाद मेह भी लाने वाली हवा।
अर्रा–हश्तगना।

अर्वाचीन–दक्षिण दिशा में होनेवाली वस्तु।

अलक–सिर के बाल।

अलगल–पइया।

अलती–तरकारी विशेष, अरुई।

अललबछेड़ा–बछेड़ा से बड़ा किन्तु सवारी के अयोग्य घोड़ा।

अलबेटा–दे. अंटा।

अलब्यानी–ओदला, हाल की ब्याई गाय।

अलसी–एक तेलहन, तीसी।

अलिंजर–मिट्टी का बर्तन।

अल्पप्राण–ध्वनि का एक प्रकार।

अवतोका–तुअनी गाय।

अवयव–अंग।

अवश्याम–ओस।

अव्याकृत–अस्पष्ट, अविश्लेषित।

अवाँसा–पाँजा।

अशनि–वज्र।

अशोक–अशोग, सुमग।

अश्मखंड–पत्थर का टुकड़ा।

अश्मारोहण–पाणिग्रहण के समय की क्रिया।

असगंध–कटुका।

असनी–क्वार मास में कटने वाली उड़द।

असलेसा–आश्लेषा (एक नक्षत्र का नाम है)।

असहन–अनैठा बैल।

असाढ़–आषाढ़ (एक महीने का नाम है।)

असाढ़ी–उन्हारी या आषाढ़ की जुताई।

असाढ़ीजोग–आषाढ़ पूर्णिमा को मनाया जाने वाला एक त्यौहार।

असीना–घोड़े की टाँग की तरह टाँग वाला बैल।

असीस–आशीष, आशीर्वाद।

असैना–अनैठा बैल।

असंघटित–बिखरा हुआ।

अस्तबल–घोड़ा बाँधने का कमरा या दालान।

अस्ताज–पाइट।

अश्रु–आँसू।

अहार–लम्बाई में जड़ा तख्ता।

अहार–दे. परती।

अहीर–ग्वाला, आभीर।

अहेरन–निहाई।

अहोरात्र–एक दिन रात।

आँट–पोला, बोझ।

आँख–1. आक 2. एक अंग। 3. गाँठ से फूटनेवाला पहला कर्ला।

आँठी–आम की गुठली।

आँतर–अन्तराल रेखाओं के बीच छूटी हुई जमीन।

आँतरमना–टूटी हुई जगह में हल चलाना।

आँवला–अँवरा।

आईहोल–हैमर का वह भाग जिसमें हैण्डिल डाला जाता है।

आक–आग, गाड़ी का सबसे पिछला हिस्सा।

आग–आक।

आगिल–अगदाई।

आग्नेय–पश्चिम एवं उत्तर के मध्य का कोना।

आज्ञा माँगना–भोजन की स्वीकृति लेना।

आठ गाँठ कुम्मैत–सुमों को छोड़कर सारा शरीर स्याही मिला सुर्ख रंग का घोड़ा।

आड़ा–तिरछा।

आड़ी–तिरछी।

आतप–गर्मी, प्रकाश।

आदी–अदरख।

आदीचक–एक तरकारी।

आधा ढोली–सौ पत्ते।

आद्रा–आर्द्रा नामक नक्षत्र।

आन–जिस छेद के नीचे अनाज निकाला जाता है।

आपांग–आँख का कोना।

आब–चमक।
आभा–प्रभा, पानी उलीचने का औजार।
आभास–आलोक।
आग्युदयिक–नान्दीमुख श्राद्ध।
अभ्यन्तर–ध्वनि उच्चारण करने का एक प्रकार का प्रयत्न।
आम–आम, छेने की मिठाई।
आममाला–एक माला जिसके बीच जुगनू और उसके दोनों ओर जौ आदि की आकृति के दाने लटकते हैं।
आमाहल्दी–अम्मा हरदी।
आमिल–आम की खटाई।
आमिष–मांस।
आरंग आना–घोड़ी का गर्म होना।
आर–1. नदी का ओर का किनारा (पहला किनारा)। 2. आरन।
आरती उतारना–आरती करना।
आरन–लोहे की नली के ऊपर एक मिट्टी की पिन्हाई।
आर-पार–एक किनारे से दूसरे किनारे तक।
आरा–1. बड़ी लकड़ी चीरने का एक औजार। 2. अरा, अरा की पहली जोड़ी।
आराकशी–लकड़ी चीरना।
आरागज–लकड़ी चीरने का औजार।
आरी–किनारा, छोटी लकड़ी चीरने का औजार।
आर्द्रा–आर्द्रा नामक एक नक्षत्र।
आल–आलू का एक पौधा।
आला बिनौला–गुबरौटी में भिगोया बिनौला।
आलू–एक फसल।
आलू-पनीर की टिकिया–एक मिठाई।
आलोक–प्रकाश।
आवट–बिना साफ किया चावल।
आवन–नाह में लगे लोहे की धुरी का सिरा।
आवर्त्त–पानी का धार के विपरीत मोड़ लेना या घूमना।
आवर्त्तमान–अधिक स्थान व्याप्त करने वाला प्रकाश।
आवाज–ध्वनि।
आश्लेसा–एक नक्षत्र का नाम।
आसमानी–आसमान के रंगवाला, हल्का नीला।
आसिनी–भदई।
आसी–मछली पकड़ने के काम आने वाली टोकरी।
आस्य–मुख।
आहुल–पांजा।
इँगुरी–कुटे हुए जौ की रोटी।
इँटानी–चरखी के बेलनों पर लिपटी मोटी रस्सी।
इँटौरा–ईंट का टुकड़ा।
इकचुटिया–केशों का एक चोटी का शृंगार या बँधाव।
इकरी–कोरई।
इकपुतिया–एक अण्ड वाला घोड़ा।
इकवाई–एक प्रकार की निहाई, एक प्रकार की नाली।
इकैसी–इक्कीस बोझे की एक इकैसी।
इतरी–चंचल स्वभाव वाली (गाय)।
इत्रदानी–इत्र रखने का चाँदी का पात्र।
इनरी–फेनसा से बनने वाला पदार्थ विशेष।
इन्द्र–देवताओं का स्वामी।
इन्द्रजव–इन्द्रजौ, कलिंग।
इन्द्रधनुसी–सतरंगी।
इन्द्रायन–इनारूफल, अरूगा।
इन्द्रिय–वीर्य।
इमरती–उर्द की पिट्ठी में गोल छल्लेदार व्यंजन।

इमरितिया–कान में पहनने का आभूषण जो इमरिती के आकार का होता है।

इमली–एक प्रकार का फल, जो कुछ खट्टा और मीठा होता है।

इमली का झोर–एक प्रकार का व्यंजन।

इमली की पिंडिया–इमली को कूटकर बीज निकालकर बनाया गया एक पिण्ड विशेष।

इमिरती–रमचरना, एक मिठाई।

इलायचीदाना–चीनी या शक्कर से बनी हुई एक प्रकार की मिठाई।

इलायचीपाग–गुंदपाग की भाँति इलायची से बनी मिठाई।

इलेक्ट्रिकल–विद्युत अभियांत्रिकी।

इलेक्ट्रिशियन–बिजली का काम करने वाला।

ईंगुर–कूटा हुआ जौ।

ईंगुरी–ईंगुर नामक पदार्थ विशेष के रंगवाला।

ईंटपथा–दे. पथेरा।

ईंट पाथना–साँचों से ईंट बनाना।

ईकर सरकंडा–सरई।

ईख–ऊख, गन्ना।

ईछना–गूँधने पर लोच आए हुए आटे को तोड़ने की प्रक्रिया।

ईजाद–खोज।

ईशान–पूरब और उत्तर के बीच का कोण।

ईस–हरिस।

ईसान–ईशान (उत्तर-पूर्व) कोण से चलने वाली हवा।

उकठ–वह खेत जिसमें पानी बिलकुल न हो।

उकठ जाना–सूख जाना।

उकठा–पाला के कारण होने वाला रोग (जौ-गेहूँ की फसल में), उकढ़ा, उकसा-उखरा।

उखड़ जाना–खेत की नमी समाप्त हो जाना, उपजाऊपन कम हो जाना।

उखड़ा–एक फैलने वाली लतर।

उखड़ी आवाज–कमजोरी की आवाज।

उखबंधना–ईख बाँधने वाला गतार (रस्सी के सामने काम देने वाला)।

उखरा–सूखे के कारण होने वाला एक रोग (जौ-गेहूँ में)।

उखरी–हल का मुँह।

उखाड़ी–पैर उलटने की क्रिया।

उखारी, उखाँव–गन्ने का खेत।

उगरना–मिठाई रखने का पात्र।

उगराना–फटकने जैसी क्रिया।

उगादि–कर्नाटक का नव वर्ष।

उच्चार–मूत्र।

उछार–बादल जब छँट जायें।

उजला–बासा, रीता।

उजाला–प्रकाश।

उजास–उजाला, प्रकाश-रेखा।

उजेला–प्रभात।

उज्ज्वल–श्वेत, साफ।

उट्रा–सगुनी के नीचे की एक मोटी खूँटी।

उठ आना (खेत का)–पानी सूखने के बाद खेत उठ आता है।

उठ जाना–फेटा जाना, तैयार हो जाना।

उठना–बादल का ऊपर उठना, गचना, गर्भ धारण करने की इच्छा करना, हवा चलना।

उठ बहू पीस, उठा बहू पीस–तेलिया-मैना की आवाज का संकेत जो औरतें समझती हैं।

उठ सकना–ऊपर उठ सकना, गर्भ धारण की इच्छा कर सकना, तैयार हो सकना।

उठाना–झोंके से ऊपर उठा देना।

उड़चन–खाट के पैताने की मोटी रस्सियों की बन्धेज।

उड़द–दाल वाली एक फसल, अन्न विशेष जिससे दाल या बड़ा बनाया जाता है।

उड़नपखेरू–पंक्तिबद्ध उड़ते पक्षियों की छाया।

उड़ान–तीतर-बटेर की एक बार में उड़ पाने की क्षमता।

उड़ैन–छींटा।

उढ़रा–चाली, सगाई ब्याह।

उतर जाना–खराब हो जाना, कम होना।

उतरना–बाढ़ का कम होना, घटना।

उतरंगा–चौखट की ऊपरी लकड़ी।

उत्तरपश्चिम–वायव्य कोण (वाली बयार)।

उत्तरा–उत्तर से बहने वाली हवा, एक नक्षत्र।

उत्तरायण–सूर्य का उत्तरी गोलार्द्ध में स्थित होना।

उतरा स्वर–विषाद का स्वर।

उतरैया–उत्तरी (हवा)।

उथला–छिछला। दे. अनेरा।

उदन्त–अदन्त।

उदान–प्राण का एक भेद।

उदिया (उदया)–वह तिथि जो सूर्योदय के समय रहती है।

उदीचीन–पश्चिम दिशा में होने वाली वस्तु।

उनइयाँ–नीचे झुके हुए बरसने वाले बादल।

उनींदी रोशनी–फीकी रोशनी।

उनैकर–लरजकर या नीचे लटककर।

उन्ना–भेड़ का बहुत छोटा बच्चा।

उन्नी/उनियाँ–भेड़ का बहुत छोटा मादा बच्चा।

उन्नाबी–एक किस्म का रंग।

उन्हारी–गर्मी-बरसात वाली जुताई, भदई या कुआरी।

उपट जाना–टूटना।

उपटन–मिठाई मोड़ने का एक औजार।

उपटना–नदी के वास्तविक विस्तार से पानी बढ़ना।

उपरपाटी–चैली।

उपराना–प्राप्त करना।

उपसर्या–ओसारि गाय।

उपला–गोबर का बनाया गया ईंधन विशेष, गोइँठी, काड़ी।

उपला पाथना–काड़ी बनाना।

उपस्थ–लिंग।

उपार–अत्यधिक वर्षा होने पर की गई जुताई।

उफान–बाढ़ की लहर।

उबटन–ककड़ौर।

उबलना–क्रुद्ध होकर उल्टी-सीधी बातें करना, खौलना, बुदकना।

उबसन–पत्ता या रस्सी का माँजना।

उबहन–पानी भरने के लिए रस्सी।

उबालना–बुदकाना।

उबेर/उबेरा/उमान–पशुओं के चरने का खेत या मैदान।

उभारा जाना–चित्रित किया जाना, उद्घाटित किया जाना, प्रकाश में लाया जाना।

उमस–गर्मी।

उमसी–चने का रोग जिससे फली नहीं लगती।

उम्मी–जौ-गेहूँ की बाली, हाबुस।

उखुस्सी–पोस्ते को खाने वाली एक प्रकार की घास।

उरज, उरोज–स्तन।

उरा/उरण–भेड़ का बहुत छोटा बच्चा।

उर्वरक–विशेष खाद।

उलटा धरवा–पश्चिम से आनेवाला बादल।

उलरूवा–सिधवाई।

उलवा–हल्के भूनकर दली हुई दाल।

उलाँक–बड़ी नाव जिसमें एक लम्बा नुकीला सिरा पानी के ऊपर निकला रहता है।

उलार–गाड़ी के आगे की ओर हल्की होना।

उलावल–हल्की भूनकर दली हुई दाल।

उलीचनयंत्र–पम्पिंग सेट।

उल्टामौरिया–मौरा।

उवादा–विदाई-पुत्र (गौने हेतु)।

उष्मा–पसीना।

उसरार–पटपर।

उसिना–उबाले धान का चावल।

उसिल जाना–ढीला हो जाना।

उस्त्रा–ओसरि गाय।

ऊख–ईख।

ऊझना–खुलना।

ऊपर का खंड–कोठा।

ऊभ-चूभ हो जाना–खूब वर्षा होना।

ऊलस–जूठा (भोजन)।

ऊसर–जहाँ कोई फसल न उगाई जा सके।

ऊसर खेत–रेहयुक्त खेत जहाँ पानी नहीं सोखा जाता, कोई फसल नहीं उगती।

ऊष्म–एक प्रकार की ध्वनि।

एँड़, एँड़ी–पैर का पिछला भाग।

एकठा–एक हल्की नाव, एक बार ही ब्याने वाली गाय।

एकबन्ध्या–एकठा गाय।

एकबरधा–एक हल्की गाड़ी जिसे एक बैल खींचता है।

एकपैर (कुआँ)–जिस कुएँ पर एक ही पुर चले।

एकहत्थी (भाथी)–एक हाथ से चलाई जाने वाली भाथी।

एकहरा–दो बैलों द्वारा सँभलने वाला पाटा।

एकादशी–पक्ष की ग्यारहवीं तिथि।

एकौंछ–एकठा गाय।

एग्लाल–बीज-शोध की दवा।

एड़ा–सिधवाई, अड़ानी (छूरा)।

एन.पी.के.–नाइट्रोजन, फास्फोरस और पोटाशयुक्त खाद।

एनर्जी मीटर–विद्युत एनर्जी मापन यंत्र।

एम्पीयर मीटर–करेंट मापने का यंत्र।

ऐंचकबैंची–खोर।

ऐंतन–बर्तन के पेंदे का गड्ढानुमा निशान।

ऐज–फाईल का किनारा।

ऐन–थन, निहाई।

ऐना–लकड़ी का एक अड्डा।

ऐनना–परेतना।

ऐपन–हल्दी।

ऐपन का कोहबर–गोबर भीत पर लीप कर, सुखाकर उस पर हल्दी मिले चौरठ से की गई रचना।

ऐंठा–(जौ-गेहूँ की) पत्तियों के सिकुड़ने का एक रोग।

ओइँछना–हाथ में द्रव्य लेकर किसी के सिर के चारों ओर तीन या पाँच बार घुमाने की क्रिया।

ओंका–टाप या गाज।

ओंथर–एक बेलन जिस पर कम्बल लपेटा जाता है।

ओंखर-पोंखर–पैरे कुएँ पर रखा जानेवाला लकड़ी का ठाठ।

ओंट–आड़।

ओंटना–टेंट में से रूई निकालने की प्रक्रिया।

ओंटनी–कपास ओटने की मजदूरी।

ओंठवन–ओठों से।

ओंढ़नी–झूल।

ओंड़इसा–बैलगाड़ियों के सफर में नाद के काम में लाई जाने वाली बाँस की बड़ी डलिया।

ओंड़ा–बोने के काम की टोकरी, ढाका।

ओड़िया–बोने के काम की टोकरी।

ओड़ैसा–पशुओं को खिलाने के लिए एक पात्र।

ओद–नमी, गीला।

ओदला–तुरंत ब्यायी गाय।

ओदार–कचरा।

ओनचन–दे. अदवाइँन।

ओभी–कड़ी खुदाई करने वाला यंत्र।

ओम मीटर–प्रतिरोधमापी यंत्र।

ओरहा–होरहा।

ओरा लड़ुवा–खाँड़ के लड्डू।

ओरी–किनारा।

ओरी-चुआन–इतनी वर्षा कि छत से ओरी चूने लगे।

ओल–सूरन।

ओलना–गुबरौठी में बिनौले के मिलाये जाने की प्रक्रिया।

ओला–बनौरी।

ओलि–जैनियों का त्यौहार।

ओसचदाव–बहुत ही मामूली वर्षा।

ओसरी–हरी होने के योग्य गाय।

ओसारा, ओसारी–बरामदा, ढलाऊँ, छाजन।

ओसौनी–हवा के बहने पर अनाज अलग करना, भूसा एवं धूल आदि अलग करना।

ओहार–पर्दा।

ओहारी–ताना थाम्हने के लिए बनाई गई ऊपर की कड़ी जो बुनकर के सामने वाले सिर पर होती है।

ओंगना–गवा के भीतर का हिस्सा।

ओड़ा कुंड–चन्द्रकुंड (भँवर की जगह होती है)।

औकल धौकल हार–एक प्रकार का हार।

औगार–तरख।

औटनी–गरम करना।

औड़र (पानी)–जहाँ तैरना सम्भव न हो।

औन्हा कर–उलटकर।

औरंग–मक्का-ज्वार-बाजरा का रोग जिससे डंठल पर सफेद दाग पड़ जाते हैं।

औरा–मोथा।

औल्हा–पांजा।

औहरना–गर्भ धारण करना।

औंचक–मृगमरीचिका।

औंडला–अन्तिम आँतर मारना।

कँकना/कंगन/काँकन–ढोरा (ऊन का गंडा)।

कँकरी–बनौरी।

कँकरीली–पहाड़ी या पठारी मिट्टी (राँकड़)।

कँखौरी–काँख।

कँगुनी–टाँगुन।

कँड़ुआ–इस रोग से ज्वार-बाजरे की बाल मारी जाती है।

कँधेला–पछेला।

कँधोड़ा–एक पंख नीचे कर चलने वाला मुर्गा।

कँवलगट्टा–कमल का फल।

कँवल-दह–कमल-ह्रद।

कँवल-पाँती–कमल की पंक्ति।

कँसुआ–एक रोग जिसके कारण पौधा नष्ट हो जाता है।

कंकण–(वर के हाथ में) पूत की बनी वस्तु विशेष जिसमें राई, नोन और हल्दी बँधी रहती है।

कंगन–एक गहना।

कंघी करना–केश सँवारना।

कंगूरा–कलश (मकान के ऊपर के कोनों पर रखा जाता है)।

कंटकरंज–करज।

कंटका–एक आभूषण।

कंठा–गले का एक आभूषण।

कंठी–फानड़े का पिछला ऊपरी हिस्सा।

कंडा/कड़ड़ा–चरागाह या जंगल में सूखा गोबर।

कंडी/कंडुरी/कुन्नी/कोन्नी–मारी गई मछलियाँ रखने की टोकरी।

कंडेन्सर–विद्युत को स्टाक करने का यंत्र।

कंध/कंधर/स्कंध–1. गर्दन, 2. कंधा।

ककइया–पैजावे की छोटी ईंट।

ककड़ौर–उबटन।

ककना–फसल को जकड़कर बाँधने वाली घास।

ककरा–वह जमीन जिसमें उपजाऊपन न हो।

ककरेठा–कंकड़ी मिला हुआ।

ककही–रीढ़, कंघी।

कक्ष–काँख।

कगार–ऊँचा किनारा।

कचरस–गन्ने का ताजा रस।

कचरा–खरीफ की फसलें बाँधने के लिए हरे पाट का बंधन बनाते हैं, भदरा।

कचराना–ढोंढ़ियाना।

कचरिया–चावल के आटे की बनी।

कचरुआ–बाँगा।

कचवनिया–कसार।

कचारना–पछारना।

कचिया–दाँता।

कचोहा–तम्बाकू का एक रोग, जिसके कारण फसल अधपकी ही तैयार हो जाती है।

कच्चक–छेनी।

कच्चा–दुधिया (खोया)।

कच्ची फुलवार–जिन पौधों से कुछ ही समय तक फूल मिलते हों।

कच्चू–बड़ा।

कच्छा–बेमाँग की चौकोर नाव।

कछवाया–दो पल्ला, चपटा और किनारीदार।

कछार–नदी की बाढ़ के दायरे वाली जमीन।

कछौटा–दे. नुकडेटा।

कजरघर–एक मोटा धान।

कजरारा–काजल के रंगवाला।

कजरारी–काजल के रंगवाली (आँख)।

कजरी–बकुला।

कजरी–काली भेड़।

कजला–गहरे काजल के अँजी-जैसी आँखों वाला बैल।

कजली–काली आँखों वाली (गाय)।

कजाहल–अपाहिज (बैल)।

कज्जक–छेनी।

कटक–कनपटी।

कटना–टुकड़े-टुकड़े अलग हो जाना।

कटनी–कटिया (फसल काटना)।

कटरा–जवान पाड़ा।

कटसिंगी–कटे सींग वाली (भैंस)।

कटाई–कुम्हार द्वारा की जानेवाली मिट्टी की कटाई।

कटान–कमर की पंखुड़ियों के सिरों पर का खाँचा।

कटान–दे. रंगत।

कटिंग टूल–काटने का एक उपकरण।

कटिया–कटनी।

कटुई–पालक की एक जाति, एक किस्म का गुबरेला जो धान में लगता है, बलकट।

कटुई दही–छिनुई दही, बिना मलाई की।

कट्टा, कट्ठा–कपटा।

कट्टी–बेकार (भैंस)।

कटैलिया–कट्टी (भैंस)।

कठरेंगनी–अनजुते खेतों में फैलने वाली एक प्रकार की जंगली पोस्ता।

कठार–ज्यादा खुराक पर कम दूध देने वाली गाय।

कठुली–कुआँ खोदने के लिए एक औजार।

कठैल–कटहल।

कठौवा–आभा, एक हथियार।

कठमाँथी–दुहत्थी।

कड़ंजी–सफेद पुतली वाली गाय।

कड़कड़–खौलते द्रव की आवाज।

कड़खा–तेज।

कड़ावा–आड़ी पटरियों की थामने वाली थून्ही।

कड़वी–तिक्त स्वाद वाली।

कड़हड़ी–फरी।

कड़ा–आभूषण, करारा।

कड़ी–नाव बाँधने के लिए लोहे की छल्ली, सख्त, ठोस।

कड़ी–लर।

कड़ेरा–जाल की एक किस्म।

कतना–खँचोली।

कतरना–कुतरना।

कतरनी/काँती–कैंची विशेष।

कतरा–पटेला, एक औजार जिसमें आरा की धार तेज की जाती है।

कतरा की जड़–खस।

कतरी–धान के पौधे में लगने वाला एक रोग, इसके कारण पौधा पनप नहीं पाता, कतरी।

कतरोही–कतरा।

कतानबाइ/कपोतीबाइ–घोड़े के अण्डकोष का एक रोग।

कतिका–कार्तिक वाला या कार्तिक मास में नयी फसल की तैयारी के लिए, तपखी उड़द।

कत्तल–छिनाई से निकला पत्थर का तोले-दो तोले का टुकड़ा।

कत्ता–दाहा, हँसुली।

कत्तिन–चरखा कातने वाली स्त्री।

कत्ती–चरखा कातने वाला पुरुष।

कत्थई–कत्था (खैर) के रंग का।

कदीमा–कुम्हड़ा।

कदन्न–सस्ता और ऊखा अनाज।

कन–टूटा चावल।

कनइली–रंग (कनेर का-सा)।

कनई–कीच।

कनई–पछखी।

कनई करना–खेत जोतकर उसमें पानी भरना, गंदला करना।

कनकचूर–एक महीन धान।

कनकजीर–एक महीन धान।

कनकटी–कटे कान वाली।

कनकपुरिया–सफेद आलू।

कनकलसौंहा–कोइल (बैल)।

कनकिल्ली–कनैल।

कनखिली–पिछली खूँटी।

कनखी–1. पुतरा, नया अंकुर। 2. आँख का कोना।

कनगोजर–नई फिलसी।

कनचिपकी–कान के पीछे चिपके सींग वाली (गाय)।

कनछी–छोटी शाखा।

कंद–बंडा।

कन्ना–धान के खेत में उगनेवाली एक घास।

कन्नी/करनी–दीवाल पर गारा या मसाला फैलाने का औजार।

कन्नी–अँखुआ।

कनपटी–आँख और कान के बीच की जगह।

कनपट्टी–आँखों और कान के बीच सफेद धारी वाली (भैंस)।

कनफूल–एक आभूषण (कान में पहनने का)।

कनवाँ–धान के खेत में उगनेवाली एक घास, सात ढोली पान।

कनसन–कोसो।

कनाठा–छीरा।
कनाना–सीना लगना।
कनासी–कतरा।
कनाहना–रताना।
कनिक–चोकर।
कनियाना–अँखुआना।
कनिष्ठा–सबसे छोटी अंगुली।
कनीनिका–पुतली।
कनीली–गुनीली (गाय)।
कनेर/कनैल–प्रतिद्वन्द्वी तीतर को कनपट पर चोंच मारना।
कनेरी–कनेर के फूल-सा (रंग)।
कनेवा–कर्णवेध।
कनैल–समइल, सैला, पछखी, खूँटी।
कनैली–खूँटी।
कनोजर–पछखी।
कनौती–घोड़े के कानों का ऊपरी भाग।
कनौसी–खाँड़ी।
कनसी–हश्तगता, अर्रा।
कन्ही–छीरा, एक कीड़ा।
कपटा–नये धान, बाजरा, जवार को खाने वाला फुदकने वाला कीड़ा।
कपड़छन–महीन मैदा तैयार करने के लिए कपड़छन छानना।
कपरीजिनी, कपरनी–ढरकी।
कपसा–गन्ने में मक्खियों के चिपकने का रोग।
कपाई–जल्ला।
कपाची–बाती।
कपारी फोरना–कपास में दो पत्तों का निकलना।
कपाल–खप्पर।
कपालक–मस्तक।
कपासी–कपास के रंग।
कपिला–भूरी गाय, छोटे और दिलते सींग वाली गाय।
कपिश–भूरा (रंग)।
कपूरकंद–घीयाकस, मिठाई विशेष।
कपूरी–एक प्रकार का काफी तिक्त पान।
कफगोर–डाभा।
कफचा–लकड़ी का बड़ा चम्मच।
कफोणी–केहुनी।
कबन्ध–धड़।
कबरा–काले और सफेद रंग की धारियों वाला (बैल)।
कबरी–सफेद और काली रंग की धारियों वाली (गाय)।
कबला–ढिबरी।
कबली, कबिली–एक प्रकार की मटर।
कबाबदानी–हिच्छा।
कबीला–कपीला।
कबूतरबाज–कबूतर पालने या उनकी उड़ानों की शर्त लगाने वाला।
कमलककड़ी–कमल की नाल।
कमरकस–कमर का एक आभूषण।
कमरसायर–बढ़ईखाना।
कमरसारी–लोहगार।
कमरा/कम्मर–कम्बल।
कमरी–मकरी का अरा।
कमलपुँच्छा–कमल की तरह पूँछवाला मुर्गा।
कमली–ललरी।
कमहँड़ा–हत्था।
कमहर–ओखर।
कमहँड़–हत्था।
कमाई–पैदावार, जोतकर, खाद देकर उपजाऊपन से युक्त की गई (मिट्टी)।
कमार–बढ़ई, लोहार।
कमानक–कमानी।
कमुआ–कम्मा, एक प्रकार का चिकना कीड़ा।

कमोच–एक महीन धान।

कमोदी–एक महीन धान।

कम्बीनेशन प्लायर्स–सामानों को पकड़ने का एक यंत्र।

कम्मा–एक चिकनी गिड़ार।

कर–हाथ।

करइल–काली (मिट्टी)।

करकस–सफेद रंग का घोड़ा।

करकुट–कुछ रद्दी किस्म की कपास।

करखा–एक बड़े फूल का छापा।

करगह–करघा।

करघा–सूत कातने का यंत्र।

करची–लच्छी।

करज–उँगली।

करट–कनपटी।

करधनी–कमर का एक आभूषण।

करपल्लव–उँगली।

करब–मक्के का कटा पौधा।

करबार–अमेर कर।

करमा–भादों में मनाया जानेवाला जनजातीय त्यौहार।

करमुही/कलमुही–भट्टे के मुँह के पास की ईंटें।

करया–उड़द की फूली हुई गोठ।

करवा–बट्टा।

करवार–माँग।

करा–बड़ा।

करारा–कड़ा।

कराहना–दर्द की आवाज।

करिक्की/करिखहिया/करियई/कारी–काली भेंड़।

करिगह–करघा।

करिया–काले रंग वाला (बैल), तीखा।

करुआ–सत्ता (बैल), करुआर।

करुआर–पनिहारी, हल्का डाँड़ा।

करुआरी–पनिहारी, करुआर।

करुई–सिकहुता।

करेंगा–एक मोटा धान।

करेमू–पानी में होने वाला एक शाक।

करेला, करैला, करैली–एक तरकारी।

कर्बुर–चितकबरा।

कर्रा–कड़ा।

कर्ला–कुल्हा, अंकुर।

कर्समिया–कड़े बालों और अबालों वाला घोड़ा।

कल–थाम्हने का काम करने वाला एक औजार जो बेलनों के नीचे दोनों खूँटों के बीच रहता है।

कलकँटिया–काले रंग के काँटों वाला मुर्गा।

कलकतिया–1. एक प्रकार का पान (कलकत्ता वाला)। 2. एक प्रकार फूलों से बना हार।

कलब्बु–तीतर के तीतर शत्रु का तीतर की बगल में चोंच गड़ाकर पटक देना।

कलम–आम के दो विशेष वृक्षों के संयोग से तैयार किया गया आम की जाति विशेष।

कलमी–कलम लगाकर या बाँधकर तैयार किए गए आम आदि के पौधे।

कलमशालि–जड़हन, अगहनी धान।

कलमी साग–एक प्रकार का साग।

कलरिया–अरहर में लगने वाला कीड़ा।

कलश–कँगूरा (मकान के ऊपर के कोनों पर रखा जाता है), कलसा, घड़ा।

कलशी/कल्ला/किल्ली–नई लाल पत्ती।

कलसही (धोती)–पाँच कलश लाकर रखने वाली सुहागिन स्त्रियों के लिए (धोतियाँ)।

कलसा–कलश।

कलसी–मिट्टी का बर्तन।
कलाकंद–चाशनी के साथ पगे खोये की मिठाई।
कलावा–धागा।
कली–आम के टिकोरे की खटाई।
कलेऊ, कलेवा–सबेरे या दोपहर का भोजन।
कलेवर–शरीर।
कलोआ–दोपहर का भोजन।
कलोंर–बाछी, काल्या।
कलौंजी–काला जाजी।
कल्कल्–जल की।
कल्टीवेटर–मशीन से चलने वाला जुताई का यंत्र।
कल्प–14 मन्वन्तर का समय।
कल्हराना–तपाना।
कल्हारना–कलछुल में घी रखकर तपाना।
कवर–एक बार मुँह में डाला जाने वाला भोजन।
कवला–गहुआ, पाना।
कषाय–वयःसन्धि की आवाज, फटी आवाज, कसैला।
कसमिरा–सन की एक जाति।
कसरीली–अच्छा दूध देने वाली (भैंस)।
कस लगाना–सिल पर चौखटेनुमा गहरी लकीर लगाना।
कसार–गेहूँ के आटे को घी में भूनकर शक्कर मिलाकर बनाया गया व्यंजन, भुना चावल का आटा।
कसिया–पतली धारवाली कुदाली।
कसीला–सगुनी (बैल)।
कस्सा–फावड़ा।
कहतरी–दही बनाने का पात्र।
कहू–अर्जुन, कमुक।
काँक नुकाना–ओटना।
काँकर–कछौटा।
काँकरेजी–एक प्रकार का बैल।
काँकेट–एक प्रकार का पान।
काँख–कंधा के नीचे का गड्ढानुमा भाग।
काँजी–नमकीन घोल के रूप में प्रस्तुत खट्टा पेय।
काँजी हाउस–दे. अड़गड़ा।
काँटा–कान का आभूषण।
काटियों–फरकिल्लों।
काँटी–खेड़ा (हरिस की)।
काँठर–बाती।
काँद–टिटिहरी की बोली।
काँपती आवाज–बुढ़ापे की आवाज।
काँपना–हिलना।
काँव-काँव–कौवे की बोली।
काँस–कनसन, काँस।
काऊ–कौवा।
काकली–किलकारी।
काकपक्षी–कौवापक्षी।
काकु–सुर के चढ़ाव-उतराव का ढंग।
काकुद–तालू।
काछ–गोछा।
काछीमाली–बगीचों में पेड़-पौधे लगाने और उनकी देखरेख करने वाला।
काटना–अवरोध हटाना, जाड़ा मारना।
काट भरना–मोड़ पर जलधारा के वेग से नदी कटाव करती है एवं जल एकत्रित होने लगता है।
काटा–घास-पात खखोरने का औजार।
काड़ा–एक आभूषण।
काड़ी–उपला।
काढ़–बरही।
काढ़ना–बाल सँवारना।
कादम्बिनी–घटा।
कान–पूरे कान को ढँकनेवाला आभूषण, कान।

कान/कोनचड़—निकले कोने वाली (खाट)।
काना—धान के खेत में उगने वाली एक घास।
कानी—खराब।
कान्ति—ज्योति, शरीर की शोभा।
काबक—कबूतरों का खानेदार काठ का घर।
कामिनी—एक वनौषधि।
काय—शरीर।
कार परोजन—कार्य विशेष, उत्सव आदि।
कारपेंटरी शॉप—बढ़ईगिरी की दुकान।
कारुकार्य—शिल्प।
कालबोस—एक प्रकार की मछली।
कालाजाम—छेने की मिठाई।
काला नमक—एक महीन धान।
काला भँवर—बादलों की घटाओं के साये में पड़ा जाल।
काल्या—कलोर गाय।
काशीफल—कुम्हड़ा।
काष्ठपीठिका—काठ का पीढ़ा।
कास चटाई—दे. वरदिया।
काही—एक रंग।
काहू—1. एक तरह का लेटूस भाग। 2. अर्जुन (वृक्ष)।
किकोरना—खुरचना।
किचकिच—झगड़े का शोर।
किड़ा जाना—कीड़ा पैदा हो जाना, सड़ना।
किनक—मंद बूँदें।
किनवारिया—केन नदी के आस-पास के बैल।
किनाठी/किनार—बर्तन का मुँह बनाना।
किनार/किनारी—दे. पल्ला।
किनारा—तट।
किनारीदार—किनारा वाला।
कियारी—क्यारी।
किरच—नीम या बबूल की चिरी लकड़ी।
किरा—गोंयड़ा, अरहर की ठाट।
किरौना—एक किस्म की मक्खी।
किर्रकिर्र—छोटे पहियों की आवाज।
किलकारी—नवजात बच्चे की आवाज।
किलौटा—एक कीड़ा।
किल्ला—बरन (बाँस का)।
किल्ली—धुरकिल्ली, साँकल जैसा एक साधन।
किल्हा—कुल्हा।
किसलय—कोंपल।
किसमिसी—किसमिश का-सा रंग।
कीकर—बबूल।
कीकस—हड्डी।
कीच करना—कनई करना, कीचड़युक्त करना।
कीचड़—आँख का मैल।
कीरी—किरौना।
कील—नल के पीछे की डाट, पल्ला चीपा, खूँटा।
कीला/कीली—घरी के बीच में गड़ा नुकीला खूँटा।
कुंज—दे. तुरंज।
कुंजपत्ती—केवल पत्ती की छपाई।
कुंजे—पेड़ के नीचे खड़ी औरतों के चित्र वाली ओढ़नी।
कुँड़नी—मिट्टी का एक बरतन।
कुड़—प्राकृतिक जलाशय।
कुंडल—आभूषण (कान का)।
कुंडली—जन्म-पत्रिका।
कुंतल—बाल, केश।
कुंती—लाई।
कुंदन—सोना।
कुंदरू—एक तरकारी।
कुंदा—भुना हुआ खोया।

कुंदा–पक्षियों के आसमान से नीचे उतरने की क्रिया।

कुंदा करना–खोया भूनना।

कुआरी–कुआर में होनेवाली फसल, कुआर में नई फसल की तैयारी के लिए, कुआर की, कुआरी अनाज।

कुकड़ी–कुकरी।

कुकरी–लिपटे सूतों के पिंड।

कुच–स्तन।

कुचकटी–बहुत छोटी पूँछ वाली (भैंस)।

कुचिला–विषतिन्दुक, एक प्रकार का विष।

कुकुढ़ी–गुलाबी रंग की एक गिड़ार जो कपास को खराब कर देती है।

कुकुही–जाड़े की फसल में लगने वाला कीड़ा।

कुटकटना–ठीहा।

कुटका–डाँठ।

कुटकी–कटुका।

कुटज–कूड़ा।

कुटिल–टेढ़ा।

कुट्टी–लड़ाई।

कुट्टी–करबी, चारा।

कुठला–बखारी।

कुडंडी–बाँस के लग्गों की फँसान।

कुणित–कुन्नी भैंस।

कुड़–हल।

कुड़क–अंडा सेनेवाली मुर्गी।

कुड़किन–अंडे बंद कर देनेवाली मुर्गी।

कुतरना–खोंटना, काटना।

कुत्तामूतनी–एक पाये की छोटी खाट।

कुदरा–फावड़ा।

कुदारी–गूदरी।

कुदाली–पतली धार वाली, फावड़ा।

कुन्ना–बोइया।

कुन्नी–मुड़ी और गोल सींग वाली भैंस।

कुनबी–साग-सब्जी उगाने वाली जाति।

कुनरी–ग्वार फली।

कुना–प्याज, लहसुन के रोपे जाने वाले पौधे।

कुनिया–बोइया।

कुबड़ा–गुम्मटदार, बाँसवाला बैल।

कुबड़ी–जिस गाय की रीढ़ की हड्डी ऊपर निकली दिखाई दे।

कुमही–बटुरी मटर।

कुम्मैत–चारों टाँगें, पीठ, केश तथा पूँछ काली और शरीर का शेष भाग लाल-काला मिले रंग का घोड़ा।

कुम्हड़ा–कदीमा।

कुम्हड़ौरी–अदौरी।

कुम्हरगढ़ा–कुम्हार के मिट्टी लाने का गड्ढा।

कुम्हरौटी–दे. भामनी।

कुम्हेड़ी–नथुने से पानी गिरना।

कुरंट–बहुत कड़ा पत्थर।

कुरदा–गरी।

कुरसी–डाँड़ी के नीचे का भाग।

कुरेच–पक्षियों के पुराने पर गिरने की स्थिति।

कुरेल–चोंच से पंखों को कुरेदना या खुजलाना।

कुरेला–कुरेल करने वाला पक्षी।

कुरैल–एक आदमी की सँभाल में आने वाला छह डंडियों वाला जाल (मछली पकड़ने के लिए)।

कुर्सी बनाना–भवन का एक अंग बनाना।

कुलँगड़ा–पैंजनी के पीछे की ओर वाली रस्सी।

कुलथी–एक अनाज।

कुलफ–एक तीतर का दूसरे की चोंच में चोंच डालकर पटक देना।

कुलफा–गुलफा, एक साग।

कुलबी–चाक के बीच में नीचे की ओर जमा हुआ पत्थर का छोटा गोल एक पहिया।

कुलावे जुलफी–सटैनी।

कुल्या–कूला।

कुल्ला–भूरी देह और घुटनों से लेकर सुमों तक टाँगों वाला घोड़ा।

कुल्हा–बिनौले का पहला अंकुर, अँखुवा कली दो से अधिक पत्ते पौध में लग जायें।

कुल्हाड़ी–टाँगी।

कुस–कुशा, दर्भ।

कुसबढाव चौक–यह चौक विवाह में पूरा जाता है।

कुसनटना–कुसियाना।

कुसाइत–यात्रा ठीक न हो, अच्छा मुहूर्त न निकला हो।

कुसियाना–रोपे हुए धान का कुस की तरह बढ़ना।

कुसिहार–बौनी और कड़ी नस्ल की ईख।

कुसी–फार।

कुसुम (कुसुंभी)–अलसी, कुसुम।

कुहकाच्छन्न–चाँदनी, कुहासे से ढँकी चाँदनी।

कुहनी–शरीर का एक अवयव।

कुहासा–कुहरा।

कुहेल–कंजी आँख वाली भैंस।

कूँचना–कूँच कर खाना, चबा-चबाकर खाना।

कूँची–कूँची, झाड़ू।

कूँचा–झाड़ू।

कूँडभराऊ–पानी से गड्ढे भर जाना।

कूँड़मिलौनी–खेतों की बहुत घनी हटाना।

कूँड़ा–मिट्टी का बर्तन।

कूक–कोयल की बोली।

कूकरी–दानों का पकना, कुकरी।

कूटा जाना–बधिया किया जाना।

कूप–कुआँ।

कूर्पट–केहुनी।

कूला–पानी का कृत्रिम साधन, कुल्या।

कूल्हा–कमर की हड्डी।

केओचा–बड़ा झरना।

केका–मोर की बोली।

केतरा, केतार, केराना–पतली और लम्बी नस्ल की ईख रोपना।

केराव–मटर।

केवट–मल्लाह।

केवटी–कई किस्म की दालों को एकसाथ मिलाकर पकाते हैं।

केवड़ा–केतकी।

केवलहा–छोटे दाने वाले गेहूँ।

केवाँच–ग्वारफली।

केवाही, केवाँली–एक प्रकार की ईख।

केसरबाटी–बेसन की एक मिठाई।

केसरिया–पकाया हुआ केसरयुक्त चावल, बर्फी, केसर के रंग का।

केसौड़ा–नहछू।

केहटी–पतली कमर और मटमैले रंग का घोड़ा।

केहुनी–बाँह के बीच का जोड़।

कैंकची–कोनही।

कैढ़ूयमलक–घुँघराले बाल।

कैन–बाँस की एक छरन, बेंत की कैन।

कैरा–सर्वांग श्वेत (बैल)।

कैरीहार–अमिया के आकार के लटकनों वाला हार।

कैल्शियम साइनामाइड–नत्रजनिक खाद।

कैलाना–हबसाना।

कैलिया–कोढ़िया, एक कीड़ा।

कोड़ा–धूरी।

कोइड़ार–साग-सब्जी की काश्त।

कोइया–बखार में रखे अनाज को खाने वाला एक काला कीड़ा।

कोइरी–साग-सब्जी की काश्त करने वाला।

कोइल–काले कानों वाला, बैल, मरायल।

कोइलखो–गोरखुल।

कोइली–एक रोग जिसके धान में लगने पर पीले धब्बे पड़ते हैं।

कोइलासी–एक ओर काला (आम)।

कोआ/कोया–कटहल के बीज का गूदेदार आवरण।

कोकटी–कपास की एक जाति, लसौहे रंग की रुई वाली, फीका गेरुआ (रंग)।

कोखी–पचखी।

कोठा–घर के ऊपर का खंड।

कोठारघर–भंडार-घर।

कोड़ा–चाबुक।

कोड़िया–गुड़ाई।

कोढ़ा–सतनजा का सत्तू।

कोढ़िया–कोइली।

कोढ़िया मेह–बादल बरसते रहने पर धूप निकलना।

कोतल–कभी-कभार सवारी किया जाने वाला घोड़ा।

कोथ–नलकी, बाजरे की बाल निकलने का स्थान।

कोथ फूलना–दाना पड़ना।

कोदों–एक भदई फसल।

कोनसिला–कोनिया।

कोनिया–दो पाखों का जोड़।

कोपल–किसलय।

कोमल–मधुर, सुकुमार।

कोया–आँख का गोला।

कोरई–वह ढाँचा जिस पर लतर चढ़ाई जाती है।

कोरना–नग के नोकों की घिसाई।

कोरबास–दो साँचों के बीच का अंतर।

कोरमार–टाल।

कोरसूत–खतकस।

कोराई–चावल का भीतरी छिलका।

कोरी–बीस पत्ते, ठाट में कोरी होती है, तँतबा।

कोरो–कोरई, कड़ी।

कोरी की ठाट–यह दासे के ऊपर रखी जाती है।

कोरोनी मठा–छाछ।

क्रोड–1. गोद, 2. छाती।

कोलटारा–अँकुरा।

कोलतारा–अँकुरा।

कोल्ड चीजल–ठंडे कार्य हेतु उपयोग में आनेवाली चीजल।

कोल्ड चीजल–कंकरीट और पत्थर की दीवार में छेद करने का यंत्र।

कोला–बेढ़ा।

कोष, पेशीकोष–अंग।

कोसा–मिट्टी का पात्र, चौड़े, फैले मुँह वाला दीया जैसा पात्र, म्यान।

कोसा-खोलाई–कोसा खोलने की विधि।

कोसी–एक लम्बा खर जो क्वार में फूलता है और प्रायः नदी या तालाब के किनारे लगता है।

कोहनाना–कोप करने का स्वाँग रचना।

कोहबर–कौतुकगृह।

कौड़ा (कोढ़ा)–अँकोरा।

कौंध–चमक।

कौंधनी–दे. अतरामन।

क्योंचो–दाहा।

क्रेंकार–सारस की बोली।

कौआझँपान–गेहूँ-जौ के पौधों की छः इंच तक की बढ़ती।

कौआबँधाव–तिनचुटिया बँधाव।
कौआलुकान–कौआझँपान, बहुत कम ऊँचा।
कौआसाँतिया–एक प्रकार का स्वस्तिक।
कौड़ियाकूबड़–कुबड़ा।
कौतुकगृह–कोहबर।
कौर–एक बार मुँह में डाला जाने वाला भोजन।
कौरायी–भोर।
कौरी–चावल के आटे की बनी।
कौरा–चौखट के दायें-बायें बाजू।
क्षतजात–खून।
क्षया-तिथि–जो तिथि एक सूर्योदय के बाद शुरू होकर दूसरे सूर्योदय के पूर्व ही समाप्त हो जाती है।
क्षुप–पौधा।
खँखोड़ी–खुरचन।
खँगड़ीवा–पहले पत्ती वाली तम्बाकू।
खँचोली–भूसा आदि ढोने का पात्र।
खँड़रा–चावल के आटे का व्यंजन।
खँदेल–गड्ढेदार कंधे वाली (भैंस)।
खँभिया–बाँस, ठेंहानी।
खँहन–खाँगन।
खइनहार–मुँहजोर (गाय)।
खखड़ी–फसलों का एक रोग जिसमें फसलों में दाने नहीं पड़ते हैं।
खखोरनी–पपड़ी तोड़ने का काँटेदार यंत्र।
खजुला–खाजा, एक मिठाई।
खजूर–खजूर के आकार का शृंगार चिन्ह, एक मिठाई।
खजूर बँधाव–दस चोटी वाला एक विशेष बँधाव।
खजूरिया–सफेद पंख, पीला सिर और काली देह का मुर्गा।
खटकनी–खूँटे से लड़ने वाली भैंस।
खटखटा–दम्य बछड़े के गले में डाला गया डंडा।
खटाई–1. नोनचा, 2. (आम की) आमिल।
खटिक–साग-सब्जी बेचकर जीविका चलाने वाली एक जाति।
खटिया–खटोले से बड़ी खाट।
खटोला–बच्चों के सोने की खाट।
खड्डा–दे. डबरा।
खड्ढा–एक दीवाल को दूसरी दीवाल से मिलाने के लिए ही दूसरे रद्दे में छोड़ी गई जगह।
खड़ुआ–1. पैर का आभूषण। 2. दुहरी धारी।
खड़सिंगा–खड़ी नुकीली सींगों वाला (बैल)।
खड़ी–पालक की एक किस्म।
खत–निशान।
खतकस–रेघारी लगाने का एक औजार (सूत)।
खतैला–दे. निरावर।
खत्ती–बखारी।
खकदना–उबलना।
खदकाना–पकाना, उबालना।
खद्दड़–खूब खाकर भी काम न करने वाला।
खदान/खान–पहाड़ से खोदकर पत्थर निकालने की जगह।
खन्ती–जमीन खोदने का एक औजार।
खन्दा–गोल।
खनसारी–बिसारी।
खनाना–ईंट बनाने के लिए मिट्टी खोदने की जगह।
खनूकी–निश्चित समय से अथवा निश्चित मात्रा में दूध न देने वाली (भैंस)।
खपड़ोइया–गड़रा।
खपड़ा–1. घर। 2. खपरैल।
खपियार–फेकैल (जाल)।
खबक–घोड़े के मुँह का एक रोग।

खबौनी–गेहूँ की मीठी रोटी।
खमखम–टाप की आवाज।
खम्भा–पाया, स्तम्भ।
खम्भार–ढेरी।
खरंजा–आँगन में ईंटों का फर्श।
खरका–पोश्ते के खेत में उगने वाली एक जाति।
खरकूटी–खरकौट (लकड़ी के खूँटे में जड़ी लकड़ी)।
खरखराहट–खराब गले की आवाज।
खरखी–गोह जैसी एक मछली।
खरखुरा–गदहे की खुर जैसी खुखाला (बैल)।
खरगटार–दे. खनूकी।
खरथुआ–बथुआ (एक साग)।
खरपात–घास।
खरबिरइया–वनौषधि।
खरमिटाव–प्रातः जलपान।
खरसान–झाला।
खरहरा/खुरैरा–लोहे का ब्रश जिससे घोड़े के शरीर की सफाई की जाती है।
खरही–सरई।
खरहो (खूँटी)–एक प्रकार की खूँटी।
खरादना–लकड़ी को विशेष चिकना करना।
खरादी–खरादने का यंत्र।
खरी–एक ब्यात से दूसरे ब्यात तक दूध देनेवाली भेड़।
खरीक/खरीका/खीरक–भेड़-बकरियों को बंद करने का बाड़ा।
खरूका–1. जाला, 2. खरथुआ।
खरैल–कुरैल।
खरौरी–खरपात उगने का स्थान।
खर्चरी/खर्चराई–चरागाह के मालिक को दिया जाने वाला शुल्क।
खलिहान–पकी फसल एकत्र करने का स्थान।
खली–तेल निकलने के बाद तेलहन का सूखा भाग जो पशुओं के खिलाने के काम आता है।
खसखस–माँजने वाली कूँची के रोएँ।
खसरैया–ठेंहानी।
खस–उसीर।
खसी–गिरी।
खाँखर–रेहार।
खाँगन–नाह में लगा सन का वाशर।
खाँचा–1. बड़ा टोकरा जो भूसा आदि ढोने के काम आता है। 2. ठीक पकी किन्तु ताप से बही ईंट।
खाँची–छोटी टोकरी जो मिट्टी आदि ढोने के काम आती है।
खाँटी–खुट्टी।
खाँड़ी–जुए का सिरा।
खाँसगलसुरा–घोड़े के मुँह का एक रोग।
खाइक–दोपहर का भोजन।
खाकी अंडा–बिना नर के संपर्क से उत्पन्न अंडा।
खाजा–खजुला।
खाजी–सींका, सिकहर।
खाढ़ी–खोढ़ा।
खाता–पनारा,. प्रणाली।
खादर–नीची जमीन।
खाय–दोपहर का भोजन।
खाट–खटिया से बड़ी।
खाल–नीचा।
खिखोरनी–सूत की गाँठ बराबर करने के लिए लकड़ी की एक कूँची।
खिचड़ी–1. मकर संक्रान्ति पर्व। दाल के साथ मिलाकर पकाया चावल।
खिचड़ी-खिलाई–1. कुँवर कलेऊ। 2. बसिया खिलाई।

खिड़की–मकान के पीछे का या बगल का दरवाजा।
खिधोरनी–खिरखोरनी।
खिनौरी–पुराना हल।
खिरची–गलता।
खिरावर–जिस खेत में खाद अधिक मिली हो।
खिरौदा–1. चावल के आटे की रोटी। 2. चावल के आटे की मिठाई।
खिलखिलाहट–तेज हँसी की आवाज।
खिलती–गलता।
खिलना–जगमगाना।
खिलोरनी–खिखोरनी।
खिसलना–बड़े-बड़े ओलों का तड़ातड़ गिरना।
खिकरी–छोटी-पतली पूड़ी।
खींची–धँगठी।
खीच्चर–देसी मादा और दोगले नर से उत्पन्न तीतर।
खीरकदम–छेने की मिठाई।
खीरमोहन–1. मूँग की दाल से बना व्यंजन। 2. एक मिठाई।
खील–भुना धान।
खील-लावा–लाजा।
खीलिया–तरइया।
खीली–बीड़ा।
खीस–खेनसा।
खुँटपुत्ती–पँचकठिया।
खुँटरा–खंभा।
खुँटा–पानी का पता लगाने का साधन।
खुँटार–खूँटी वाला खेत।
खुँटिया–1. दोंजी। 2. पेड़ी (गन्ने की पुरानी खेती)।
खुटहरा–पुराना हल।
खुदनी–खुसी, खोदने का छोटा औजार।
खुदबुद–राँधे जाते अनाज की आवाज।
खुदर–गूदरी।
खुदिगर–टुटहन (चावल)।
खुक्खा–पइया।
खुज्जा–रेशा।
खुट्टी–ओखर जिन दो खूँटियों पर टिकी रहती है, वे खूँटियाँ।
खुद्दा–फार।
खुर–बैल के पैर का रंग।
खुरखिया–खुर घिसते चलने वाला बैल।
खुरखुन–थगढ़ी।
खुरचन–सूखी मलाई से बनी मिठाई।
खुरचना–किकोरना।
खुरचनी–1. खुरचने का औजार। 2. खँखोड़ी।
खुरदायाँ–अच्छी तरह रूदाँ हुआ डाँठ।
खुरपी, खुरपा–घास काटने का छोटा औजार।
खुरफटा–फटे खुर वाला बैल।
खुरमा–आटे का एक व्यंजन।
खुरहेड़ी–जमीन पर बना खुर का निशान।
खुरा, खुरी–चूक।
खुंदर–पहले दौंगरे के बाद की जुताई।
खुलना–उघार होना।
खुश्क/खुश्का–सूखा।
खुश्की–सूखापन।
खुसी–खुदनी।
खुरा–करुआर।
खूँट–कान का मैल।
खूँटहा–पिटिया (गाय)।
खूँटा–पशु बाँधने का छोटा बाँस का टुकड़ा जो जमीन में गड़ा रहता है।
खूँटाजोर–खटकनी (भैंस)।
खूँटाडोल–हल्लाना (बैल)।
खूँटातोड़–खूँटा तोड़ने वाला (पशु)।
खूँटी–कपड़ा टाँगने की कील विशेष।

खूँटीबिलैया–धुरौटी और टेकानी को जोड़ने वाली खूँटी।

खूँद जाना–गभा जाना।

खूँद मचाना–घोड़े का टापों से जमीन खोदना।

खूह जाना–1. साँड़ न मिलने पर गाय का उछिटना। 2. पलट जाना।

खेखसा–चठइल, एक तरकारी।

खेड़ा–काँटी।

खेढा–गूल।

खेत गोबरा ओल–खेत में भेड़ रखाना।

खेत भागना–खेत की सरसता समाप्त होना।

खेत रखाई–दे. रहटान।

खेदना–तीतर का अपने शत्रु तीतर को मार कर दूर भगा देना।

खेदा–दे. लिपट।

खेप–फेकैल।

खेवाई–घाट-उतराई।

खेसारी–लतरी।

खैंचा–दे. खाँचा।

खैका/खैया–(दोपहर का) भोजन।

खैर–कत्था।

खैरा–1. धान की बाली का रोग। 2. कत्थई रंग का। 3. कत्थई रंग की बटेर।

खैरी–लोही (भैंस)।

खैरागढ़ी–बैल की एक किस्म।

खोंच–दे. कुरैल।

खोंचीदार–अँकुसीदार।

खोंजड़ा–पइया।

खोंटना–कुतरना।

खोंढ़रा–पेड़ के तने का छेद।

खोड़ी–खूँड़ी।

खोंता–घोंसला।

खोंपा–छल्ला, छल्ली।

खोंपाबधाव–छल्ली बधाव (केश-सज्जा)।

खोइया–1. बोकला। 2. गुठलीदार कच्चे आम की खटाई। 3. गन्ने का रस निकल जाने पर बचा हिस्सा।

खोटना–1. लोहे को पीटकर पतला बनाना। 2. साग आदि खेत से तोड़ना।

खोढ़ा–गूल।

खोद–चोकर।

खोनचा–मिठाई आदि बेचने का बेंत का बना पात्र विशेष।

खोपटा–चीएँ की ऊपरी पर्त।

खोपड़े–छाल (फल की)।

खोन्हा–अनाज आदि रखने का मिट्टी का पात्र।

खोभना–पानी पता लगाने का साधन।

खोभिया–लाई।

खोया–दूध जलाकर बनाया पदार्थ।

खोर–चरन।

खोर–दो-तीन जगह से टेढ़ी ईंट।

खोरा–दे. टापा।

खोल–छेद।

खोल/खोलड़ाई–छिलका।

खोलनइया–एक छोटी नाव।

खोह–नदी द्वारा बरबाद की गई गड्ढेदार जमीन।

खोहिया–खोइया।

खौंच–निकले कोने की।

खौंट–दे. ठोंक।

खौंतर/खौंलर–दे. खोढ़रा।

खौर–एक आभूषण।

गँजाई–मिट्टी के बर्तनों को सावधानी से एक के ऊपर दूसरा रखना।

गँठबन्धन–वर-वधू की गाँठ हल्दी-सुपारी से जोड़ने का नेग।

गँड़कसा–वह रस्सी नेग जिससे पतवार का एक छोर बँधा रहता है।

गँड़ारी–क्यारी।
गँड़ासी–चारा काटने का औजार।
गँड़ेरी–1. ईख की एक पोर का टुकड़ा। 2. पाल (जाति विशेष)।
गँधेल–बाल काटकर खेत में चारे के लिए छोड़ा गया ज्वार-बाजरा।
गंगबरार–नदी के पेट की भीतर की जमीन।
गंगाजमुनी–सोने-चाँदी मिली हुई।
गंगाफल–कद्दू।
गंजी–सकरकन्दी।
गंझा–पेट का फूलना (बैलों का रोग)।
गड़माल–घोड़े की नाक का एक रोग।
गड़स्थली–कनपटी।
गंधवहा–नाक।
गगरी–मिट्टी का कलश।
गज–हाथी, कपड़ा नापने का मापदंड।
गजक–तिल या चीनी से बना।
गजपत्ता–एक मोटा धान।
गजर–गजर बनाने के समय को गजर कहा जाने लगा।
गजरा–आभूषण।
गजाड़ा–इससे पानी का पता लगाया जाता है।
गजारना–पानी में फसल को जोतकर दबा देना।
गजुर–डीभी।
गटकना–अधीर होकर खाना।
गट्टा–चीनी या शक्कर से बनी मिठाई, एड़ी के ऊपर की गाँठ, हाथ की कलाई।
गठीला–जोरावर (बैल)।
गड़गड़ाहट–इंजन की आवाज, बादल की गर्जना।
गड़ना–चरखी का डंडा।
गड़न्नी/गड़रनी/गड़ेरिन–गड़ेरिये की स्त्री।
गड़रा–गदरा, एक सफेद कीड़ा जो धान में लगता है।
गड़री–चेपुआ।
गड़सार–पनारी।
गड़हर–गाँड़र।
गड़हा–गढा, गड्ढा।
गड़हिया–छोटा गड्ढा जहाँ बरसाती जल एकत्रित होता है।
गड़ार–(गन्ने की) जड़ में लगने वाला रोग, गाँड़र।
गड़ियास–ठीहा।
गड़ेर–एक मोटा धान।
गड़ेरी, गड़ेरिया–भेड़िहार।
गड़ेली–इसमें दाने पड़ जाते हैं तो भुट्टा बन जाते हैं।
गड्ढा–काटकर या तराशकर बनाना।
गढ़रो–गेड़हरुआ, एक घास।
गढ़ाई–हाथ से मिट्टी के पात्र गढ़ना।
गणना सोधना–विवाह के लिए आवश्यक गुणों-दोषों आदि का निश्चय करके वर-कन्या के विवाह का मेलापन करना।
गणेश चतुर्थी–भाद्रपद कृष्ण चतुर्थी।
गतार–बोझ बाँधने के लिए रस्सी।
गतौरा–उखबँधना।
गदरा–कच्चा धान, भदरा।
गदहपूरना–दुधियाना, गदहपूरना (साग)।
गदही–चना या मटर की फसलों को बरबाद करने वाला कीड़ा।
गदहिया–गदही।
गदाना–दाना से युक्त होना, दाना भर जाना।
गदेहा–गद्दा।
गदोली–हथेली।
गद्दा–1. गदेला, 2. घोड़े की पीठ पर रखा जाने वाला मोटा साज।

गद्दी–पँखड़ी।
गधेला–गदही का बच्चा।
गनना–गणना (विवाह के लिए लड़के-लड़की के गुण और नाड़ी का मिलान)।
गंदला–मटमैला।
गन्धकी–फिरौना।
गन्धवह, गन्धवाह–गन्ध ढोनेवाली हवा।
गन्धी–कपसा।
गन्धी कीड़ा–एक कीड़ा।
गपतू–औरंग।
गबचा–दे. थाल।
गभरा–एक कीड़ा।
गभा जाना, गम्हड़ा जाना–रेंड़ा जाना।
गमी–मातम, दुःख।
गरकिया–गलकी, मजे की वर्षा।
गरग–खाल खेत में जब बराबर पानी भरा रहे।
गरदाँव–गिराँव।
गरबखिला–चोंही।
गरमा–गर्मी के महीने में दिया गया पानी।
गराव, गरौंधन–गिराँव।
गरारा–ठाढ़ा।
गराव–गाजर में पड़नेवाली गाँठ।
गरिया, गरियार–कामचोर (बैल)।
गरी–पूला।
गरी की लौंज–चिरौंजी।
गरुअट–रोली।
गर्दना–छजने के नीचे पट्टी।
गर्दभ–गिराँव।
गर्म राख–भूभर।
गर्री आना–घोड़ी से मिलने के लिए घोड़े का उछल-कूद करना।
गलकम्बल–ललरी।
गलकी–वर्षा के कारण (खेती) फसल का गलना।
गलखोर–अगाड़ी।
गलगल करने वाली वर्षा–बढ़िया वर्षा।
गलगलाना–गद्गद कंठ से बोलना।
गलचौर–एक रोग।
गलजोती–जोता।
गलता–लकड़ी में गोल खाना बनाने के लिए एक औजार।
गलथनियाँ–गले में थनवाली।
गलबल–डभका।
गलही–नाव की पिछाड़ी।
गलना–चुराना।
गलि–गरियार (बैल)।
गलियारी–खुट्टी।
गलुआ–गर्दन के नीचे बालों के गुच्छों वाला मुर्गा।
गवा–अंडी का फल।
गवाक्ष–गोखा।
गस्सा–एक बार मुँह में गला जाने वाला (भोजन)।
गहगड्डा–बड़े जोरों की वर्षा।
गहनी–वाव की दराजों की सन या पाट से की गई भराई।
गहुआ–मुसरा, सँड़सी।
गहुम–लाल ज्वार।
गहुमा–एक मोटा धान।
गहेड़–भेड़-बकरी का समूह।
गाँठ–पोर।
गाँठगोभी–जमीन के नीचे बैठने वाली गोभी।
गाँठजोड़–विवाह का चौक।
गाँड़र–धान के खेत में उगने वाली एक लम्बी घास।
गाई, गावा–अंगुलियों के जोड़।
गाजा–मछली पकड़ने के काम आने वाली

टोकरी।

गाड़ा–छकड़ा, पनारी।

गाढ़–जिस खेत की मिट्टी चिकनी होती है।

गादुर–चना और मटर को बरबाद करने वाला कीड़ा।

गाभिन–गर्भ धारण करना।

गारा/गिलावा–पानी में गलाई हुई मिट्टी।

गालमसूरी–बेसन और मैदा के मिश्रण से बनी मिठाई।

गाली–दायीं खूँटी, खुट्टी।

गाली खूँटा–जभेला।

गावा–झूँटा।

गासी–चाभी।

गाही–पाँच की राशि।

गात्र–शरीर।

गिंदौरा–खाँड की टिकिया।

गिचड़ा/गिच्च/गिलचा–मछली के पेट का कचड़ा।

गिजा–शक्करयुक्त चावल के आटे की कतरी (घी में सेकी हुई)।

गिट्टी–ईंट या पत्थर के छोटे-छोटे टुकड़े।

गिट्टू–छल्ले (लोहे के)।

गिड़गिड़ाना–याचना के स्वर में कहना।

गिड़रियाई–गिड़ारों से नष्ट की गई फसल।

गिड़ाना–पोराना।

गिड़ार–एक कीड़ा।

गिदी–कलशी।

गिरई–सउरी जैसी एक मछली।

गिरगिरा–घनैली।

गिर जाना–रात्रि बीतना, ढलना।

गिरदा–रेखा बनाने के लिए एक औजार, मिठाई रखने का काठ का बर्तन।

गिरना–हवा मन्द पड़ना।

गिरमिट–गोलक।

गिरावी–लंगर।

गिराँव–पशुओं के गले का फन्दा।

गिरी–हवा से जमीन में लोटी हुई।

गिरेह–गाँठ।

गिर्रा–हल या गाड़ी में जुतने पर गिरकर लेट जाने वाला बैल।

गिलोय–गुड़ूची, गुर्च।

गिलौरा–बीड़ा।

गिल्लई पड़ना–बिजली गिरना।

ग्रीवा–गर्दन।

गुँथनी/गुहना/गूँथना–सुई-डोरे से फूलों को किसी क्रम से लगाना।

गुँदाई–रौंदना, सानना।

गुंजा–घुमची।

गुंजार–भौंरों की आवाज।

गुंपपाक–गोंदपाक, एक मिठाई।

गुच्छा–काछ।

गुच्छी–एक आभूषण।

गुजरिया–सिर पर गागर वाली औरतों के चित्र की ओढ़नी।

गुजेना–पानी की एक घास।

गुज्झी–एक तरकारी।

गुझिया–गोझा, एक मिठाई।

गुट्ठा–डौल झौड़ने के काम आने वाला यंत्र।

गुटिया–शरीर से छोटी भेड़।

गुटिया/गुड़ियाँ/गुरियाँ–गिट्टु।

गुड़ी–महाराष्ट्र का नववर्ष।

गुड़गुड़ाना–पेट की आवाज।

गुड़गुड़ाहट–बादल की धीमी आवाज।

गुड़धनिया–गुड़ और धनिया बाँटने की प्रक्रिया।

गुड़–मक्के में लगने वाला रोग जिसके कारण नलकी टेढ़ी पड़ जाती है।

गुड़ाई—तमिया, कोड़िया।
गुड़िया—मलकाठी।
गुड़ी—दे. अंटा।
गुढ़ी—मोजर।
गुद, गुदा—मलद्वार।
गुदना—चिन्नी।
गुदलइया—डुगी से छोटी शाखा।
गुदारा—दिनौरा।
गुनरखा—गुरखा (नाव का मस्तूल)।
गुनवाह—गोन (नाव की रस्सी) खींचने वाला।
गुनियाँ—एक औजार (सीध आदि देखने के लिए)।
गुनीली—दूध-घी दोनों में समृद्ध (गाय)।
गुबरौटी—गोबर-मिट्टी का घोल।
गुब्बारे उभारना—एक प्रकार का केश शृंगार करना।
गुमटीदार—छतनार।
गुम हो जाना—बहना बंद हो जाना।
गुम्मबाइ—घोड़े के मुँह का एक रोग।
गुम्मर—गाँठ हो जाना।
गुम्मा—पैजाबे की बड़ी ईंट।
गुरखा—नाव का मस्तूल।
गुरगाँठ—बहुत कड़ी और दुहरी गाँठ।
गुरदम—मिठाई मोड़ने का एक औजार।
गुरम्हना—गुठुली भरना।
गुरटी—कचरा।
गुरुजखाय—एक औजार।
गुलगुला—पुआ-सदृश व्यंजन।
गुलठियाना—चितियाना।
गुलती—गुलेल।
गुलद्र्इयाँ—शाखाएँ।
गुलदाना—चीनी या शक्कर से ही बनी मिठाई, उर्द की दिट्ठी से बनी एक पोली जैसी मिठाई।
गुलफा—कुलफा, एक साग।
गुलफी—मूठ।
गुल होना—बुझना।
गुलाब—कूजा, कुब्जक।
गुलाब गजूर—गिजा सदृश एक मिठाई।
गुलाब जामुन—सूखी मलाई से बनी एक मिठाई।
गुलाबी जाड़ा—फागुन का हल्का जाड़ा।
गुलामगर्दा—घर के आगे निकला हुआ हिस्सा।
गुलिया—मैना, चाक की किनारी के पास का छोटा गड्ढा।
गुलूबन्द—गले में चिपके रहने वाला आभूषण।
गुलेल—जिस पर गोली साधकर निशाना लगाते हैं।
गुल्लियाँ—चरखी के चौखटे की चौड़ाई की दोनों लकड़ियाँ।
गुल्ली—गेंड़ा, गड़री, खूँटी।
गुल्फ—घुटना।
गुह—मल।
गुहना—पुहना।
गूँज, गूँठा—1. ईख का गैड़ा। 2. एक टेढ़ा सिरा।
गूँठा—अनवट।
गूधना—आटा माँड़ना।
गूजरी—बिण्डी।
गूढ़ा—आड़ी पटरी (नाव की)।
गूदरी—पटार के साथ चिपके कुछ सूखे छोटे डंठल।
गून—गोन।
गूरी—कूटा हुआ जौ।
गूल—पनारी हरिस के ऊपरी सिरे की खूँटी, मेड़ों के बीच की छोटी-सी नाली।
गूलर—गूलर, गूला।
गूला—कपास के फूल के बाद आनेवाला

सख्त नोंकदार गोल फल।

गेंड़–टोना।

गेंड़ा, गैड़ा–ईख का टुकड़ा।

गेड़हरुआ–यह गेहूँ-जौ के खेत में उगता है।

गेरुआ–गड़ार, मोजर।

गेरुई–बरसात के बाद पुरुवाई के चलने से होने वाला रोग जिसमें पौधा गेरुए रंग का हो जाता है और बाल काली पड़ जाती है, गेरु रंग के (बादल)।

गेरुई जल–जिस जल में पारदर्शी गेरू घुलकर मिला हो।

गेरु–पहाड़ी धातु।

गेल्हनी–पचकरिया।

गेहुँआ बाजार–लाल रंग का बाजार।

गेहुँआ–गेहूँ के रंग का।

गैर-मजरुआ–वह मिट्टी जो उपजाऊ होते हुए भी खेती के उपयोग में नहीं लाई जाती।

गोंइजी–साँप की तरह लम्बी-पतली एक मछली।

गोंठ–गोंठ।

गोंठना–1. फेंटना। 2. घर या किसी चीज को गोबर मिट्टी या रंग से चारों ओर से घेरना।

गोंड़ाव–छान।

गोंदपाग–बबूल के गोंद को भूनकर खाँड़ में पागकर खोया मिलाते हैं।

गोंपड़–गाँव की बस्ती से सटी हुई जमीन, किरा।

गैंता–गोन, कुल्हाड़ी।

गैंती–कुल्हाड़ी।

गोइंठा–काड़ी, उपला।

गोआस–दे. बठान।

गोकुलसार–एक महीन धान।

गोखरू–लौर का ऊपरी हिस्सा, बरैनी, गोक्षुर।

गोकुला–गोरखुल, एक घास।

गोचर–चरागाह।

गोछा–ठड़बाता (छाजन में)।

गोजी–लाठी।

गोझा–गुझिया।

गोटाना–हबसाना।

गोठ–बैलों के रहने की जगह।

गोठी–रुई की चुनी ढेर।

गोठौला–उपलों के रखने की जगह।

गोड़र–सरसों का पौधा एक हाथ तक बढ़ा हुआ।

गोड़हरा–पैर का आभूषण।

गोड़ा–खँभिया (बाँस की), चूक, पाया।

गोड़ानी–दे. पैकर।

गोड़ार, गोड़ावन–छान।

गोद-भराई–बरिच्छा से मिलती-जुलती रस्म जो वर पक्ष की ओर से कन्या के लिए की जाती है।

गोधी–गोद।

गोधूली–सूर्यास्त के समय को गोधूलि बेला कहते हैं।

गोन–नाव खींचने वाली रस्सी।

गोपाल-भोग–एक महीन धान।

गोफा–दे. छवाटी।

गोभना–एक यंत्र जिससे पानी का पता लगाया जाता है।

गोभी–एक रोग जो हवा तेज बहने पर होता है जिससे फसलों में छोटे-छोटे कंछे फूटते हैं और पौधों की बाढ़ मारी जाती है, कनछी, पोई।

गोरखफन्दा–पेंचदार गाँठ।

गोरखुल–धान के खेत में उड़ने वाली घास।

गोरदार–कोर वाला (औजार)।

गोरा–लालिमा और श्वेतिमा से युक्त वर्ण शरीर वाला।

गोरू–भैंस के अलावा अन्य सभी सींग वाले पशु।

ग्रोमोर–एक फॉस्फोरसयुक्त रासायनिक उर्वरक।

गोल–पतवार का डंडा, घेल्ला।

गोलक–एक औजार।

गोलक–आँख का गोलक।

गोलक बुरूजखाब–एक औजार।

गोलचा–खंभे का गल्ता चिकनाने का लकड़ी का एक औजार।

गोलची–गोला खींचने का परकार।

गोलभंटा–एक प्रकार का बैंगन।

गोला–कपास की एक जाति, पक्के लाल रंग वाला बैल।

गोला रुखानी–एक औजार।

गोलावा–कुलफा।

गोली–लाल रंग की (गाय)।

गोसा–एक धनुषाकार आभूषण।

गोहच हो जाना–कीचकाँदों हो जाना।

गोहा–घोहा।

गौंखा–कनछी।

गौंछी–एक प्रकार का गुबरैल।

गौंद–गीली मिट्टी।

गौंदा–गीली मिट्टी का लोंदा।

गौखा–गोल सूराखों वाली ओट।

गौच–गोलक।

गौदुम्मा–गाय की पूँछ–जैसी पूँछ वाला घोड़ा।

गौध–फल-राशि।

गौना–विवाह के बाद वधू-प्रवेश।

गौरा, गौखा–चिरौंटा।

गौरिया–एक महीन धान।

ग्वारफली–केंवाच।

ग्वालिन–महरी चिड़िया।

गौसुम्मा–गाय के खुरों जैसा सुम वाला घोड़ा।

घंटी–पशुओं के गले में बाँधी जानेवाली, सायकिल की और पूजा में प्रयुक्त होनेवाली घंटी।

घग्घा–घिग्घी।

घघाई–जरूरत से ज्यादा फैली या बढ़ी (फसल)।

घघाना–बबरना, जरूरत से ज्यादा बढ़ना।

घटवार–घाट चलाने वाला।

घटहा (नाव)–वह नाव जो घाट पर चलती है।

घटा–जल का जमना (बादलों का घनीभूत होना)।

घटिहन–सस्ता एवं रूखा अनाज।

घटी–24 घंटों या दिन रात का समय 60 भागों में बाँटा गया है। एक भाग को एक घटी कहते हैं।

घट्ठा–लपसी।

घन–बड़ा हथौड़ा, लोहे का औजार जिससे लोहा पीटा जाता है।

घनमुद्गधी–इकवाई, पानी पटाने की एक छितराई नाली।

घनैली–मछली पकड़ने का एक छोटा जाल।

घनघन–घंटे की आवाज।

घर, घेर–बाट और मदरे के बीच का भाग।

घरघराना–धारा के तोड़ मारने पर पानी की आवाज।

घरघराहट–गला रुँध जाने से या कफ बढ़ जाने से साँस की आवाज।

घरनई–घड़ों को बाँस के साथ जोड़कर बनाई हुई नाव।

घरबैठौनी–विवाह की एक प्रथा जिसमें

दूसरे की परित्यक्ता या विधवा या स्वयंवरा कन्या को पूरी रस्म किए बिना केवल भात-भोज देकर अपने घर बैठा लिया जाता है।

घरानी–छवइया, छाजन करने वाला।

घरिया–पुटपाक।

घरैतिन–कुलवधू।

घर्र-घर्र–नाक की आवाज, दूध दुहते समय उसकी धार की आवाज।

घसुई–बिना तली हुई पूड़ी, पराठा।

घहघड्ड–बड़े जोरों की वर्षा।

घाघास–बड़े कद की मुर्गी।

घाघसा–नरम बालों और ऊँचे कद का मुर्गा।

घाघी–बड़ा जाल, महाजाल।

घाट की भैंस–जिसका अगला हिस्सा हलका हो।

घाट-खेवा–घाट का महसूल।

घाठा, घाठी–लपसी।

घाम, घामी–गर्मी, धूप।

घारी–गोठ।

घिग्घी बँधाने वाली वर्षा–महानक्षत्र की वर्षा।

घिटोरा, घेटी–भेड़ का बच्चा।

घिन्नी, घिरनी–गड़ने के छेद में डाली जाने वाली लकड़ी।

घिया–कद्‌दू।

घियार–वह गाय या भैंस जिसके दूध में अधिक घी निकले।

घियौड़ा–आटे से बना हुआ व्यंजन।

घिरनी–घिर्री, मस्तूल में इनके माध्यम से डोरियाँ पाल उठाने-गिराने का काम करती है।

घिरोला–दे. थाल।

घिसना–रगड़ना।

घिसाई–घिसने की क्रिया।

घीयाकस–लौकी के लच्छे।

घीवर–आटे से बना व्यंजन।

घुइयाँ–अरुई (एक प्रकार की सब्जी)।

घुँघरी–एक कीड़ा।

घुंड़ीदार–घुण्डीनुमा।

घुँघुरुआ–पाँव का एक आभूषण।

घुगुरी–आटे का एक प्रकार का व्यंजन।

घुग्घू–उल्लू।

घुटन–घुमड़न।

घुटना-डुबान–घुटने तक पानी।

घुटिका–घुटना।

घुत्कार–उल्लू की बोली।

घुन–अनाज एवं काठ में लगनेवाला कीड़ा।

घुमड़ना–बादल का घिरना।

घुमाई–घूमना, घुमाना।

घुमौआ (काल)–फेंके जाने वाला (जाल)।

घुर्रा–दे. अंटा।

घुंट–घुटना।

घूँसा–हाथ की अँगुलियों को बाँधकर की जाने वाली चोट।

घूँघरा–सहरदार।

घूमर–मोड़।

घेवड़ा–एक सब्जी (नेनुआ)।

घेन्नी–चर्खी को चलाने वाली घिर्री।

घेबली–एक प्रकार की बड़ी एवं सफेद मटर।

घेरनी, घेन्नी–घिरनी।

घेल्ला–गोल।

घेवर–घियौड़ा, घीवर।

घोंघड़ी, घोघरी–एक कीड़ा।

घोंचाह–टेढ़ा।

घोंट जाना–निगल जाना।

घोंटी–एक छोटी जाल।

घोंट्ठ–घिरावर, गोठ।

घोड़मुहा—घोड़े की आकृति का टीड़िया।

घोड़ही—खिराबर, उपजाऊ।

घोड़ा—नाक।

घोरजाउर—मठजाउर, एक प्रकार का भोजन।

घोसा—घोसला।

घोहा—झौरा, खेत में कुछ ऊँची की गई कतार।

चँगेर—अनाज रखने का चौड़े मुँह और सँकरी पेंदी का बड़ा पात्र।

चँगेरी—चँगेर का छोटा रूप।

चँगेल—दो बहादरियों को मिलाने वाली पटरी के नीचे की जगह।

चँगोर—बोइया।

चँदवा—बँसोरी।

चँदिया—दे. पनपथी।

चँबरी—सफेद पूँछ वाली गाय।

चँहूली—टिकरी गाय।

चकई—चरखे के घूमने की प्रक्रिया को अधिक तीव्र और निर्बाध करने के लिए खूँटों और पंखुड़ियों के बीच यह लगाई जाती है।

चउक पुराई—चौक बनाने का पारिश्रमिक।

चकमक—आग निकलने वाला पत्थर।

चकरी—हलका चक्रवात, चौकी।

चकरेटी—चाक का डंडा।

चकवँड़—पवाड़।

चका—फार का हिस्सा जो बेंट के अन्दर घुसा रहता है।

चकाचौंध—चमक।

चकेरना—चाक बनाने का एक औजार।

चकैड़ी—मिट्‌टी का एक बर्तन।

चकोतरी, चकरौती—दे. कुलबी।

चक्करिया—दे. टापा।

चक्कस—हिच्छा।

चक्का—पहिया, करा।

चक्रवात—झंझावात।

चक्रावर्त—भँवर।

चघूसगाड़ी—गाड़ा।

चचुआ—चका।

चटक—गाढ़ा।

चटका—कपास की फसल को लगने वाला रोग, जिसमें फूल झड़ जाते हैं।

चटका, चटखा—आँच से चटकी हुई ईंट।

चटकोहा—पटकी।

चट्‌ठी—एक प्रकार का झरना।

चठइल—खेखसा, एक तरकारी।

चढ़के विवाह—विवाह का एक प्रकार जिसमें बारात जाती है, व्ययभार कन्या पक्ष पर पड़ता है।

चढ़ना—पके पत्तों पर पड़ी चित्तियाँ।

चड़चड़ाहट—आग में पड़ी लकड़ी की आवाज।

चड़ौसा—सूअरा (चंडवर्षक बयार)।

चतुर्थी छूटना—जहाँ बारात चार दिन से अधिक दिन रहती है, वहाँ चौथे दिन चतुर्थी छूटती है और उसी दिन वर का पिता वधू का माथा ढँकता है।

चतुःशाल—चौफड़ा।

चनसुर—चटनी के उपयोग वाला पौधा।

चनौरी—सबौनी की तरह एक मिठाई।

चन्दनहार—एक प्रकार का हार।

चन्दा—टीका।

चन्नातारई—हथेली की एक प्रकार की मेहँदी-रचाई।

चन्द्र—अवट, ओड़ा, कुण्ड।

चन्द्रकला—मैदा से बनी दो छोटी पूड़ियाँ जो खाँड़ से पगी होती हैं।

चन्द्रपुड़ी—चावल के आटे की लुचई (पूड़ी)।

चपटना—धान में लगने वाली एक किस्म की हरी मक्खी।

चपटासिंगी–चिपटे सींग वाली (भैंस)।
चपड़ा–एक घास जो कुछ समय तक पानी में डूबी रहने वाली परती में उगती है।
चपत–करतल की चोट।
चपनी–सूत को ऊपर उठाने और दूसरे को नीचे गिराने के लिए काम में लाई जाने वाली लकड़ी।
चपाती–फुलका, बिना बेले तैयार की गई पतली रोटी।
चपोट–फरी।
चप्पू–डाँड़।
चबैना–भूजा।
चबैन–पनपियाव (सबेरे का भोजन)।
चबैनी–सीरा में पगे मीठे सेव।
चभुकी–कोड़ा।
चमकचूँड़ी–काड़ा का एक प्रकार।
चमकना–प्रकाशमान होना, करुआ (बैल)।
चमकनी–लाल-पीली चीज को देखकर भड़कने वाली (गाय)।
चमका–जौ-गेहूँ के फूल मर जाने का रोग।
चमचम–छेने की मिठाई।
चमड़भेट–बकरे का कटा कान।
चमड़ा–चाम।
चमड़िया टंट-घंट–चमड़ भेंट सम्बन्धी पूजा।
चमरख–मूँज या चमड़े की बनी मलकाठी का छेद।
चमरबरहा–फागुन की वर्षा अहितकर होती है, उसमें पशु मरते हैं, इसलिए उसे चमरबरहा कहते हैं।
चमेली–मालती।
चम्पई–चम्पे का-सा (रंग)।
चम्पाकली–एक माला।
चया–पर्त।
चरकहा–छाँटीकट्टा।
चरका–धान के पौधे में लगने वाला रोग।
चरखा चालू होना–सूत कातने के लिए चरखा चलाना प्रारम्भ करना।
चरखी–रस्सी बनाने का यंत्र।
चरगोड़ी–चार बैलों द्वारा सँभलने वाला पाटा।
चरण–भाग, खंड काल।
चरन–बैलों के खिलाने की जगह।
चरनामिरती–कुछ सफेद खुरवाली गाय।
चरपतिया–चार पत्तियों की पानी में होनेवाली एक घास।
चरबी–एक लकड़ी के चौड़े तख्ते (पीढ़ा) के ऊपर आधारित ढाँचा है। इसके साथ खूँटे ठुके रहते हैं, काठ का चिकना बेलन होता है या एक लोहे की डंडी।
चरमराहट–चारपाई की आवाज।
चरमर्री–चरमर की आवाज करने वाली खाट।
चरवाहा–गाय, बैल, बछड़े आदि चराने वाला व्यक्ति।
चरवाही, चराई–चरवाहे की मजदूरी।
चरस–पुर।
चराई–पशुओं द्वारा चर जाना।
चरागाह–पशुओं के चरने का स्थान।
चराँट, चरात, चरान–चरागाह के लिए छोड़ी गई भूमि।
चलता बटाम–एक औजार (दे. बटाम)।
चलना–हवा चलने की एक प्रक्रिया, कुआँ खोदने का एक औजार, खींचा जाना।
चलाई–मिट्टी को चलनी से चलाने की क्रिया।
चलाना–परसना।
चलौना–इसके छेद में उँगली डालकर घुमाया जाता है।
चलौनी–हथकड़ा घेरनी।
चहकार–**(चाँदनी)**–(बैसाख-जेठ की) टहकी

हुई (चाँदनी)।

चहचह–छोटी चिड़िया की बोली।

चहार–मिट्टी का बड़ा ढेला।

चहुआँ–माथे पर गोल सफेदी वाला (बैल)।

चहोरा–जड़हन।

चाँड़ना–पानी चढ़ाना।

चाँदशाही–सबौनी की तरह एक मिठाई।

चाइनीज पावर टिलर–मिनी ट्रैक्टर।

चाई–इमली का बीज।

चाउर धोअन–चावल धोते समय गिराया गया पानी।

चाकी–नदी के बीच में उभरी हुई जमीन, नदी के द्वारा छोड़ी गई नई जमीन।

चाचर–नाव की पेंदी में बिछे झाऊ के झाड़।

चाट–नमकीन व्यंजन।

चातर–जमीन के समानान्तर सींग वाला (बैल)।

चातुर्मास्य–चौमासा।

चान्द्रमास–कृष्णपक्ष की प्रतिपदा से शुरू होकर शुक्ल पक्ष की पूर्णिमा तक का समय।

चाबुका–काँटा मारने में तेज (मुर्गा)।

चामड़–चामुण्डा।

चार–छाजन समेत पूरी ठाट।

चार-चास–चौबारा जुताई।

चारा, चेंपा–मछली फँसाने के लिए कँटिया में लगाई गई आटे की गोली, केंचुआ या खली।

चारा लाना–घास आदि लाना।

चाली–नाव की पेंदी के ऊपर की जड़ाई, फरी।

चास–एक बार की जुताई।

चिंगपोटा–काले रंग की नर बटेर।

चिंगुला–अंडे से निकला बिना रोएँ का बच्चा।

चिउड़ा–उबाले धान को कूटकर तैयार किया हुआ तुरता भोजन।

चिउरी–बाजरे आदि को कूटकर तैयार की गई।

चिक–गले का एक गहना।

चिकना–अलसी।

चिकहारा–चिचोर।

चिचिड़ा, चिचूका–चिंचिड़ा।

चिकुट–बाल।

चिचोर–यह घास तालों में होती है और धान की फसल को अधिकतर दबा देती है।

चिटकना–हड्डी की आवाज, तेज चमकना।

चिड़ा, चिरौटा–छोटे कद की नर चिड़िया।

चिड़िया–चिड़िया का चिंह या आकार जो पंजों पर लाल रंग से स्त्रियाँ रँगती है।

चितकबरा–कबरा (बैल)।

चितकबरी–कबरी (गाय)।

चितमन–पीठ पर भौरी वाला घोड़ा।

चितवा–मूँगफली का एक रोग।

चिताई–चीतने की प्रक्रिया।

चितियाना–पक्के पत्तों पर चित्तियाँ पड़ जाना।

चितैया–मेहँदी रचना।

चित्ती–गुदना।

चित्ती–गन्ने में चित्तियाँ पड़ना।

चित्रा–एक नक्षत्र।

चिनग–घोड़े की मुतान का रोग।

चिनचिनाहट–ठंडी के तुरंत बाद हल्की गर्मी की प्रतिक्रिया।

चिनिग–छोटे कद की बटेर।

चिनिया–मीठी ईख।

चिन्धी–चेंदी, चकई।

चिबुक–हुड्डी।

चिरइया–छोटे कद की मादा चिड़िया।

चिरई, चिरइया–चिड़िया।
चिरई चिरौंटा–पक्षियों के चित्रोंवाली ओढ़नी।
चिरई मंगार–चिड़िया और डालीयुक्त बेल-रचना।
चिराई–तार से नग की कटाई।
चिरागाह–चरागाह।
चिरायता–किशत, कैरात।
चिरियाना–पानी पड़ने पर बर्तनों में छेदयुक्त कटने वाली रेखा है।
चिरैया–समइल के प्रकार की भीतर वाली (खूँटी)।
चिरैला–आयताकार बड़े छेदों वाला एक जाल।
चिरौंजी–गरी की लौज।
चिर्रा–सिरों पर चिरे सींग वाला (बैल)।
चिलचिलाहट–झलक, दोपहर की धूप।
चिलचिली–चमक मारने वाली धूप।
चिलोही–कटनी का साधन, दाहा।
चिल्ला जाड़ा–अतिशय ठंड।
चीकट–गन्दा।
चीआ–अंडी का बीज, इमली का बीज।
चीतना–गहनों पर वस्तुओं की आकृति बनाना।
चीजल–छेनी।
चीनियाँ–पूरा शरीर सफेद और लाल छींटों वाला घोड़ा।
चीप–बाँस का बल्ला।
चीपा–खेत की मिट्टी का बड़ा टुकड़ा।
चीपिंग–चीजल से कटाई की क्रिया।
चीयाँ–इमली का बीज।
चीरना–चिराई, चीरना।
चील-सपट्टा–छीना-झपटी।
चीला–नाक सेव, व्यंजन-विशेष।
चीस-चीस–तेलिया मैना की आवाज, लकड़ी आदि।
चुंदी–गौंदे का ऊपरी सिरा।
चुक्क–अतिशय खट्टा।
चुखेटा–गाय का नवजात बछड़ा।
चुखेटी–दूधपीती बछिया।
चुगना–एक-एक करके खाना।
चुगा-पल्टी–बच्चे का चिड़िया की चोंच में दाने को वापस करना।
चुचुहिया–मरायल।
चुटकी–उँगलियों की आवाज।
चुटकी बजाते–पलभर में।
चुनकाई–झोड़ाई के बाद की क्रिया।
चुनियाना–मिट्टी पीसने की क्रिया।
चुनी–पिसी, महीन मिट्टी।
चुनरी–विवाह की धोती।
चुन्ध–अधिक तेज।
चुन्नट-रँगाई–चुन्नट बाँध के साड़ी रँगने की प्रक्रिया।
चुभलाना–पीछे के दाँतों से खाना।
चुमावन–विवाह की यह क्रिया अक्षतों से सम्पन्न होती है।
चुटकी–चोटी।
चुर जाना–गल जाना।
चुराया जाना–गलाया जाना।
चुहुल करना–बातचीत करने जैसा धीरे से स्पर्श करना, हँसी करना।
चूक–मूठ में लगा रहने वाला लोहे की धार का हिस्सा करना।
चूची, चुचुक–स्तनपान का अग्रभाग।
चूड़ा–चिउड़ा।
चूड़ामटर–नमकीन चूड़ामटर मिश्रण।
चूतड़–पुरुषेन्द्रिय का पृष्ठभाग।
चून–चूर्ण (अनाज आदि का)।
चूनरी–हथेली की एक प्रकार की मेहँदी रचाई।
चूना–टपकना।

चूनी–चोकर।
चूर–चूल।
चूरमा–पक्की रोटी को तोड़कर घी में भूनकर तैयार किया हुआ व्यंजन।
चूरा–पाट।
चूस–चूर।
चूल्हा घर–भनसा, रसोईघर।
चूहड़–जोहड़, कुएँ की किस्म।
चूहानाशक–चूहा मारने की दवा।
चूहेदन्ती–एक आभूषण।
चेंगवा–बैगन।
चेंगी–चकई।
चेंघी–चोटी।
चेनी–नाह में बाहर लगा सन का एक वाशर।
चेपुआ–गड़री।
चैंपा–एक काला कीड़ा।
चैत–चैत्रमास।
चैती–चैत के महीने में फसल कटने के कारण उस फसल का नाम चैती पड़ गया।
चैली–पये के ऊपर का औजार, चिरी लकड़ी।
चोंगा–भाथी की नली, साँसत।
चोंगिया–गहुआ।
चोंचिया–नोकदार।
चोंटी–चोंही।
चोंप–ताड़ की रस्सी।
चोंइयाँ–छिलका।
चोआ–राब का रस, जल संग्रह का एक निचला स्थान।
चोकनी, चोक, चोकर–खाद (गेहूँ-जौ आदि का छिलका), गेहूँ के आटे में मिली हुई मोटी भूसी।
चोका–साँचा।
चोखा–भरता।
चोट्टी–बछड़े के लिए दूध चुराने वाली (गाय)।
चोप–आम के ढेंपी पर लगा रस।
चोभी–करुआर।
चोरनाव–इससे चिड़ियों का शिकार किया जाता है।
चोरनी–चोही (गाय)।
चोला–वस्त्र।
चोहीं–हर पुट्टी के दोनों ओर रहने वाली चूल, दूध चुराने वाली।
चौंटना–कुतरना।
चौंटिया–छोटी बेनी।
चौंधियाता प्रकाश–अधिक तेज प्रकाश।
चौक–ईंट पाथने की जगह।
चौकड़ी–युग–चतुष्टयी।
चौकनारन–बरही।
चौक पूरना–मांगलिक अल्पना करना।
चौकी–हेंगा, चकरी।
चौकोर–पटिया।
चौखटजड़ा–चौखटयुक्त।
चौखड़ा–चार चास।
चौखूँट–चार खूँट वाली बेल-रचना।
चौघड़िया–चार घड़ी का मुहूर्त।
चौचर–फटे सुम का घोड़ा।
चौथ–चतुर्थी।
चौथेया–पचास पत्ते।
चौदन्ता–चार दाँत वाला बछड़ा।
चौदा–चका।
चौधा–खनसारी।
चौरपट्टा–गेहूँ में उगने वाली एक घास।
चौपतिया–कपास के कपारी फोरने के बाद की स्थिति।
चौपहल रेती–रेती का एक प्रकार।
चौपाल–घर के बाजू में होता है, खुली छप्पर का चौबारा।

चौपारा–जिस कुएँ पर चार पुर चलें।
चौपैली–पुरानी ईंट।
चौबड़ा–चतुःशाल, बड़ा कमरा।
चौबरघा–चरगोड़ी (गाड़ी)।
चौबटी–चार-चास।
चौबारा–चौपाल।
चौभड़–चौहड़-जबड़ा।
चौभरा–पीछे के दाँत।
चौमस–पलिहर।
चौमासा–चातुर्मास्य।
चौरंगा–चार टाँगों में बात वाला बैल।
चौरठ–भिगोये चावल की पीठी, चावल का आटा, पिसा चावल।
चौरसा–सीधे और चौड़े छेद करने का एक औजार, समतल।
चौरसा–दे. भोंटा।
चौरसा रेती–चौड़ी रेती।
चौराई–चौलाई।
चौराई–जिस खाने से दाँत न खट्टे हों ऐसा (आम)।
चौरासी–एक आभूषण (घुँघरू) जिसमें दो कटोरियाँ-सी मिलाकर जोड़ दी जाती हैं।
चौरासी घूँघुर–पैर का आभूषण।
चौरी–चिउरी, वेदी।
चौरी पूजना–विवाह वेदी की पूजा।
चौलरी–चार लड़ वाला हार।
चौलाई–एक साग (लाल भाजी)।
चौवाई–कुआर और पूस में तेजी से दिशा बदलने वाली हवा।
चौसरा–दालान।
चौहड़ी–सीमा।
छँटल–छँटा हुआ।
छकड़ा–गाड़ी।
छकनी–छड़ी।
छगड़ी, छेर, छेरी, छेली–बकरी।
छगल, छाग–बकरा।
छछर–छः दाँत वाला (बछड़ा)।
छज्जा–ढाँचा, बाहर निकली खिड़की अथवा जगह।
छट्ठ–षष्ठी।
छट्ठी–प्रसवा का छठा दिन।
छड़–अच्छी तरह पकी हुई अनी।
छड़ा–लच्छा, पैर का आभूषण।
छतदार–छतवाला घर।
छतनार–चारों तरफ फैली डालों और घनी पत्तियों वाला पेड़।
छतरी–छतरी के आकार का एक छाजन (छाया करने के लिए)।
छत्ता–मटर के पौधे का ऊपरी भाग।
छत्तीसा–नाई।
छदन्ता–दाँत वाला बछड़ा।
छनगाह–दूध देते समय कूदने वाली।
छनिया–एक आभूषण।
छनौटा–एक प्रकार का झरना।
छन्ना–दे. पैकर।
छपका–(बैलों की) देह पर चकते पड़ना।
छपकी–गड़ेली।
छपटा–धान में लगने वाला तोता।
छपरोना–इकवाई।
छपाक्–कोई चीज यकायक पानी में गिरती है तो ऐसी ध्वनि होती है।
छपूछपू–हवा के लहकारने पर जल की ध्वनि, नाव की आवाज।
छबइया–छप्पर छाने वाला।
छबड़ा–खैंचा।
छबड़ा करना–ढेरी लगाना।
छबड़ी–बट्टा।
छबरिया–समकेन्द्रित वृत्त रचना।
छरका–सुटकनी।

छरकाना—दे. हेलावल।

छरन—बाठी के ऊपर बाँस की कैन।

छरेक्शन फिटर—राज मिस्त्री राजगीर।

छुरी—कई रंग के धब्बों और छीटों वाला (बैल)।

छर्री—कई रंगों वाली (गाय)।

छल्छल्—पानी की आवाज।

छल्लाछल्ली—पैर की अँगुलियों के पोरों में पहना जाने वाला आभूषण, फन्दा।

छल्ली—दे. कण्डी।

छल्ली-बँधाव—खोपा बँधाव (केश-रचना)।

छवाई—छाने की प्रक्रिया।

छवाटी, छावटी—पौधों को पाला-धूप से बचाने का छप्पर।

छाँटना—1. कटना, अलग होना। 2. चावल को ओखल में साफ करना।

छाँटी—1. पुआल आदि का चारा। 2. एक प्रकार का जाल।

छाँटी कट्टा—बैल खिलाने वाली जगह जहाँ चारा काटा जाता है।

छाँही—प्रकाश की कमी।

छाक—सबेरे का भोजन, गेहूँ के बारीक मैदे से बनी मिठाई।

छाकन—छकनी, छड़ी।

छागल—पैर का आभूषण।

छाछ—कोरोनी मठा।

छाजन—छाजन, छाया करने का साधन।

छात—छत्र।

छात नवाई—विवाह की एक रस्म।

छाता देखाई—बारात को द्वार पर बुलाने की रस्म।

छान—पशुओं के पैरों में बाँधने वाली रस्सी।

छानना—घी में छानना, अनाज भिगोकर छानना।

छनी—मड़वा।

छायिता—छायायुक्त।

छाल—जब छोटे ओले पड़कर कुछ ही देर में बन्द हो जाएँ।

छावन—छाजन।

छा सकना—फैल जाना।

छिंगा—दे. हन्सी।

छिंट-सींका—सींकों के निशान के साथ बूँदों वाला छाया।

छिउला—पलाश।

छिक्कलदार—छिलकेवाली।

छिछली खेलना—पानी के ऊपर नाव को घुमाकर एक ही स्थान पर क्रीड़ा करना।

छिछला—उथला।

छिटक जाना—तड़क जाना।

छिटकना—तितर-बितर होना।

छिछुआ—बाँस की खूँटियों के सामने वाली सरकी।

छिट्टा—कठौआ।

छिटकी—छिटुआ।

छिड़काव—बहुत ही मामूली वर्षा।

छितनी—बाँस की बनी होती है, (डलिया के आकार से मिलती-जुलती) टोकरी की पैंदी।

छितरी—छितनी।

छिनगा डालना—एक-एक कर काटना।

छिनना—मलाई उतारना।

छिनुईदही—मलाई उतारने पर बचा दही।

छिपकी—छिटुआ।

छिमउर—चना, अरहर, मटर का भूस।

छिभिहन—फली वाली (फसल)।

छिलकेदार—छिलकावाली (दाल)।

छिलाई—सोने में चमक पैदा करने की प्रक्रिया।

छीटी—चाबुक।

छीरा, छीरी–तम्बाकू और कपास में लगने वाला कीड़ा।

छीलना–तीव्रता से स्पर्श करना, ऊपरी पर्त उतारना, छोलना।

छीबा–डगरा।

छींका–सिकहर।

छींट–छोटी बूँदों की छपाई।

छींटा–ओड़ा, रास ओसाने की टोकरी।

छींटी–कुआँ खोदने का एक औजार।

छुच्छी–बगनर की एक पोखी गड़ेली, कवला।

छुटहा, छुट्टा–दे. अनेरा।

छुट्टल, छुट्टा–साँड़ बनाने के लिए छोड़ा हुआ जवान (बछड़ा)।

छुहियाना–हल्के हाथ से फैलाया जाना।

छूँछरी–बगुची।

छूँछी–गहुआ, भाथी की नली।

छेंकना–रोकना, विवाह के लिए वर चुनना।

छेंकल–पशुओं को रोककर रखना।

छेंड़ी–छीरा।

छेउआया–तमाखू की एक किस्म।

छेउआ, छेना, छैना–चाक से बर्तन काटने का धागा।

छेका–मवेशियों के चरने की सुरक्षित परती भूमि।

छेद–भूर।

छेना–पनीर।

छेनाखीर–छेने की मिठाई।

छेनावड़ी–छेने की मिठाई।

छेनी–छेव मारने का एक औजार, काटने के काम के लिए एक औजार।

छेनिया–छेने की मिठाई।

छेने की टिकिया–छेने की नमकीन मिठाई।

छेर–दे. बीट।

छेप–कुल्हाड़ी की चोट।

छेव लगाना–काटना।

छैंटी–ओरा।

छैलचड़ी–एक प्रकार का काड़ा।

छोटा गोखरू–कंटी, षडंग।

छोड़न–छूटा भोजन, मयार पर पानी छूट जाता है और कुछ दिनों तक दोहर बनी रहती है।

छोपा, छोपी–आरसी।

छोर–मठा।

छोरी–पनछोर।

छोलनी–छोटा करना।

छोला जाना–छीला जाना।

जंपालू–कटहल।

जंग–बाजूबन्द के नीचे की एक घुंडी।

जंगला–छड़दार खिड़की, धान में होने वाली घास।

जंगाला–नीला रंग विशेष।

जई–नया यवांकुर, एक मोटा अनाज।

जगडोरी–बरही।

जगत–कुएँ के चारों ओर का चबूतरा।

जगत्प्राण–प्राण संचार करने वाली हवा।

जगन्नाथी–एक प्रकार का पान, एक प्रकार का धान।

जगमगाना–तेज चमकना।

जगरनथिया–एक मोटा धान।

जगा देना–(दर्द को) गाँठों को उभाड़ना।

जजमनिहाँ बाभन–यजमानी का काम करने वाला ब्राह्मण।

जजमान–किसी पुरोहित के निश्चित क्षेत्र का व्यक्ति।

जटामासी–भूत जटा।

जड़कट्टा–जड़ से कटिया की प्रक्रिया।

जड़बँधना–मोजर।

जड़हन–अगहनी।

जड़ियागिरी–नग जड़ने का काम।

जनरल फिटर–मशीनों के सभी पुर्जों को

यथास्थान फिट करने वाला फिटर।

जनरेटर—विद्युत सप्लाई से चलने वाली मशीन।

जनवासा—डैरा, बारात ठहरने की जगह।

जनेऊ—यज्ञोपवीत।

जनेरा—मकई।

जन्त—पैंजनी को आगे की ओर से बाँधने वाली रस्सी।

जपित—ओठ के भीतर बुदबुदाना।

जभा—जबड़ा।

जभेला—छपेटन को टिकाए रखने वाला दायें बाजू वाला खूँटा।

जमना—घटा।

जमना—घनीभूत होना।

जमता-सा—जमने (कठोर होने) जैसा।

जमराजी—दखिन पुरवाई हवा, जो सूखा लाती है।

जमार-गड़ार—गाँड़र।

जमालगोटा—दन्तिबीज।

जमीकन्द—ओल, सून।

जमुवट—कुएँ का घेरा।

जमैला—बादल की घटा।

जमोट—काठ की छह पट्टियों की जोड़ से बना गोल घेरा।

जम्हार—एक कड़ी किस्म की घास जो खराब और बंजर धरती में उगती है।

जम्हूरा—काँटी आदि निकालने के लिए एक औजार।

जयपुरिया, जयपुरी—पतली रेखाओं वाली चुनरी।

जरई करना—राख और नमक पानी से बीज को अखुँआ करना।

जरखा—चरखा।

जरगली—अधिक वर्षा से होने वाला फसलों का एक रोग।

जरछोरा—जड़कट्टा।

जरदी—अण्डे के भीतर का पीला द्रव।

जरासूर, जरौंदा—आलू की जड़ में लगा छोटा रेशा।

जरसुधा—दरसूधा, सोधा (नाव का एक अंग)।

जलखई—सबेरे का भोजन।

जलखरी—इसमें आम आदि फल रखकर ढोते हैं।

जलखोरना—मूँज फटना, बैलों का रोग।

जलघेराव, जलपान—सबेरे का भोजन।

जलमहार—बगल।

जलवाँसी—जलने से राख की भाँति कालिख लग जाना।

जलसारी—लुसी या लग्गी।

जलहली—पानी की कुंडी जिसमें लोहार लोहे के गरम टुकड़ों या औजारों को बुझाता है।

जलहोर—एक महीन धान।

जलिया—मुँगरी।

जलिया, जाली—बहँगी की झोली।

जलिया डालना—कुतर कर जाली की तरह कर देना।

जल्ला—पशुओं को खिलाने के लिए जालीदार झीला।

जवसधा—जसोधा।

जवाइन—अजवाइन।

जसूठनी—वर के जूठे दोने को उठाने का नेग।

जसोधा—दरसूधा।

जहरबाद—जहरीला फोड़ा, बैलों का रोग।

जहाज—बेड़ा।

जाँगी—डाँठ।

जाँघ—पैर का ऊपरी भाग।

जांगल—मांस।

जाउर–दूध और पानी दोनों में पकाया हुआ चावल।

जाखिन–उड़द, मूँग आदि का तना।

जाजिम–बिछाने का बड़ा चादर।

जाठ–नरा।

जाठि–बेलन।

जातोक्ष–छः दाँतों वाला जवान बछड़ा।

जानु–घुटना।

जाफरी–बाँस से फटी।

जाब, जाबा, जाबी–पशु के मुँह पर जो खलिहान में लगाई जाती है।

जाबर–सब्जी के साथ पकाया चावल।

जाम–अमरूद।

जामन–जोरन (दही जमाने के लिए)।

जामुनी–गहरा (पानी)।

जायफल–जायफर।

जारा–हत्था।

जाल–अलग-अलग किन्तु घने बूटे की छपाई।

जाला–कपाई, अफीम या पोस्ता की पत्तियों में लगने वाला रोग।

जावित्री–जातिफल।

जिउती-जिउता–दम्पती का चित्रांकन।

जिप्सम–असर नष्ट करने का पदार्थ।

जिला–बड़ा पत्थर जिसमें कई खंभे और दरसे निकल सकें।

जिहला–जभेला।

जीन–चमड़े का गद्दा।

जीमनी गिड़ार–मक्का के तने नष्ट करने वाली गिड़ार।

जीमलेट–लकड़ी की वस्तुओं में छेद करने का औजार।

जीरा-जल–एक प्रकार का पेय।

जीवगर होएल–खेत में भेड़ रखाना।

जीवन–वीर्य।

जीवन्ती–डोडी।

जुआ, जुआठ–पाली (हल का एक अंग), जूअड़, बैलगाड़ी का एक भाग, हल का एक अंग।

जुगनू–रात को चमकने एवं उड़ने वाला एक कीड़ा।

जुट्टा–फूलों को बाँधकर जुट्टा बनाते हैं।

जुड़ना–आपस में मिलना।

जुनेरी–बेंती।

जुन्ना–बोझ बाँधने के लिए सरपत या पटार को ऐंठकर बनाते हैं।

जुरैठी–जुड़े हुए थनवाली (भैंस)।

जुलाहा–जोलाहा।

जूअड़–जुआ।

जूठ–छुटा भोजन, उच्छिष्ट।

जूड़ा, जूरा–गोलाई में लपेटे सिर के बाल।

जूना–जुन्ना।

जूही-बंगाल–एक महीन धान।

जेंगरा–भैंस का सद्योजात बच्चा।

जेंगरी–चुखेटी गाय, भैंस की सद्योजात पड़िया।

जेंवर–दुआली।

जेठ-असाढ़ी–वह फसल जो ज्येष्ठ और आषाढ़ में कटती है, खेत की तैयारी का समय।

जेठुआ–तमाखू की एक किस्म।

जेठुआ-सब्जी–जेठ में होने वाली सब्जी।

जेड़–दे. गहेंड़।

जेबरा–बैल के गले में पड़ने वाली रस्सी।

जैमा–सिक्का।

जेवर, जेवरी–रस्सी।

जैंगरा–बछरू।

जोंका–कनछी, कड़ी खूरा।

जोंगा–एक मोटा धान।

जोंधरी–लाल ज्वर।

जोगिया—गेरू के रंग का, ललछौहें रंग का।
जोट—1. पैर की उँगली का आभूषण। 2. दो कड़ी (रस्सी की)।
जोड़तोड़—पूरी शक्ति।
जोड़जामा—वर का वस्त्र।
जोड़ी—हस्तगत अरी।
जोत—प्रकाश, मजरुआ।
जोता, जोती—बैलों की गर्दन में जो रस्सी बाँधी जाती है उसे जोता कहते हैं, बैलों को जुए से जोड़ने वाली रस्सी।
जोती—जुआली।
जोन्हरी—मकई।
जोर—पगहा, रस्सी की गाँठ, उबहन।
जोरन—जामन।
जोरावर—सगुनी (बैल)।
जोरू—स्त्री।
जोलहा—जुलाहा।
जोशन—एक आभूषण।
जोही—उँखबधना।
जौढ़ा—दाँगली।
जौड़री—ज्वार।
जौमाल—एक प्रकार की माला।
जौरी—जुन्ना।
ज्योति—रोशनी, प्रकाश।
ज्वार—एक भदई फसल।
जंगला—छड़दार, खिड़की, धान में होने वाली घास।
जदनी—अदवाइन।
झँगरा—फसलों का एक रोग।
मँझरा—एक प्रकार का झरना।
झँकार—झिल्ली की आवाज।
झंखाड़—झाड़ आदि वाली जमीन, लौंजार।
झंझा—चक्रवात।
झंपा—धान की बाली।
झउआये, झोपसे—घनी पत्तियों और बहुत शाखाओं वाले पेड़।
झझरीदार—झझरीवाला।
झझवा—झाँझा, एक जमीन की किस्म।
झटहा—छोटा डंडा।
झड़प—धारी।
झड़ी लगना—कुछ दिन तक लगातार वर्षा होना।
झपटी—बरसाती हवा, तेज हवा के साथ बौछार का पड़ना।
झपट्टा—पक्षी के पंजों की चोट।
झपसजाना या झपसना—पत्तों से खूब लद जाना।
झबदा—रोग-लगी फसल।
झबिया—एक आभूषण।
झब्दा संखिया—चारों ओर उल्टी-सीधी डालियों और पत्तियों वाला पेड़।
झब्बा—गुच्छा।
झब्बार—कुआर के प्रारम्भ में बहने वाली पुरवैया।
झम—फावड़ा।
झम्मा, झामा, झाँवाँ—बहुत पकी और दर्दरी ईंट।
झर—भट्ठी की आग की लपट।
झरका—झँगरा, पतली डाल।
झरना—एक प्रकार का रंदा, मिठाई बनाने का झरना, पर्वतों से निकलने वाला जल-स्रोत।
झरँगा—झारंग, झड़ा धान।
झरझर—वर्षा की आवाज।
झलक, झलकरा—चमक, प्रकाश की सबसे हलकी रेखा।
झलझलाती—चकमक करती।
झलझलाना—चमकना।
झलमल—तेज प्रकाश एवं धूप से युक्त

पंक्तिबद्ध ज्योति का जलना।

झलरिया–ज्वार।

झलाना–मेह बरस कर यकायक बंद होना।

झल्ली–खाँची।

झहरना–हिलकर गिरना।

झहराना–झकझोर देना।

झाँइन–तेज या विलइया लोटन धूप।

झाँई–एक प्रकार की बहुत छोटी मछली।

झाँखर–भीतर से खोखला।

झाँझन–पैर का आभूषण।

झाँझा–पानी सूख जाने वाला खेत।

झाँप, झाँपा, झाँपी–बंद मुँह की डलिया जिसमें स्त्रियाँ अपने शृंगार का सामान रखती हैं।

झाँय-झाँय–शून्य की आवाज।

झाइन–झाल।

झाई–झलक।

झाऔट–तेज हवा के साथ मोटी वर्षा।

झाड़–एक प्रकार की माला।

झाड़ू–सोहनी, बुहारू।

झापड़–करतल की चोट।

झामा–फावड़ा।

झाय–गर्मी की तेज हवा।

झारकर–पीटकर।

झारना–साफ करना।

झारनी–धक्का देने वाली (गाय)।

झारंग–अपने आप उगने वाला धान।

झारी का रंदा–लकड़ी के दरवाजे बनाने के लिए औजार।

झाल–एक प्रकार की चँगेली।

झाला–आभूषण, तमाखू (तम्बाकू) का तना डंडी या डाँठ, सूखे पत्ते और डंठल।

झिंगनी–एक प्रकार का घेंवड़ा।

झिलगा–छोटे दानेवाला गेहूँ।

झिकिया–पिटिया (गाय)।

झिट्टी–बीड़।

झिनमिन–रिमझिम वर्षा।

झिरुआ–जँगला, खिड़की।

झिलमिल–सूर्य या चन्द्रमा की किरणों से मिला जल।

झिलमिलाहट–चमक।

झिलमिली–झूमर।

झिलिया–खजूर।

झिल्ली–एक कीड़ा।

झीम उठना–हिल उठना, हवा के झोंके से इधर-उधर झुक जाना।

झीरी–जंगला, खिड़की।

झुंगा झाड़ी–झाड़ी का स्थान।

झुंगा पताई–सूखी टहनी।

झुक आना–डलमल होना, ब्याने का होना।

झुकमुक–अस्पष्ट या धुँधला, धूमिल।

झुकटी–झाड़ी।

झुटपुट होना–रात्रि का अंधकार छा जाना।

झुप्पा–एक स्थान पर नीचे मुँह किये हुए बैठा पक्षियों का झुंड।

झुबझुबी–झूमर, एक आभूषण।

झुमना–खूँटे पर हिलने वाला (बैल)।

झुरझुरी–घोड़े का धूल में लेटने के बाद देह को पूरी तरह हिला देना।

झुरा जाना–सूख जाना।

झुरिया–सढ़ार।

झुर्रा–जरौंदों में लगे आलुओं का गुच्छा।

झुलवी–एक आभूषण।

झुलसा–फसल का एकदम झुलस जाना।

झूँटा–गावा, मेड़, पौधों की राशि।

झूकटा, झोंट–बकरियों का झुंड।

झूमक–कान का आभूषण।

झूमर–झिलमिली।

झूमिंग खेती–वनों में वनस्पतियों को जलाकर

की जाने वाली खेती।

झूल–बैल या हाथी की पीठ पर डाला गया झूल।

झूला–एक आभूषण।

झोंटा–सिर के बालों का समूह।

झोंक–लपट का वेग।

झोंकराई–झोलाई।

झोंका–गर्म हवा।

झोर–रसेदार (व्यंजन)।

झोल–सूखा, रस, ढीला।

झोल–अंडा देने वाली चिड़िया।

झोला–फसल अधपकी होने पर पछुआ चले तो झोला कही जाती है।

झोला–एक जलीय कीड़ा।

झोलाई–गरम हवा से झुलसी फसल।

झौगा–टेढ़े और आगे की ओर झुके सींग वाला (बैल)।

झौड़ना–डौल की सफाई की क्रिया।

झौरा–मेड़।

झौरार–सींग झारने वाला बैल, मरखना।

झौरी–एक मिठाई।

टक्कर–भिड़न्त, मुठभेड़।

टंगउघार–लमटँगा (बैल)।

टंगपुच्छा–पुँछटँगा (बैल)।

टँगरी–टाँग, पैर।

टँगारी–टाँगी, कुल्हाड़ी।

टँगुन्हइया बजड़ी–ज्वार।

टँगुली–कुल्हाड़ी।

टकोरा–सिल या चक्की के पाट को खोंटने का औजार।

टक्कर–पटिया की मोटाई का रुख।

टक्कर–पाट की धार की चौड़ाई।

टटिया, टट्टी, टाटी–खरीफ का दरवाजा।

टटुआ, टट्टू–छोटे कद का देसी घोड़ा।

टट्टी–मल।

टट्टी लगाने वाली वर्षा–बौछार वाली वर्षा।

टढ़िया–ठढ़िया।

टपकना–चूना।

टपका–टपका हुआ, डाल से गिरा हुआ।

टसुई–टाँड़ी।

टर्र-टर्र–मेढक की आवाज।

टलमल–शीघ्र बुझने वाली रोशनी।

टहकार–चहकीली।

टहनी–शाखा, डाल।

टहल–सेवा।

टहलुआ–सेवक।

टहोका देना–धक्का देना।

टाँग–पैर।

टाँगा, टाँगी–कुल्हाड़ी, लकड़ी काटने का एक साधन।

टाँगुन–कँगुनी।

टाँड़–टाँड़ा, सामान रखने के लिए घर में बनाया जाता है।

टाँड़ी–टरसूई, गेहूँ और ईख की जड़ में लगने वाला कीड़ा।

टाट, टाटी–बातियों की दिवाल।

टाड़ा लगाना–सीना लगाना।

टाप, टापी–मछली पकड़ने के काम आने वाली टोकरी।

टाप ड्रेसिंग–खड़ी फसल में उर्वरक देना।

टापरा–करुई।

टापा–1. मुर्गियों के टापों जैसा डोरियों से बुना एक जाल। 2. मछली रखने की टोकरी।

ट्रांसफारमर–ए.सी. विद्युत वोल्टेज को अधिक-कम करने की मशीन।

टाल–पहिया के चारों ओर चढ़ाया गया लोहा, मौंग या सेंठे में सामने का हिस्सा, सिली।

टिकरा–चहुँआ।
टिकरी–केवल लिलार पर सफेदी वाली (गाय)।
टिकिया–बाजरे के आटे की पूड़ी, गेहूँ के आटे की बनी।
टिकुली–टिकरी गाय, टिकुली, तिलक।
टिकोरा–आम की नई कैरी।
टिक्कड़–चोकरमिश्रित आटे की मोटी रोटी।
टिक्‌टिक्‌–घड़ी की आवाज।
टिड्डी–एक कीड़ा।
टिपका–बुँदका से बड़ी बूँदें।
टिपकरी–दीवालों के जोड़ों को मसाले से भरने की क्रिया।
टिमटिमाना–बहुत ही मंद प्रकाश देना।
टिरिया–छोटा और कुत्सित नस्ल का बैल।
टिहुनी–केहुली।
टीका–टीका, तिलक, पाणिग्रहण के पूर्व की एक रस्म।
टीपन–जन्म-पत्रिका।
टीलिया–ढूह, टीले-जैसा।
टी.सी.ए.–दे. वरनाम।
टुँगनी–बलकट।
टुनकी–धान के पौधे में लगने वाला एक रोग।
टुनगी, टुलकी–पेड़-पौधों की चोटी।
टुनटुनी–घंटी।
टुन्‌टुन्‌–घंटी की आवाज।
टुटहन–बहुत टूटने वाला (धान)।
टुमा, टुमना–वह उभरा भाग जिस पर अँखुरियाँ होती हैं।
टुली–एक प्रकार का मजबूत पत्थर।
टूँक–रोटी का टुकड़ा।
टूँड़–सूँग, गेहूँ की बाली में से आगे निकला हिस्सा।
टूट जाना–धारा परिवर्तन होना।
टूटन–झौड़ाई और छिनाई से निकले पत्थर के टुकड़े।
टूठा–बंझड़।
टेंट–ढेढो।
टेंटी–करील का कच्चा फल।
टेंढ़ा तामड़ा–बहुत पकी हुई टेढ़े शक्ल की ईंट।
टेकानी–तेकानी, गाड़ी के ढाँचे का एक मुख्य हिस्सा।
टेखती–तरौनी।
टेढ़रा, टेढ़वा–टेढ़ा-मेढ़ा।
टेर–पका गूला।
टैंट–घोड़े की आँख का एक रोग।
टैंभी–डीभी।
टैग–मुठिया।
टैना–मुचकना।
टैनी–छोटे कद की मुर्गी।
टैपिंग–टैप से चूड़ियाँ काटने की क्रिया।
ट्रेफलान–दे. वरनाम।
टैमना–आलू के ऊपर का एक हरा गोल फल।
ट्रैंगुलर फाईल–त्रिकोणीय रेती।
ट्रैक्टर–एक कृषि-यंत्र।
टोंटा–हाथ-डेढ़ हाथ बढ़ी हुई फसल।
टोई–थोड़ी।
टोक ई. 25–दे. वरनाम।
टोटरू–बेल की एक ओर की कंगेरूदार छापा।
टोकरी–बोइया।
टोड़िया–द्वार के अलावा तीन ओर कड़ियों को टेकने वाली लकड़ी।
टोढ़ों–किनारों।
टोनखावा–पनारी।
टोना–गेंड़।
टेनोरान–दे. वरनाम।
टोपन, टोपनी–जिससे छेद किया जाता है।

टोपी–वर्मा की टोपी, टोपी।

टौरा–हल का निचला हिस्सा।

टोसा–पाथेय।

टोह लगना–पता लगना।

ठंगुनी–ढेंगनी।

ठकड़ा, ठकर, ठोकरा–भगोड़े पशु के गले में बाँधने वाला लकड़ी का टुकड़ा।

ठकुआ–ठेकुआ।

ठहरी–छतरी।

ठट्ठा–ठाठ।

ठठरा–छानी।

ठठा–टेंघनी।

ठठेरा–फटेरा।

ठड़िया–मरूसा।

ठड़वाता–ठड़िया।

ठठिया देना–खड़ा कर देना।

ठनगन–किसी वस्तु के लिए आग्रह।

ठप्पा–छापा।

ठर–ऊँची जगह।

ठरकना–निकल जाना।

ठरियाई–पाले से मारी फसल।

ठर्रा–ऐंठा सूत।

ठल्ल–बहिला (गाय)।

ठहर जाना–गर्भ टिक जाना।

ठांठर–एकदम बूढ़ी गाय।

ठाकुरचिरइया–श्यामा पक्षी।

ठाकुरभोग–एक महीन धान।

ठाट–पँसडौर के ऊपर का साज।

ठाठ, ठाठा–दे. बठान।

ठाढा–लगार।

ठारी–पाला।

ठिंगुरियाई–बैठी।

ठिकरीली–कंकरीली (मिट्टी)।

ठिठुरन–ठंडी के कारण ठिठुरने की क्रिया।

ठिहा, ठिहा–जिस पर बढ़ई काम करता है। जिस पर चारा काटा जाता है।

ठींचा–बोइया।

ठुंगमार–पिंजड़े में चोंच व पंजे मारने वाला पक्षी।

ठुकठुक–वसूले की आवाज।

ठुर्री–जिन दानों का लावा नहीं फूटता है, अनफूटा दाना (भुजा हुआ)।

ठुस्सी–गले का एक गहना।

ठेंगनी–एक प्रकार की घड़ी जो बुड्ढों के हाथ में रहती है।

ठेंघनी–बाँस की खँभिया (थुन्ही)।

ठेंठी–एक प्रकार की कुदाली।

ठेक–चटाई की बनी।

ठेका–रस्सी की गाँठ।

ठेका–1. निश्चित पारिश्रमिक पर सम्पूर्ण काम का दायित्व। 2. बुड्ढा घोड़ा।

ठेकुआ–दाल के साथ पकी रोटी।

ठेल–वह घिरनी जिसमें डंडा फिट किया रहता है।

ठेलना–धक्के से आगे बढ़ाना।

ठेवा–एक बड़ा खम्भा बनने लायक डौल।

ठेहरी–ठेल।

ठैंचा–बोइया।

ठैना–बकरियों का झुंड।

ठोंक, ठोंग–चोंच की चोट।

ठोक–चप्पे का दूसरा सिरा।

ठोकरा–भड़भाँड़।

ठोड़ी–ठुड्डी।

ठोपारी–दूसरी बार छानने पर जो चीनी का रस निकलता है।

ठोर–चोंच।

ठोरना–चोंच से मिट्टी कुरेदने की क्रिया।

ठोरी–ठुर्री।

डंका जीतना–तीतर का कुश्ती जीतना।

डंगी–गड़ेरिये की लग्गी।

डंटी–डाँड़ी।

डंठा–सैला।

डंडा–सिक्का, मंझा।

डंड़िया, डंड़ियाना–ढेंड़ी।

डंडी–चका।

डगरा–पतली बारी की सींक या बाँस की बड़ी डालिया।

डगराना, डघराना–झुंड में से निकालकर पशुओं को गाँव की ओर ले जाना।

डनलप–रबर के पहियों वाली सवारी गाड़ी।

डबरा–मछलियाँ फँसाने का गड्ढा।

डभका–भुने हरे दाने (मटर आदि के)।

डर–मोथा।

डलमल होना–आजकल में ब्याने को होना।

डलापान–दे. वरनाम।

डलिया–फूलडाली चँगेली का छोटा रूप जिसमें थोड़ा-सा कुछ रखा जाता है।

डम्हरो–जम्हार।

डाँगर–1. मृत पशु, 2. बीच में ऊँचा खेत।

डाँठ–तैयार फसल की राशि।

डाँड़–अगरबन्धू दंड, नाव खेने का एक साधन।

डाँड़ होना–व्यर्थ हो जाना, जमाव न होना।

डाँड़ी–डंटी, बेलन, खम्भे का मध्य भाग, फूल का डंठल।

डाई–बाँदिया।

डाई अमोनियम सल्फेट–एक फास्फोरस युक्त उर्वरक।

डाई मेकर फिटर–ठप्पा और पंच बनाने वाला फिटर।

डाकनी–सिरा।

डगोड़ी–दो बैलों द्वारा सँभलने वाला पाटा।

डाट–मुँह बन्द करने वाला।

डाठ–दे. पलानी।

डाढ़–जबड़ा।

डाढ़ी–मही।

डाव–दाहा।

डाभा–कफचा।

डाभी–एक बड़ी किस्म की दूब।

डार–एक आभूषण।

डारसल–बिचौंदी के चारों ओर की सतह।

ड्राईलेंड–निराई-गुड़ाई का उपकरण।

डाल–शंक्वाकृति डलिया जो बाँस की होती है।

डाला–डगरा।

डाहना–ईर्ष्या करना, खेत गोड़कर धूप में सुखाना।

डिंडी–पका गूला।

डिंडोर–गुलेल।

डिठवन–देवोत्थान (एकादशी)।

डिड़िया–मरचाई।

डिब्लर–बुआई के हाथ का यंत्र।

डिम्ब–अंडा।

ड्रिल–बरमा।

ड्रिलिंग–बरमा से छेद करना।

डिवाइडर–खिंची हुई रेखा को बराबर दूरी पर बाँटने का यंत्र।

डिस्क–जुताई के साथ मिट्‌टी पलटने का यंत्र।

डीकी–करुई।

डीभी–नया अंकुर, पौधे का दुपतिया होना।

डीह–गूल।

डीह–भीटा।

डीह-डाबर–पुराने भवन की ऊँची जमीन, खंडहर आदि का स्थान।

डुंगा–टीलिया।

डुगडुइया–डुग्गी, छोटा नगाड़ा।

डुग्गी–छोटी-पतली शाखा।

डुबान–जहाँ पूरा डूबना संभव हो, ऐसी गहराई।

डुब्बा रँगाई—पूरा डुबा कर रँगने की प्रक्रिया।

डुब्सी—किल्हा।

डूँगी—बड़े सींग की गाय।

डूँड़री—छँछरी।

डूँड़ा—टूटे सींग वाला (बैल)।

डूँड़ी—टूटे सींग वाली (गाय)।

डेंगी—एक छोटी नाव।

डेंड़ौका—पोर छोड़ना।

डेगची—भोजन पकाने का बर्तन, पतीली।

डेढ़ौरा जोर—छान।

डेफ—अँखुवा।

डेफ निकलना—कनियाना, अँखुआ निकलना।

डेवढ़ी—द्वार के पीछे का घर।

डेरा—जनवास।

डेली—खाँची।

डेहरी—यह अनाज रखने के लिए कच्ची मिट्टी की बनाई जाती है।

डैनी—चार के दो छोटे पक्ष।

डोंग—डाँगरा।

डोंगा—कफचा।

डोंड़ा—नारा।

डोंड़ी—दो लग्गों पर टिका जाल जिसे दो मछुए सँभाले रहते हैं।

डोआ—कफचा।

डोइट—डोहट (एक नाव)।

डोई—लकड़ी का चम्मच।

डोमा—पूस-माघ में कटने वाली उड़द।

डोरा—दे. पौधा।

डोरबँधा की खूँटी—पिछली खूँटी।

डोरा, ढोरा—बगीचे के चारों ओर की उठी मेड़ें।

डोरियाना—नये या दुष्ट पशु को गले में रस्सी बाँधकर ले जाना।

डोरी—रस्सी, लोटा भरने के लिए रस्सी।

डोहर—एक छोटी नाव जिसकी पेंदी चिपटी होती है।

डौंगी—पत्तीदार टहनी।

डौगरा—वर्षा का आगम।

डौर, डौरी, डौल—गिलावे के चारों ओर की मेड़।

डौल—खंभे के आकार का अनगढ़ा पत्थर।

ढट्ठा—मुड़िया।

ढमारा—दे. कंडा।

ढरकना—जिसमें से पानी ढरक जाये।

ढरकनी—दे. मदरा।

ढरकी—बुनने का औजार।

ढरुआ—यह पीछे की ओर की टेक के लिए लगाया जाता है।

ढल—अधिक पानी का बहाव या नया जलागमन।

ढलवाँ—लुढ़कइयाँ, ढलाऊँ।

ढलार—जिस खेत की मिट्टी चिकनी होती है।

ढाँड़ा—ढीला गोबर।

ढाँड़िनी—पोंकनी (गाय)।

ढाका—चौड़े मुँह वाला टोकरा।

ढाठ—मक्का या बाजरे का तना।

ढाढ़ू—हरिद्वार के तरफ की हिम-हवा, हिमपात।

ढाभ—पुतरा।

ढारमा—चने के भुने बेसन को खाँड़ में मिलाकर कतरियाँ काट लेते हैं।

ढाला—हँतुआ।

ढिबरी—कबला।

ढिम्मा—खान से निकले गोल और गाँडदार पत्थर।

ढींग—दे. पलला।

ढुँढेरी—होली।

ढीया—मिट्टी का एक बर्तन।

ढूँकना—बार-बार चमकना।

ढूह—टीलिया (ऊँची जमीन), भरका।

ढूहदार—भरकेदार (जमीन)।

ढेंकी—सिंचाई का साधन।

ढेंकुल, ढेंकुली—कूटने का साधन।

ढेंढ—पका गूला।

ढेढ़ियाना—चना-मटर में छीमी लगना।

ढेंढ़ी—टेंट, फूल।

टेंपी—मिट्टी की लौंद, फल का वृन्त।

ढेरिया मरचाई—एक किस्म की लाल मिर्च।

ढेंसर—अधपका।

ढेकुआस—फल तोड़ने के लिए रस्सी का बना एक साधन जिससे फलों पर ढेका या पत्थर का टुकड़ा फेंककर निशान लगाते हैं।

ढेमना—रेड़ का फल।

ढेरना—ढेरे द्वारा रस्सी कातने की क्रिया।

ढेरा—रस्सी कातने का लघु यंत्र।

ढेरी—सिली।

ढेलबाँस—टेकुआस।

ढेला—मिट्टी का टुकड़ा।

ढेलौरी—ढेकुआस।

ढैघा—गिट्टू।

ढोढ़ा—पतला गोबर करना (बैलों का रोग)।

ढोढ़ी—नाभि।

ढोली—पान के 200 पत्ते।

तंगइया—छप्पर को रस्सी से जगह-जगह बाँधने वाला।

तंगतोड़—तंग पर भौरी वाला घोड़ा।

तँतवा—कपड़ा बुनने वाली एक जाति।

तँवक—गर्म, उष्ण।

तँवक उठना—गर्म हो जाना।

तकुआ—तकली के बीच में यह जड़ा रहता है।

तकला—झौड़ने की नोकदार टाँकी।

तकली—चौड़े पत्ते की टाँकी।

तकुली—महीन सूत कातने के लिए तकली, लट्टू की शक्ल का लोहे या लकड़ी की लम्बी डंटी वाला एक यंत्र।

तक्कर—मट्ठे का घोल।

तक्की—तिरछी चितवन वाला।

तख्ते—रौसों से बँटे भाग।

तगड़ी—कमर का एक आभूषण।

तगधरी—सूतों को सुलझाने वाली लकड़ी।

तगही—पगहा।

तगाड़ी—पथिया।

तगाड़ी, तगार—दे. अढ़िया।

तगार—1. मटियार के बीच का भाग। 2. गारा।

तड़क जाना—दूहते समय गाय का कूद जाना।

तड़तड़—तेज आवाज (लाठी आदि की)।

तड़तड़ाहट—स्तनित, आले की आवाज।

तड़पना—एकाएक बादल का गरजना, छटपटाहट।

तड़ा—धान की मंजरी में लगने वाला रोग।

तताना—गर्म करना।

ततुराई—बैठी (फसल)।

तनकर—हत्था।

तनी—ताँति।

तनु—शरीर।

तनूरुह—शरीर पर डगे छोटे-छोटे बाल।

तपखी—कार्तिकी उड़द।

तपा—लूक।

तपोवनी—एकठा गाय।

तबक—घोड़े का एक रोग।

तबेला—दे. अस्तबल।

तमिया—गुड़ाई।

तरइयाँ—तारों के बीच छिटके बादल खंड।

तरकी–कान का आभूषण।
तरख–हल का गहरा और कड़ा चलना।
तरछा–कुआँ खोदने का यंत्र।
तरन्ना, तरंडा–कँटिया में बँधी हल्की लकड़ी।
तरबेजी–एक मिठाई।
तरमैरी करना–पैर उखाड़ना।
तर्यौना–कानों का एक आभूषण।
तरल–तला हुआ व्यंजन।
तरवा, तलवा–पैर का निचला भाग।
तरवा-जाना–(बैलों का) पैरों का पकना रोग।
तरवा झोरनी–लम्बी पूँछ वाली (गाय)।
तरवासा–पंजे के नीचे की गद्दी।
तरस–मांस।
तरसैला–जुआ की निचली डंडी।
तरैती–बरैनी।
तरोई–एक सब्जी।
तरौना–खाँची, तरौनी।
तरौनी–मिठाई रखने की छोटी चौकी।
तुर्क–तकुली।
तर्जनी–अँगूठे के पास की अँगुली।
तलवा–तालु, पैर का तल-भाग।
तलसा–अन्दर से पकी परन्तु ऊपर से कच्ची दिखने वाली ईंट।
तलसिरी–ऊँची-नीची जमीन।
तलैया–छोटा तालाब।
तवना–तपना।
तवाना–तपाना।
तसमई–खीर।
तहरी–हरे मटर के साथ भुने हुए चावल का व्यंजन।
तहिआई–तह लगाई हुई (वस्तु)।
ताँगा–हरसा।
ताँत–घोड़े के पेट को बाँधने वाली रस्सी।
ताँती–तँतवा।
ताख–दीवाल में रखने की जगह, विषम संख्या।
ताखी–तक्की (बैल)।
ताखी–एक आँख विल्लौरी और तिरछी पुतली वाला घोड़ा।
तागा–धागा, डोरा।
ताजखानी–तासखानी।
ताड़ खजूरा–खड़ी खजूर की पाँती वाला छापा।
ताना करना–सरकी में सूत लपेटना।
तामई–ताम्र-वर्णता।
तामझाम–ठाट-बाट।
तार–धागा।
तारफंद–तारों का फंदा।
तारकुतारी–समय से दूध न देने वाली (गाय)।
तारा–आँख की पुतली।
तारावन–अतरावन।
तारिका–पुतली।
तारू–तालू।
ताल–नीची और फैली हुई जमीन, छिछला तालाब।
तालतोड़–ताल के किनारों को तोड़ने वाली (अतिवृष्टि)।
तालमखाना–कुलाहक।
ताव–अवसर, ठीक समय।
तावीज–बाँह का एक आभूषण।
तासन करना–माँजना।
तासखानी–चावल के आटे की बनी हुई मिठाई।
तिनकोनिया–तीन कोन वाला।
तिखरा–तिबारा (जुताई)।
तिखूँटिया–दे. हन्सी।
तिजहरी–तीहरे पहर का समय।
तितिली–चौपट्टा।

तिथनी–तीन घनों वाली।
तिदरी–तीन द्वारों वाली (दालान)।
तिनगिनी–खाँड़ की बनी मिठाई।
तिनचुटिया–काकपक्षी या कौवा बँधाव (केशसज्जा)।
तिनपतिया–चंगेरी।
तिपहरी–तिजहरी।
तिप् तिप्–ओस की आवाज।
तिफसली–तिसाई, तीन फसल देने वाली।
तिफल्ला–तीन कतरे वाला।
तिबसिया–तीन बेला तक बासी रखा गया भोजन।
तिबही–तिबारा (जुताई)।
तिबेनिया–किवाड़ों की जोड़ी।
तिरपटाह–ढरकना (खेत)।
तिरि–जिससे सूत निकालकर बुना जाता है।
तिल–तैलफल, जटिल।
तिलक–फेफड़ा।
तिलकुट–तिलवा, तिल से बना व्यंजन।
तिलहन–तेल वाली फसल।
तिलरी–तीन लड़ी वाला हार।
तिलवा–तिलकुट।
तिलौड़ी–तिल की पीठी से बनी बड़ी, तिल की पीठी से तैयार अदौरी जैसी तरकारी।
तिल्ली–तिल का बीज।
तिल्ली–प्लीहा।
तिसजौरी–तीसी के साथ पकाया चावल।
तीकुरिया–टूँड़ वाली।
तीज–तृतीया।
तीज–बाँस का (खूँटा) जो पीढ़िया के ऊपर दो खुँटरों के बीच रहता है।
तीतरपंखी–तीतर की पाँखों जैसी (बादल)।
तीतरबन्ना–तीतरपंखी (बादल)।
तीता–तिक्त, गीला खेत, भीगा।
तीमन–साग।
तीर्थ–घाट (पानी का)।
तीसी–अलसी।
तुंड–मुख।
तुअनी–जिस गाय का गर्भ प्रायः गिर जाय।
तुतलाहट–शिशु की बोली।
तुनाई–तुनने की क्रिया।
तुक्की–सीधी।
तुरंज–दो पत्तियों सहित आम की छपाई।
तुरई–तोरई।
तुरता–सतुआ, तुरंत तैयार होने वाला (भोजन)।
तुरसवार–खट्टे फल वाले पेड़-पौधे।
तुरी–ढरकी।
तुर्रा–मटर की लता का फैलाव।
तुलगँड़ा–कुलगँड़ा।
तुलबुल्ली उड़द–हरी उड़द।
तुलसी फूल–एक महीन धान।
तुलावा–धुरी को मजबूत करने वाला लकड़ी का टुकड़ा।
तूँवी–कद्दू।
तूफान–बुदिया-आँजन।
तूमना–तुनाई की क्रिया।
तूर–चरखी से अलग की गई रुई।
तेंगा–बहू का तीसरी बार आगमन।
तेगिया–दे. हैंसिया।
तेकानी–टेकानी, आक के आगे होती है।
तेज–वीर्य।
तेफल–कतरा।
तेमरा–कद्दू।
तेरस–त्रयोदशी।
तेरही–मृत्यु का तेरहवाँ दिन।
तेलचढ़ाव–विवाह के एक या दो दिन पूर्व वर या कन्या के लिए रस्म।

तेलहन–तेल की फसल।
तेलिया–चिकना और मजबूत पत्थर।
तेलिया कुम्मैत–लाल रंग में बहुत हल्के काले रंग वाला घोड़ा।
तेलियामैना–एक चिड़िया।
तेलियाना–तेल लगाना।
तेली–कपास के गूलों एवं पत्तियों को खा जाने वाला कीड़ा।
तेलैटी–छत के नीचे दीवालों पर किया गया काम।
तैनुआँ–धुँआकस।
तैयल–दमहा (बैल)।
तोड़–बच्चा मरने पर भी दूध देने वाली (गाय)।
तोड़ मारना–धारा का टकराना।
तोड़िया–तोड़ (गाय)।
तोतई–धानी (रंग)।
तोरई–तरोई (एक सब्जी)।
तोरन–मेहराब, तोरण, बंदनवार।
तोरी–सरसों की एक किस्म।
तौक–एक आभूषण।
तौमरा–छुच्छी के आगे का सूखा लोहा।
त्यौहारी–त्यौहार के उपलक्ष्य में दी गई भोज्य या अन्य सामग्री।
त्रिकू–सिंघाड़ा।
त्रिदोष–वात, पित्त, कफ का सम्मिलित रूप।
त्रिबली–पेट के तीन बल (रेखाएँ)।
त्वक्–चमड़ा।
त्वक्पुष्प–रोमांच।
त्वंगकुट–रोमांच।
थकरियाना–थकरी से केश सुलझाना।
थकरी–केश सुलझाने का एक साधन।
थन–ऐन, दुधार पशुओं का स्तन।
थपिया–करनी जैसी लकड़ी का एक औजार।
थपुआ, थापा–ऊपर से बर्तन पीटने का लकड़ी का एक औजार।
थपेड़ना–झटका मारना।
थपूथपू–पानी की आवाज।
थप्पड़–करतल की चोट।
थप्पा–ठप्पा।
थम्हना–हवा चलना बन्द होना।
थरी–जमीन में गड़ा छोटा पत्थर।
थल–छपे कपड़े के खाली स्थान।
थलकारी–पहली बार की मामूली छपाई।
थलमरसा–घोड़े की टाँगों का रोग।
थलिया–मछलियों के अंडे देने की जगह।
थान–बाजू।
थान–घोड़ा बाँधने की जगह।
थापरी–थापर का बैल।
थापी–मिट्टी मुलायम करने एवं पीटने का औजार।
थापी–छोटे पौधे को बेलचे से जड़ और मिट्टी सहित उठाना।
थारा–बड़ा थाल।
थाल–पीतल की थाल मिठाई रखने के लिए।
थाला–थाला (पानी जमा करने का मेड़दार घेरा)।
थिगली–धरपों के बीच में छोटा-सा सफेद बादल का टुकड़ा।
थिर–स्थिर, अचंचल।
थिर होना–गर्भ टिक जाना (भैंस के लिए)।
थीरम–एक बीजशोधक रसायन।
थुन्ही, थुम्मा–खूँटी, खँसिया।
थुरकुड़क–अंडा न देने वाली मुर्गी।
थूआ–पटार।
थूम–खूँटी।
थ्रेसर–मड़ाई का यंत्र।

थोड़ली–थोड़ी।

थोप–सगुन का तला।

थोम–टोकरी वगैरह लटकाने के लिए गाड़ी के नीचे का भाग।

दँतकभरा–दुधभोरी।

दँतलाली–दँतेसी समाप्त होने के बाद की लालिमा।

दंतसी–जवान घोड़े के दाँतों के निचले भाग की कालिमा।

दंष्ट्रा–जबड़ा।

दक्खिन–पच्छिम-नैऋत कोण वाली (हवा)।

दक्खिन-पूर्व–आग्नेय कोण से चलने वाली (बयार)।

दक्षिणायन–सूर्य का दक्षिणी गोलार्द्ध में स्थित होना।

दक्षिणपवन–दक्षिण दिशा से चलने या बहने वाला पवन।

दक्षिन-पछाहीं–दक्खिन-पश्चिम से चलने वाली तेज (हवा)।

दखिन-पुर्वाई–दक्खिन-पूर्व से चलने वाली हवा (बयार)।

दखिनहा–धान, ज्वार, बाजरा और मक्का में दक्खिनी बयार के अधिक बहने पर लगने वाला रोग।

दखिना–दक्खिन से चलने वाली (हवा)।

दखिनैया–दखिनी (हवा)।

दड़िमी–आम के टिकोरे की खटाई।

दढ़ैली–बकरे की भाँति दाढ़ी वाला।

दनजाऊर–पोस्ते के साथ पकाया चावल।

दनदान–रंगीन खाँड़ की बनी लम्बी मिठाई।

दनौरी–पोस्ता के दानों के साथ बनाई गई बड़ी।

दब–गाड़ी का आगे की ओर भारी होना।

दबनी–वर्मा की टोपी।

दबिया–पनिहारी।

दबोटा–वर्मा की टोपी।

दमड़ी का सिंदूर–विवाह-विधि में उपयोग में लाया जाने वाला सिंदूर।

दमहरिया–खँचोली।

दमहा–हँफना (बैल)।

दरबा–कबूतरों का काठ का बना बाड़ा।

दरबे-दरबे–कबूतरों को दरबे में घुसाने के लिए की जाने वाली आवाज।

दररा–दर्रा, दड़ेदार।

दर्रा–मक्के दड़े दानों का भात।

दरसूधा–वह लम्बा खंभा जिस पर मस्तूल खड़ा किया जाता है।

दराज रंदा–कोर को चौकोर बनाने के लिए रंदा।

दरार–लम्बी फटान।

दराँत–हँसुआ।

दरेसी–धरातल को सम करने की क्रिया।

दलगंजन–एक मोटा धान।

दलदम–नदी के किनारे की फोफा जमीन।

दलसग्गा–दाल में चने, बथुए का साग डालकर पकाते हैं।

दलही–दाल की पीठी से युक्त पूड़ी।

दुवार–नाव की लंबान।

दसाह–मृत्यु का दसवाँ दिन।

दह–हद।

दहर–नीचा, खाल।

दहाड़–शेर की आवाज।

दहियायी–बाढ़ में मारी फसल।

दहाना–फसल या अन्य वस्तुओं को जलमग्न करना और बहा ले जाना।

दही–बाढ़ में मारी (फसल)।

दही-दही–महरी चिड़िया की आवाज।

दहेगँड़ा–विवाह में वर-पक्ष से कन्या के लिए दही ले जाने की रस्म।

दाँगली–यह रस्सी की बनी होती है।

दाँगी–दगनी।
दाँत–हाँसिया।
दाँत-रंदा–झरना।
दाँव–एक बार घूमना।
दाँवरी–दौरी वाले बैलों के गले में पड़ी रस्सी।
दाऊदी–दौदिया।
दाख–अंगूर।
दाग देना–कोमलता नष्ट करना, मलिन बना देना।
दागबेल–दे. खत।
दागी–दागवाला, धब्बे वाला।
दाड़ी–मकरी।
दाढ़ी–ठुड्डी।
दात–दाँतों वाली हसिया।
दाना–भिगोये अनाज का नाश्ता।
दाना-पल्टी–चुग्गा-पल्टी।
दाना वाना–एक प्रकार का बीज।
दाना-इनी–सबेरे का भोजन।
दाना पड़ना–हबसाना।
दाने-दाने–कबूतरों को दरबे से बाहर निकालने के लिए की जाने वाली आवाज।
दाब–दाहा, हँसिया, पैंजनी।
दाबा, दाबी–मिठाई मोड़ने वाला औजार।
दायें चलना–हल का एक बार घूमना।
दार–उपजाऊ।
दाल का दूल्हा–दाल के साथ पकी रोटी।
दाल की पूड़ी–भरुआ पूड़ी।
दासा–बरामदे की छाजन में खम्भों के ऊपर दासा रखा जाता है।
दाहा–दाब, डाब।
दिक्कन्या–दसों दिशाएँ।
दिखनौर–1. भारी और चिकने शरीर वाली (भैंस)। 2. दिखावटी।
दिगन्त–आकाश का छोर या क्षितिज।
दिग्गाह–दिशाओं का जलना।
दिगान्तर–दिशाओं के मध्य का अंतर, कोना।
दिन चढ़ानी बेला–जब सूर्य ऊपर चढ़ जाता है।
दिन ढलानी–दिन का चौथा पहर।
दिनौर–कटनी की मजदूरी।
दिपना–चमकना।
दिमिरका–फिरकी।
दियरा–नदी की दो धाराओं के बीच की जमीन।
द्विज–दाँत।
दिश्या–दिशाओं में होने वाली वस्तुएँ।
दिया–दीपक।
दियार–दीमक।
दीया बाँती–दीपक जलाने का समय।
दीयाँ–दीमक।
दीवाल–अहार।
दुआ–डार।
दुआर घर–द्वारगृह।
दुआर छेंकाई–जब वर की सालियाँ द्वार छेंकती हैं तो वर द्वारा जो नेग दिया जाता है, उसे छेंकाई कहते हैं।
दुआली–नारा, रस्सी, बर्मा चलाने की डोरी।
दुकलियाँ गुँथाई–दो फूलों की डाँडियों की भिन्न दिशा की गुँथाई।
दुचारा–चार के दो लम्बे पक्ष।
दुदन्ता–दो दाँत वाला (बछड़ा)।
दुद्धरमुठिया–दुद्धा।
दुद्धा–अधपकी बाल (ज्वार, बाजरा या मक्की की)।
दुधघोट्टू–दुधभोरी, दूध भरने वाली (फली, बाली)।
दुधार–खूब दूध देने वाली (गाय)।

दुधिया–सफेद ज्वार, हड्डी।
दुधियाना–गदरा जाना।
दुपतिया–दो पत्तों वाला।
दुपहरी खड़ी होना–बारह बजते-बजते जब सूर्य ठीक ऊपर आ जाता है तो उसे दुपहरी खड़ी होना कहते हैं।
दुपता–दुपतिया।
दुपलिया–केवल दो पाखों वाली छप्पर (खुले मुँह वाली पलानी)।
दुपैरा–जिस कुएँ पर दो पुर चलें।
दुफसली–दुसाई, दो फसल वाली।
दुबरसी–दो बरस में ब्याने वाली (गाय)।
दुबसिया–दो वेला तक बासी रखा गया भोजन।
दुबही–दुबारा (जुताई)।
दुम–पूँछ।
दुम्मट–एक प्रकार की मिट्‌टी।
दुम्मा–काबुली नर भेड़।
दुम्मी–काबुली भेड़।
दुरकी–कपास को हानि पहुँचाने वाला कीड़ा।
दुरंगी–दो रंग वाली, दुहरी नीति वाली।
दुर्दिन–जब काफी दिन तक बादल घिरे रहें।
दुलत्ती–घोड़े का अपनी पिछली दोनों टाँगों को एक साथ पीछे फेंकना।
दुलरी–एक प्रकार का हार।
दुलदुल–दे. अलबछेड़ा।
देवमन–गर्दन के नीचे छाती पर दो भगैरियों वाला घोड़ा।
दुसाई–दुफसली।
दुहत्थी–हाथ से चलाई जाने वाली भाथी।
दूधगिलास–एक महीन धान।
दूधपीऊ–चुखेटा।
दूध बरा–छेने की मिठाई।
दूधराज–एक मोटा धान।
दूधिया–दूध की भाँति सफेद (स्वच्छ)।
देवका–दीमक।
देवसार–चबेना के काम आने वाला धान।
देवोत्थान एकादशी–कार्तिक सुदी की एकादशी।
देसावरी–रोजगारी।
देसी–तमाखू की एक किस्म।
देसी बंगला–छोटी पत्ती वाला पान।
देहप्रभा–शरीर की आभा, कान्ति।
देहली–देहरी।
दैहाई–पइया।
दोंगा–वधू-प्रवेश के बाद द्विरागमन।
दोंज–कनछी।
दोंजी–तम्बाकू की पत्ती तोड़ लेने पर उसमें से दूसरी पत्ती निकलती है।
दोगली-कुन्नी–कुन्नी भैंस।
दोगहा–1. दो बग्गी, 2. दुआर घर।
दोबल–पशुओं को रोककर रखना।
दोहरी खेती–एक खेत में वर्ष भर में दो फसलें उगाना।
दौंग–औतर।
दौंगड़ी–दाँगली।
दौंगर–आँतर।
दौंगरा–चौमासे की वर्षा।
दौंचना–पत्थर की पहली बार की सफाई।
दौरी–दाँवरी।
दौगामा–घोड़े की आँख का एक रोग।
दौरी–पैर पर बैलों (चार-पाँच या अधिक भी) को घुमाया जाता है कि अनाज पौधे से अलग किया जाए, डलिया।
दौल–मुर्गे के काँटे का प्रारंभिक उभार।
दौला–दुपतिया।
द्वारगृह–दोगहा।
द्वाराचार–बरौठी, बारात का कन्या के द्वार पर प्रथम आगमन व सम्मान।

द्वाल–डाँड़ी के सबसे नीचे द्वाल या टाप।

धँगठी–पशुओं से रूँदी फसल।

धँगायी–धँगठी।

धचाना–अमेर।

धनियाँ–धानक।

धड़कना–हृदय की आवाज।

धड़ाका–हथगोले या पटाके की आवाज।

धनकियारी, धनखर–धनहर (खेत)।

धन-धरम–धन और धर्म (पूर्ण उपयोगी)।

धन बढ़ना–गर्भ धारण करना।

धनबाल–बड़ी बाल।

धनहर–जिस खेत में धान पैदा होता है, उसे धनहर कहते हैं।

धनहरा–धनबाल।

धनार ओसरि–गर्भधारण करने के बाद धनार ओसारि कहते हैं।

धनियाँ–एक महीन धान।

धनुहीं–धुनकी।

धमाकुल–चौड़े पत्तेवाला तमाखू।

धम्मिल्ल–खोपा-बँधाव।

धरन–बड़े कमरे के ऊपर बड़ेर के नीचे यह लकड़ी होती है।

धरन–छाजन वाली मकान की आड़ी मोटी लकड़ी।

धरवा–उठता हुआ बादल।

धरतीझार–धरती झूने वाला।

धसक्त, ईंट धसकन–रद्दे की चुनाई में किसी ईंट का सतह से नीचे हो जाना।

धाँस–दे. पाँचर।

धाकड़, धाकर–अनदागा साँड़।

धाकरदोह–अंशतः बधिया साँड़।

धानी–तोतई (रंग)।

धामा–ओड़ा।

धार–जलप्रवाह–धारा, नाग, फार का अगला हिस्सा।

धार आसरना–धार पोटना।

धार असराना–खोटना।

धार कढ़इया–दूहने वाला।

धार धरना–खोटना।

धार पजावना–धार पीटना।

धार पजाना–खोटना।

धार पिटाना–खोटना।

धार पिटना–फान पर सान चढ़ाना।

धार फरगाना–धार पिटना।

धारगाना–खोटना।

धार बनाना–धार पिटाना।

धाराधार, धारावर्षी–जल से भरा हुआ बादल।

धारी बावग–हराई में एक धार में बीज गिराया जाने वाला बावग।

धारासार–मूसलाधार।

धावली–कबूतरों के रहने का मिट्टी का छोटा घर।

धीमर, धीवर–हिन्दू मछुआ।

धुँआह–धूम्र के रंग जैसा।

धुँआकस–रसोई से धुआँ निकलने की जगह।

धुईली–धुँधली।

धुईला–धूमवर्णी।

धुकधुकी–फेफड़ा।

धुरवा–धरवा।

धुधुआरा–एक रंग का बादल।

धुनकी, धुनेटी–पीजन (यह अर्ध धनुषाकार होती है जिसमें एक लकड़ी के फरौटे में एक लचीली डंडी लगी रहती है, इसके ऊपर एक चमड़े की ताँत मढ़ी रहती है)।

धुंध–ध्वांत, धूलि से अँधेरा हो जाना।

धुरकिल्ली–किल्ली।

धुरिया–1. तीन बैलों वाली गाड़ी के

दायें-बायें वाले दो बैल। 2. जोड़ी।

धुरिया बावग–सूखे खेत में की गई बुवाई।

धुरी–बैलगाड़ी का एक भाग।

धूरी–अंकुश।

धूरुप–चमड़ा।

धुरौटी–पिछले चौकोर हिस्से के बाजू जो पहियों के ऊपर रहते हैं।

धुर्य–सगुनी बैल।

धूनी–तम्बाकू का बीज।

धूपछाँही–आधे श्वेत काले रंग के बादल।

धूमिल–मटमैले रंग का।

धमिल–(चाँदनी) मटमैली चाँदनी (अगहन-पूस की)।

ध्रूम–1. धुआँ। 2. भूरा।

धूरपा–चमड़ा।

धूरबैसाओल–खेत में भेड़ रखाना।

धूलिबुझाव–धूलि का उठना रोकने वाली थोड़ी वर्षा।

धूस–ऊँची जमीन।

धूसर–1. धूमिल, 2. मटमैला।

धूसरी–काले ऐन या थनवाली (भैंस)।

धेवता–दौहित्र।

धोंका–धौंकनी का ऊपरी भाग।

धोअन–चावल धोते समय गिराया गया पानी।

धोआ–पटार।

धोआँच–धोई (दाल), धोकर सुखाई गई दाल।

धोती बचाव–घुटने से ऊपर तक की पानी की माप।

धोना–चावल आदि धोना।

धौंकना–हवा करना।

धौंकनी–भाथी।

धौंग–बड़ा पुआ।

धौरा–सफेद रोएँ और नीली खाल वाला (बैल)।

धौरी–सफेद रंग की (गाय)।

ध्वज–लिंग।

नँह–नाखून।

नइनियाँ–नाई की स्त्री।

नकछिकनी–कठरेंगनी।

नकटी–खाँड़ी।

नकटी, नेटा–नाक का मैल।

नकपोटा–बड़ी सुराख की नाक वाला मुर्गा।

नकेल–ऊँट की नाक में बाँधी जाने वाली रस्सी।

नचनी–बए को ऊपर से गिराने या उठाने वाली लकड़ी की आड़ी कड़ी।

नजारा–हरचाँड़ी।

नटवा–ऐना।

नटुली–नाटी (गाय)।

नठाई–ऐना।

नड़ा–नरा, नाड़ा, लाट, छेद में फँसाने वाली डोरी।

नत्ती–पोला।

नथ, नथिया–नथिया (नाक का आभूषण), नाक नाथने की रस्सी।

नद्दर–नवदन्ता।

नन्हकटनी–बलकट।

नन्हिया–एक मोटा धान।

नवारा–बैल।

नवेर–जलहली।

नमकीन स्पर्श–खारापन लिये बहने वाली हवा का स्पर्श।

नमी होना–पठिया या छिटोर को गर्भ धारण कराना।

नमी–ओद, आर्द्रता।

नमेरी–चाहा।

नम्बरी ईंट–जिस ईंट पर नम्बर लिखा हो।

नम्हल, नाम्हल–चरने के लिए खेत में पशु का स्वयं प्रवेश करना।

नम्हावल–चराने के लिए खेत में पशु को प्रवेश कराना।

नरगोरी–लाल डंठल वाली ईख।

नरजा–गोल नोकदार टाँकी।

नरमधार–मामूली दाब पर दूध देने वाली (गाय)।

नरमा–गर्मी के अतिरिक्त अन्य महीनों में दिया गया पानी, कपास की एक जाति।

नरा–लाट, जुए के बीच में चमड़े की पटार का बना एक फन्दा, पीढ़ा के दो खूँटों के बीच धुरी के रूप में एक लम्बी लकड़ी।

नरिया–नरिया, खपरैल।

नरी–लरी, जुलाहे की बुनाई, छुच्छी।

नरूका–बाजरे की बाल के नीचे की नली।

नरूका–फूल के डाँड़ी की सूराख।

नरैली–नारा।

नलकी–लौंग या सेंठे के बीच में पोली डंडी।

नलकूप–ट्यूबवेल।

नवठा–नया हाल।

नवदन्ता–नव दाँत वाला बछड़ा।

नववरीह–कश्मीर का नव वर्ष।

नब्धर–नया हल।

नस–1. रक्तवाहक नलिकाएँ। 2. नाक।

नसकट, नसकटनी–आदमी की लम्बाई से कुछ छोटी खाट।

नस्त–नाथ।

नहछू–केसौड़ा, मांगलिक रस्म।

नहला–छोटी करनी।

नाइट्रोजन–नत्रजन।

नाइट्रोजन-फिक्शेसन–नत्रजन स्थिरीकरण।

नाक–मकरी।

नाकनक्श–एक आभूषण।

नाकसेव–पुआ सदृश लम्बी आयताकार मिठाई।

नाग–धार।

नागकेशर–नागपुष्प।

नगौरी–एक प्रकार का बैल।

नागफरी–अमलात की फलियाँ।

नाटा–बीड़।

नाथ–पशुओं के नथुनों को बाँधने वाली रस्सी।

नाथना–नाथ से नाथकर नियंत्रित करना।

नाद–मवेशियों के चारा खाने का मिट्टी का पात्र (चौड़े मुँह वाला)।

नादा–बोदर।

नाधा–लरनी।

नानखटाई–महीन मैदे से बनी मिठाई।

नानपज, नानबाई–रोटी बनाने वाला।

नान्दीमुख–आभ्युदिक श्राद्ध जो विवाह के अवसर पर किया जाता है।

नाब–धार।

नारकटिया–सफेद ज्वार।

नार–चका, धार, हँसिया की धार वाला हिस्सा।

नारंगी–रंग विशेष।

नार धरना–बर्तन की गर्दन बनाना।

नारन, नारा–नरा।

नारी, नाली–नहर से निकाली गई प्रणाली।

नारी–मूँज के तीर पर लिपटी पर्त।

नावों का मारा जाना–नावों का एकाएक पानी में डूब जाना।

नासा–नाक।

नासा–हल का निचला हिस्सा।

नाह–नाभि।

निकल जाना–बह जाना।

निकासी–पानी निकलने का रास्ता या

नाली।
निखरना–चमक उठना, बिलकुल निर्मल होना।
निखरा–पक्का भोजन यथा पूड़ी साग।
निखरी–तेज।
निघटना–मैल या गंदगी का अलग होना या पानी के नीचे बैठना।
निघेस–धँगठी।
नितम्ब–चूतड़।
निथरना–स्वच्छ होना।
निनाद–झरने की आवाज।
निबादर–जब बादल बिलकुल न रहें।
निमंत्रण–न्योता।
निमान–ढलार।
निमारा–बैली।
निमिष–पल।
निराई–सोहनी, खर निकालना।
निराना–पौधों के आस-पास की घास निराना (सोहना)।
निर्घोष–गर्जन।
निर्वृष्ट–बरसकर पानी समाप्त हो जाना।
निवात–वायुरहित।
निवाला–एक बार मुँह में डाला जाने वाला (भोजन)।
निशीथव्यापिनी–वह तिथि जो निशीथ काल में रहती है।
निसुहा–ठीहा।
निसोखिया–पानी न सोखने वाला।
निहाई–जिस लोहे के आधार पर लोहार अपना अधिकांश काम करता है।
नीम गिरिद–मैगिरी।
नीम धुरी–बैली।
नीम–दक्खिनी बयार से उत्पन्न रोग।
नीरसना–बेस्वाद होना, पानी सूखना।
नीलकण्ठी–नीलकण्ठ (पक्षी विशेष) के कण्ठ के समान कण्ठ वाली।
नीलगाय–जंगली पशु।
नुकड़ेटा–मकान के कोने के बचाव का पत्थर।
नुकर–एकदम सफेद।
नुकाना–दाने निकालने की प्रक्रिया को कहते हैं।
नुकाना–फूल-पत्तियों को पोली और हल्की बनाने का काम।
नुक्का–दे. टापा।
नेउसा–पानी-फल, जल में होने वाली एक तरकारी।
नेग–न्योछावर, भेंट।
नेढ़ा–लेंडुरी, लेंढ़ा।
नेत्र किंजलक–बरौनी।
नेत्र प्रतिघाती–आँखों की ज्योति पर आघात करने वाला प्रकाश।
नेनुआ–घेंवड़ा।
नेपाली आलू–पहाड़ी आलू।
नेबरा–चलते समय खुर रगड़ने वाला बैल।
नेरती–(गर्मी में) हड़होड़ा नैऋत कोण से चलने वाली वायु।
नेरुआ–धान की जड़।
नेवता, न्योता–निमंत्रण।
नेवाड़ी–एक गोल धारी।
नेस–घोड़े के जबड़े में दोनों ओर एक-एक दाँत निकलना।
नेहाई–निहाई।
नैन–एक प्रकार की मछली।
नैनू–ताजा घी।
नैऋत्य–पश्चिम और दक्षिण के बीच का कोण।
नोकदार–नोक वाला (घुँघरू)।
नोनचा–खटाई।

नौठा–नया हल।
नौदा–पोई।
नौनिहारी–खँचोली।
नौरतन–जड़ाऊदार (गहना)।
नौरोज–पारसियों का नववर्ष।
न्यौता–निमंत्रण।
न्यौरिया गिरि–सुनार की अँगीठी की राख में से सोने-चाँदी के कणों को अलग करने का काम।
न्यौरी–छोटे कानों वाली भेड़।
न्हैनी–कूंड़मिलौनी।
पंख-पखेरू–तितर-बितर उड़ते पक्षियों का छाया।
पँखरिया–खिले फूलों का छापा।
पंखी, पंखुड़ी–फूल के दल।
पंखीलर–पंखुड़ियों में डाली जानेवाली एक फँदान।
पंखोरिन–अपने पंख नोचने वाला पक्षी।
पँगाई–बलकट।
पँगोली–पोई, दो गाँठों के बीच का भाग।
पँचकटिया–तकुली का पूरा साँचा।
पँचतोरी–पाँच प्रतिशत, वह दक्षिणा जो तिलक लानेवाला पुरोहित लाता है।
पंचपल्लव–पाकड़, पीपल, गूलर, बरगद और आम के पल्लव।
पंचबेनिया–किवाड़ों की जोड़ी।
पंचमी–पक्ष की पाँचवीं तिथि।
पँचरंगचीरा–कई रंगों की धारियोंवाली।
पँचरंगी–पाँच रंगों वाली ओढ़नी।
पँचशाख–हाथ।
पंचुरा, पंचोल–मछली का शत्रु एक जलीय कीड़ा।
पंछी, पक्षी–चिड़िया।
पंजर–पसली।
पंजरी–पसली।
पंड़ी–जाल का एक प्रकार।
पंपिंग सेट–पानी निकालने की मशीन।
पँसड़ौर–खंभों के ऊपर का वह भाग जिस पर ठाट रखी जाती है।
पँसार–फर्श की समतलता।
पँसार पारा–रेबल।
पइन–नहर की शाखा।
पइया–खोखला, अधमरा, अनाज, एक कीड़ा, ऐसी फसल जिसमें दाने न हों।
पइला–पैला, हल का मुँह।
पई–ओटनी।
पकठा–अड़िया, सूखा।
पकाई–पकाने की क्रिया।
पका जाना–पैरों का पकना, एक रोग।
पकाना–(भोजन) पकाना, भूनना।
पक्का–भोजन का एक प्रकार जिसमें साग व पूड़ी सम्मिलित हैं।
पक्की चासनी–सोने का विशेष प्रकार से शुद्धीकरण।
पक्खन–जाला।
पक्खी–सिंघाड़े की फसल को बरबाद करने वाला कीड़ा।
पक्खा–कनपटी।
पखनरी–नुकीला यंत्र जो ढरकी के खोखले हिस्से में लगा होता है।
पखबिर–पखनरी।
पखारना–धोना।
पखिया–पक्खी, मुट्ठा।
पखियारी–पखनरी।
पखी–टेंट के भीतर का हिस्सा।
पगड़ी–सिर का पहनावा।
पगहा–पशुओं को बाँधने वाली रस्सी।
पगार–ईख का बन्धन, वेतन।
पगुड़ी–कनछी।
पचइयाँ–नागपंचमी।

पचकट्टा–छपटा, छिछला।
पचकल्याणी–चारों पैर और सफेद मुँह का घोड़ा।
पचकारिया–काँटा।
पचमासा–फाना।
पचरी, पचड़ी–एक छोटी लकड़ी जो चूल कसने के काम आती है, बाँस या लकड़ी का कील।
पचरुखी–ललका।
पचलरी–एक हार।
पच्चट–बाँस के ठाट के दाएँ-बाएँ बाँधी जाने वाली।
पच्चड़, पच्चर, पच्ची–पूरे मंगर को मजबूत रखने के लिए बाहर से ठोकी जाने वाली एक खूँटी, पच्चर।
पच्चीकार, परचीनियाँ–मनोवत का काम करने वाला कारीगर।
पच्चीकारी–पत्थर में किसी चीज की आकृति खोदकर उसी आकार के विभिन्न रंगों के पत्थरों को जमाना।
पछइयाँ–पछुआ, पश्चिम का (बैल)।
पछखी–कनदी, नया अंकुर।
पछरिया–कटनी के लिए साधन।
पछलकड़ा–बाँस का खूँटा जो आक के पीछे लगा रहता है।
पछाड़–पिछाड़ी, पीछे की ओर।
पछाँया–पछुआ के अनुकूल (बादल)।
पछारना–फटकना, कचारना।
पछीत (घर)–खिड़की के पास का घर।
पछुआ–एक आभूषण, पश्चिम से आने वाली हवा, अगवार गाड़ी के पीछे लगाया जाने वाला ओट जिससे सामान पीछे न गिरे।
पछेड़ना–पिछलकड़ा।
पछेला, पछेली–बाएँ बाजू वाला खूँटा, चूड़ियों के पीछे पहनने का एक आभूषण।
पछौटा–फरौटे का गोल सिरा।
पजइया ईंट–पैजावे की ईंट।
पजाया, पजावा, पैजावा–ईंट पकाने का भट्टा।
पटकन–छकनी।
पटकना–पानी से हल्का सींचना।
पटका–पटेला, हेंगा।
पटवाई–दासों को सम करने का काम।
पटकी–गदराया चना।
पटनहा–पटना वाला (आलू)।
पटपटाना–पट्पट् करना।
पटपर–उसरार।
पटहरी–चना, कपास व अंडी में लगने वाला लाल कीड़ा।
पटरा–लकड़ी का तख्ता।
पटरा जाना–मटर आदि में फूल की ढेढ़ी लगना।
पटरी–बटरी, चँगेली।
पटवतन–पाटन।
पटवार–पतवार।
पटाई–बीट, चाली।
पटा जाना–पटरा जाना।
पटाढ़ी–पेटाढ़ी।
पटार–धान का सूखा पौधा या सरपत सन का छिलका।
पटिया–चौकोर, बेल, अगल-बगल की बेनी।
पटिया–बहते पानी में दीवार की भाँति लगाया जाने वाला बड़ा जाल।
पटिया पारना–बाल सजाना, काढ़ना।
पटीमा–छपाई का तख्ता।
पटुआ–कुतुरूम, एक रेशेदार पौधा।
पटेटी–पुराने पारसियों द्वारा मान्य नववर्ष।
पटेल, पतेल–एक प्रकार की घास।

पटेल–भारी पंख और पतली देह का बटेर।

पटेला–हेंगा, पटेली।

पटेली–पटरी बिछी हुई एक बड़ी नाव।

पटैला–पटेला।

पटौरी–डाँड़ खेने वाली जगह, पटवतन।

पट्टा, पट्टी–गाड़ी का वह हिस्सा जिसमें सवारी बैठती है।

पट्ठा–साल भर का मुर्गा।

पठिया–जवान भेड़।

पण्डवारी–मृगमरीचिका।

पड़वछ–पड़िया के बाद की अवस्था वाली (भैंस)।

पड़वा–भैंस का नर बच्चा।

पड़ाक–आक के नीचे की लकड़ी।

पड़ाका–मठरी, गेहूँ के आटे की बनी हुई।

पड़िया–दूध न पीनेवाला भैंस का मादा बच्चा।

पड़िया–प्रतिपदा।

पड़ोह–मोरी या नाली।

पतकट्टा–छपटा।

पतरा–पंचांग।

पतलगुआ–फसल का मारा जाना।

पतला, पातला–कछुओं की एक जाति।

पतवार–पटवार (संस्कृत, कर्ण)।

पतसोखा–पत्तों को सुखा देने वाली पछुआ हवा।

पतहर–जुन्ना, पताई।

पतहरना–पत्ते झड़ना।

पताई–पतहर।

पतीली–डेगची।

पतुकी–मिट्टी का पात्र।

पतोलना–छीलना।

पतौरा–पतहर।

पत्तर–लोहे का पतला वस्त्र।

पत्ररथ–चिड़िया।

पत्ता–जुए का पाट।

पत्थर पड़ना–ओला पड़ना।

पथरछिता–संगतरास।

पथरा, पथरौटा–पत्थर का बना एक बर्तन।

पथरौटा–छोटी पटिया जिस पर रौंदी मिट्टी मल जाती है।

पथाई–ईंट पाथने का काम।

पथार–दे. पथाई।

पथिया–कुआँ खोदने का एक औजार, ओड़ैसा।

पथुली–खँचोली।

पथेरा–ईंट पाथने वाला।

पदाग्र–पैर की अँगुलियाँ।

पधरिया–दराँत, भारी धार वाली।

पनचाहा–जलहली।

पनछोर–उबहन में जुड़ी हुई छोटी रस्सी जिसमें फन्दा लगा रहता है।

पनजीरी–भुनी धनियाँ एवं शक्कर के मिश्रण से बना कसार।

पनडठिया–खँगड़िया (पहले पत्तेवाली)।

पनडब्बा–पान रखने का डब्बा।

पनदहनी–बिदहनी, खेत में पानी डालकर उसे तैयार करना।

पनदाहना–खेत में पानी डालकर तैयार करना।

पनपथी–बिना 'परोथन' के बनी हुई रोटी।

पनपियाव–प्रातःकालीन कलेवा।

पनफती–दे. पनपथी।

पनसाही–चिनिया ईख।

पनसुही–गोल पेंदे वाली हल्की नाव।

पनसूल–घोड़े का एक रोग।

पनहा–प्रतिकर।

पना–कच्चे आम अथवा इमली से बना व्यंजन।

पनारा–पंदारा।

पनारी–पत्थर में गहरी नाली बनाने का काम।

पनियाँढार–पनालों के बहने वाली स्थिति।

पनियाना–पानी में डालना (नाव को पहली बार)।

पनिहारा–जलहरी।

पन्नि, पन्निका–ताने रखने की एक लचीली धनुही।

पनिहारी–नासा में एक भारी एवं नुकीली लकड़ी, दबिया।

पनिहण्डा–जलहली।

पनीर–छेना।

पपड़ियाना–पपड़ी पड़ना (भूमि में)।

पपरा–चौपट्टा।

पम्मी–ओसौनी करते समय उड़ा हुआ हलका अनाज या भूसा।

पया–चूरा।

पयोधर–स्तन।

पर–पंखी।

पर–गोलची की दोनों टाँगें।

परई–मिट्टी का पात्र।

परकट्टा–ठीहा।

परकटी–पर काट दी गई चिड़िया।

परकाल–कोण बनाने या नापने का औजार।

परकैचन–दे. परकटी।

परछौनी–वर के परिछे जाने पर दिया गया उपहार।

परता–ऐना।

परती–ऐसी जमीन जिसमें फसल न उगाई जाए।

परती, पराँट–चरागाह के लिए छोड़ी गई भूमि।

परमल–भूजा।

परवल–परबर, एक सब्जी।

परवा–टाप।

पराठा–कम घी में पकाई रोटी।

परात–पीतल का थाल जैसा बड़ा पात्र।

परास–चोंप।

परिछन–वर का प्रथम स्वागत।

परिछा जाना–वर-सत्कार की एक रस्म।

परिमलवाही–सुगन्ध ढोने वाली हवा।

परिया–मिट्टी की मूँठदार वस्तु।

परिया–फार।

परियाठा–ठीहा।

परिल्ला–गन्ने को सड़ाने वाला रोग।

परिहथ–मूँठ।

परी–पशुओं का अधिक संख्या में बीमार होना।

परूआ बैल बनकर रहना–आलसी या बिना काम के रहना।

परूवा–गिर्रा (बैल)।

परेठा–ठीहा।

परेतनी–ऐना।

परेता–ऐना।

परेल–घने और मोटे परों वाली एक चिड़िया।

परेह–रसदार।

परेठा–पराठा।

परेथन, परोथन–सूखा आटा, जिसे गुँथे हुए आटे में लगाकर रोटी बेलते हैं।

परोरा, परोरी–एक प्रकार की सब्जी, परबल।

परोसा–खाना।

पर्जन्य–बरसने वाला बादल।

पर्दा–ओहार।

पर्युषण–जैनियों का एक पर्व।

पर्व–पोरी।

पलक–आँक का ऊपरी आवरण।

पलई–पल्ला।

पलक भाँजते–पलभर में।

पलंग–खाट से बड़ा होता है।

पलंजन–ताना या तानी।
पलट जाना–खूह जाना।
पलल–मांस।
पलला–छपाई का एक प्रकार।
पलवार–एक हल्की नाव।
पल-विपल–घड़ी या दंड का विभाजन (मिनट-सेकेंड की भाँति)।
पसमी–बाल।
पलस्तर–दे. टिपकारी।
पलाऊँ–झारी का रंदा।
पलानी, पाझा–पशुओं के रहने का छायादार घेरा।
पलानी–दुपलिया छप्पर।
पलिहर–रबी के लिए तैयार किया जाने वाला खेत, चौमस।
पल्टा–जुए का पाट, कील (एक आभूषण) किवाड़।
पल्ला–1. सुनहले रंग की एक मछली। 2. कबूतरों की सबसे ऊँची और लम्बी उड़ान।
पल्लू, पालू–छोटी छल्ली।
पवट जाना–पानी से भर जाना।
पवन–अनाज को भूसी से अलग करने वाली हवा।
पवनी–मजदूरी के रूप में केवल अनाज ही लेने वाले मजदूर।
पवमान–पवन।
पश्यन्ती–वाक् की एक अवस्था।
पसनी–मुड़ी धार वाली खुरपी।
पसमी–रोएँदार।
पसरा–घनैली।
पसही–पाँजा।
पसाना–उबले हुए अन्न से जल को अलग करना।
पसार–पौंसारा।
पसारना–फैलाना।
पहल–कोर।
पहलू–ढंग, आधार, पक्ष।
पहलौन–पहले बियान वाली गाय।
पहाड़ी आलू–एक प्रकार का आलू।
पहिती–पकी दाल।
पहिया–चक्का।
पहुँच–कनछी।
पहुँची–डोर में गुँथा हुआ एक आभूषण।
पाँइत, पैताना–खाट का वह भाग जिधर पाँव होते हैं।
पाँक–कीचड़, गीली मिट्टी।
पाँकी–पम्मी, नदी की नई मिट्टी।
पाँचप्राण–(वायु) अपान, उदान, ब्यान, समान, प्राण।
पाँचर–बाँज या लकड़ी की कील।
पाँजा–चार मुट्ठी फसल (पौधे) का गट्ठर।
पाँय पखरनी–पैर धोने का नेग।
पाँवपूजी–विवाह के समय वर के पाँव पूजने का नेग।
पाँवपूजी विवाह–विवाह की एक प्रथा जिनमें कन्या को उसका पिता वर के घर पहुँचा जाता है और वर का पाँव पूजकर कन्या उसे सौंप देता है।
पाँसू–कुम्हार के मिट्टी खोदने का औजार।
पाइट–बल्लियों पर बाँधे हुए बाँस।
पाइप रिंच–पाइप खोलने-कसने का रिंच।
पाई करना–माँचना।
पाखा–बँड़ेर सँभालने वाली भीत।
पाग–चासनी।
पागड़ मारना–डाँठ को सोंकी से बैलों के पैरों के नीचे डालने की क्रिया।
पागड़ा, पागड़िया–अगदाई।
पाचड़–चैली।

पाट—हल का वह अंग जहाँ फार जाता है जल विस्तार, नदी की चौड़ाई, पनिहारी का ऊपरी हिस्सा, पटुआ।

पाट—दे. पथरौटा।

पाटन—भीतर का तख़्ता।

पाटना—भरना, ढँकना।

पाटा—दे. पटेला।

पाटिया—गले का एक गहना।

पाटी—चरखी के चौखटे या खाट की लम्बाई वाली दोनों लकड़ियाँ।

पाटी—एक आभूषण।

पाड़ा—पड़रू के बाद वाली अवस्था का भैंस का नर बच्चा।

पाड़ी—तैयार होने वाली बच्ची।

पाढ़—टट्टर।

पाढ़ा—बरैठा।

पाणिग्रहण—विवाह।

पान—नागबेल।

पाता—डाँड़े की चपटी धार, पल्ला।

पानडलिया—पान रखने की छोटी डिबिया।

पानफूल—बेल रचना, भेंट।

पानफेराई—वर पक्ष की ओर से कन्या की माँ के पास पान भेजने पर वापस आई द्रव्य की भेंट।

पान-बतासा—हथेली पर का आभूषण।

पाना—कवला।

पानी चढ़ाना—पैनाना।

पानी तोड़ना—पानी पर चलना या उसे पार करना।

पानी धरना—पानी चढ़ाना।

पामोजी—टाँगों पर पंजों तक बाल वाली चिड़िया।

पाटाखरी—सारा शरीर एकरंगा किन्तु चारों पैर आधे-आधे सफेद रंग की भेड़।

पायजेब—पैर का आभूषण।

पायल—पैर का आभूषण।

पाया—खम्भा।

पार—दूसरा किनारा।

पार उतराई—खेवाई।

पारिजाता—शेफाली।

पाल—गड़ेरिया।

पाल—सूर्त (नाव का)।

पालक—एक साग।

पाल डालना—कच्चा आम तोड़कर पकाना।

पाला—ठारी।

पालेज—कोइद्वार।

पालो—जुआ, सीवान।

पावर फैक्ट मीटर—ए.सी. सप्लाई पावर फैक्टर मापन यंत्र।

पास—सुपरा।

पासा—लोहे के फार के भीतर वाला छेद।

पासंग—खुरपे की धार।

पाहुर—पाथेय, उपहार।

पाहा—आँतर।

पिंजन—धुनकी।

पिंजूषा—कान का मैल (खूँट)।

पिड़िया—व्रत विशेष।

पिंसर—लकड़ी में से कीलों को निकालने का औजार।

पिउनी—पूनी।

पिचण्ड—पेट।

पिच्चड़—कड़े पत्थर की छिनाई की टाँकी।

पिछलकड़ा—पछलकड़ा।

पिछवारा—पिछला हिस्सा।

पिछाई—माथे के पीछे का भाग।

पिछाड़ी—घोड़े के पिछले पैरों को बाँधने वाली रस्सी।

पिछाड़ी—पीछे।

पिटसूल—घोड़े की एक बीमारी।

पिटाई—पीटने की क्रिया।

पिटार–बीच का भाग।
पिटिया–खा कर दूधर देने वाली (गाय)।
पिट्टू–भौंकी।
पिटोई–टाँड़ा।
पिठौरी–एक नमकीन व्यंजन।
पिड़किया–गोंझा।
पिढ़ई–छोटा पीढ़ा।
पिढ़िया–फरई, आगे के हूरे को मिलाने वाली लकड़ी।
पितरनेवती–पितृनिमंत्रण।
पितरसेली–एक साग।
पिन्ती–चावल के चूरे व दूध से बना लड्डू।
पिन्हाना–थन में दूध उतरना।
पिपरा–चौपट्टा।
पियरा–पिरौंदा (बैल), पीली (सरसों) रोग।
पियराना–पीला पड़ना।
पियराह–कुछ-कुछ पीला।
पियरी–पीली सूती साड़ी, सियार जैसे रंग वाली (गाय)।
पिलना–दे. कुरैल।
पिलही–वामकुक्षि में स्थित मांसखंड।
पिल्लू–कपास को हानि पहुँचाने वाला एक सफेद कीड़ा।
पिशित–मांस।
पिसान–अन्न का चूर्ण।
पिहान, पिहानी–मिट्टी का ढक्कन।
पिहिका–सुखड़ा।
पीक–पान का थूका हुआ रस।
पी कहाँ–पपीहे की बोली।
पीटकर–झारकर।
पोटी–ओले से बरबाद हुई फसल।
पीठा, पीठ–पिष्टि, जल में पीसा अनाज।
पीठिका, पीढ़ा–काठ का बैठने का आसन, फरई, पिढ़ई।
पीड़ी–मिट्टी का पका एक औजार।
पीती–गोठी से बनाया गया गोला।
पीर–पूनी, पीनी।
पीरा, कच्ची पीरा–अधपकी ईंट।
पीरोदा–पीले रंग वाला।
पी.सी.पी.–दे. वरनाम।
पुँछटँगा–छोटी पूँछ का बैल।
पुँछेटा–पछौटा।
पुंजवट–पुआल की ढेरी।
पुआ–गेहूँ के आटे तथा शक्कर के घोल से बना व्यंजन।
पुआड़ी–नई किलसी वाली ईख की फसल, अरैया।
पुआरी की जोत–कोड़िया।
पुकार–आवाज।
पुटयाक–बर्तन को मिट्टी से ढँककर तेज आँच में पकाना।
पुटुकना–अंगुलियों की आवाज।
पुट्टी–पट्टी।
पुट्ठा–1. शरीर का एक अंग, जाँघ। 2. घोड़े की रीढ़ का पिछला भाग।
पुण्यतिथि–मृत्यु की तिथि।
पुतरा–बीज के जड़ पकड़ने को पुतरा कहते हैं।
पुत्तली–आँख की पुतली।
पुत्ती–कमरी, गेहूँ का बीज।
पुथा–नाक के नीचे और दाँतों के ऊपर की मुलायम खाल।
पुदीना–पूतिहा।
पुनर्भव–नाखून।
पुनरवसु, पुनर्वसु–एक नक्षत्र।
पुपरा–तितिली।
पुर–चमड़े का थैला, सिंचाई का एक साधन।
पुरइन–कमल की पंक्ति, कमल-पत्र।

पुरवा–कुकढ़ी।
पुरबिया–पूरब का (बैल)।
पुरवा–सकोरा, छोटा गाँव।
पुरवाई–पूर्व से चलने वाली (हवा)।
पुरीष–मल।
पुरवैया–पुरुवा हवा।
पुरी–कपास के फूल या कपास की बन्द मुँहवाली कली।
पुरुवा–पूर्वा नक्षत्र, पुरवाई।
पुरवाई–पुरुआ हवा।
पुरोहित–परिवार में पूजा कराने वाला व्यक्ति।
पुरोहिती–पौरोहित्य कर्म।
पुलक–रोमांच।
पुलारना–पोला कर देना।
पुलाव–एक व्यंजन।
पुलिन–रेती।
पुलुई, पुलुँई–सिरा, ईख का ऊपरी भाग।
पुली–गट्ठर।
पुकाडैल–पछौटा।
पुष्करावर्तक–बादल का एक नाम।
पुष्करी–पुष्कर का (बैल)।
पुष्य–**1.** एक नक्षत्र। 2. रज।
पुस्तंग–पुट्ठों के ऊपर पूँछ के पास का भाग।
पुस्तीमान–किवाड़ों को जोड़ने एवं विभक्त करने वाली लकड़ी।
पुहना–गूहना।
पूँछ, पूँजा–पशु शरीर का अंग। पटार।
पूती–कमरी।
पूनी–पीनी, पिउनी।
पूनो–शुक्ल पक्ष की पन्द्रहवीं तिथि।
पूर्व अंकुरण–बुआई के बाद किन्तु फसल उगने के पूर्व खरपतवार नाशकों का प्रयोग किया जाना।
पूर्व रोपण–बुआई से पूर्व खेत में खरपतवार नाशकों को खेत में मिलाना।
पूर्वा–एक नक्षत्र।
पूला–सरपत की ढेरी।
पूली पूलर–पूली उतारने का औजार।
पृषत्–बूँद।
पृषदश्व–जलकण लदी गोल हवा।
पेंच–एक यंत्र।
पेंड़नी–फरुही।
पेड़ी–गन्ने की पुरानी खेती।
पेंदा–तली।
पेंदी–बर्तन का आधार भाग, निचला भाग।
पेकचा–अरुई।
पेचकश–एक यंत्र।
पेट–नदी की चौड़ाई।
पेटाढ़ी–धान को नष्ट कर देने वाला कीड़ा।
पेटारी–झाँपी, पेटाढ़ी।
पेटी–झूल, कमर का आभूषण।
पेठा–एक प्रकार का मुरब्बा।
पेड़ा–खोये की एक प्रकार की मिठाई।
पेन–हैमर का ऊपरी भाग।
पेमचा, पौमचा–चारों किनारों तथा बीच में लाल रंग के वर्ग और वृत्त बनी ओढ़नी।
पेमसी–फेनसा।
पेखा–आरसी।
पेरूक–अमरूद।
पेसना–लपेटना।
पेहानी–झाँप।
पैंजनी–धुरी से नीचे से उसे ढँकने वाली शीशे की एक टेढ़ी लकड़ी।
पैड़ा–गेड़ का टुकड़ा।
पैंपना–मटर की कली।

पैकर–हाथी के पैरों में डाली जाने वाली सीकड़।

पैकर, पैड़, पैड़ा–पशुओं के पैरों को बाँधने की रस्सी।

पैका–गन्ने का गोंफा सड़ने का रोग।

पैकार–मछली मंडी का दलाल।

पैना–डंडा, सोटा, तेज (धार)।

पैनाना–धार तेज करना।

पैर–खलिहान में अनाज अलग करने के लिए फैलाई फसल।

पैर–दे. चौक।

पैरा बावग–बीज को हराई के पीछे-पीछे कतार में बोना।

पैराह–पैरने की स्थिति वाला जल।

पैरा कुआँ–जहाँ पुर चलते हैं।

पैला–हल का मुँह, मूड़ी की टोपी।

पैवारा–भागना रोकने के लिए पशु के पैरों को बाँधने की क्रिया।

पैसा–टका, मेंहदी की बड़ी-बड़ी गोल बूँदें।

पोंकनी–पोंकने वाली गाय।

पोंछुई–पराठा।

पोआ–तम्बाकू का रोपा जाने वाला पौधा।

पोई–पंगोली, पोर, एक साग।

पोकर–लकड़ी, लोहे में छेद करने का औजार।

पोखरा–जलाशय।

पोखरी–छोटा जलाशय।

पोखी गड़ेली–छुच्छी।

पोगल–मकर संक्रान्ति के दिन मनाया जाने वाला एक वर्ष।

पोटा–मुर्गे की छाती के पास अन्दर की पोटली।

पोटाश–एक रासायनिक तत्व।

पोटेशियम नाइट्रेट–पोटाशयुक्त एक रासायनिक उर्वरक।

पोटेशियम सल्फेट–एक प्रकार की पोटाश युक्त रासायनिक खाद।

पोटेशियम कार्बोनेट–पोटाशयुक्त उर्वरक का एक प्रकार।

पोतना–पोतने या लीपने वाला कपड़ा।

पोदीना–चटनी वाला एक पौधा।

पोपटा–अंडे का छिलका।

पोर–पैर की अँगुली में पहने जाने वाला आभूषण। पंगोली।

पोर, पोरा–अंगुलियों की गाँठें।

पोर छोड़ना–गिड़ाना।

पोराना–गाँठ लगाना।

पोरी–पोर।

पोरुआ–एक आभूषण।

पोलिया–आँटी, पोला।

पोसार, पौसार–करघे का हिस्सा।

पौंड़ा–गेड़।

पौड़ी–बटिषन, चिनिया ईख।

पौंदा–डंगी के ऊपरी सिरे पर बँधा मजबूत सूत।

पौंदी–गन्ने की फसल का एक रोग।

पौआ–22 ढोली पान।

पौतान–पौंसार में जड़ी एक मेख जिसे अंगूठों के बीच बुनकर दबाए रखता है।

पौती–पेटारी।

पौनिया–झाँपी।

पौना–एक प्रकार का झरना।

पौ फटना–प्रातःकालीन प्रकाश दीख पड़ना।

पौर-द्वार–सदर दरवाजा।

पौरा–द्वार के समीप का कोठा, आगमन चरण।

पौरी–पुआड़ी।

प्याजी–प्याज का-सा (रंग)।

प्लायर्स–पिलास।

प्लीहा—वामकुक्षि में स्थित मांसखंड।

प्वाइंट—रेती का अगला भाग।

प्रकम्पित—कँपा-कँपाकर उच्चारण करना।

प्रकोष्ठ—कमरा।

प्रकृति—योनि।

प्रगंड—मुश्क।

प्रग्रह—पगहा।

प्रच्छायित—छायायुक्त।

प्रतिपदा—पक्ष की पहली तिथि।

प्रतिहस्त—मूठ, परिहथ।

प्रतीक—अंग।

प्रत्यालोक—सूर्य का प्रकाश जो पानी आदि से टकराकर लौटता है।

प्रत्यूषवेला—सूर्योदय का समय।

प्रदोषव्यपिनी प्रदोषातिथि—जो तिथि संध्या काल में रहती है।

प्रपद—पैर की अँगुलियाँ।

प्रभंजन—आँधी।

प्रभामण्डल—प्रकाश का गोलाकार रूप।

प्रस्वेद—पसीना।

प्रस्राव—मूत्र।

प्रहर—याम, तीन घंटे का समय।

प्राचीन—पूर्व दिशा में होने वाली वस्तु।

प्राण—प्राणवायु।

पार्श्व—पसली।

फंजीसाइड—फफूँदीनाशक।

फँदना, फदान—केवल डोरे से फन्दों में फाँसकर फूल में लगाने की क्रिया।

फँदनी—रौना, एक प्रकार का पतला गन्ना।

फँसार—सघन पेड़ों की परस्पर उलझी शाखाएँ।

फगुनहट—फागुन की हवा।

फटकना—(सूप से) अनाज साफ करना।

फटहा—धान का एक रोग।

फटा—गन्ने का रोग।

फटा स्वर—वयःसंधि की आवाज।

फटेरा—ठठेरा, मक्का, ज्वार-बाजरे का तना, पटार।

फट्ट—झाड़ी।

फट्ठी—चपनी।

फट्ठा—फटहा, चिरे बाँस का डंडा।

फड्डा—चातर।

फड़—1. नींव की चिनाई का ऊपरी रद्दा। 2. गाड़ी के ढाँचे की दो लम्बी भुजाएँ।

फड़फड़ाहट—जल्दी-जल्दी पंख मारने की आवाज।

फड़बन्दा—वर का एक वस्त्र, कमरबन्द।

फड़हा—पावड़ा।

फतिंगा—तोते की जाति का कीड़ा जो गन्ने को खाता है।

फनकी—रौना।

फनगी—तोते की जाति का कीड़ा जो गेहूँ, चना, जौ की जड़ों को खाता है।

फनिगा—सुरका।

फनिया—माथे पर साँप के फन सदृश भौरी वाला घोड़ा।

फंदा—ठुल्ला।

फफदना—घाव होना।

फमरा—फावड़ा।

फर—1. दे. चौक। 2. पहले पानी में फिर घी में सिंकी पूड़ी या कचौड़ी, गाड़ी के छज्जे का मुख्य हिस्सा।

फरई—चरखे का आधार एक चौड़ा तख्ता, पिढ़ई।

फरकिल्ली—किल्ली।

फरगेड़ा—कुर्सी में आगे की ओर लगने वाला पत्थर।

फरसा—टाँगा, एक तेज धार वाला हथियार।

फरहर—खिला-खिला, खिला (भात)।

फरही–चिउरी।

फराठी–फट्‌ठा।

फरिया–फार।

फरी–1. उठी हुई धारियाँ। 2. गाड़ी में ठुकी पट्टियाँ, धार, कुर्दा।

फरुही–अधपकी, इमली, लाई।

फरुहा, फरुही–गन्ने आदि की खेती में क्यारी बनाने में प्रयुक्त किया जाने वाला काठ का औजार।

फरेरा–अफार, सूखा।

फरेहा–फरौरा।

फलसा–फल्ली।

फली–छिम्मी।

फलूचे–फूलदार पेड़-पौधे।

फल्ली–रंदा की धार।

फसल चक्र–निश्चित क्रम से फसल उगाना।

फसली–एक सम्वत् का नाम।

फहोड़ा–फावड़ा।

फाँड़ा, फाँड़ी–बखार में रखे अनाज में लगने वाली एक प्रकार की गिड़ार।

फाईलिंग–रेतना (रेती के प्रयोग की क्रिया)।

फाटक–दे. अड़गड़ा।

फाटो–धान की बाली में लगने वाला एक रोग।

फाना–उपरपाटी।

फार–हल का एक अंग, पनिहारी के ऊपर लोहे की एक नुकीली पटिया, फावड़े का लोहे वाला हिस्सा।

फारम–(गेहूँ) एक अच्छी किस्म का गेहूँ।

फारुआ–कूँड़ में बोये जाने वाले आलू।

फाल–फार।

फालसा–परुषक।

फास्फोरस–एक प्रकार का रासायनिक तत्व।

फाला–परिया।

फालूदा–फौरा, कुदाल।

फिट–ठीक नाब का होना।

फिटर–यंत्र आदि को बैठाने वाला।

फिरकी–चकई।

फिरोजी–रंग-विशेष।

फिल्ली-डुबान–पिल्ली तक पानी।

फीता–पतली बेल की छपाई।

फ्रीक्वेन्सी मीटर–ए.सी. विद्युत आवृत्ति मापन यंत्र।

फुटहरा, फुटहरी–कंडे की आग में पकाई रोटी।

फनगी–पौधों का ऊपरी सिरा।

फुफकार–फू-फू की आवाज।

फुफकार उठना–तेजी से हवा चलना शुरू होना।

फुफ्फुस–फेफड़ा।

फुरहरी–ठंड या शारीरिक दोष के कारण घोड़े का अपनी देह को हिलाना।

फुरेरी–भीगे पक्षी का अपने परों से पानी निकालने के लिए पंखों का हिलाना।

फुर्रफुर्री–घोड़े का मुँह से फुर्र-फुर्र की आवाज निकालना।

फुर्रकनी–फुंकारने वाली (गाय)।

फुर्री–छींट से छोटी बूँदें।

फुल–चोंच से आगे की घुंडी।

फुलक–पुलुई।

फुलका–पतली हलकी रोटी, चपाती।

फुलछबरिया–स्त्रियों के पंजों के शृंगार के बीच वाले वृत्त के भीतर बनाया स्वस्तिक।

फुलडंडिया–पत्तीविहीन फूल का छापा।

फुलधोवा–फसलों के फूल झरने का रोग।

फुलपतिया–उँगलियों पर की एक प्रकार की मेहँदी रचाई।

फुलबगिया–फूल-पत्तियों सहित पौधों का

छापा।

फुलबसिया–मीठी हवा।

फुलभंगा–झिल्ली।

फुलवा–देह पर सफेद फूलों वाला बैल।

फुलवार–फूलों के पौधे।

फुलुकी–डलिया।

फुलौरी–बरी, बड़ी।

फुसफुसाहट–कनफूसी की आवाज।

फुहार, फुही–झीनी बूँदों की बारिश।

फूँआ–मक्का के दाने पकने की दशा में टूटने वाले फूल।

फूँक–भाथी की नली।

फूट–खूब पक कर फटी हुई ककड़ी।

फूट लाना–बर्तनों (मिट्टी के) का टूटना।

फूटपूड़ी–(पे.) दलही।

फूटी (आवाज)–बुढ़ापे की आवाज।

फूल–1. चरखी की गुल्ली का गिट्टक। 2. मक्का की नोक।

फूलगहना–फूल से बना गहना।

फूलडाली–आकार में अति छोटी डलिया।

फूलपतियापाँत–मिलती हुई बूटी का छापा।

फूलमाली–फूलों की मालाएँ बनाने वाला।

फूला–गन्ने का एक रोग।

फेंकउआ, फेंका, फेंकुआ–फेंक कर मछली पकड़ने का जाल (फेकैन्त)।

फेंकार–हुँआ-हुँआ की आवाज (सियार आदि की)।

फेंटना–घोल बनाना।

फेकैल–फिंकने वाली जगह।

फेटबाल–कपास की एक जाति।

फेनसही–फेनसा वाली (गाय)।

फेनसा–बियाने के दस दिन बाद तक का गाय का दूध।

फेना–कनवाँ नामक एक घास।

फेनिल–फेनयुक्त।

फेनी–खजुला की तरह एक मिठाई, चावल के आटे की एक मिठाई।

फेरा–भाँवर।

फेस–1. फाइल के सामने का हिस्सा। 2. हैमर का चोट करने वाला भाग।

फैड़–फड़।

फोंका–नदी के किनारे की जमीन।

फोक–मुलायम (मिट्टी)।

फोटा–गूला।

फोरन–फोड़न (छौंक का मसाला)।

फौरा–फावड़ा।

क्याउरी–लोमड़ी।

फ्लेट फाईल–चपटी रेती।

बँकटिया–दो-तीन बार गर्भ धारण कर चुकी भेड़।

बँकहिया–छाती पर गाँठ वाला घोड़ा।

बँकुआ–पसनी (घास काटने का एक औजार)।

बँगठी–रुई का बिनौला।

बँगड़ा–एक हल्की नाव।

बँगला–एक प्रकार का पान।

बँगली–चूड़ियों के बीच में पहनी जाती है।

बँगुरी–सँड़सी, बँगली।

बँगौर, बँगौरी–बिनौला।

बँघेला–बाएँ बाजू वाला खूँटा।

बँझियाना–बाझी लगना।

बँटना–रस्सी बनाना।

बँटा–ऐंठा (सूता)।

बँड़छा–कपास की एक जाति।

बँड़ेर, बँडेरी–लरही के ऊपर की लकड़ी।

बँधना–पात्र विशेष।

बँसुली–ईंट तोड़ने का औजार।

बँसौता–एक जंगली घास।

बँहगी, बँहिंगा–चिरे बाँस की छोटी बल्ली जो भार ढोने के लिए प्रयुक्त होती है।

बंक–कुटिल, टेढ़ा।
बंजर–गौरमजरूआ जमीन।
बंझड़–बालरहित ज्वार-बाजरा के पौधे।
बंड–बाँड़ा।
बंडा–एक सब्जी।
बंद, बंदी–1. बन। 2. एक आभूषण।
बंद–खड़ी रेखा और ऊपर-नीचे अर्द्धवृत्तों के बनाने का काम।
बंसी–दे. लग्गी।
बइर–बेर।
बकला–एक फली।
बकुला–धान में लगने वाला एक काला कीड़ा।
बकेना (पड़रु)–भैंस का बड़ा नर बच्चा जो दूध नहीं पीता, बहुत दिन की ब्यायी (गाय)।
बकेया–बकुला।
बकेला–अधिक दिन की बियाई हुई (गाय, भैंस), बकेना।
बक्की–बकुला।
बखार–अनाज रखने के लिए बाँस आदि से बनाई गई जगह।
बखारी–कुठला।
बखीर–चीनी या गुड़ के रस में पकाया चावल।
बगनर–सैंटा।
बगबगी–मुर्गे की दाढ़ी जो मुँह के नीचे खाल के रूप में लटकती है।
बगराना–बहकाना, फैलाना।
बगरेड़–अंडी का पौधा।
बगल–1. काँख। 2. बाबल।
बगिया–सत्तू से बना पदार्थ, कोला।
बगुची–1. डूँड़री 2. टेढ़ी।
बगूला, बगोला–धूल उड़ाती हुई बहने वाली हवा।
बघरा, बघरिया–कटनी का साधन।
बघार–छौंक।
बच्छवारस–सावन मांस का राजस्थानी पर्व।
बछदुही–दूध देने वाली गाय।
बछरु–ढाई वर्ष तक की अवस्था वाला गाय का बच्चा।
बछेड़ा, बछेरा–घोड़े का बच्चा।
बजका–करा।
बजड़ा–बाजरा।
बजना–हवा चलना, नाद करना, ठनना।
बजरवोंग–एक भारी लाठी।
बजरहड्डी–घोड़े की टाँगों का एक रोग।
बजरा–सजी-धजी नाव।
बजरी–अत्यन्त छोटी मटर।
बज्जा–निन्दित (बैल)।
बज्जी–1. कठार (गाय)। 2. बीच में दूध बंद कर देने वाली भेड़।
बटना–हथेलियों से रस्सी में ऐंठा लगाना।
बटरी–एक प्रकार की चँगेली।
बटवन–बटिवनु।
बटाम–एक औजार (जिससे सीध आदि देखने का काम होता है)।
बटारी, बटाली–छेनी।
बटिवन–लोहे या मिट्टी की छोटी गोली।
बटुरी–छोटी काली मटर।
बटोरना–इकट्ठा करना।
बट्टा–ओड़ा, डलिया, पुरवा।
बठान, बथान–पशुओं को इकट्ठा करके रखने की जगह।
बड़गोहुँआ–गेहूँ की शकल से मिलती-जुलती गेहूँ के खेत में उगने वाली घास।
बड़बड़ाहट–अस्पष्ट आवाज, अर्धचेतनावस्था की आवाज।
बड़सिंगा–बड़े सींग वाला (बैल)।
बड़सिंगी–डूँगी (गाय)।
बड़ा–उड़द से बना भोज्य पदार्थ।

बड़ी–1. अदौरी। 2. तमाखू की एक किस्म।

बड़ी जामुन–फरेंदा।

बड़ेड़ा–लोहे का छड़ जिसके नीचे माथी रहता है।

बड़ेर–बैड़ेरी।

बड़ैसा–कपास की एक जाति।

बड़ोखा–अरूई।

बढ़ती–विकास।

बढ़नी–झाड़ू, कूँचा।

बढ़वार–बढ़ाव।

बढ़ैर–बरैनी।

बतास–हवा।

बतासफेनी–एक महीन धान।

बतासा–चीनी या शक्कर से बनी मिठाई।

बतासी–चौरसा।

बतिया–कच्चा फल।

बत्ता, बत्ती–सीधी पतली पट्टियाँ, फरी।

बथनियाना–पशुओं को इकट्ठा करके रखने की क्रिया।

बथुआ–खरथुआ, एक साग।

बदकना–खौलना।

बदन–मुख।

बदस्वल–उड़ान, बादलों का बस चलते रहना।

बदरिया–बदली।

बदरौटी (घाम)–बादल की हलकी छाया से युक्त घाम।

बदली–बादल का टुकड़ा।

बदि–कृष्ण पक्ष, बहुल दिन।

बदिया–बाँदिया।

बदी सिरौट–घोड़े का एक रोग।

बद्दलिका–बदली।

बद्दी–यज्ञोपवीत की तरह पहना जाने वाला हार।

बधरा, बधरिया–भारी धार वाली पधरिया।

बधिया–गन्ने का सिरा।

बधिया करना–बछड़े को कूटना (नपुं. बनाना)।

बन–1. बन्द। 2. कपास।

बनकटी–लौद।

बनगोइठा, बिनुआ गोइंठा–दे. कंडा।

बनसारी–ककना।

बनिहारी, बनी–दे. दिनौरा, मजदूरी।

बनौट–बनकटी।

बनौरी–ओला।

बन्दी–1. बन, 2. आभूषण।

बन्हका–बड़ी धनुही के आकार की सरकी।

बन्हना–मोजर।

बन्ना, बरना–दूल्हा।

बन्नी–बर्तन रँगने की मिट्टी।

बफारा–भाप।

बफौरी–बिना तेल-घी के केवल भाप से बनी तरकारी।

बबरना–घघाना।

बभनी–औरंग।

बमनी–घोड़े की पूँछ का रोग।

बमैला–पछेला।

बयार–हवा।

बरई–पान पैदा करने वाली जाति।

बरगा–दे. पाइट।

बरगा–खम्भे का ऊपरी हिस्सा।

बरत–तगधरी।

बरदियाँ–दे. खर्च।

बरधगाय–ऊँची गाय।

बरधाना–गाय का गर्भ धारण करना।

बरन–1. बरैनी, 2. किल्ला।

बरनी–1. बायीं खूँटी, 2. कन्या।

बरसाथन, बरसौड़ी–प्रतिवर्ष बियाने वाली गाय।

बरसौंह–बरसने वाला (बादल)।

बरहा–ऊँची उठी हुई दो भेड़ों के बीच से पानी ले जाने का रास्ता।
बरही–1. प्रसव का बारहवाँ दिन। 2. पटेला में बाँधी जाने वाली रस्सी।
बरा–ठर्रा।
बरांग–योनि।
बरामदा–घर के मुख्य द्वार के आगे का खुला हिस्सा।
बरारी–मांसल पीठ वाला (बैल)।
बरी–बेसन का बना व्यंजन।
बरुआ–खूँटा।
बरुनी, बरौनी–पलक के बाल।
बरु–एक प्रकार का बहुवर्षीय खरपतवार।
बरेज–पान की काश्त।
बरेठा–1. बड़ेड़ा, 2. भीट।
बरैनी–हरिस को सँभालने के लिए ठोंकी जाने वाली कील।
बरौंखी–नरगोरी।
बर्कर, बोक–बकरा।
बर्करी–बकरी।
बर्धवार–चरवाहा।
बर्फी–खोए की एक मिठाई।
बर्मा–लकड़ी छेदने का औजार।
बर्माभूसी–एक महीन धान।
बसी–ज्वार-बाजरे की मारी गई बाल जिसमें दाने नहीं पड़ते।
बल–दे. अंटा।
बलकट–ऊपर से बाल काटने की क्रिया।
बलगम–कफ।
बलडौड़ा–बहूँटी।
बलसार–बगारी।
बलसुनरी–बालू मिली हुई चिकनी मिट्टी।
बसैत–रहटान की कीमत।
बलिहन–बाली वाली फसल।
बलीवर्द–जो बैल हिलावर हो जाने के बाद जोता नहीं जाता।
बलुआ, बलुहा–बाजू का, बालुकामय।
बल्ला–बड़ा बाँस।
बवंडर–बौंड़र।
बाष्कयणी–बाखरी गाय, बकेना गाय।
बसिया–एक पहर पहले का भोजन।
बसिया खिलाई–कुँवर कलेऊ के समय वर को दिया जाने वाला उपहार।
बसुधारा–वसोधारा, विवाह संस्कार का एक अनुष्ठान।
बसूला–बढ़ई का एक औजार।
बसाढ़ी–बसौता।
बस्ती–आवास, स्थान।
बहकना, बहक जाना–पशुओं का खो जाना।
बहरनी–एक महीन धान।
बहरा–सावन-भादों में तेज चलने वाली हवा।
बहली–1. एक सवारी गाड़ी, 2. सवाँगी गाड़ी।
बहाव–धार या प्रवाह।
बहिया–बाढ़।
बहिलवा–हरहट।
बहिला–गर्भ न धारण करने वाली।
बहुरी–भुजा।
बहुल दिन–बदि, कृष्णपक्ष का दिन।
बहगवाँ–बैलों के गुदा भाग पर गठूमरी-सी उठना।
बहुफसल खेती–एक खेत में वर्षभर में दो से अधिक फसलें उगाना।
बहूँटा, बहूँटी–एक आभूषण।
बहेड़ा–बहेडुक, अक्ष।
बाँक–1. एक आभूषण, 2. छोटी-आड़ी पटरियाँ, 3. एक औजार, 4. दाहा।
बाँक-रूखानी–बड़ा खोखला बनाने का

औजार।

बाँकठा—नष्ट हुई फसल।

बाँका—धान का एक कीड़ा।

बाँकी—मिर्च का एक रोग।

बाँगर—नदी के प्रभाव क्षेत्र से बाहर की भूमि।

बाँझी—1. पड़या, 2. चमड़ा सिझाने वाली वनस्पति।

बाँडा—लँडूरा, पुँछकटा।

बँदिया—पेंचकस।

बाँध—दे. परती।

बाँसफूल—एक महीन धान।

बाँसा—1. ककही, 2. नाक का ऊपरी (हिस्सा)।

बँसिया—उभरे बाँसा वाला बैल।

बाँसैड़ी—कुबड़ी।

बाँह—बाहु, भुजा।

बाकंदी—कपास की एक जाति।

बाकुची—बाक्ची।

बाखरी—बकेला (गाय)।

बाखला—दो रंगों के पंखों वाला मुर्गा।

बागडोर—घोड़े को सँभालकर ले चलने वाली रस्सी।

बागवानी—फूल-पत्ती की खेती।

बाधी—दाँगली।

बाछा—हल चलाने लायक नया बैल।

बाज—बाजूबंद।

बाजरा—बजड़ा।

बाजरिया—बाजरे की आकृति का घुँघुरू।

बाजू—थन।

बाजूबन्द—एक आभूषण।

बाटी—फुटहरा, लिट्टी।

बाता—बेड़ी, पटरिया।

बाती—बाँस की पतली कपाची, जुनेरी।

बाती बढ़ाना—बुझाना।

बाती मिलौनी—दीयाबाती मिलाने की क्रिया।

बाद अंकुरण—फसल और खरपतवार दोनों के उगाने के बाद खरपतवार नाशकों के प्रयोग की क्रिया।

बाध, बाधी—खाट बुनने की रस्सी।

बान—1. रस्सी की लपेट। 2. धान का रोपा जाने वाला पौधा।

बाना—ताने के ऊपर बुना जाने वाला सूत।

बाम—साँप की तरह लम्बी मछली।

बाबरा, बाबरी—मालपुए जैसी फूली-फूली मिठाई।

बाबल—हार।

बायन—मिठाई की भेंट।

बार, बाड़, बाढ़—चाक की किनारी।

बारा—गोंबड़ा।

बारादरी—बारह दरवाजे वाली।

बारी—समय, अवसर, एक जाति, एक आभूषण, पालेज।

बारौठी, बरौनियाँ—द्वारचार।

बरौंठ—चौखट के ऊपर खाली रखी जगह।

बालवाली—बलिहान।

बाला—बालू, बाली के समान आभूषण।

बालिका, बाली—बारी, कान का एक आभूषण।

बालू—एक कीड़ा जो दाल वाली फसलों की पत्तियों को सिकोड़ता है।

बालूसाही—एक मिठाई।

बावग—बोने की पक्रिया, बुआई।

बावड़ी—वापी।

बाक्ली—पीछे की टेक।

बासमती—एक महीन धान।

बासा—बजला।

बासिला—बसुला।

बासूदा—रबड़ी।

बाँसूफल—एक महीन धान।

बाह, बाहा–भुजा।
बाह–चास।
बिंडी, बीड़ीं–लपेटी हुई रस्सी का बंडल।
बिखेरना–फैलाना।
बिचकनी–कान के बीच का भाग।
बिचकिल्ला–निचला गड्ढा।
बिचवई–मध्यस्थ।
बिचौंदी–चाक के ऊपरी धरातल के बीच का गोल गड्ढा।
बिच्ची–धूनी।
बिचलना–व्यर्थ होना, हाथ से निकलना।
बिछिया, बिछुआ–पैर की उँगली, आभूषण।
बिछुआ–घोड़े की पूँछ और कमर के बीच का भाग।
बिछैया–बिछाने का कम्बल।
बिछौतिया–पोश्ते को खाने वाली घास।
बिजना–दे. थलिया।
बिजली–एक आभूषण।
बिजार–साँड़।
बिजार कटरा–जवान पाड़ा।
बिजार मानना–गर्भ धारण करना।
बिजुआ–बिल्ली के शक्ल की मछली।
बिइझैरा–गहरा गड्ढा।
बिटन–पटौरी।
बिटौरा–गोठौला।
बिठुई–बैठने का आसन (धान की पुआल से बना)।
बिठोवा–महाराष्ट्र में प्रचलित एक पर्व।
बिड़ाल–आँख का गोल।
बिदाहना–पनदाहना।
बिनौला–कपास का बीज।
बिन्दकी–एक शृंगार जो पैरों पर स्त्रियाँ करती हैं।
बिमौठ–बल्मीक।
बियाड़–वह खेत जिसमें रोपने के बीज या बीया डाला जाता है।
बियारी–शाम का भोजन।
बिर–पखनरी।
बिरनियाई–पाले से मारी (फसल)।
बिरसा–लौकी आदि बेलों में होने वाला रोग।
बिर्रा–सत्ता बैल।
बिलइया–जिसमें फिल्ली लगाई जाती है।
बिलइया लोटन–तेज (धूप)।
बिलहरा, बिलहरी–पनडब्बा।
बिलाना–महाई।
बिलैना–बैलों के गले में फोड़ा।
बिल्लौरी–सबजा घोड़ा जिसकी पसमी अधिक नीली है।
बिसरी, बिसार, बिसारी–मछली पकड़ने का छोटा जाल।
बिसी–भेड़-बकरियों के मुँह का एक रोग।
बिसुकी–दूध देना बन्द करने वाली गाय।
बिसैना–मछली मांस की रसोई के काम आने वाला बर्तन।
बीज–वीर्य।
बीजशोधक यंत्र–बीज में दवा मिलाने का यंत्र।
बीजशोधक, बीजोपचार–बीज में कीटनाशक रसायन मिलाना।
बीजू–बीज से तैयार (आग)।
बीझी–गिड़ारों से नष्ट की गई फसल।
बीट–1. मल, 2. ऊँची नाव पर की डाँड़, खेने वाली जगह।
बीडीसाइड–खरपतवारनाशक।
बीड़र बीटर, बेगारी–पौधों का दूर-दूर होना।
बीड़ा–कत्था, चूना, सुपारी के साथ तह लगाया हुआ पान।
बीड़ी–छुच्छी।
बीड़ी बनाना–दो पटियों को नीचे-ऊपर

रखकर चारों ओर से सीध मिलाना।

बीया–1. बीज, 2. दाना।

बीयामिलौनीं–बीजरोपण।

बीयामार–पइया।

बीर, बीदी–दो मोतियों वाली बाली।

बीरी–मुट्ठी के रूप में बनी मिठाई।

बीह–अमरूद।

बुँदका–कौआस्सलिया (स्वस्तिक)।

बुकनी–लौकी आदि बेलों में लगने वाला रोग।

बुक्कायँध–धूप न निकलने से कीचड़ से निकलने वाली एक प्रकार की गंध।

बुखार उतरना–कुठला से बीज निकालना।

बुचा, बुच्चा–सिरकटा।

बुची–जन्म से दोनों कानविहीन भेड़।

बुढ़िया–बकुला।

बुढ़िया–आँधी-तूफान।

बुदकाना–उबालना।

बुध–बुद्धि।

बुनकर–कपड़ा बुनने वाला।

बुनिया–बूँदी।

बुनियाद–नींव।

बुन्दा–एक आभूषण।

बुन्दीदार–बिन्दुयुक्त।

बुरूजखाब–एक औजार जिससे लकड़ी में वर्गाकार या चौकार छेद बनाया जाता है।

बुलाक–नाक का एक आभूषण।

बुआई–बावग।

बुहारू–झाड़ू।

बूँद–आभूषण का हिस्सा।

बूँदा-बाँदी–बिरल बूँदों वाली वर्षा।

बूँदी–बेसन की बुनिया।

बूट–चना।

बूटा–फूल-पत्ती बनाने का काम।

बूटी–पत्तीदार एक फूल बना छापा।

बेंच वाइस फिटर–अपने बेंच पर ही कार्यों को करने वाला फिटर।

बेंट–मूठ।

बेंती–अरहर या वैसे ही पौधे को ऐंठकर बोझ बाँधने के लिए बनाई गई रस्सी।

बेंब–एक लकड़ी जिससे ताने का सूत कड़ा किया जाता है।

मरकही–मरखनी (गाय)।

मरकी परो, मवार मरो–पशुओं को दी जाने वाली गाय।

मरखना–सींग मारने वाला (बैल)।

मरखनी–सींग मारने वाली (गाय)।

मरचाई–छोटी मिर्च।

मरना या **मर जाना**–नष्ट होना।

मरसा–मरुसा।

मरहिल–चतरा।

मराकी–एक प्रकार की मछली।

मराछी–बछड़ा मरने पर गाय मराछी कहलाती है।

मरायल–सूखे से मारी फसल।

मरिया–छोटी नाव के बीच में जड़ा गया पतला और मजबूत तख्ता।

मरिया–हथौड़ी।

मरी–मुआर।

मरुसा–मरसा, एक साग।

मरोड़–आँव (बैलों का रोग)।

मर्चा–एक महीन धान।

मर्मर–पत्तियों की आवाज।

मलंग–नाव का अलग हिस्सा।

मलकाठी–गुड़िया।

मलखम–धरन के ऊपर मलखम नाम की छोटी लकड़ी जड़ी जाती है।

मलदहिया–लाल आलू।

मलना–रगड़ना।

मलपट–कनपटी।

मलमास–अधिक मास।

मलयागिरि–चन्दन-सा (रंग)।

मलबा–मलिया, हल का मुँह।

मलाई–दूध की साड़ी, बालाई।

मलाई की पूड़ी–(एक मिठाई) सूखी मलाई की पूड़ी।

मलिया–मस्तूल की पेंदी जिसमें फिट रहती है।

मलेहरा–एक प्रकार का पान।

मलौ–छान।

मल्ली–एक प्रकार की मछली।

मसरी–नुकीले ठाट वाली (भैंस)।

मसी का कोहबर–गोबर के लेप के ऊपर चौरठ फैलाया जाता है और इस जमीन पर उड़द भूनकर बनाए गए आटे से रेखाएँ खींचकर उनमें यथोचित रंग भरते हैं।

मसीन, मसीना–दालवाली फसल।

मसील–बड़ी उम्र का मोटा पक्षी जो चलने और उड़ने में तेज है।

मसुरिया जनेर–छोटी जोन्हरी।

मसूल–एक दाल वाला अनाज।

महरिया–औरत बना पेमचा।

महरी–ग्वालिन चिड़िया।

महाई–बिलोना।

महाएरण्ड–पपीता।

महाजाल–मछली पकड़ने का सबसे बड़ा जाल।

महाजोगिन–एक महीन धान।

महादेवी–मँझवार।

महाप्राण–ध्वनि का एक प्रकार।

महावट–माघ की वर्षा।

महावर–पैरों में लगाया जाने वाला लाल रंग का तरल द्रव (स्त्रियों के लिए)।

महासूधी–कामधेनू।

महिया–कड़ाह में गन्ने का रस पकाते समय मैल की झाग।

महियाउर–मठजाउर।

मही–माठा।

महुअर–गहरे लाल (कालापन लिये) रंग वाला (बैल)।

महुई–एक प्रकार का पान।

महुर–नस।

महोक्ष–बिजार।

माँग–करबार।

माँग–नाव का अगला हिस्सा।

माँगर–चार के ऊपर वाला हिस्सा।

माँगी–माथा।

माँजन–कूँची।

माँजर–बौर।

माँजा–कूँची।

माझाँ–तकली और फरई को जोड़ने वाली लकड़ी। मझार, तिरकोनी बाती, क्षिपावा का माथा, चपोट।

माँठना–दौचने के बाद की चिकनाई और सफाई।

माँड़–उबाले चावल का पानी।

माँड़ना–गूँधना।

माँड़ पसाना–भात से पानी निकालना।

माँड़र–चाक के नीचे की किनारी।

माँड़ो–विवाह-मंडप, बरेज की छत।

बेआलू–शाम का भोजन।

बेगमाती–देसी बँगला पान।

बेड़ई–कचौड़ी।

बेढ़ा–1. जहाज, बोहित।

बेढ़ा–एक आभूषण, घेरा।

बेदाम–चना।

बेनिया–दलही।

बेनी–आड़ी या बेंड़ी पट्टियाँ।

बेनी गुहना–पान की-सी आकृति का केश गुहना।

बेनी-बँधाव–चोटी-बँधाव।

बेरहतिया–शाम का भोजन।

बेराना–चरवाही से अलग कर देना।

बेल–1. शाखोच्चार, 2. वल्लरी, 3. बेल का मुरब्बा।

बेल–1. छोटे बूटे के मिलान की छपाई। 2. घोड़े का एक रोग। 3. श्रीफल।

बेलचड़ी–काढ़ा का एक प्रकार।

बेलन–1. चरखी के चौखटे के बीच की घूमने वाली दो लकड़ियाँ 2. जाठि, आँटा बेलने का यंत्र।

बेलना–नरा, बेलन से रोटी बनाना।

बेल रचना–पान फूल बनानां।

बेल लिखना–बल्लरी या पटिया लिखना।

बेलहरी–एक प्रकार का पान।

बेसन–चने या उड़द का चूर्ण।

बेसर–नथ का एक प्रकार।

बेसिक स्लेरा–एक प्रकार का फास्फोरस युक्त उर्वरक।

बेसुरी–सुर में वैषम्य के कारण उत्पन्न आवाज।

बेहन–1. धान का पौधा जिसे अन्यत्र रोपना है। 2. गेंड़ा।

बैंगनी–भाँटा के रंग की।

बैंरही–दलही।

बैमतिया अंडा–बिना नर के सम्पर्क से उत्पन्न अंडा।

बैसाखी–बैसाख में होने वाली, सहारे के लिए छड़ी।

बैहरा–पछुआ के कारण लगने वाला रोग।

बैंगन–भाँटा।

बैठउआ–पानी के साथ ही चावल रखकर पकाना।

बैठक–बैठने का स्थान (घरों में यह बरामदे के पीछे होती है)।

बैठी–वह फसल जिसकी बाढ़ मारी जाती है।

बैतरनी–एक मोटा धान।

बैना–टीका।

बैरिया–भूरे लाल रंग वाला (बैल)।

बैलट–तगघरी।

बैली–नियारा।

बैस–बाँक।

बोंग–एक भारी लाठी।

बोआ–बोथा हुआ।

बोइया–ताड़खजूर के पत्तों की डलिया।

बोउनी–बावग।

बोकला–दे. खोइया, छिलका।

बोक्सी, मोक्सी–ऊँची और मोटी भेड़।

बोगिया–खाँची।

बोझा–1. पौधा। 2. चार पाँजों का गट्ठर।

बोड़री, बोड़ी–नाभि।

बोड़ा–एक प्रकार की तरकारी।

बोदर–सींचने के लिए पानी उठाना।

बोदा–खराब और असगुनी (बैल)।

बोरना–डुबाना, जलमग्न करना।

बोरसी–अँगीठी।

बोल्ड मीटर–वोल्टेज नापने का यंत्र।

बोल्ला–बौंरिया।

बौंख–खूँटी।

बौंड़र–बवण्डर।

बौंरिया–शीशफूल।

बौछार–भारी-भारी बूँदों का पड़ना।

बौंहड़ी–पट्टी।

ब्यालू–शाम का भोजन।

ब्यात मारना–लात मारना।

ब्रह्म बेला–सूर्योदय-पूर्व का समय।

ब्रह्म गाँठ–लम्बी एवं सुदृढ़ गाँठ।
भँगरा, भँगरैया–एक प्रकार की घास।
भँजनी–एक प्रकार का अतरावन।
भंडारघर–कोठाघर या कोठार।
भँवर–चक्रावर्त।
भँवरजाल, भँवरा–एक किस्म का जाल।
भँवरा–भेंड़ा।
भखियाई–झबदा।
भग–योनि।
भटा–बैंगन।
भड़कनी–चमकनी (गाय)।
भड़भड़ाहट–किवाड़ों की आवाज।
भड़भाड़–पोस्ते को खाने वाली एक घास।
भक्तिरचना–सात रंगों से हाथी पर एक प्रकार की रचना।
भदई–भादों में पककर तैयार होने वाली तथा कटने वाली (धान की) फसल, आसिनी।
भदकैला–कुछ धौरा, कुछ काला (बादल)।
भदभदाना, भदभदा उठना–एक ही साथ पकने की स्थिति में होना।
भदरा–कचरा।
भदरा जाना–अधिक मात्रा में तैयार होना।
भदवारा–भादों में जब अधिक दिन तक बादल घिरा रहे।
भनभन–मच्छरों की आवाज।
भनसा–रसोईघर।
भपारा–भाप।
भभककर–ज्योतिष्मान होकर, चमककर।
भभरी–दे. फुटहरा।
भभूका–भूतरा, गरम।
भभरा–किनौरा।
भभराना–जलते बालू के भाँड़ में भूनना।
भरका–धान में लगने वाला एक कीड़ा।
भरका–दूह।
भरकी–धान के पौधों में लगने वाला एक रोग।
भर जाना–पूरा हो जाना।
भरता–चोखा।
भरती, भर्त–कुर्सी ऊँची करने के लिए भरी जाने वाली मिट्टी।
भर पोरसा–डुबान।
भरन–दाना।
भरानी–फरी।
भराव–नींव में भरी जाने वाली टूटी-फूटी ईंट।
भरुआ पूड़ी–दाल की पूड़ी।
भरुका–दोहिनी, मिट्टी का छोटा पात्र।
भरैण्डा–रतनजोत।
भरैनियाँ–जिस भेड़ के बच्चे प्रायः मर जाते हैं।
भरोई–रोने की आवाज।
भवानी ले जायँ–पशुओं के लिए प्रयुक्त गाली।
भस–छिनाई से झड़ने वाली रेत।
भाँजना–रस्सी को दोहरी या तेहरी करके आपस में लपेटना।
भाँटा–बैंगन।
भाँति-भँसीली–गण्डे बाँधकर कई आकृतियाँ बनाई हुई चुनरी।
भाँय-भाँय–भाथी की आवाज, सुनसान।
भाँवर–सप्तपदी।
भाँगड़–1. जिसमें पानी की नाली बह जाए। 2. बहुत नीची जमीन।
भागमन्ती–भावी वधू को पहनाई गई चूड़ी।
भागवन्ती–लक्खी (गाय)।
भाट–मान (रहने का बिल)।
भाटाफूल–एक महीन धान।
भात-भोज–विवाह आदि का एक भोज

जिसमें भात आदि कच्ची रसोइयाँ बनती हैं।

भाथी–धौंकनी।

भानस–रसोई।

भाभर–एक घास।

भामनी–बर्तन बनाने की मिट्टी।

भसेड़–कमल-मूल।

भहराकर–ढहकर, गिरकर।

भहराना–यकायक गिरना।

भिंडी–रामतरोई।

भिगोना–आर्द्र करना।

भिड़िया, भेड़िया–एक हिंसक जानवर।

भितभेंरा–अमेर।

भित्ति चित्रांकन–दीवाल पर चित्र बनाने की क्रिया।

भिनगी–मोठ।

भिनसार–आधी रात के बाद और अरुणोदय के पूर्व का समय।

भिलाई–धोबी द्वारा पहचान के लिए कपड़ों पर निशान लगाने की क्रिया।

भीगने लगना–रात का अधिक अँधेरी होना।

भीटा–डीह।

भीठा–पान की लतर जिन ऊँची जगहों पर उगाई जाती है।

भीत–दीवाल।

भीमसेनी (एकादशी)–जेठ सुदी की एकादशी।

भुँड़िया–एक प्रकार का बढ़िया गेहूँ।

भुइली–भूआ।

भुज, भुजा–बाहु।

भुजसंधि–कंधा।

भुजायठ–एक आभूषण।

भुजिया–उसिना।

भुजिया–साग बनाने का एक प्रकार।

भुट्टा-बबूला–(विरहित) ज्वार का दाना।

भुड़डी–भोराह।

भूड़िया–छोटी मछलियाँ।

भुनभुनाना–मुँह के भीतर दबी आवाज में असंतोष के कारण अपना आक्रोश प्रकट करना।

भूमि परीक्षण–मिट्टी की जाँच।

भुम्मकसूल–घोड़े का एक रोग।

भुरभुरी–महीन।

भुरली–मोटी रसभरी ईख।

भुरहरी–सूखी मिट्टी।

भुरिला, भुरिली–भूआ।

भुलभुल–पानी निकलने वाले छेद की मुहानी पर की ध्वनि।

भुल्ली–भुड्डी।

भुस–भूसा।

भुसौला–घर के पास भूसा रखने की जगह।

भूआ–अंडी और अरहर में लगने वाली एक रोएँदार कीड़ी जो आदमी की देह से छू जाए तो भयंकर खुजली पैदा करती है।

भूँक–कुत्ते की आवाज।

भूआ–मक्का का रेशा।

भूजा–भुने दाने (चना आदि अनाजों के)।

भूतरा–भभूका।

भूनना–पकाना।

भूभर–गर्म राख।

भूर–पान का छरका, छेद।

भू-रचना–पृथ्वी की बनावट।

भूसा–सूखा चारा।

भूसी–अनाज का छिलका।

भेंटवासी–बैठी।

भेड़–पशु विशेष।

भेड़ा–नर भेड़।

भेड़वा–भेड़ा, सूखा पड़ने पर ज्वार-बाजरा में लगने वाला कीड़ा।

भेड़काबर–एक मोटा धान।

भेड़िया–ऊँची लहरों जैसा जल का उठाव।

भेड़िया बन जाना–ऊपर-नीचे के क्रम से एक के बाद दूसरी लहर का आना।

भेड़िहार–ऊन का कम्बल बुनने वाला गड़ेरिया।

भेड़ी बैसाओल–खेत में भेड़ रखाना।

भेड़ी हिराओल–खेत में भेड़ रखाना।

भैड़ौरा–अशुद्ध (बर्तन)।

भैपड़ा–मनोवत पोला करने का औजार।

भैंसवार–भैंस चराने वाला।

भैंसा–कटरा।

भोंटा–पत्थर काटने और चौरस करने का औजार।

भोटिया–बटबन।

भोगिला–कपास की एक जाति।

भोचरी–कपास की एक जाति।

भोज–त्यौहार या उत्सव की रसोई।

भोज-भात–त्यौहार या उत्सव की रसोई।

भोड़रा–भुट्टा-बबूला।

भोर–पइया।

भोर–प्रातःकाल गाया जाने वाला गीत।

भोरहरिया–वेग में सबसे धीमी हवा।

भोराह–1. भुड्डी, 2. छूँछी गडेली।

भौंट–मगरमच्छ।

भौंती–चलौना।

भौंरा–स्त्रियों के पंजों पर लाल रंग से बनाई जाने वाली नक्कासी या शृंगार।

भौंरा चौंटियाना–छोटी बेनी बनाना।

भौंरी–गन्ने का एक रोग, जल का भँवर।

भौंह–भृकुटी।

भौकी–सुराहीदार गर्दन वाली लम्बी टोकरी।

भौरी–तपी राख।

भौरी लगाना–उपलों की आग के भीतर पकाना।

भ्रूण–गर्भ।

मंगर–जमोट।

मंगरा–ईख की जड़ को कुतरने वाला कीड़ा।

मँझवार–महादेवी।

मंझा–हंडा।

मंडप–माँड़ो (विवाह)।

मँड़वाना–माँड़ो हिलाने का उपहार, जो समधी (वर के पिता) को मिलता है।

महँदिया–लाल पंखों वाला।

मकई–मक्का।

मकड़ा–एक घास जो परती में उपजती है।

मकर–वह संक्रान्ति काल, जब से उत्तरायण शुरू होता है।

मकराकृति–मकर के आकार का।

मकरी–निचले बेलन को घुमाने वाली लकड़ी, जिस पर मदरा घूमता है।

मकुंदीदाना–पुआ सदृश व्यंजन।

मकुनी–चोकरमिश्रित आटे की रोटी।

मकोय–1. सींग का खोखला होकर गिरना (बैलों का रोग)। 2. कबैया, कटफला।

मक्का–मकई।

मक्खनबड़ा–छेने की मिठाई।

मखौना–पच्चट।

मगद–घी में मैदा या बेसन भूनकर बूरा मिला देते हैं।

मगही–एक प्रकार का पान।

मघा–एक नक्षत्र।

मघाड़–माघ की जुताई।

मचना–गर्भ धारण करने की इच्छा उठना (पड़िया की इच्छा)।

मचमच–जूते की आवाज।

मचान, माचा–1. बीट। 2. पलंग से

बड़ी खाट।

मच्चर–खद्दड़ (बैल)।

मछलीनुमा–एक प्रकार की इत्रदानी।

मछियाया–मक्खियों से आक्रान्त (धान)।

मछुआ, मछेरा–मछली पकड़ने वाला व्यक्ति।

मछेला–मुसलमान जाति का मछुआ।

मछैता–पोस्ते के खेत में उगने वाली एक घास।

मजना–कूँची।

मजरुआ–जोत की जमीन।

मजीठी–मजीठ-सा गहरा लाल रंग।

मज्जा–हड्डी से उत्पन्न चर्बी।

मझधार–धारा का ठीक मध्य भाग।

मझार–माँझा।

मझोतर–चमड़े की गेरी।

मटका, मटकी–मिट्टी का बर्तन।

मटकोड़रा, मटमँगरा, मटमंगरा–मिट्टी या धरती से मंगल की याचना।

मटमटा–एक धूसर रंग।

मटमैला–गंदला।

मटरमाला–माला।

मटरुआ–मटर के आकार का घुँघरू।

मटाह–ऊँचा-नीचा।

मटियार–एक प्रकार की मिट्टी।

मटियाला–एक प्रकार का धूसर रंग।

मटोर–लोट, एक छोटी डलिया।

मट्ठर–सुस्त।

मट्ठा–छाक।

मठजाउर–मठा के साथ पकाया चावल।

मठरी–गेहूँ के आटे की बनी मिठाई।

मठा–मट्ठा।

मड़वा–भदई का एक मोटा अनाज।

मड़ड–भेड़िहार।

मड़वा–माँड़ों।

मड़ैया–बढ़ई।

मतार–मोरा।

मथढँकनी, मथढकनी–माथ ढँकनेवाली साड़ी, कन्या के लिए एक जरी की साड़ी वर पक्ष द्वारा दी जाती है।

मथार–नदी का वह भाग जहाँ से धारा टूट जाती है, अन्यत्र मोड़ लेती है। वह जगह जहाँ से पानी लिया जाता है।

मदनांकुश–लिंग।

मदरा–कुलबी के चारों ओर गोलाई में लगाई कुछ मिट्टी।

मदरा–गोलाकार काठ, जिसमें चरखा बैठाया जाता है।

मद्धिम–मन्द, धीरे-धीरे चलने वाली।

मधुकरी–भभरी, लिट्टी, बाटी, भिक्षा।

मधुमालती–रन्गुनबेल।

मध्यमा–1. बीच की अंगुली। 2. वाक् की एक अवस्था।

मनगो–एक प्रकार की ईख।

मनसरी–एक मोटा धान।

मनवाँ–कपास की एक जाति।

मनियाँ–माथे पर गोल बड़ी भौरी वाला घोड़ा।

मनोवत–पत्थर पर फूल-पत्ती बनाना।

मनौटा–चँगेरा।

मन्वन्तर–71 चौकड़ी (युग चतुष्टण्यी) का काल।

मरकना–सूखना, मारने वाला, मरखना।

माऊँ–माहो, एक कीड़ा।

माइक्रोमीटर–सूक्ष्ममापी यंत्र।

माखनी–माखन-सा रंग।

माघी–माघ में होने वाली सब्जी, मगही, माहौटी भैंस (असगुनी भैंस)।

माट–मिट्टी का बर्तन।

माटा–लाल चींटा।

माठ–कछार।

माठना–चौरस करना, चौरस करने का

औजार।

मातरिश्वा–मानसूनी हवा।

माता–चरन।

माथ ढाँकना–वर के पिता का वधू का माथ साड़ी या चद्दर से ढाँकना।

माथा–मस्तक।

मान–रहने का बिल।

मानर–छोटा नगाड़ा।

मायु–पित्त।

मारतौल–हथौड़ी।

मारा जाना–दाना नहीं पड़ना।

मारिखर–चमड़े की डोरी।

माल–खेती के लिए उपयोगी बैल, तकुआ के ऊपर की काली डोरी।

मालदेही–एक महीन धान।

मालपुआ–पुआ-सदृश व्यंजन।

मालवी–मालव प्रदेश का (बैल)।

माला, माली–हल का मुँह।

माल्ट–माल।

मावस–अमावस।

माषीन–मसीना।

मासिक धर्म–रज।

माही–दे. अतरायन।

माहो–काफी पानी बरसने पर सरसों में लगने वाला कीड़ा।

माहौटी–माघ में ब्याने वाली भैंस (असगुनी भैंस)।

मिंजी–मींग।

मिचिराह–कम खाने वाली (गाय)।

मिठरारा–बेल की तरह चढ़ने वाली (मटर)।

मिमियाहट–बकरी की आवाज।

मिरचा–मिर्च, मरचा।

मिरजई–एक मिठाई, एक प्रकार का तनीदार वस्त्र।

मिल जाना–गाय जब दूध दे देती है तो उसे मिल जाना या मिल गई कहते हैं।

मिलौनी बावग–बीज गिरा के छोड़ दिया जाने वाला बावग।

मींजना–बालों को मींजकर अनाज निकालने की क्रिया।

मिश्रित खेती–एक ही खेत में एक ही समय में एक से अधिक फसलें एक साथ उगाना।

मीनार–अधिक अंडे देने वाली मुर्गी।

मीर–अंडी के भीतर की सफेद गिरी।

मिसरीकन्द–रामकेसवर, एक मूल।

मीनाकारी, मीनागरी–गहनों पर रंगसाजी।

मीसना–मालिश करना।

मुंगरा–मिठाई मोड़ने का एक औजार।

मुंगरी–गंड़ासे का थम्हना (लकड़ी वाला हिस्सा)।

मुँगरी–लकड़ी का पिटना।

मुँगौड़ी–मूंग की पीठी के साथ बनी बड़ी।

मुँड़वा, मुड़ा, मुँड़िल्ला, मुँड़िला–मुंडा, बिना सींग का (बैल)। बिना आगे निकले टोड़ों वाला (मकान)।

मुँड़िया–एक प्रकार का बढ़िया गेहूँ।

मुँड़ी–छोटे सींगवाली गाय।

मुँड़ेर–छत का किनारा।

मुँदरी–हाथ की अंगुलियों का आभूषण।

मुँहजोर–प्रेमपूर्वक खाने वाली (गाय), मुँह जबरदस्ती लगाने वाली।

मुँहपटो, म्हौंपटो–मुँह पर सफेद रंग की चौड़ी धारी की भेड़।

मुँहथोपड़ा–सगुनी के ऊपर जुआ के साथ जोड़ने के लिए एक सामान।

मुँहदेखौनी–मुँह-देखाई, बहू का मुँह देखने के लिए घर के लोग कुछ भेंट लाते हैं।

मुँहधोवा–काले शरीर पर सफेद मुँहवाला (बैल)।

मुआर–झुलसा, मरायल।
मुक्का–हाथ की अंगुलियों को बाँधकर की जाने वाली चोट।
मुचकना–नस उतरना।
मुच्छ–मूँछ।
मुटकी–डाँड़ी के नीचे की घुंडी।
मुटसिंगा–मोटे सींग वाला।
मुटुनी–एक मोटा धान।
मुटुरी–एक मोटा धान।
मुठिया–मुट्ठी के रूप में बना व्यंजन, अंगुलियों पर एक प्रकार की मेहँदी रचाई।
मुड्डी–वह पटरा या तख्ता जिस पर रखकर मूँज की नारी पीटी जाती है।
मुड़रा–एक मोटा धान।
मुड़ा–सुम्म के ऊपर पीछे की ओर वाली गाँठ।
मुड़िया, मूड़ी–ढट्ठा, मुरमुरी, लाई।
मुढ़ी–दे. मुड्ठी।
मुतक्का–मकान की कुर्सी से लेकर फर्श तक का खंभा।
मुद्धी–पनछोर का फन्दा।
मुनगा–सहिजन का फल।
मुरका–जाला, झंगरा।
मुरज–मृदंग।
मुरमुरी–मुड़ी, लाई।
मुराया–टखना।
मुरिया–सुखड़ा।
मुरुम–लाल मिट्टी।
मुर्ही–सूत की गाँठ।
मुश्क–केहुनी के ऊपर का भाग।
मुश्की–हल्के काले रंग का घोड़ा।
मुसकधार–मूसलाधार।
मुसरा–महुआ।
मुस्ता–मोथा।
मुहारी–मोथी की नली का वह सिरा जो आग को छूता है।
मूँग–एक दाल वाली फसल।
मूँगिया–मूँग का-सा गहरा हरा (रंग)।
मूँगे–गिट्टू।
मूँज–एक रबर जो रस्सी बनाने के काम आता है।
मूँज कूटना–टाँगों में से खून निकलना (बैलों का रोग)।
मूँड़ झँटना–मरखना (बैल)।
मूड़ पीछे बन्ही–परिवार के हर सदस्य को हिसाब से बँधी मजदूरी।
मूँद–कंठी।
मूँछ–भूआ।
मूठ–बेंट, परिहथ, हल का एक अंग।
मूठ लेना–बीज लेने के मुहूर्त को मूठ लेना कहते हैं।
मूठा–हूरा।
मूड़ा–गुहारी।
मूड़ी–मकरी के बीच की नाभि।
मूढ़ा–छान।
मूसलाधार वर्षा–घोर वृष्टि।
मूत–मूत्र, पेशाब।
मूर्ति–शरीर।
मूली–मूलक, करुकन्दक।
मृग–मृगशिरा (नक्षत्र)।
मृग-मरीचिका–तेज धूप की रेत के ऊपर चमकाहट।
मृण्मूर्ति–माटी की मूरत।
मृदंग–मुरज।
मृद्भांड–मिट्टी का बर्तन।
मेंगनी–लेंड़ी।
मेंचक–गहरा नीला।
मेड़–डँड़ेर।
मेड़तोड़ वर्षा–जब पानी मेड़ तोड़कर बह

निकले।

मेंडुकी–बहगवा रोग।

मेंहदी–एक पौधा जिसकी पत्तियों को पीसकर औरतें हाथ-पैर में लगाती हैं और उससे मटमैले लाल रंग के अलंकरण करती हैं।

मेंहदी रचना–मेंहदी से अलंकृत रचना।

मेगार–तार के ऊपर लगे इंसूलेशन का प्रतिरोधमापी यंत्र।

मेघनाद–एक मोटा धान।

मेझा–मझार।

मेटुम–आरन।

मेढ़न–मझोतर।

मेढ़ासिंगी–मेढ़ों की तरह मुड़े सींगों वाला बैल।

मेथी–एक साग, एक मसाला।

मेद, मेदा–चर्बी।

मेदज–हड्डी।

मेनाद–बकर।

मेमना–भेड़ का छोटा नर बच्चा।

मेल्हनी–बड़ी नाव जिसका सिरा चौड़ा और चपटा होता है।

मेवाती–एक प्रकार का बैल।

मेवाबाटी–बेसन की एक मिठाई।

मेस्टन हल–मिट्टी पलटने वाला हल।

मेह–पैर के बीच में खम्भे जैसा होता है।

मेहन–लिंग।

मेहराब–तोरण।

मेहराबों (वाला पुल)–बड़े खम्भों (वाला पुल)।

मेहासिन–झिनमिन वर्षा।

मेहिया–मेह के पास वाला बैल।

मैगनीशियम–एक प्रकार का रासायनिक तत्व।

मैगिरी–एक अर्धचन्द्राकार रेती जो चिकनेपन के लिए काम में लाई जाती है।

मैदा–महीन चाला हुआ आटा।

मैनफल–मयनफर, करहट।

मैना–कानों के बीच लटके सींगों वाला बैल।

मैनी–लक्खी (गाय)।

मैरन्–मझोतर।

मैलेट–लकड़ी का हथौड़ा।

मोंछ–मूँछ।

मोहड़ा–मुँहथोपड़ा।

मोअ, मोई, मोह–एक प्रकार की मछली।

मोअना–हाथ के पंजे पर रस्सी लपेटना।

मोआ लगाना–पानी में भिगोना।

मोखड़ी–मुहारी।

मोचट्टी–खरुका।

मोजम्मा–ताँत।

मोजर, मोजरी–नई कलमों की रक्षा के लिए इसे बाँधते हैं, मंजरी।

मोहम–आरन्।

मोटरी–गट्ठर।

मोटी–दूर-दूर की (जुताई)।

मोटी आवाज–गरूर में निकली हुई आवाज।

मोड़–घूमर।

मोठ–एक दाल वाली फसल।

मोढ़ा–मोहरा।

मोतिया–मोता का-सा रंग।

मोथा–सबसे अधिक जड़ पकड़ने वाली घास।

मोनो अमोनियम फास्फेट–एक नत्रजनिक खाद।

मोमिन–जोलाहा।

मोर चँदोवा–नाचते हुए मोरों के चित्र की ओढ़नी।

मोरपंजा–पतली रस्सी को हाथ की पाँचों उँगलियों में डालकर लगाई जाने वाली

फन्देदार गाँठ।

मोरमुरैला लिखना—मोर आदि चित्र अंकित करना।

मोरहन—तमाखू की एक जाति।

मोरा—गुरगाँठ में एक और मोड़ देने पर मोरा कहा जाता है, पतहर।

मोरी—घर के आँगन से पानी के निकास का रास्ता।

मोलसिरी हार—एक प्रकार का हार।

मोहखा—मुहारी।

मोहन-पकौड़ी—चावल के आटे की बनी।

मोहन-भोग—खीर मोहन।

मोहनमाला—एक प्रकार की माला।

मोहब्बत—कड़ियों का आगे का मुँह बाँधने वाली लकड़ी।

मोहरा—गाड़ीवान की बैठकी।

मोहरी—नाह के केन्द्र में लोहे का गोल बेलनाकार छेद, जाब।

मौकी रिंच—बड़े नट कसने का रिंच।

मौनी—डलिया।

मौर—वर के सिर का अलंकार।

मौरना—चूड़ियाँ पहनाते समय चूड़ी का तड़कना।

मौरा—ऊपर जाकर मिले सींगों वाला (बैल)।

मौरी—पीछे और दराँतीनुमा सींग वाली भैंस, स्त्रियों के सिर पर का एक शृंगार प्रसाधन।

मौलसिरी—बकुल।

मौहासों—महावर।

म्युरेट ऑफ पोटाश—पोटाशयुक्त उर्वरक का एक भेद।

म्हौड़ा—मुहारी।

यकृत—दक्षिणकुक्षि में स्थित मांसखंड।

यूरिया—एक नत्रजनिक उर्वरक।

यौम किपुर—यहूदियों का एक पर्व।

रंगत—छापे में बने निशान।

रंगाई—मिट्टी के पात्रों पर विभिन्न रंग चढ़ाना।

रंगीत ठप्पी—थलकारी का रंग एक और उसके ऊपर की छपाई का विभिन्न रंगों का होना।

रंची—सरसों की एक किस्म।

रंदा—समतल करने वाला औजार।

रँधैन—राँधी जाने वाली वस्तु।

रंबा—लम्बे छेद और बड़े सुराख के लिए एक औजार।

रउस, रविस, रौसें—भेंड़।

रकतार—खून का-सा (रंग)।

रकसा—लाल ज्वार।

रखात—दे. पाती।

रछहर—ग्राम देवताओं के स्थान की और कुएँ की परिक्रमा करना।

रज-स्त्री—योनि से प्रतिमास होने वाला स्राव।

रजली—दे. अर्जण्ट।

रढ़िया—कपास की एक जाति।

रतनारा—लाल।

रताना—कनाहना।

रतालू—आलू की ही तरह की तरकारी।

रथ—सवारी वाली गाड़ी।

रद, रदन—दाँत।

रदनच्छद—ओठ।

रद्दा—गिलावे की दो तहों के बीच की ईंट की एक तह।

रद्दाचनाई—समधरातल पर ईंटों को जमाना।

रनकिल्ली—किल्ली।

रपटा—वर्षा के सिवा आठ महीने काम देने वाला पक्का पुल।

रफीदा—रोटी सेकने की गद्दी।

रमकना–धीरे-धीरे चलना।
रमरहरा–बड़े दाने वाली अरहर।
रमचरना–इमिरती, एक मिठाई।
रमुनी–एक मोटा धान।
रवा–घुंघरू।
रसवत–शिगाफाबंदी।
रसा लगाना–रसयुक्त बनाना।
रसा–शोरवा।
रसित–गड़गड़ाहट, बादलों का एक प्रकार का गर्जन।
रसोई–भोजन।
रहट–सिंचाई का एक साधन।
रहटान, रहौनी–किसान का अपने खेत में रात को भेड़ रखवाना।
रहठा–चरखा।
रहरिया सेम–छोटी सेम।
रहिला–चना।
रहेठा–अरहर का सूखा तना।
रमाहट–गाय-बैल की आवाज।
राँकड़–कँकरीली मिट्टी।
राँड़ (पुरवैया)–सूखी पुरवैया।
राई–सरसों की एक किस्म।
राइजोवियम कल्चर–बीज में गुड़ और उस बीज के खेत की मिट्टी मिलाना।
राउंड फाईला–गोलाकार रेती।
राखी–राख।
राजनपाना–लकड़ी का गज।
राटिन–एक मोटा धान।
राड़ी–एक घास जो परती में उपजती है।
राम अजवाइन–एक महीन धान।
राम केसवर–मिसरीकन्द।
रामचक्कर–बल्ला।
रामजीरा–एक महीन धान।
रामतरोई–भिंडी।
रामपरोसा–भिंडी।
राममाला–घुटनों तक लटकनेवाली बड़ी माला।
रामभोज–एक महीन धान।
रामरज–पीली मिट्टी।
राब–1. कचरस। 2. पकाया रस।
रायता–दही से बनाया व्यंजन।
राल–एक सुगन्धित द्रव्य।
रास–लगाम, जेबरा।
रास बिहार–गोलाई में खड़ी औरतों के चित्र की ओढ़नी।
रिंकवच–बेसन में लपेटकर तला हुआ अरुई का पत्ता।
रिकाबी–परसने की प्याली।
रिमझिम–छोटी-छोटी बूँदों का लगातार कुछ देर तक गिरते रहना।
रिरियाया स्वर–दया के लिए निकला स्वर।
रीठा–फेनिल।
रीमर–फिटर के उपयोग का एक औजार।
रीमिंग–ड्रिल होल को बढ़ाकर सही आकार में लाने की क्रिया।
रुँथा–चपाती।
रुँदाई–मिट्टी को पानी डालकर रौंदना।
रुँधा स्वर–करुण स्वर।
रुआरी–मछैता।
रुखानी–एक औजार।
रुपहला–चाँदी का-सा (रंग)।
रुआ–तूर।
रूख, रूखड़ा–फल-फूल व छायाविहीन पेड़।
रूगालो–सफेद घरवा, सफेद बादल का टुकड़ा।
रेंक–गधे की आवाज।
रेंगनी–कठरेंगनी, एक कीड़ा।
रेड़, रेंड़ी–अंडी का पौधा।
रेड़ा जाना–ललहा जाना, जो-गेहूँ में बाली लगना।

रेघारी–रेखा।
रेघाहट–अन्त में स्वर चढ़ाना।
रेजा–छिनाई से निकले पत्थर के छोटे-छोटे कण।
रेत–वीर्य।
रेतना–रेती से काटना।
रेती–रेतने के लिए औजार, पुलिन।
रेतीली–रेतवाली (मिट्टी) सिलटी।
रेबड़ा–एक प्रकार की ईख।
रेबल–पँसार की समतलता देखने का एक यंत्र।
रेलापेल–बड़े जोरों की वर्षा।
रेवड़–बकरियों का झुंड।
रेहयुक्त, रेहदार, रेहार–रेहवाली मिट्टी।
रेशा–खुज्जा, सूत।
रैंची–सरसों की एक किस्म।
रैंटी–चरखी।
रैनबसेरा–एक रात के लिए चिड़ियों का किसी दूसरी जगह रहना।
रोंदा–ताँत।
रोचना, लोचना–पुत्र-जन्म का समाचार।
रोजगारी (नाव)–माल ढोने वाली नाव।
रोड–खूबसूरत किन्तु कम अंडे देने वाली मुर्गी।
रोध–कुचलना।
रोपण खेती–व्यापक पैमाने पर पौधों को लगाकर नकदी फसलों की खेती।
रोपनी–धान रोपने की क्रिया, लगभग डेढ़ बित्ते के बिये की खेत में गड़ाई।
रोपा–कलम-शालि।
रोम–शरीर पर उगे छोटे-छोटे बाल।
रोमांच–रोवों का खड़ा होना।
रोमोद्भेद–रोमांच।
रोरना–केराना।
रोरी–रोली।
रोली–गरुअट।
रोवाँ–शरीर पर उगे छोटे-छोटे बाल।
रोशनीमार–सर्चलाइट।
रोशह-शनाह–यहूदियों का नववर्ष।
रोहार–जीभ पर काँटे हो जाना।
रोहितवर्ण–लाल रंग की गाय।
रोहिन–रोहिणी (नक्षत्र)।
रोहिनिया–जेठ में रोहिन नक्षत्र चढ़ते-चढ़ते पकने या तैयार होने वाले आम।
रोही, रोहू–एक प्रकार की मछली।
रौंधा–गन्ने का एक रोग।
रौंदा–एक प्रकार की ईख।
रौना–अखन, दोंगा।
रौंहद–अँड़ुआ घोड़े का अपने स्थान पर इधर-उधर घूमते रहना।
लंक–कमर।
लंगोट–कौंधनी पर लपेटा कपड़ा।
लकठा–सेब।
लकुची–लग्गी।
लखौरी–1. पुरानी ईंट। 2. लाख की संख्या वाला (बाग या सड़क के किनारे आम के पेड़ों की पंक्ति)।
लगन–सगुन, लग्न, विवाह के पूर्व की एक रस्म।
लगसी–लग्गी।
लगाम–घोड़े के मुँह में से लेकर गर्दन तक बागडोर के अलावा लगाकर बाँधने वाली रस्सी।
लगावरी–छेंगा।
लगेन–दूध देते रहने वाली (गाय)।
लगौद–लौद।
लग्गी–मछली पकड़ने का लम्बा पतला बाँस।
लचनी–नचनी।
लचाना–नीचे दबा देना।
लचुई–पूड़ी।

लचने लगना या लचना–झुकना।

लछमिनिया–गुबरैला जाति का एक विलक्षण कीड़ा, जिसके अनाज की ढेरी में रहने से गृहस्थ समझता है कि अनाज का भंडार सदा भरा रहेगा।

लटकी–लौकी, तुरई आदि बेलों में लगने वाला रोग।

लठोर–खुराक।

लड़ना–पानी की धारा का टकराना।

लड़ा जाना–गर्भस्राव होना।

लड़ाधुर–तुअनी (गाय)।

लड़ी–साधारण माला।

लड़ुवा–लड्डू।

लँडूरा–बिना पूँछ वाला बैल।

लढ़िया, लढ़ी–बैलगाड़ी।

लतखना–लात फेंकने वाला बैल।

लतखनी–लतही (गाय)।

लतमरुआ–छेहरी।

लतरी–खेसारी, दाल वाला एक अनाज।

लतहा–लतखना (बैल)।

लतही–लात चलाने वाली (गाय)।

लपट जाना–तेज गर्मी पड़ना, लू चलना।

लपसी–आटे को भूनकर तैयार किया हुआ घोल।

लपेटन–बुना कपड़ा लपेटने के लिए बना लकड़ी का एक बेलन।

लपेटा भरना–लहरों का किनारे तक जाकर लौटना तथा ऊपर-नीचे होना।

लपेटुआ–लपेटे रूप में परसा (भोजन)।

लबदा–लाठी।

लबारा–पड़वा।

लबेरी–जलहली।

लमकना–लम्बे कानों वाला (बैल)।

लमटँगा–लम्बी टाँग वाला बैल।

लमता–सोते-सोतियों से होकर नदी की छोटी-बड़ी सभी धाराओं को पार करने वाला घाट।

लमेरा–अपने आप उपजा (अनाज)।

लर–जिस खेत में पानी बिना चढ़ाये चढ़ता रहे।

लरकाट–खाट बुनाई में लरों का ऊपर-नीचे हो जाना।

लरी–छुच्छी में लपेटा सूत।

लरकटिया–सफेद ज्वार।

लरका–चने में लगने वाला कीड़ा।

लरछा–पटार

लरजना–नीचे आना, झुकना।

लरना–चलौना।

लरनी–नरा।

लरना–नरमा।

लरवा–गन्ने का एक रोग।

लरहा–खोभना (भाले की शक्ल का औजार)।

लरही–कुआर में कटने वाली उदड़, धरन के ऊपर रखा आधार दंड।

ललका–लाल।

ललकी, ललुई, लाली, ललौही–लाल रंग की भेड़।

ललछँही–सौंकरी (भैंस)।

ललरी–मलकम्बल, सास्ना।

ललदेइया–मोटा धान।

ललहा जाना–ज्वार-बाजरा में दाने पड़ना।

ललछौंही आभा–हलकी लालिमावाली ज्योति।

ललाट–मस्तक।

लवनी–कटनी।

लवा–साहुल का लट्टू।

लवारा–बछरू।

लगँवार–लम्बी पूँछवाला (बैल)।

लहकना–पतली रेखा के रूप में चमकना।

ललकारना–तेज चलना।
लहठिया–पहुँचे में पहनने का आभूषण।
लहठी–बन्द।
लहमे भर में–पल भर में।
लहर्रा–बाजरा।
लहनिया–चँगठी।
लहरन, लहरा, लहरिया–ओढ़नी में टेढ़ी रेखाओं की छपाई।
लहरिया–1. लहरे डालकर की गई खाट की बुनाई। 2. अंगुल भर रेखा वाली चुनरी।
लहरिया–उँगलियों पर की एक प्रकार की मेंहदी रचाई।
लहरुआ–जब नन्ही बूँदें हवा के साथ लहराती हुई पड़ती हैं।
लहरें–डंठलों सहित पत्ते।
लहसुआ–रबी की फसल के साथ होने वाली एक घास।
लहाई–निहाई।
लहासी–मोटी रस्सी।
लहाँसू–दे. पाँसू।
लसियाना–लासा लगना, सूखकर गिरना।
लक्खी–कत्थई और भूरे रंग की भेड़।
लक्खी–आँख के ऊपर झुके सींग वाली (गाय)।
लग्गा, लग्गी–बाँस की लकुची (फल तोड़ने के लिए)।
लच्छी–करची।
लच्छा–छड़ा (पाँव में पहनने का चाँदी का गहना)।
लल्लो–लाल रंग की (गाय)।
लाइन टेस्टर–बिजली जाँचने का औजार।
लाई–उबले धान के चावल की मूड़ी, मुरमुरी।
लाख–लाह।
लाखा–खैर (बैल)।
लाखी–अधिक लाली वाला मुरकी घोड़ा।
लागनि–घेरनी।
लाजवन्ती–छुईमुई।
लाजा–लावा।
लाजा-होम–विवाह की एक क्रिया।
लाट–नरा।
लाटा–भुनकर कुटे अनाज का बनाया गया।
लाठ–डंडा।
लाठी–गोजी, बाँस की खँभिया।
लाठीडोर–ठेंघनी।
लान मारने वाली गाय–साँड़ मिलने पर भी न गाभिन होने वाली गाय।
लार–नार।
लालकेसर–एक महीन धान।
लालपेड़ा–भुने खोये की एक मिठाई।
लालभाजी–चौलाई।
लाल मिट्टी–मुरुम।
लावा–भुना मक्का, खील, लाजा।
लासा–दे. चारा।
लासो–दे. वरनाम।
लाही–सरसों की एक किस्म, लाली, लालिमा, चना और अलसी में कीड़ा।
लाही लगना–लाली की आभा देखाना।
लिट्टी–दे. फुटहरा।
लित्ती–एक प्रकार की लम्बी दराँती।
लिपटू–वह लड़ाकू बटेर जो दुश्मन को भागने नहीं देती।
लिरिया–भेड़िये का भेड़-बकरियों के बच्चों को अधिक खाना।
लिलार–ललाट।
लिसोड़ा–निटोरा।
लिहाई–निहाई।
लिहावर–हथौड़ा।

लीपना–पोतना।

लीलना–अधीर होकर खाना।

लीला–सफेद खाल और नीलाभ रोएँवाला (बैल)।

लुकझुक करना–कभी बुझना कभी जलना।

लुक्क–तपा, लू।

लुकुम–पनपियाव, (सबेरे का भोजन)।

लुखटा–लरका।

लुखुटी, लुखरी–लोमड़ी।

लुटलुटी–घोड़े का रेत या मिट्टी में लेटना।

लुड़ासा–दे. पथरौटा।

लुढ़कैया–ढलवाँ।

लूँड़ा, लूँड़ी–मूँज की एक बटी रस्सी।

लेड़–भैंसों को इकट्ठा करके रखने की जगह।

लेड़ई–चिचोर।

लेड़ियाना–दे. बथनियान।

लेड़ी–भेड़-बकरियों का मल।

लेड़ुरी, लेढ़ा–एक रोग जिसमें जौ-गेहूँ की बाली पूरी नहीं गदराती और स्याह पड़ जाती है।

लेवांडी–पिछाई।

लेघा–डोंड़ा।

लेहँड़ा–दे. गहेड़।

लेहना–बाँहों में अँटने भर कटी फसल।

लेबारा–नबारा।

लेव, लेवही बावग–मिट्टी को कनई करके की गई बोवाई।

लेवा–पटैला नाव में एक सिरे से दूसरे सिरे तक जोड़ा गया तख्ता।

लेसौ–चार पौवा पान।

लेढ़ियाना–फल का विकास न होना।

लैटेराइट मिट्टी–मिट्टी की एक किस्म।

लोंद का साल–अधिक वर्ष।

लोंदा–मृतिपण्ड।

लोई–मुलायम बालों की चादर या कम्बल।

लोक–पैर।

लोकना–जाल में तोड़ना ताकि वह नीचे न गिरने पाये।

लोच–आँसू।

लोचनी–नचनी।

लोट–पान की कलम।

लोटना–जमीन पर पसरी शाखाओं के पेड़ों वाला बाग।

लोध–काण्डनील।

लोम–शरीर पर उगे छोटे-छोटे बाल।

लोर–लाठी।

लोलक–मुर्गे के कान के पास की लटकती हुई खाल।

लोहगार–जहाँ लोहार काम करता है।

लोहणी–पंजाब-हरियाणा में मनाया जाने वाला शीतकालीन त्यौहार।

लोहटी–खैरी (भैंस)।

लोहलेगर गिरवी–लंगर।

लोहसारी–लोहगार।

लोहामा–फाला।

लोहू–खून।

लौंग–1. लवंग, चन्दन पुष्प। 2. एक आभूषण (बूँदीदार)।

लौंगचूना–एक महीन धान।

लौंज–खोए में मिलाने के लिए तैयार की गई चीज।

लौंजार–झखांड़।

लौंद–अधिक मांस, कपास का सूखा डंठल।

लौंदा–गीली मिट्टी।

लौआ, लौकी–कद्दू।

लौर–कान के नीचे का हिस्सा।

वक्र–मुख।

वचोग्रह–कान।

वक्ष, वक्षस्तल–छाती।
वत्सतर–चार दाँत वाला बछड़ा।
वद्य–निन्द्य बैल।
वन अजवाइन–अपने आप उगने वाली अजवाइन।
वन करेला–अपने आप उगने वाला करेला।
वन्दनमालिक, वन्दनवार–तोरण।
वपा–चर्बी।
वपु–शरीर।
वर–भावी पति।
वरदेखुआँ–वर देखने या ढूँढ़ने वाला।
वरनाम–एक खरपतवारनाशक दवा।
वरिच्छा–वर छेंकने की रस्म।
वृषण–अण्डकोष।
वृभषकंध–बैल के-से कंधे वाला।
वर्षोन्मुख–वर्षा करने के लिए तैयार।
वल्लरी–बेल।
वशा–बिसुकी गाय।
वसन्त पंचमी–माघ सुदी पंचमी।
वस्नसा–नस।
वसा–चर्बी।
वाइस–वस्तुओं को पकड़ने का यंत्र।
वात–हवा।
वाततूलिका–बदली।
वातायन–वात के लिए घर (हवा वाली खिड़की)।
वापी–बावड़ी।
वायव्य–पूर्व तथा दक्षिण के मध्य का कोण।
विगलित स्वर–करुणा का स्वर।
विग्रह–शरीर।
विभा–प्रकाश, प्रभात और सायंकाल की ज्योति।
विभात–मन्द पड़ना।
विमला–शिकाकाई।
विराव–चकई की बोली।
विलाप–कुररी की आवाज।
विलायती भाँटा–टमाटर।
विशुनमाला–दे. राममाला।
विष्ठा–भटा।
विहँसना–विकसित होना।
वीचीवात–ताल या नदी की तरफ से आने वाली वायु।
बेट सीड ट्रीटमेंट–बीजशोधन।
वेला डूबना–सूर्यास्त हो जाना, अँधेरा छाना।
वेसल ड्रेसिंग–बुआई के पूर्व खेत में उर्वरक देना।
वैक्टीरिया–शाकाणु।
वैखरी–वाक् की एक अवस्था।
व्यान–चौथा प्राण।
व्यास–आरा की तीन जोड़ियाँ।
शंक्वाकृति (डलिया)–वर के साथ दी जाने वाली बाँस की खुली रंगीन डलिया, जो शंक्वाकृति होती है।
शंखमाला–एक माला।
शतह्रदा–सौ-सौ लकीरों को खींचने वाली बिजली।
शकुनि–चिड़िया।
शब्दग्रह–कान।
शम्पा–प्रकाश फेंकने वाली बिजली।
शम्बा–सोमश।
शय–हाथ।
शाके–शक संवत्।
शाखा नहरें–बड़ी नहरों से निकाली गई नहरें।
शाखोच्चार–पाणिग्रहण के समय (इसमें) कन्या-वर के नाम तीन पूर्व पुरुषों के नामों के साथ लिये जाते हैं।
शालि, शाली–अगहनी धान।

श्यामकाली–अत्यधिक काली (गाय)।
श्यामजीरा–एक महीन धान।
श्यामा–काले रंग की (गाय)।
शिगाफबन्दी–भराई (नाव की दराजों की पलाश की छाल से भराई)।
शिरोधि–गर्दन।
शिश्न–लिंग।
शीतकाल–जाड़ा।
शीरा–चीनी का पकाया हुआ पतला द्रव्य।
शीशफूल–बौंरिया, एक सिर का आभूषण।
शीसम–सीसो।
शुक्कोह–यहूदियों का एक पर्व।
शुक्र–वीर्य।
शुभ-दिन–सुदिन, उत्सव का दिन।
शुक्ल दिन–सुदी।
शुक्लपक्ष–उजेला पाख।
शेफ–लिंग।
शैक–चीजल का मध्य भाग।
शोणित–रक्त।
श्मश्रु–मूँछ।
श्लेषमा–कफ।
संगतरास–पत्थर का काम करने वाला कारीगर।
संगली–लाल देह पर पीली धारियों वाला घोड़ा।
संगिया–दाहा, कटनी का साधन।
सँचा जाना–मक्के में दाना पड़ने की अवस्था।
संचिका–लकड़ी की साँचिया।
सँझलौका, सँझलौकी–संध्याकाल।
सँझवाती–सांध्यकालीन दीपक।
संझा–सायंकाल का गीत।
सँझौवा–शाम का भोजन।
संटी–सिनैठी।
सँड़सी–गरम लोहा पकड़ने का साधन।
सँड़री–बेलन।
सँदेश–छेने से बनी एक मिठाई।
सँवरा–सेंवता, काला (जलने के बाद)।
सँवराना–ठंडा या मन्द पड़ जाना।
सउरी, सौर, सौरी–एक प्रकार की मछली।
सकरकन्द, सकरकन्दी–गंजी।
सकरपारा–एक मिठाई।
सकेलना–बटोरना।
सकोरना–ऐंठा।
सकोरा–(मिट्टी का) पुरवा।
सखरा–कच्ची रसोई, कच्ची रसोई वाला बर्तन।
सगपतिहा–दलसग्गा।
सगाई–वरिच्छा।
सगुन, सगुनी–गाड़ी का अगला हिस्सा।
सगुनी–शुभ लक्षणों वाला या अच्छा (बैल)।
सग्गड़–घोड़ागाड़ी।
सजाव दही–मलाई समेत दही।
सजिवन–कद्दू।
सजीला–गठोला (बैल)।
सटकारी–सीधी।
सटहा–छरका।
सटैनी–कुलाबे जुलफी।
सड़ाक् सड़ाक्–कोड़े की आवाज।
सड़ायँध–एक प्रकार की दुर्गन्ध।
सढ़ार–गर्भ धारण करने के योग्य पाड़ी।
सतइसा–मूल नक्षत्र में जन्मे बच्चे के जन्म से सत्ताईस दिन बाद होने वाली रस्म।
सतगठा ठप्पा–कई वस्तुओं की आकृति वाला छापा।
सतदन्ता–सात दाँत वाला बछड़ा।
सतधरिया–बरैनी।
सधेरा–बड़े खानों का बड़ी मछलियाँ फँसाने वाला एक बड़ा जाल।
सतपुतिया–एक प्रकार की तरोई।

सतरंगी—रंग-बिरंगी, इन्द्रधनुषी।

सतवनियाँ—वह गूढ़ा जिसके बीच में मस्तूल की पेंदी फिट की जाती है।

सतुआ—भुने जौ, गेहूँ आदि का पीसा हुआ तुरता भोजन।

सतुआनि—एक पर्व जो मेष-संक्रान्ति के दिन मनाया जाता है जिसमें सतुआ दान प्रमुख कृत्य है।

सत्ता—स्वभाव का तेज और चंचल बैल।

सदर दरवाजा—पौर द्वार।

सदागति—सब जगह जाने वाली हवा।

सदूदर—सात दाँत वाला बछड़ा।

सन—भूआ, रेशे वाली एक फसल।

सनई—सन का सूखा तना।

सनसनाना—कान की आवाज, हवा चलने की आवाज।

सन-पाट—रस्सी के काम आने वाली फसल।

सन—चोखा।

सनाई—मिट्टी को पानी से सानना।

सन्तानवाही—सन्तति वृद्धि क्रम वाली (परंपरा)।

सन्जिपात—पिण्डीभूत राशि।

सपकना—द्रव पदार्थ पीना।

सपड़ी—अमरूद।

सपाट—समतल, एक ही रंग का।

सपुरा—पान की पाँती।

सप्तपदी—(विवाहोपरान्त) पाणिग्रहण के बाद की एक क्रिया, भाँवर।

सफेद कीकर—छोंकर।

सफेद चंदन—मलयज।

सफेदा—गन्ने में लगने वाला एक कीड़ा।

सबजा—नीली पसमी का सफेद घोड़ा।

सबरलील—ढीली व गड्ढेदार खाट।

सबुआ उड़द—तुलबुल्ली उड़द।

सबुनी—सगुनी।

समइल—खूँटी जो बैलों के दोनों ओर जुआ में लगी होती हैं।

समदई—होम की लकड़ी लाने का नेग।

समधर—बरैनी।

समधिन—सन्तान की सास।

समधी—सन्तान का ससुर।

समन्द—बादामी रंग का घोड़ा।

समहुत—जो धान पहले मुहूर्त के रूप में काटा जाता है।

समा जाना—प्रविष्ट होना, अपना स्थान पा लेना।

समान—तीसरा प्राण।

समीर, समीरण—धीरे चलने वाली वायु।

समैया—जुआ की एक भीतरी खूँटी।

समैल—सैला।

सरइया—खड़सिंगा, एक छोटी गिड़ार।

सरई—ढाँचे को थाम्हने वाला डंडा।

सरकौनी—आगे वाली खूँटी।

सरकंडा—पतेल, एक ऊँची घास।

सरगपताली—ऊपर-नीचे दो दिशाओं में जाने वाले सींगों वाला (बैल)।

सरदर—कोटो की पंक्ति को बेड़े सँभालने वाली।

सरपत—सरकंडा।

सरफेस प्लेट—जाँब की समतलता जाँचने का यंत्र।

सरफोंका—शरपुंख।

सरसई—सरसों के बराबर फल।

सरसर—हवा की आवाज।

सरवतनी—सबसे ऊपर की छाजन।

सरहुल—आदिवासियों का त्यौहार।

सराई—गन्ने का एक रोग।

सरारो, सर्राहट—आसमान में पंक्तिबद्ध उड़ते पक्षियों के परों की ध्वनि।

सरिन्ना–एक नाव।

सरियाना–सहेज करना।

सरिहन–एक मोटा धान।

सरेती फेरना–सुनैती फेरना।

सरेस कन्ना, सरेस कागज–जिससे चिकनापन लाया जाता है।

सरेह–गाँव के खेतों के दिग्विभाग।

सरैला–गाजा।

सरंगा–1. एक नाव। 2. कम्बल बुनने वाली एक लकड़ी।

सरंजाम–साँग।

सर्किट ब्रेकर–विद्युत सप्लाई को नियंत्रित करने का यंत्र।

सर्वगंधा–नकुलकंद।

सर्रा, सर्रउमा–ऊँचा और कम डालियों वाला पेड़।

सलटाना–कार्य को पूरा करना।

सला–पनारी।

सलीना–एक नाव।

सलैया–अमेढ़ी।

सलोना–सुन्दर।

सल्फ्यूरिक अम्ल–एक प्रकार का रासायनिक तत्व।

सवत्सा–बछड़े वाली गाय।

सवाँगी–सवारी ढोने वाली गाड़ी।

सहदेई–सहदेवी, गंधवल्ली।

सहन–घर के आगे का खुला हिस्सा।

सहरदार–घूँघरा, घूँघुरूदार।

सहलाना–प्रेम-स्पर्श करना।

सहाना–भागमन्ती, सौभाग्यसूचक (चूड़ी)।

सहारा–एक आभूषण।

सहिंजन–सहिंजना, शोभांजन।

सहेज–सुहेल गाय।

सहेली–बिजली नामक आभूषण में छोटी लटकनी।

साँकड़ा–पैर का आभूषण।

साँकड़ी–उँगलियों पर की एक प्रकार की मेंहदी-रचाई।

साँकरछल्ली–पैर की उँगली में पहना जाने वाला आभूषण (छल्ला और साँकरी के योग से बना)।

साँकरी–सिकड़ी, साँकल की तरह फन्देदार गाँठ, पैरों की उँगलियों के पोरों में पहना जाने वाला आभूषण।

साँकरी–साँकरों या कड़ियों के आधार पर की गई खाट की बुनाई।

साँकल–किवाड़ी उढ़काने के बाद लगाये जाने का साधन।

साँग, साँगह–सरंजाम।

साँची–एक प्रकार का पान।

साँटना–जोड़ना।

साँटा–चाबुक।

साँड़–हरिस।

साँपिन, साँपिया–बाहर जीभ निकालकर लपलपाने वाला (बैल)।

साँय-साँय–शून्य की आवाज।

साँवा–एक भदई फसल।

साँस–बेसन की एक मिठाई।

साँसत, साँसर–बाने के दो सूतों के बीच में रखी जाने वाली बाँस की एक पट्टी।

साकल–सिकड़ी।

सागिर्दी–मुतक्के के दोनों ओर लगे पत्थर।

साठी–साठ दिन में कटने वाला धान।

साढ़ी–मलाई।

सात सिंहनी–सात सिंहनियों के चित्र।

साधन–लिंग।

सानना–मिलाना।

सानी–पानी के साथ मिला छाँटी या भूसा आदि चारा।

सानी-पानी करना–पशुओं को खिलाना।

साफी, साफी रंदा–एक रंदा जिससे चिकनापन लाया जाता है।

साबौनी, साबौंनी–कोरी खाँड़ की टिकियों के रूप में बनी मिठाई।

साम चुरिया–पासंग में लगी लोहे की मुँदरी।

सारंगा–एक नाव।

सार–वीर्य।

साल–रोहू की जाति की मछली।

सालन–रसेदार भोज्य।

सालना–बैलगाड़ी को ठीक करना।

सास्ना–ललरी।

साहना–गर्भ धारण करना।

साहिल–पटेला।

साही–एक प्रकार की ईख।

सिंगल सुपर फास्फेट–एक प्रकार की फास्फोरसयुक्त रासायनिक खाद।

सिंगाड़ा–काँटों वाली एक बड़ी मछली।

सिंगारपट्टी–एक आभूषण।

सिंघाण–नाक की मैल।

सिंघाड़ा–बीड़ा। पानी का एक फल।

सिंजो, सिंजोख–ओखर, ओखली।

सिंट्टी–सिंह की संक्रान्ति में ब्याने वाली गाय। बहुत ही असगुनी गाय।

सिकहर–यह रस्सी का बना होता है और दही जैसा सामान टाँगने के काम आता है।

सिकहुता, सिकौंया, सिकौंथी–सींक की बड़ी डलिया (छोटी पेंदी वाली तथा बड़े मुँह वाली)।

सिक्का–नाव की पेंदी का निचला पटरा, तिलक, तिलक की साइत।

सिझ समैल–जुआ की दूसरी भीतरी खूँटी।

सिझाकर–पकाकर।

सिझाना–आग पर ज्यादा देर रखना।

सिटकली–एक बार से अधिक काढ़ने पर दूध देने वाली (भैंस)।

सिटकुन–मवेशियों को हाँकने की छड़ी।

सितलबुकनी–सतुआ।

सितुरियाई–बैठी।

सिनैठी–सनई।

सिन्दूरदान–कन्या की माँग में वर द्वारा सिन्दूरदान।

सिन्दूरदानी–सिन्होरा।

सिन्दूर बहोरने की विधि–इसमें सिन्दूर लगी माँग में पुनः सिन्दूर भरा जाता है।

सिन्दूरी–सिन्दूर का-सा (रंग)।

सिन्नैल–वातिल टाँगों वाला बैल।

सिन्होरा–सिन्दूरदानी।

सिन्होरी–चौखूँट।

सिपहरी–तिजहरी।

सिपावा–सिरपाया (बैलगाड़ी की टेक के लिए)।

सिपोरिया–बीच में मुड़ा हुआ (खेत)।

सिमरी–सेमल के पेड़ों के पास की जमीन।

सिमाजीन–दे. वरनाम।

सिम्मल–समइल।

सियराना–मन्द पड़ना, ठंडा पड़ना।

सियारबियाही मेह–कोढ़िया मेह, धूपछाँही वर्षा।

सियाह उड़द–काला उड़द।

सिरकटा–स्यार।

सिरकटी–पियरी (गाय)।

सिरगा–देह पीली तथा अयाल और पूँछ सफेद रंग का घोड़ा।

सिरनी–खीर।

सिरपाया–सिपावा।

सिरहाना, सिराना–खाट का ऊपरी भाग जिधर सिर करके सोया जाता है।
सिरा–शीरा।
सिरजाना–जुड़ा जाना, ठंडा हो जाना।
सिराजी–रंग सफेद और पीले बालों वाला घोड़ा।
सिरा फुलकना–कनछिया फेंकना।
सिरारा, सिरारी–पाई का लटकने वाला हिस्सा।
सिरुका–सुरका।
सिरो–खाट में चौड़ाई में लगी दोनों लकड़ियाँ या बाँस।
सिरोरा–दक्खिनी बयार से उत्पन्न रोग।
सिल–धाराओं की टक्कर।
सिलटी–बाजू, सिल्टी।
सिलहट–एक मोटा धान।
सिली–अनाज की इकट्‌ठी राशि।
सिल्टी–रेतीली जमीन।
सिल्हैट–फालसा।
सिलवाई–गाड़ी को उलटने से रोकने के लिए इसकी टेक लगाई जाती है।
सिवान–हार, सीमान्त।
सिसकटनी–नन्हकटनी।
सिसुआ–लाल ज्वार।
सिहराना–ठंडी प्रदान करना।
सींक–तंदूर में सेंकने की जगह।
सींकी, सींख–मूँज की सींक।
सींकड़–बरही।
सींकड़दार–सींकड़ीवाला।
सींका–सिकहर।
सीकड़–पैकर।
सीड ड्रिल–बुआई का मशीनचालित यंत्र।
सीता बनना–बुआई और जुताई का काम होना।
सीतावर्त–अनाज वाले खेत की मिट्‌टी का एक ढेला।
सीधा तामड़ा–बहुत अच्छी पकी सीधी और समान ईंट।
सीधा धरवा–पूरब से हवा के रुख के साथ उठने वाला बादल।
सीना लगना–गन्ने की फसल में कीड़ा लगना।
सीर–ठंडा।
सीरा–चोआ।
सीस–गेहूँ की बाली।
सुँतिया–लम्बी और पतली भेड़।
सुअरगोड़ा–छोटी टाँग वाला (बैल)।
सुआ–सुई, अंकुर।
सुआ-कोइल–दे. चिरई-चिरौंटा।
सुइयाना–अँखुआना।
सुई–नुकीला अंकुर, बीज का पहला उकसाव, धान का नया पौधा।
सुकवा–शुक्रतारा।
सुकवा उगानी–जिस समय शुक्र तारा उगता है।
सुखठा, सुखड़ा–गन्ने का एक रोग जिसमें नीचे से ही डंठल सूख जाता है।
सुखाई–मिट्‌टी के कच्चे पात्रों को सुखाना।
सुखार–मरायल।
सुगही–लकड़ी की सँड़सी।
सुगापंखी–एक महीन धान।
सुगिया–छोटी हरी मटर।
सुग्गा–तोता।
सुग्गा-कटारी–जिन आमों का कुछ भाग तोते खा चुके रहते हैं।
सुग्गा लिखना–तोते का चित्र बनाना।
सुटकनी–बहुत पतला सोटा।
सुड़कना–द्रव पदार्थ पीना।
सुतरियाई–बैठी।
सुतरी, सुतली–पतली रस्सी।

सुतुही–बीच में कटी हुई सीपी।
सुदि–शुक्ल पक्ष, शुक्ल दिन।
सुदिन–अच्छा दिन।
सुनारी–गहना बनाने का काम।
सुनैती फेरना–झाड़ फेरना।
सुन्न काली–अत्यधिक काली (गाय)।
सुपौआ–दुहत्थी।
सुफला–फास्फोरसयुक्त रासायनिक उर्वरक।
सुम्म–घोड़े की टाप।
सुरका–तैयार धान।
सुरका–ईख, चना और मटर तीनों में लगने वाला कीड़ा जो पत्तियों को एकदम साफ कर जाता है।
सुरका चिउड़ा–हरे धान को भूनकर तैयार किया हुआ चिउड़ा।
सुरंग–सुर्ख लाल रंग का घोड़ा।
सुरमा, सुरमी–माघी की नली।
सुराना–धूरी।
सुरसुराना–धीरे-धीरे हवा चलना, किसी छेद में से पानी का निकलना।
सुसुराहट–बालू की आवाज।
सुरीली–मधुर स्वर।
सुर्खी देना–बर्तन के ऊपर पीली मिट्टी पोतने की क्रिया।
सुर्तवनियाँ–पाल।
सुलझाना–केश थकरियाना।
सुलहुल–ढेरे के नरा या डाँड़ी का ऊपरी अवरोध भाग।
सुल्ला–पोली गाँठ।
सुसकार–साँप की आवाज।
सुहाग माँगना–सौभाग्य की याचना जो कन्या पक्ष में कन्या के लिए की जाती है।
सुहागा, सुहागी–हेंगा।
सुहागिन, सुहागिल–शुभ पुरवैया (हवा), विछआ।
सुहावल, सावल, साहुल–दीवाल की ऊँचाई की सीध देखने का यंत्र।
सुहेल–कम खुराक पर अच्छा दूध देनेवाली गाय।
सुअरा, सुअरी–उत्तर-पश्चिम से चलने वाली बयार।
सूंग–टूँड़।
सूंडा, सूंडी–एक प्रकार की गिड़ार।
सूंतना–हाथ से नाज पर हूँतना।
सूचीभेद्य–सूई से छेदे जाने योग्य अर्थात पर्तदार घना अँधेरा।
सूत–पंखुड़ियों के भीतर के खड़े तंतु।
सूतकैनी–मैदा के घोल से बनी सूतदारी कचौड़ी।
सूता-पड़ानी जून–सो जाने के बाद का समय।
सूतिया–सूत के आकार का गाँव में पहनने का एक आभूषण।
सूरजमुखी–एक प्रकार की हथेली की मेंहदी रचाई।
सूरन–ओल, जमीकन्द।
सूर्त–पाल, सूर्तवनिया।
सूसा–छँछूदर जैसे मुँह की मछली।
सेंकना–आग पर ज्यादा देर रखना।
सेंचनी–खाट की रस्सियों को अलगाने वाला लकड़ी का टुकड़ा।
सेंचियाना–खाट की रस्सियों को अलगाना।
सेंटी–सिनैठी।
सेंटरपंच–निशाने लगाने का यंत्र।
सेंठा–बूँदीदार गोल गहना।
सेंवता–सँवरा।
सेज–शय्या (पति-पत्नी के सोने की खाट)।
सेतंजनी–मुँह सफेद और काली आँखों वाला घोड़ा।

सेत–धौरा (बादल)।
सेब–बेसन का बना एक खाद्य पदार्थ। चीनी या शक्कर में कुछ आटा मिलाकर बनाई मिठाई।
सेम–तीसरे दर्जे की ईंट।
सेमल–सुरस, शाल्मली।
सेल, सेली–बछड़ों को गाय के थन से खींचकर इससे बाँध देते हैं।
सेल्हा–एक मोटा धान।
सेल्ही, सेव–हल्का (हल), हल्की जुताई।
सेवई–1. धान के खेत में होने वाली एक घास। 2. एक मीठा भोज्य।
सेवता–काठ का एक छिछला बरतन जिससे नाव में आए पानी को उलीचा जाता है।
सेहर–भेड़-बकरियों का समूह।
सेहा–सेव।
सेहा हो जाना–खड़ा हो जाना।
सेहू–इस रोग से दाने काले पड़ जाते हैं।
सैंटा–बगनर।
सैरा–आरानी।
सैला–जुआ के दो सिरों पर की एक खूँटी, पतवार की घूमने वाली लकड़ी।
सैलाब–बाढ़।
सोंकन–सिलेटी रंग का बैल।
सोंकनी–कुछ सफेदी लिये सिलेटी रंग की गाय।
सोंटा–पैना।
सोंठ–नमकीन व्यंजन, दाँगली।
सोंठ–शुंठी, नाग।
सोंठना–पगुला अलग करना।
सोआ–शतपुष्पा।
सोकी–जिससे बैलों के पैरों के नीचे डाँठ डाला जाता है।
सोखिया–सोखों के आधार पर की गई खाट की बुनाई।
सोझघट्टी–नाव से सीधे इस पार से उस पार तक जाने की जगह।
सोडियम–एक प्रकार का लवण।
सोडियम नाइट्रेट–एक प्रकार की नत्रजनिक खाद।
सोता–सेवता।
सोधना–सोना शुद्ध करना।
सोन–एक प्रकार का सोन।
सोनहलुआ–सोहनहलुआ।
सोन्हा जाना–सोंधा जाना।
सोमरा–दुबही।
सोया–एक साग।
सोरहा, सौरही–सोलह बोझों की राशि।
सोल्डिंग आयरन–धातु की चीजों को राँगों द्वारा जोड़ने का यंत्र।
सोहन रेती–एक प्रकार की रेती जो मोटे काम के लिए उपयोग में लाई जाती है।
सोहनहलुआ–भुने बेसन से बनी मिठाई।
सोहनी–निराई।
सोहागपुरी–एक प्रकार का पान।
सोहारी–एक प्रकार की पूड़ी।
सौंकन–सावेला।
सौंझरी–एकदम काली भैंस।
सौंगी–एक सवारी गाड़ी।
सौंतरा–काले तालु का घोड़ा।
सौंदी–जड़हन, एक मोटा धान।
सौमरा–शम्बा, दूसरी बार जुताई।
सौरमास–सूर्य के राशि संक्रमण के आधार पर होने वाला मास।
स्क्राइवर–जॉब के ऊपर रेखा खींचने का यंत्र।
स्क्रूड्राइवर–पेचकस।
स्क्रैपर–खुरचनी।
स्क्रैपिंग–स्क्रैपर के काम करने की क्रिया।
स्क्वायर फाइल–वर्गाकार रेती।

स्टाक एंड डाई—पाइप में चूँड़ी काटने का यंत्र।
स्टार्टर—मोटर चलाने का यंत्र।
स्टैण्डर्ड वायर गेज—तार की साइज नापने का औजार।
स्टैम एफ. 34—दे. वरनाम।
स्तन—स्त्रियों की छाती।
स्तनित—बादलों का गर्जन।
स्त्रीचिह्न—योनि।
स्त्रीधर्म—रज।
स्थूल—कटहल।
स्नायु—नस।
स्निग्ध—जलयुक्त।
स्पैनर—नट कसने-खोलने का औजार।
स्यावड़—सीतावर्त, अनाज वाले खेत की मिट्‌टी का एक ढेला।
स्याबड़ी—रास में से अलग किया हुआ दाना।
स्याम—स्यान, साम चुरिया।
स्याह—काला, उदास।
स्याह मूसली—काली मूसरी।
स्याही—कांति की कमी, मालिन्य।
श्रव, श्रवण—कान।
श्रुति—कान।
श्रोणि—कमर।
शृगधरा—चमड़ा।
स्वेद—पसीना।
हँकावल—आवाज देकर पशु को चलाना या खदेड़ना।
हँतुआ—सामान के लिए अलग एक जगह।
हँफना—हाँफने वाला बैल।
हंसराज—एक महीन धान।
हंसी—भूड़िया पकड़ने का जाल।
हंसली—गले का एक आभूषण।
हँसली—गर्दन की हड्‌डियाँ।
हँसिया, हँसुआ—दराँत, फसल काटने के लिए।
हई—चराई।
हजामत—बाल।
हज्जाम—नाई।
हड्‌डा—तम्बाकू का एक रोग, जिसमें एक सफेद नया तना निकलने लगता है और मुख्य पौधा नष्ट हो जाता है।
हड्‌डा—उखड़ा।
हड़हरा—दखिन-पछाही हवा।
हड़हड़ा—छोटे दाने वाला।
हड़होड़ा—हड़हरा (हवा)।
हतकरी—मूठ।
हतिया—हल का एक अंग।
हतेटी—हतकरी।
हतोना—खाँड की पहियेनुमा मिठाई।
हत्थियाई—घोड़े की पीठ पर हथेली से जोर-जोर से मारने की क्रिया।
हत्था—चलौनी जलिया, पानी उलीचने के लिए औजार, बेंव सँचिया।
हथकड़ा—चलौनी।
हथकल—बाँक।
हथगर—हड़हर।
हथपई—हाथ से पानी से चुपड़कर तैयार की गई रोटी।
हथफूल—मेंहदी की नन्हीं बूँदों की रचना।
हथसँकरी—हथेली पर का आभूषण।
हथिया—हस्त नक्षत्र, धान में लगने वाला एक कीड़ा, चलौना।
हथुनी—एक प्रकार की ईख।
हथेली—गदोली।
हथौड़ा—लोहा पीटने के लिए या ठोकने के लिए एक औजार।
हथौड़ी—हथौड़े का लघु संस्करण।
हथौरी—चलौनी।

हनु–ठुड्डी।

हबसाना–गेहूँ के दाने बड़ा होना।

हर–हल।

हरचाँड़ी–नजारा।

हरदा–अधिक वर्षा के कारण होने वाली हल्दी की तरह पीला रोग।

हरनाधा, हरपगहा, हरपघा, हरबागा– नारा, हल-जोता, पगहा।

हरकवा, हरहट–दुष्ट पशु के लिए प्रयोग में लाये जाने वाले शब्द।

हरवत–साइत (खेत में अच्छे मुहूर्त में बीजारोपणार्थ हल चलाना)।

हरसा–ताँगा।

हरही–हरे खेतों पर टूटने वाली (गाय)।

हराई–हल से खींची गई गहरी रेखा।

हरियरी–बैल का हरा चारा (न्यार)।

हरिया–हरही (गाय)।

हरिकायनी (एकादशी)–असाढ़ सुदी की एकादशी।

हरिस–हस्स, हल का एक अंग।

हरी–बरधाने योग्य (गाय)।

हरी होना–गर्भ धारण करना।

हरा बगुला–खोइया (ईख का)।

हर्र–हर्रै, हर्रा।

हर्स–हरिस।

हृदावल–छाती पर भौंरीवाला घोड़ा।

हलदई–चितवा।

हलना–बिना तैरे नदी के जल में पैर रखकर चलना।

हलमचानी–बीट।

हल में काढ़ना–हल चलाना सीखना।

हलवाहा–बैल को जोतने वाला व्यक्ति।

हलहला जाना–रेंग जाना।

हलान–जहाँ बिना तैरे हलकर नदी को पार किया जाए।

हलीषा–हरिस।

हल्दी उबटन लगाना–लगन निश्चित होने पर कन्या और वर को हल्दी उबटन लगाना शुरू होता है।

हल्दी चढ़ाव–तेल चढ़ाव, विवाह की एक रस्म।

हल्दी सोपारी–विवाह के लिए हल्दी सोपारी पड़ोस में बाँटना।

हल्लना–झुमना (बैल)।

हश्तगना–रोटी निकालने के लिए लोहे की छड़।

हस्त–एक नक्षत्र।

हस्तडस्डर–हाथ से रसायन चूर्ण भुरकने का उपकरण।

हहकारना–हवा का तेज चलना।

हाँकना, हाँकल–चलाना या आगे बढ़ाने की क्रिया।

हाकिम–अधिकारी।

हार चीजल–गर्म काम के प्रयोग में आने वाला चीजल।

हाड़–हड्डी।

हाड़िन–घोड़े की टाँगों का एक रोग।

हाथीडुबान–जल की गहराई जिसमें हाथी डूब जाए।

हाफराउंड फाईल–अर्द्धगोलाकार रेती।

हाबुस–भुने जौ की बाली।

हार–गले का आभूषण, सिवान, बाहर का तख्त।

हार्वेस्टर–एकबारगी फसल की कटाई, मड़ाई व दाना भूसा अलग करने का यंत्र।

हाल–पहिया के चारों ओर चढ़ाया गया लोहा।

हासिल–बैठी।

हिगराना, हिगरावल–झुंड से पशु को अलगाना।

हिच्छा–सींक का आधार।

हिनहिनाना, हिंसना–गर्री आने पर घोड़े का जोर-जोर से आवाज करना।

हिनहिनाहट–घोड़े की आवाज।

हिमवात–बफीर्ली गिरिशृंखलाओं से आने वाली हवा।

हिरनबाइ–कुआर-पूस की तेजी से दिशा बदलने वाली हवा।

हिलकोरा मारना–नाव का लहरों के साथ हिलना, डगमगाना, तेजी से भागना।

हिलसा–एक प्रकार की मछली।

हिलावर बनाना–हल चलाने का (खींचने का) अभ्यासी बनाना अथवा इसे खींचने योग्य बनाना।

हिला देना–ढंडी से प्रभावित कर देना।

हिलोर–हिलावट, कंचन।

हिलोरना–हिला देना, लहरें उत्पन्न करना।

हिसारी–हिसार का (बैल)।

हील–फाइल के पीछे का भाग।

हुँड़ार–भेड़िया।

हुआ-हुआ–सियार की बोली।

हुनक्का–प्रकाश पर्व (यहूदियों का)।

हुप्-हुप्–उल्लू की बोली।

हुमना–समधर।

हुमेल–मुहरों से गुँथी हुई (एक आभूषण)।

हुरपेटना–लाठी के हुरे से पशु की बगल में मारना।

हुरहुर–एक वनौषधि।

हूँतना–सूँतना।

हूरना–बहुत ही भद्दे तरीके से खाना।

हूरा–लोहे के फार के छेद के बाहर निकले बेंट का हिस्सा।

हेसुली–कटनी का एक छोटा साधन।

हेंगा–पटेला, पाटा।

हेंगाना–बराबर करना।

हेंमही–बरही।

हेंवती–हेमन्ती कपास की एक जाति।

हेड–चीजल का ऊपरी भाग।

हेल–खँचिया में भरी मिट्टी का भारी बोझ जो उठाया न जा सके।

हेलावल, हेलाना–पशुओं को पानी पार कराने की क्रिया।

हैंगा–जोते खेत को बराबर करने का साधन।

हैंडटूल्स–हाथ के औजार।

हैंडफाइल–दस्ती रेती।

हैंसिया–एक प्रकार की मछली।

हैकल–एक आभूषण (सींकड़ीदार)।

हैक्सा–आरी।

हैक्साइंग–कटाई करना।

हैमरिंग–हैमर चलाने की क्रिया।

होर–पशुओं को रोकने की बोली।

होरहा, होलहा, होला–डंठल समेत भुना अनाज।

हौंन–फसल।

ह्लादिनी–शतह्रदा, बिजली।

●●●